역사선생님도 궁금한

**101가지
세계사
질문사전
❷**

역사선생님도 궁금한
101가지 세계사
질문사전 ②

근대 국민 국가에서 현대 사회까지

양홍석 외 10명 글
서은경 그림

북멘토

즐거운 역사,
쉬운 세계사 공부를 위하여

교실에서 역사 수업 장면1

선생님이 열심히 역사를 가르치고 있습니다. 그런데 선생님의 설명에 집중하는 학생보다 딴짓을 하거나 꿈나라에 든 학생이 더 많습니다. 왜 그럴까요? 역사 수업은 기본적으로 '이야기하기(스토리텔링)'가 잘 되어야 합니다. 그런데 시간적으로 제한된 학교 수업에서 교과서 내용 전체를 가르치려 보니, 교과서에 나와 있는 역사 지식만 나열할 수밖에 없습니다. 당연히 학생들에게는 역사 수업이 수면제일 뿐이지요.

교실에서 역사 수업 장면2

4명씩 짝을 지어 모둠별 토론 수업을 진행합니다. 학생들을 자세히 관찰하니, 주제를 제시해 주었는데도 모둠별 토론이 수박 겉핥기 같은 뻔한 이야기만 오가고 있습니다. 왜 그럴까요? 토론이 활발하려면 학생들이 주제와 연관된 역사 지식을 사전에 충분히 이해하고 있어야 합니다. 그런데 이게 되어 있지 않으니 실제 토론 수업 현장에서 토론 거리가 나오지 않습니다. 토의가 잘 이루어질 리 없지요.

이 책은 역사 수업 현장의 이러한 어려움을 개선하기 위해, 교실 수업을 개선하는 데 뜻이 있는 선생님들이 함께 엮었습니다. 많은 학생이 두루두루 이 책을 보며 역사와 친해지기를 바랍니다.

2023년 2월
집필자 일동

차례

근대 국민 국가에서
현대 사회까지

4 제국주의 침략과 국민 국가 건설 운동

5 세계 대전과 사회 변동

6 현대 세계의 전개와 과제

4

제국주의 침략과
국민 국가
건설 운동

우리는 왜 서양 사람에게
더 친절할까요?

인터넷에 올라온 실험 영상물을 봤어요. 외국인이 다가와 길을 물을 때 우리나라 사람의 반응을 관찰하는 실험이었어요. 백인 남성이 길을 묻자 사람들은 친절하게 길을 알려 주었어요. 그런데 똑같이 영어로 물었는데도 아시아 나라에서 온 외국인에게는 친절하지 않았어요. 왜 이렇게 다르게 반응하는 걸까요?

선진국의 상징이 된 서구 근대 문명

여러분은 '선진국' 하면 어떤 나라가 떠오르나요? 산업 발달과 성숙한 시민 의식, 높은 삶의 질로 인식되는 유럽이나 미국 같은 서양 국가들이 떠오르나요? 실험 영상에 등장하는 사람들의 반응은 선진국에 대한 이러한 인식이 알게 모르게 드러난 것입니다. 그럼 서양 나라들은 언제부터 '선진국'이라는 이미지를 갖게 되었을까요? 200~300년 전 세계의 중심은 아시아였습니다.

아시아는 풍요로운 생산을 기반으로 한 세계 교역의 중심지로 인기가 높았습니다. 유럽인들은 도자기, 비단, 향신료 같은 아시아 생산품에 푹 빠져 있었고 아시아와 교역하기 위해 신항로를 개척하는 노력도 마다하지 않았습니다. 당시 유럽인에게 아시아는 선망의 대상이었습니다.

그런데 18세기 유럽에서 시작된 혁신으로 아시아 중심이었던 세상은 유럽 중심으로 바뀌었습니다. 유럽인들은 시민 혁명을 통해 '민주주의'라는 새로운 정치 체제를 시험했고, 산업 혁명으로 '자본주의 시장 경제'를 만들었습니다. 그들은 강력해진 국력을 바탕으로 아프리카를 넘어 아시아까지 세력을 확장했습니다. 아시아 국가들은 서구 열강의 군사력에 굴복해 불평등 조약을 맺었고 유럽 국가를 따라 근대화 정책을 추진하기 시작했습니다. 아시아 나라들은 서양의 과학 기술과 정치 체제 등 새로운 지식과 제도에 관심을 가졌습니다. 아시아인들이 서양을 배우자고 외치는 시대가 된 것입니다. 한편 서양의 무기와 학문은 우수하고 동양의 전통은 버려야 할 악습이라는 인식도 자연스럽게 사회 전반에 퍼졌습니다.

근대화의 어두운 그림자

근대화에 성공한 유럽인에게 아시아가 더는 선망의 대상이 아니었습니다. 그들은 아시아 문명은 미개하고 뒤쳐졌다며 얕보고 멸시했습니다. 식민지 개척에 혈안이 된 영국이나 프랑스 같은 유럽 강대국은 미개한 나라에 서구 문물의 혜택을 주는 것은 '백인 국가의 의무이자 책임'이라며 생물학에서 다루는 진화론을 인간 사회에 적용해 강대국의 약소국 지배를 정당화했습니다.

아시아 지식인들은 서구 열강의 논리에 흠뻑 빠져들었습니다. 그들은 약육강식의 '사회 진화론'을 비판하기는커녕 자국의 근대화 논리로 적극 수용했습니다. 아시아 국가 중 가장 먼저, 가장 열심히 서구 열강을 본받고자 했던 나라는 일본입니다. 일부 아시아인은 일본이 러일 전쟁에서 승리하자 아시아인끼리 힘을 합쳐 열심히 근대화하면 서구 열강과 어깨를 나란히 할 수 있다는 희망을 품었습니다. 하지만 일본은 같은 아시아 국가인 조선을 식민지로 삼아 제국주의 길을 걸었으며 침략 전쟁까지 일으켰습니다.

근대화에 성공해 서구화를 이루면 '꽃길'이 펼쳐지리라 믿었던 아시아 지식인들에게 현실은 가혹했습니다. '근대화 = 서구화'라는 공식을 믿고 앞다투어 서구 문물을 수용했지만, 국가 번영은 보장되지 않았고 그들의 노력은 제국주의 침략 앞에 무너졌습니다. 서구 근대화의 또 다른 편에는 제국주의의 침략과 수탈이라는 어두운 그림자가 있었습니다.

탈근대 사회, 새로운 미래를 향해

지난 200년간 서구 열강이 주도하고 수많은 나라가 함께 걸은 근대화의 길을 과연 어떻게 평가할 수 있을까요? 우리는 그 길을 무조건 따라야 하는 걸까요? 21세기를 살아가는 오늘, 세계인은 서구 근대 문물에 의문을 품고 있습니다. 근대화 과정에서 제국주의 국가들의 욕심은 두 차례의 큰 전쟁으로 나타났고 식민지 약소국까지 전쟁의 소용돌이에 휘말리게 했습니다. 과학의 힘으로 자연을 통제할 수 있다는 인간의 믿음은 온난화와 기후 이상이라는 전 지구적 위기로 드러나고 있고, 이 위기는 인류 생존 자체를

영화 〈300〉에는 유럽의 그리스 스파르타인(위)과 아시아의 페르시아인(아래) 모습이 매우 대조적으로 표현되어 있다.

위협하고 있습니다.

　미래 사회는 인간 중심이 아닌 생태와 환경 중심의 탈근대 사회가 되어야 한다고 주장하는 사람들이 많아지고 있습니다. 이제 우리는 '서구 문명은 앞서 있다'는 우리의 고정 관념, 즉 서구 우월 의식에 문제를 제기하고 새로운 길을 찾아야 합니다. 지금부터 그 길을 찾는 세계 근·현대 역사 여행을 떠나겠습니다.

2 국가의 주인은 누구일까요?

얼마 전 TV에서 왕과 귀족이 정책을 결정한 다음 결정문을 관청 담장에 붙이는 모습을 보았어요. 사람들은 그저 왕과 귀족의 지시와 결정을 통보받기만 했지요. 하지만 지금은 국민 청원이나 공청회, 선거 같은 다양한 방법으로 일반인도 정치에 참여할 수 있어요. 일반인은 언제부터 정치에 참여할 수 있게 되었나요?

옛날엔 왕과 귀족이 모든 결정을 다 하네. 언제부터 일반 사람도 정치에 참여하게 된 거지?

신민? 시민?

왕이 정치를 주도하던 왕조 시대에는 '시민'이 아니라 '신민'이 있었습니다. 신민臣民은 '신하와 백성'이라는 뜻입니다. 근대 이전 왕정 체제에서 나라의 주권은 왕에게 있었습니다. 따라서 신민은 아무리 수가 많아도 주권 행사를 하지 못했습니다. 권력자인 왕에게 충성스런 신하와 백성으로 복종하는 것만 가능했지요.

하지만 시민은 다릅니다. '시민市民'의 우리말 뜻은 '도시를 구성하는 사람'입니다. 도시를 구성하는 사람이라는 시민 개념이 처음 등장한 때는 고대 그리스 시대로, 도시 국가 아테네에서 시민은 정치에 참여하는 주권자였습니다. 이후 근대 사회로 넘어오면서 시민은 국가의 주권자로 사회의식을 갖고 정치에 참여하는 사람, 즉 자신이 나라의 주권자임을 자각하고 행동하며 책임지는 사람을 뜻하게 되었습니다.

계몽사상이 뭐예요?

시민이 정치에 참여하겠다는 의식을 갖게 된 건 계몽사상의 영향이었습니다. 17~18세기 유럽 사회에는 절대 군주로 불리던 왕의 권위와 진리라고 믿고 따르던 신앙 중심의 세계를 비판하는 움직임이 일어났습니다. 이 움직임을 이끈 사상이 인간 이성에 대한 믿음을 토대로 과거의 편견과 어리석음에서 벗어날 수 있다는 인식 체계를 가진 계몽사상입니다.

유럽에서 계몽사상은 과학 혁명으로부터 시작되었습니다. 계몽사상가들은 인간의 행위를 경험적 방법으로 연구함으로써 보편적 사회 작동 원리를 설명할 수 있다고 생각했습니다. 그들은 기적이나 신비주의를 믿는 건 어리석으며 인간 이성에 대한 믿음을 바탕으로 과학적 방법을 적용해 자연 세계와 인간 사회의 진보를 이룰 수 있다고 여겼습니다.

이러한 계몽사상가의 이성 중심 사고관은 중세의 신 중심 세계관을 깨부수고 인간 사고의 전환을 가져온 사상의 혁명이었습니다. 영국과 프랑스에서 싹터 유럽 각 지역에 전파된 계몽사상은 인간의 자유 의지를 찬양했으며, '국가는 공동선을 위한 시민 계약의 산물'이라는 이론을 제시했습니다.

사회 계약설의 등장 속에 제시된 저항권

계몽사상이 유럽을 휩쓸던 17~18세기에 근대 국가의 정통성과 존재 이유를 설명하는 정치 이론이 등장했습니다. 홉스, 로크, 루소가 주장한 사회 계약설입니다. 이 학설은 모든 개인은 하늘로부터 부여받은 권리를 가지는데 자연 상태에서는 이러한 자유와 권리의 보장이 확실하지 않으니, 사회에서 계약을 맺어 개인의 권리를 위임하는 합의와 계약으로 국가가 발생했다는 것입니다.

홉스가 생각하기에 인간은 본래 이기적인 존재로 국가 탄생 이전의 자연 상태는 이익을 얻기 위해 서로를 해치는 지옥 같은 곳이었습니다. 이것을 홉스는 '만인에 대한 만인의 투쟁'이라 했습니다. 혼란한 상황에서 사람들은 안전을 보장받기 위해 강력한 지배자 한 명에게 모든 권력을 양도해 왕으로 추대하고 국가를 탄생시켰으며 왕은 강력한 권력을 기반으로 사회 전체 평화를 유지해 나갔습니다.

로크는 홉스와 달리 자연 상태에서도 사람들은 평화롭게 공존하며 살았다고 생각했습니다. 다만 인간관계라는 것은 상황에 따라 언제든 갈등이나 시비가 일어날 수 있기에 그것을 공평하게 중재해 줄 수 있는 기관이 필요해 국가가 만들어졌다고 봤습니다. 그렇기에 포악한 정치를 하더라도 왕에게 저항하면 안 된다고 생각했던 홉스와 달리, 로크는 왕의 권력은 절대적인 것이 아니며 만약 통치자가 폭정을 하면 시민들은 얼마든지 통치자를 몰아내고 새로운 통치자와 사회 계약을 맺을 수 있다고 주장했습니다. 더 쉽게 말하면 로크의 사회 계약설은 왕의 통치 행위는 인정하지만 왕이 시민의 권리를 침해할 수는 없으며, 왕

홉스는 인간의 자연 상태를 '만인에 대한 만인의 투쟁'으로 보고 혼란에서 벗어나기 위해 강력한 지배자 한 명에게 권력을 양도하고 국가를 탄생시켰다고 했다.

로크(왼쪽)는 왕이 잘못하면 국민은 저항할 수 있는 권리가 있다고 했다. 루소(오른쪽)는 특정 사람에게 집중되어 있는 권력을 국민 모두에게 골고루 분배해야 한다고 주장했다.

이 시민의 권리를 침해하면 시민은 왕의 독재에 저항할 수 있다는 뜻입니다. 백성들이 왕에게 권한을 위임했다는 홉스의 사회 계약설에서 한 단계 더 나아간 사상으로 로크에 의해 왕이 잘못하면 저항할 수 있는 권리, 즉 '저항권'이 등장했습니다.

루소는 로크보다 더 나아갔습니다. 그는 자연 그대로의 상태를 갈등 없는 평화로운 상태라 여겨 가장 이상적으로 생각했습니다. 하지만 인간 사회가 자연 상태로 돌아가는 것은 현실적으로 불가능하기에 국가는 특정 사람에게 집중되어 있는 권력을 국민 모두에게 골고루 분배해야 한다고 주장했습니다. 루소의 이러한 사상은 로크의 저항권 개념과 함께 기존의 사고 틀에서 벗어난 혁신적인 주장이었고, 근대화가 진행되고 있던 당시 유럽 사회에 큰 충격을 주었습니다. 절대 왕정을 무너뜨린 시민 혁명에 영향을 끼쳤으며 민중들이 정치에 눈을 뜨고 참여하는 계기를 만들었습니다.

현재 우리는 국민 주권을 실현하고 있을까요?

로크와 루소의 사회 계약설을 통해 우리는 '국가가 나의 권리를 침해하면 저항할 수 있는 권리를 가진다'는 것을 알게 되었습니다. 또한 국민 한 사람 한 사람이 정치 참여의 주체라는 것도 알았습니다. 다만 시민권을 가진 사람들이 모두 직접 정치에 참여하던 고대 아테네와 달리 오늘날 사회는 크고 복잡하기 때문에 직접 민주주의를 실천하기가 어렵습니다. 그래서 대부분의 민주 국가는 대의 민주주의를 통해 국민 주권을 실현하고 있습니다.

현대 민주주의 국가들은 로크와 루소의 사회 계약설에 입각해 헌법에 반드시 국민 주권론을 담고 있습니다. 우리나라도 헌법 제1조에 국민 주권이 명시되어 있습니다.

제1조　① 대한민국은 민주 공화국이다.

② 대한민국의 주권은 국민에게 있고, 모든 권력은 국민으로부터 나온다.

2017년 3월 10일 우리나라 수도 서울에서 어떤 일이 있었는지 기억하나요? 헌법 재판소에서 대통령의 탄핵을 결정했습니다. 탄핵은 일반 사법 절차로는 처벌이 어려운 정부의 고급 공무원이나, 신분이 강력하게 보장된 법관 등을 국민의 대표 기관인 국회가 헌법 또는 법률이 정한 바에 의해 처벌하거나 파면하는 제도를 말합니다.

2017년 대통령의 국정 농단에 반발해 전국 각지에서 촛불 집회가 열렸습니다. 촛불을 든 국민은 대통령이 민주주의를 파괴하고 헌법을 지키지 않았다고 비판했습니다. 대의 민주 정치의 중심지인 국회는 국민의 뜻을 무겁게 받아들여 대통령 탄핵 절차를 밟았고, 헌법 재판소가 최종 판단을 내려 대통령을 탄핵했습니다. 이 사건은 깨어 있는 시민들이 평화적인 방법으로 부당한 권력을 심판하고 정권 교체를 해냈다는 점에서 의의가 있습니다. 로크가 주장한 저항권이 한국 땅에서 빛을 발한 것입니다.

오늘날 민주주의가 실현되기까지 우리는 4·19 혁명, 5·18 민주화 운동, 6월 민주 항쟁, 촛불 집회 등 많은 사람의 헌신 속에 민주주의의 가치를 지켜 왔습니다. 먹고사는 데 바쁘다며 정치에 관심을 두지 않으면 시민은 신민으로 전락하고 맙니다. 우리는 주권자로서 정치에 관심을 갖고 자신의 권리를 지키는 깨어 있는 시민이 되어야겠습니다.

영국 왕은 왜
직접 통치하지 않을까요?

지구인의 축제 올림픽 경기 때는 개최국의 최고 지도자가 개회 선언을 해요. 그래서 평창 올림픽 때는 문재인 대통령이, 베이징 올림픽 때는 시진핑 주석이 개회 선언을 했어요. 그런데 런던 올림픽 개회 선언은 총리가 아닌 엘리자베스 여왕이 하더라고요. 뉴스를 보면 나랏일은 거의 총리가 하던데 왜 여왕이 개회 선언을 했을까요?

왕 vs 의회, 제1 라운드는 청교도 혁명

1603년 영국에 새로운 왕이 즉위했습니다. 제임스 1세였습니다. 그는 왕의 역할을 이렇게 말했습니다.

"왕의 절대적 특권에 관한 한, 그것은 법률가의 혀끝에서 논의될 성격의 것이 아니며, 논하는 것 자체가 불법이다."

왕의 권력은 절대적이기에 그 누구도 왕이 결정하는 일에 왈가왈부하지 말라는 것입니다. 이런 제임스 1세의 왕권 개념은 아들 찰스 1세에게 고스란히 이어졌습니다.

그런데 찰스 1세 재임 시기에 세금과 종교 문제로 왕과 의회 사이에 심각한 분쟁이 발생했습니다. 1215년 귀족들이 제출한 문서 〈마그나 카르타〉를 왕실이 승인한 후 왕의 권한은 법으로 제한되어 있었는데, 찰스 1세는 이러한 전통과 절차를 다 무시했습니다. 프랑스와 전쟁으로 국가 재정이 곤궁해지자 그는 강제로 세금을 걷었습니다. 그러자 의회가 반발하며 〈권리 청원〉을 제출했습니다. 이 문서에는 "국왕 마음대로 세금을 부과할 수 없다"라고 적혀 있었습니다. 당장 돈이 급했던 찰스 1세는 의회 의원들의 반발을 무마하기 위해 〈권리 청원〉을 승인했습니다. 하지만 그는 이후 국민의 대표인 의회를 무시하며 자신의 권력을 강화하려 했으며 무려 11년 동안이나 의회를 소집하지 않았습니다.

찰스 1세는 정치뿐만 아니라 종교도 자신의 신념대로 움직였습니다. 백성들에게 자신이 믿는 영국 국교회를 강요하다가 스코틀랜드의 반란에 부딪혔는데 반란을 진압하기 위해서는 군사를 동원할 자금이 필요했습니다. 국민들에게 전쟁에 필요한 세금을 거두려면 본인이 승인한 〈권리 청원〉에 명시된 대로 의회의 동의를 얻어야 했습니다. 찰스 1세는 어쩔 수 없이 의회를 소집했지만 11년 동안이나 국왕한테 무시당해 온 의회는 이 기회에 국왕의 독주에 제동을 걸려 했습니다. 세금을 거두려면 의회를 인정하고 국가 중대사는 의회와 협의해 결정할 것을 왕에게 요구했습니다.

국왕이 의회의 요구를 들어주었을까요? 아닙니다. 왕은 요구를 들어주기는커녕, 도리어 의회를 해산시켜 버렸습니다. 왕과 의회는 서로 비난하며 등을 졌고, 급기야 왕을 지지하는 왕당파와 의회를 지지하는 의회파로 쪼개져 전쟁이 벌어졌습니다. 전쟁 초기에는 군대를 장악하고 있던 왕당파가 우세했으나 점차 전세가 역전되더니 결과적으로 의회파가 승리했습니다.

전쟁이 끝난 뒤 찰스 1세는 감금되고 의회는 왕권을 법으로 제한하는 입헌 군주제를 정식으로 선언했습니다. 찰스 1세는 감옥에서 탈출해 재집권을 노리다가 붙잡혀 처형되었습니다. 이제 영국은 왕이 없는 나라, 즉 공화국이 되었습니다. 이 사건을 청교도들이 앞장서서 정권 교체를 이루었다고 해서 '청교도 혁명'이라 합니다.

올리버 크롬웰은 공화정 체제에서 나라 발전의 기반을 다졌으나 국민에게 지나치게 엄격한 삶을 강요했다.

혁명을 승리로 이끈 올리버 크롬웰은 공화정 체제하에서 일인자가 되었습니다. 그가 통치했던 시기에 영국은 아일랜드를 정복하고, 항해법을 재정비해 해상 무역을 장악하는 등 나라 발전의 기반을 다졌습니다. 하지만 청교도였던 그는 국민들이 즐기던 춤을 금지했고, 노래도 한 장르만 부르게 하는 등 지나치게 엄격한 삶을 강요했습니다. 정치 체제는 왕정에서 공화정으로 전환되었지만, 국민들이 느끼기에는 크롬웰 정권도 찰스 1세 시대만큼이나 강압적이었습니다. 크롬웰이 병으로 죽자, 의회는 찰스 1세의 아들 찰스 2세를 왕위에 앉혔습니다. 당시 국민 여론이 크롬웰의 공화정 체제에 염증을 느낀 결과였습니다.

왕 vs 의회, 제2 라운드는 명예혁명

영국은 다시 왕정 국가가 되었습니다. 찰스 2세와 그 뒤를 이은 제임스 2세는 가톨릭 중심 정책을 펴며 독재하려 했습니다. 의회는 제임스 2세의 강압 정책에 반발하며 그의 딸 메리 부부에게 왕위를 제안했습니다. 당시 네덜란드 총독이었던 남편 윌리엄과 메리는 이를 받아들여 의회파의 선두에 섰습니다. 제임스 2세는 딸과 사위에게 쫓겨 프랑스로 망명을 떠나야 했습니다. 영국에서는 이 사건을 '피 한 방울 흘리지 않고 이룬 명예로운 혁명'이라며 '명예혁명(1688~1689)'이라고 합니다.

메리에게 왕위를 잇게 해 준 대신, 의회에도 이익이 있어야 하겠지요? 의회는 메리 여왕에게 의회의 권한을 명확하게 적어 놓은 〈권리 장전〉의 승인을 요구했고 왕은 이를 받아들였습니다. 왕과 의회 사이에서 끊임없이 밀고 당기던 권력 싸움이 80여 년 만에 합의에 도달했습니다.

군림하되 통치하지 않는다

명예혁명 후 영국 국왕은 권력을 사용하는 데 제한을 받았습니다. 시일이 흐르며 영국 왕은 국가 최고 권력자로 존재하지만, 국내 정치에 관한 모든 권한은 의회에서 선출한 총리에게 부여되었습니다. 이렇게 입헌 군주제를 바탕으로 내각 책임제를 실시하고 있는 나라가 현재의 영국입니다. 이런 특이한 정치 체제, 즉 왕은 군림하되 통치하지 않는 전통은 명예혁명으로부터 40여 년이 흐른 조지 1세 때 시작되었습니다. 조지 1세는 독일 출신으로 영국 국내 사정에 매우 어두웠고 영어도 미숙했습니다. 왕은 국내 정치 전반을 의회에 넘겼고, 이 시기부터 의회의 다수당이 총리 이하 내각을 구성해 정치 전반을 책임지는 내각 책임제 전통이 뿌리내렸습니다.

'청교도 혁명'과 '명예혁명'을 아울러 흔히 '영국 혁명'이라 합니다. 영국 혁명은 절대 왕정에서 공화정 체제로, 공화정에서 다시 절대 왕정을 거쳐 입헌 군주제로 정치 체제 변동을 가져온 일대 사건이었습니다.

좌파와 우파가
프랑스 혁명 때문에 나타났다고요?

가끔 TV에서 정치 뉴스를 보면 정당 이름이 아닌 좌파나 우파라는 말로 어떤 사람의 정치 색을 구별하는 경우가 있더라고요. 흔히 좌파는 진보, 우파는 보수로 분류하던데, 잘 이해가 되지 않아요. 좌파와 우파는 그저 왼쪽과 오른쪽이라는 뜻이잖아요? 좌파와 우파라는 말은 어떻게 만들어진 정치 용어일까요?

'좌파'와 '우파'

포털 사이트에 올라 있는 정치 기사의 댓글을 읽어 본 적이 있나요? 누리 꾼들이 자신의 정치 성향에 맞춰 동의하거나 비판하는 댓글을 올리며 자신 의 의견을 주장하고는 합니다. 그런데 일부 누리꾼들은 논리나 근거도 없이 자극적인 말로 상대방을 비난하는 댓글을 달기도 합니다. 그런 글들은 대부 분 "좌파라서~", "우파라서~"라는 말로 시작해 혐오 표현으로 마무리되곤

합니다.

'좌파', '우파'를 뜻 그대로 해석하면 '왼쪽'과 '오른쪽'입니다. 그런데 왜 정치에서는 이 말을 자신과 다른 생각을 가진 사람을 비난할 때 사용할까요?

좌파와 우파의 등장은 언제 어디서?

18세기 유럽은 시민 혁명의 시대였습니다. 당시 많은 나라에서 시민 혁명이 일어난 것은 절대 왕정 체제의 불합리성, 현실과 맞지 않는 봉건제와 신분제의 문제점, 신사상인 계몽사상의 확산 등이 복합적인 원인으로 작용했습니다.

이 시기에는 프랑스도 오랫동안 절대 왕정 체제였기 때문에 사회가 전반적으로 곪아 있었습니다. 전체 국민의 2퍼센트밖에 안 되는 성직자와 귀족이 국가 재산의 절반을 차지하고 있으면서 세금은 한 푼도 내지 않는 등 다양한 특권을 누렸습니다. 반면 대다수 국민은 토지세, 인두세 등 각종 세금을 내야하는 등 지배층의 횡포에 시달렸습니다. 상공업의 발달과 계몽사상의 영향 속에 성장한 신흥 부르주아 계급은 이러한 구제도의 모순을 신랄하게 비판하며 평등 사회로 전환을 모색했습니다.

그러던 중 잦은 전쟁과 경제 불황, 왕실의 사치로 인한 재정 위기를 타개하기 위해 루이 16세가 삼부회를 소집했습니다. 삼부회가 뭐냐고요? 중세 봉건 시대부터 있던 신분제 의회로 제1 신분인 성직자, 제2 신분인 귀족, 제3 신분인 농민과 시민의 대표가 한데 모여 나랏일을 논의하는 회의체 기구입니다.

삼부회가 열리자 제3 신분을 대표하는 의원들이 들고일어났습니다. 그들이 생각하기에 제3 신분은 국가에 꼬박꼬박 세금을 내면서도 제1 신분이나 제2 신분과 달리 차별받았습니다. 제3 신분 의원들은 삼부회의 신분별 표결 방식으로는 자기들의 주장이 받아들여지지 않는다고 판단했습니다. 그래서 그들은 별도로 베르사유 궁전 안에 있던 테니스 코트에 모여 자기들이 프랑스 전체 국민의 대표자임을 선언하며 독자적인 '국민 의회'를 만들어 새 헌법이 제정될 때까지 해산하지 않겠다고 선언했습니다.

루이 16세는 제3 신분 의원들의 독자 행동을 용납할 수 없었습니다. 왕은 성직자, 귀족들과 합심해 국민 의회를 탄압했습니다. 그러자 파리 시민이 봉기했습니다. 시민들은 구체제의 상징인 바스티유 감옥을 습격했습니다(1789.7.14). 프랑스 혁명이 시작되는 순간이었습니다. 그런데 왜 바스티유 감옥을 습격했냐고요? 절대 왕정 체제에 반대하는 사람들이 주로 이 감옥에 갇혀 있었기 때문입니다.

국민 의회는 파리 시민들의 지지를 바탕으로 '봉건제 폐지'를 선언하고, 헌법에 입각한 정치를 주장하는 '인간과 시민의 권리 선언(인권 선언)'을 발표하며 구체제에 대한 프랑스 국민의 승리를 선포했습니다. 인간과 시민의 권리 선언에는 어떤 내용이 담겨 있냐고요? 계몽사상을 바탕으로 한 자유와 평등, 저항권 사상이 들어 있습니다.

제1조 인간은 태어날 때부터 자유로우며 평등한 권리를 갖는다.

제2조 자유, 재산, 안전 및 압제에 대한 저항권은 인간이 가지고 있는 불가침의 권리이다.

제3조 모든 주권은 본래 국민에게서 나온다.

어떤가요? 인권 선언 제3조까지만 읽어도 이 선언이 어떤 가치를 지향하고 있는지 바로 알 수 있지요?

프랑스 혁명을 이끈 지도부에게 이제 남은 일은 인권 선언의 핵심 가치를 담은 헌법을 만드는 일이었습니다. 그런데 이 시기부터 혁명 지도부 내부에 분열이 발생했습니다. 의회에서 헌법을 제정할 때 혁명의 가치가 제대로 반영되기를 바라는 급진 부르주아 세력과 왕·귀족 세력의 입장을 반영하려는 보수파가 자기주장을 펼치며 대립했습니다. 이런 복잡한 상황 속에서 나라의 정체를 입헌 군주제로 규정한 헌법이 만들어졌고 헌법 제정 임무를 마친 국민 의회는 해산되었으며 새로 '입법 의회'가 구성되었습니다.

프랑스에서 발생한 혁명이 유럽 각지로 전파될 조짐이 보이자, 이를 우려한 프랑스 인접국 오스트리아와 프로이센은 프랑스 내정을 간섭하려 했습니다. 그러자 입법 의회는 혁명에 반대하는 주변국에 전쟁을 선포했습니다. 대내외적으로 긴장감이 고조되며 혁명이 무산될 위기에 처하자 파리 시민들은 입법 의회를 통해 왕권을 정지시키고, 새 헌법 제정을 위한 '국민 공회'를 새로 구성했습니다.

국민 공회는 대체로 '자코뱅파', '지롱드파', '중립파'로 구성되었습니다. 자코뱅파와 지롱드파는 기본적으로 공화주의자들이었지만 세부적으로 견해차가 있었습니다. 자코뱅파는 민중을 지지 기반으로 삼고 있었으며, 가진 것이 적은 민중의 입장을 대변해 강력한 중앙 집권과 통제 경제를 주장했습니다. 반면에 지롱드파는 부유한 부르주아 계급이 세력 기반으로 지방 분권과 자유주의 경제를 지향했습니다. 두 세력이 자기주장을 펼칠 때 의회 내에서 급진 성향의 자코뱅파는 의장을 중심으로 왼편에 앉았고, 온건 보수 지향인 지롱드파는 오른편에 앉았습니다.

왜 남의 나라 혁명 이야기를 이렇게 길게 하냐고요? 바로 여기, 국민 공회 시절 프랑스 의회의 자리 배치에서 '우파'와 '좌파'라는 용어가 처음 등장했기 때문입니다. 이때부터 진보적이고 급진적인 세력은 '좌파', 보수적이고 온건한 세력은 '우파'로 불렸고, 이 용어는 지금도 널리 사용되고 있습니다.

말이 씨앗이 된다

그러고 보면 좌파와 우파는 좋고 나쁨을 가르는 게 아니라 다른 의견과 성향을 나타내는 정치 용어입니다. 따라서 좌파와 우파는 서로 물어뜯으며 싸워서 이겨야 하는 적대 관계가 아닙니다. 성향이 다른 두 세력이 토론을 통해 서로의 장점으로 부족한 점을 보완하며 더 나은 해결책을 만들어 나가는 동반자 관계라고 할 수 있지요.

그런데 우리 사회 모습은 어떤가요? 상대를 인정하기보다는 나와 다른 타인의 의견을 비난하는 혐오 정서가 갈수록 심해지고 있습니다. 정치권은 물론 일반 국민도 자신의 의견과 다르면 혐오 표현을 사용하며 상대를 무시하고 비난합니다. 혐오는 또 다른 혐오를 낳고, 결국 혐오의 무한굴레가 반복될 뿐입니다. 다양한 의견이 존중받지 못하는 사회는 죽은 사회나 다름없습니다. 우리 사회가 건강하고 바람직한 사회가 되기 위해서는 합리성과 공정성을 바탕으로 다양한 의견이 존중되어야 합니다. 흔히 말이 씨앗이 된다고 합니다. 우리는 어떤 씨앗을 심어 그 열매를 미래 세대에 전해야 할까요?

프랑스 국가는 원래 군가였다고요?

월드컵 축구 경기 때 프랑스 선수단이 등장하면 나오는 프랑스 국가國歌가 참 무섭더라고요. 우연히 번역한 가사를 읽었거든요. "더러운 피를 밭에다 뿌리자", "무장하라, 시민들이여" 우리나라 국가인 〈애국가〉 가사와는 분위기가 많이 달랐습니다. 프랑스 국가의 가사는 왜 이렇게 무섭고 살벌할까요?

프랑스 혁명을 주변 나라들이 반대했다고요?

1789년 프랑스에서 혁명의 불길이 치솟았습니다. 계몽사상에 자극받은 시민들은 바스티유 감옥을 습격하고 자유·평등·박애 이념을 담은 〈인간과 시민의 권리 선언〉을 발표했습니다. 혁명 주체 세력은 입법 의회를 구성해 새로운 헌법을 제정하고 나아가 입헌 군주제 국가를 수립하려 했습니다.

프랑스와 국경을 맞대고 있던 국가인 오스트리아와 프로이센은 시민들이 주도한 프랑스 혁명의 불길을 가만히 두고 볼 수 없었습니다. 자칫 혁명의 분위기가 자기 나라에서도 일어나면 큰일이었습니다. 두 나라는 프랑스와 전쟁을 해서라도 혁명의 불길이 자기 나라로 번지는 것을 막으려 했습니다.

오스트리아와 프로이센이 공동으로 프랑스를 침범하려 한다는 소식에 프랑스 국민은 분노했습니다. 프랑스 혁명을 이끌고 있던 입법 의회는 오스트리아와 프로이센에 선전포고하며 전쟁을 시작했습니다. 전투 초기에는 프랑스가 불리했습니다. 프랑스군은 프로이센과 오스트리아 연합군을 당해 낼 수 없었습니다. 자국 군대의 연이은 패배에 민심은 흉흉해졌습니다. 그 와중에 루이 16세가 외세와 손잡고 혁명을 진압하려 한다는 소문이 나돌면서 성난 민중이 왕궁을 습격해 왕권을 정지시키는 사건까지 벌어졌습니다. 그러나 패배를 거듭하던 프랑스군에도 기회가 찾아왔습니다. 전국 각지에서 자발적으로 조직된 의용군이 전쟁터로 떠났고 파리 동쪽 발미^{Valmy}에서 프로이센군을 막아 낸 것을 시작으로 혁명전쟁은 전환점을 맞았습니다.

이처럼 대외적으로 급박한 시기에 프랑스 내에서는 급진 세력이 의회를 주도하며 입법 의회가 해산되고 국민 공회가 새로 만들어져 왕정 폐지 및 공화정을 선포했습니다. 이듬해에는 외국으로 도피하려다 붙들려 온 루이 16세와 그의 부인 마리 앙투아네트를 단두대에 세워 처형했습니다. 프랑스에서 급격하게 전개된 사회 변화는 유럽 여러 나라, 특히 왕이 정치를 주도하는 나라들에 큰 충격을 주었습니다. 프로이센과 오스트리아의 대프랑스 동맹에 에스파냐, 영국, 네덜란드, 러시아가 동참했습니다.

프랑스 국가가 된 혁명가

프랑스 국가의 정식 제목은 〈라 마르세예즈^{La Marseillaise}〉로, 우리말로 옮기면 '마르세유 군단의 노래'라는 뜻입니다. 프랑스 혁명이 한창이던 시기, 프랑스에서는 적대적인 주변 국가로부터 위기에 처한 조국을 구하기 위해 의용군이 조직되었고 프랑스군 장교 루제 드 릴은 병사들의 사기를 돋우기 위해 군가를 만들었습니다. 나중에 마르세유 출신 의용군 청년들이 파리로 행군하며 부르던 것이 널리 알려지게 되면서 〈라 마르세예즈〉라는 제목이 붙었습니다. 한글로 번역한 가사는 아래와 같습니다.

프랑스 혁명 시기 의용군의 사기를 돋우기 위해 불렀던 노래 〈라 마르세예즈〉는 프랑스가 공화국 체제로 전환되면서 공식 국가가 되었다.

가자 조국의 아들들아

영광이 날이 왔다

압제에 맞서 피 묻은 깃발을 들었다

압제에 맞서 피 묻은 깃발을 들었다

들리는가 저 들판의

포악한 병사들의 외침이

그들이 여기까지 닥쳐와

당신의 자식과 아내를 죽이려 한다

무장하라 시민들이여

무리를 지어라

진군하자 진군하자

놈들의 더러운 피를 밭에다 뿌리자

군가로 불리던 이 노래는 1795년 프랑스 국가로 선정되었다가 나폴레옹이 권력을 잡으며 금지되었습니다. 황제로 즉위한 나폴레옹이 보기에 노래 가사가 지나치게 혁명적이었습니다. 하지만 프랑스가 공화국 체제로 전환된 1879년부터는 프랑스 국가國歌로 공식 지정되어 지금까지 각종 공식 행사에서 불리고 있습니다.

오늘날의 〈라 마르세예즈〉

프랑스 혁명 이념을 고스란히 담고 있는 〈라 마르세예즈〉는 오늘날 프랑스 국민뿐 아니라 전 세계 사람들에게 사랑받고 있습니다. 영화나 미디어에서는 주로 '연대連帶'를 표현할 때 〈라 마르세예즈〉를 활용합니다.

2015년에 이슬람교 예언자 무함마드를 풍자한 만화를 게재한 프랑스 주간지 《샤를리 에브도》에 이슬람 극단주의자들이 보복 테러를 한 사건이 있었습니다. 당시 많은 사람들이 희생자를 추모하고 테러에 굴복하지 않겠다는 뜻에서 1분간 〈라 마르세예즈〉를 합창했는데, 이는 프랑스 혁명 정신이 잘 드러난 사례입니다. 시민들은 너 나 할 것 없이 거리에 나와 "내가 샤를리다"라고 적힌 팻말을 들고 테러 반대와 표현의 자유를 외쳤습니다.

이슬람교 풍자 만평을 실은 언론사 샤를리 에브도가 보복 테러를 당하자 프랑스 시민들은 테러에 굴복하지 않겠다는 뜻에서 "내가 샤를리다(JE SUIS CHARLIE)"라는 팻말을 들고 시위를 벌였다.

한편 이 노래에 부정적인 시선도 존재합니다. 북아프리카 알제리 출신 프랑스 이민 가정에서 태어나고 성장한 축구 선수 벤제마는 〈라 마르세예즈〉 가사에 담긴 지나친 민족의식을 비판하며 국가 제창을 거부했습니다. 축구 선수 지네딘 지단도 비슷한 이유로 〈라 마르세예즈〉에 대한 부정적 견해를 드러낸 적이 있습니다. 다민족으로 구성된 프랑스 사회와 유럽 통합이라는 시대 상황을 고려할 때 〈라 마르세예즈〉 가사는 지극히 자민족 중심이기 때문입니다.

국가는 제정될 당시의 시대상과 그에 부합하는 시대정신이 담기기 마련입니다. 그러다 보니 제정 당시에는 적절했지만 현대에는 수정해야 한다는 주장이 높아지기도 합니다. 우리나라 〈애국가〉에는 어떤 정신이 담겨 있을까요? 지금 시점에서 수정할 부분은 없을까요?

6

나폴레옹에게 온 유럽이
무릎을 꿇었다고요?

프랑스 국민의 절대적 지지로 황제가 된 나폴레옹은 부유한 집안에서 고급 교육을 받고 자란 엄친아일 거라고 생각했어요. 그런데 나폴레옹은 본토에서 멀리 떨어진 섬 출신에 학창 시절 성적도 하위권이었더라고요. 어떻게 그런 사람이 황제의 자리까지 올라 유럽 전역을 쥐락펴락했을까요? 나폴레옹의 성공 비결이 궁금해요.

외딴섬 출신 포병 장교, 황제에 오르다

나폴레옹은 1769년 프랑스 본토에서 멀리 떨어진 코르시카섬에서 태어났습니다. 그는 군대에서 공을 쌓아 출세하려고 육군 사관 학교에 입학했습니다. 나폴레옹의 졸업 당시 성적은 58명 중 42등이었습니다. 생각보다 성적이 낮지요? 하지만 이는 4년 과정을 11개월 만에 마치고 조기 졸업한 결과랍니다.

나폴레옹은 불과 16세의 나이에 프랑스 육군 사관 학교를 졸업하고 포병

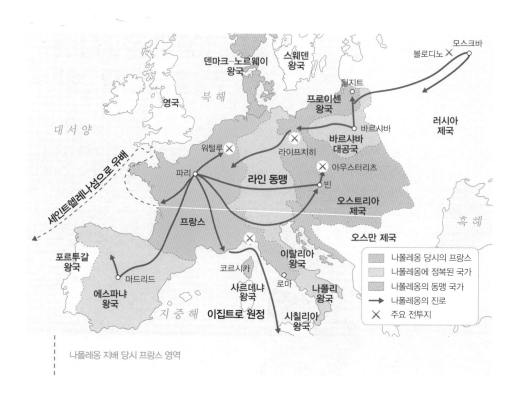

나폴레옹 지배 당시 프랑스 영역

소위가 되어 지휘관으로 두각을 드러내기 시작했습니다. 특히 그는 프랑스 혁명전쟁 당시 이탈리아와 오스트리아를 제압하는 데 공을 세워 일약 국민 영웅으로 떠올랐습니다. 또한 영국을 견제하기 위해 단행한 이집트 원정을 성공시키기도 했습니다. 프랑스에서 나폴레옹의 인기는 하늘 높은 줄 모르고 치솟았습니다.

국민의 인기를 등에 업은 나폴레옹은 1799년 이집트에서 돌아와 쿠데타를 일으켜 30세에 프랑스 정권을 손아귀에 넣었습니다. 그리고 1804년 12월에는 국민 투표를 통해 프랑스 황제에 올라 나폴레옹 1세가 되었습니다. 나폴레옹의 국민 투표 지지율은 무려 99.8퍼센트나 되었습니다. 당시 프랑스 국민은 10년 넘게 지속된 혁명과 전쟁에 지쳐 강력한 인물이 권력을 잡고 하루라도 빨리 나라를 안정적으로 이끌어 주길 기대했습니다. 이후 나폴레옹은 강력한 리더십을 바탕으로 군대를 통솔해 주변국들을 하나하나 제압했고, 마침내 영국을 제외한 유럽 대륙 대부분 지역이 프랑스 통치권 아래 들어오게 되었습니다.

한편 독일의 작곡가 베토벤은 나폴레옹의 극적인 삶이 사람들에게 용기를 줄 수 있다고 생각해 웅장한 곡조를 지닌 〈보나파르트 교향곡〉을 지어 나폴레옹에게 헌정하려 했습니다. 하지만 나폴레옹이 황제 자리에 오르자 "그도 역시 평범한 인간에 지나지 않는다. 자신 이외의 모든 인간 위에 올라서서 독재자가 되고 싶은 것이다"라며 헌정을 취소했습니다. 이 교향곡이 베토벤 교향곡 제3번 〈영웅〉입니다.

황제 나폴레옹의 몰락

유럽 대륙을 손아귀에 넣은 나폴레옹에게도 끝까지 제압하지 못한 나라가 있었는데 바다 건너에 있는 영국이었습니다. 나폴레옹이 지휘하는 프랑스 육군은 강했지만, 최강 해군이 지키고 있는 영국 해안에는 접근조차 할 수 없었습니다. 이에 나폴레옹은 프랑스 영향력 아래 있는 나라들을 압박해 영국 제품이 유럽 대륙으로 수입되는 것을 전면 금지시켰습니다. 왜 이런 일을 벌였냐고요? 영국에 타격을 주기 위해서였습니다. 그럼 영국은 피해를 입었을까요? 아닙니다. 나폴레옹의 대륙 봉쇄 작전은 영국에 타격을 주기는커녕, 오히려 자신이 몰락하는 계기가 되고 말았습니다.

당시 극심한 경제난을 겪던 러시아가 나폴레옹의 명령을 무시하고 영국과 무역을 재개했습니다. 나폴레옹은 자기 말을 듣지 않는 러시아를 응징하기 위해 대군을 동원해 러시아 땅으로 쳐들어갔습니다. 초반 전투에서 나폴레옹의 프랑스군은 연전연승했습니다. 하지만 영하 30도 이하로 떨어지는 겨울에도 전쟁은 끝나지 않았습니다. 살을 에는 추위와 질병, 굶주림으로 나폴레옹은 러시아 점령을 포기할 수밖에 없었습니다. 전쟁에 동원된 프랑스 병사 60만 명 중 무사히 고향으로 돌아간 병사는 고작 10만 명이었습니다.

천하무적이라 여겼던 프랑스군의 패배를 목격한 러시아, 프로이센, 오스트리아가 영국과 손잡고 프랑스와 전쟁을 일으켰습니다. 이 전쟁에서 프랑스가 패하며 나폴레옹은 황제 자리에서 물러나 엘바섬으로 추방되었습니다. 이후 나폴레옹은 섬에서 탈출해 파리로 돌아와 다시 한번 권력을 잡았으나, 워털루 전투에서 패배했습니다. 그는 다시 세인트헬레나섬으로 유배되었고 더는 재기하지 못한 채 사망했습니다.

나폴레옹에 대한 엇갈린 평가

프랑스 전쟁 영웅 나폴레옹에 대한 평가는 엇갈립니다. 독재자이자 전쟁광이었다는 평이 있는 반면, 프랑스 혁명 이념을 유럽 전역에 확산시키고 프랑스 국민을 하나로 결집한 훌륭한 지도자라는 평도 있습니다.

본토에서 멀리 떨어진 외딴섬 출신의 육군 장교였던 나폴레옹은 유럽 대륙 전역에 프랑스 혁명 사상을 전파하며 자유주의와 민족주의 운동을 확산시켰습니다. 하지만 그는 쿠데타를 통해 국가 권력을 장악한 후 스스로 황제 자리에 올라 독재자가 되었고, 군대를 동원해 점령한 나라들에 자기 혈육을 왕으로 앉히고 국민을 탄압했습니다. 이러한 사실들을 살펴보면 나폴레옹에게 극과 극의 평가가 따라다니는 것은 매우 자연스럽습니다.

나폴레옹! 그는 영웅일까요? 아니면 전쟁광일까요? 여러분은 어떻게 평가하고 싶나요?

7 혁명의 대표 주자 프랑스는 왜 아이티 혁명을 탄압했나요?

국경 없는 의사회 활동을 조사하다가 지진과 치안 불안으로 의료 지원을 받기 어려운 아이티 상황을 알게 되었어요. 아이티는 최초로 흑인 노예 혁명이 일어나 독립한 역사를 가진 나라 더군요. 그런데 '인권 선언'으로 유명한 프랑스는 아이티에 군대를 파병해 독립을 방해했어요. 프랑스 혁명 정신이 왜 프랑스 밖에서는 다르게 적용되었을까요?

평화로운 카리브해에 찾아온 유럽인

원주민들이 살던 카리브해 섬들은 콜럼버스가 도착해 '서인도'라고 이름 붙이면서 이전과는 다른 운명을 겪게 되었습니다. 에스파냐 식민지가 건설되자 여러 나라가 뒤이어 식민지 경쟁에 뛰어들었습니다. 유럽인들은 이곳에 커피, 설탕 등을 생산하는 대규모 농장인 플랜테이션을 만들고 아프리카에서 흑인을 노예로 데려와 가혹한 노동을 강요했습니다. 풍부한 유럽 자본의 축적은 흑인 노예들의 피와 눈물을 착취한 결과 가능했던 것이지요.

1697년 프랑스는 에스파냐 식민지 히스파니올라섬 일부를 차지하고 '생도맹그'라는 이름을 붙였습니다. 섬 서쪽 3분의 1은 프랑스, 동쪽 3분의 2는 에스파냐가 지배했습니다. 그 결과 지금도 이 섬의 서쪽은 아이티가, 동쪽은 도미니카 공화국이 자리하고 있습니다.

현재 아이티에 해당하는 생도맹그는 프랑스의 주요 식민지였습니다. 이곳에서 생산하는 작물은 프랑스 해외 무역의 3분의 2를 차지할 정도였습니다. 그런데 소수 백인, 백인과 흑인의 혼혈인, 다수를 차지하는 흑인 노예들이 살고 있던 생도맹그에는 다양한 이해관계가 복잡하게 얽혀 있었습니다. 혼혈인은 백인의 피를 이어받았기에 자유로운 삶을 살면서 경제적으로 윤택한 편이었지만, 대부분은 피부색 때문에 백인한테 차별받았습니다. 혼혈인은 백인과 동등한 대우를 원하면서도 흑인 노예는 자기들보다 못하다고 여기고 그들을 차별했습니다. 이처럼 출생에 따라 다양한 이해관계와 차별이 존재하던 생도맹그에 들려온 프랑스 혁명 소식은 식민지 혁명의 도화선이 되었습니다.

프랑스 혁명은 되고 아이티 혁명은 안 된다?

1789년 프랑스에서 혁명이 일어나 〈인간과 시민의 권리 선언〉이 선포되었습니다. 하늘로부터 부여받은 인간의 신성한 권리를 규정한 이 선언은 국민 의회가 주도해 만든 1791년 새 헌법에도 반영되었습니다. 그런데 프랑스 부르주아는 외부적으로 예상치 못한 도전에 직면하게 되었습니다. 왕과 귀족을 향해 외친 그들의 주장이 식민지인의 독립 선언 논리로 이용된 것입니다. 1790년 생도맹그에서 흑백 혼혈인이 봉기하자 프랑스는 그들의 시민권을 일부 인정하면서 사태를 수습하려 했습니다. 하지만 1791년 흑인 노예들이 대규모로 봉기했습니다. 이들은 대자본의 약탈로 인한 착취를 경험했기 때문

프랑스 혁명의 결과 국민 의회의 주도로 선포된 〈인간과 시민의 권리 선언〉은 하늘로부터 부여받은 인간의 신성한 권리를 규정하고 있다.

에 어떤 집단보다도 강력하게 단결해 조직적으로 움직였습니다.

한편 생도맹그를 둘러싼 여러 나라의 이해관계는 해법을 찾기 어려울 정도로 복잡하게 얽혀 있었습니다. 섬 동쪽을 차지하고 있던 에스파냐는 자기들 세력을 서쪽까지 확대하기 위해 흑인 노예들을 지원했습니다. 반면에 프랑스 혁명 이념의 확산을 막고자 했던 영국은 백인 농장주를 지원하기 위해 생도맹그를 침공했습니다. 프랑스 혁명을 주도한 프랑스 민중 일부는 생도맹그 흑인 노예의 고통에 공감하며 구체제하에 겪었던 자신의 고통을 떠올렸습니다.

민중의 투쟁과 지지를 기반으로 국민 공회를 주도하고 있던 자코뱅파는 흑인 노예들의 봉기에 결단을 내려야 했습니다. 혁명에 반대하는 유럽 연합 세력의 군사적 움직임에 위기감이 고조되자 국민 공회는 1794년 식민지를

아이티 혁명을 주도한 투생 루베르튀르는 흑인 노예들을 이끌고 에스파냐, 영국에 맞섰고 1801년 생도맹그의 자치를 선언했다.

포함한 모든 프랑스 영토에서 노예제 폐지를 선언했습니다. 핵심 식민지인 생도맹그를 영국이나 에스파냐에 뺏기는 것보다는 노예에게 자유를 약속하고 자국의 영향력 아래 두는 것이 낫겠다는 판단이었습니다. 생도맹그의 노예 해방 투쟁을 이끌고 있던 노예 출신 지도자 투생 루베르튀르는 본국인 프랑스로부터 자유를 약속받자, 흑인 노예들을 이끌고 프랑스군에 합류해 에스파냐, 영국에 맞섰고 사실상 생도맹그의 주도권을 장악하며 1801년 자치를 선언했습니다.

그런데 프랑스 국민 공회가 무너진 후 당시 통령 정부를 이끌던 나폴레옹은 프랑스의 경제적 기반이었던 생도맹그를 포기할 수 없었습니다. 그는 생도맹그 자치권을 인정하지 않고 직접 통치하기 위해 군대를 파병했습니다. 프랑스군의 공격은 매서웠고, 생도맹그 지도자 투생 루베르튀르는 협상하자는 말에 속아 체포된 후 프랑스 감옥에서 사망했습니다. 핵심 지도자를 제거한 나폴레옹은 1802년 노예제 부활을 선언했습니다. 생도맹그 독립주의자들은 나폴레옹의 결정에 크게 반발했습니다. 양측의 치열한 전쟁 끝에 1804년 생도맹그는 완전 독립을 선언하고 나라 이름을 '아이티'로 정했습니다. 이러한 과정을 거치며 독립한 아이티는 세계 역사에 최초의 흑인 공화국으로 기록되었습니다.

느리지만 꾸준히 확산된 프랑스 인권 선언 정신

프랑스 혁명을 배울 때 빠지지 않고 등장하는 것이 〈인간과 시민의 권리 선언〉입니다. 모든 인간은 하늘로부터 부여받은 권리를 가지고 있다는 이 선언은 유럽을 넘어 식민지 주민에게도 희망을 주었습니다. 그런데 앞서 보았듯이 유럽 전역으로 혁명 정신을 전파한 프랑스는 막상 자국의 식민지에 인권 선언이 적용되는 건 꺼렸습니다. 자유와 평등 사상이 담긴 인권 선언의 정신을 평등하지 않게 적용했다니 이상하지요?

프랑스 혁명을 주도한 사람들이 주장한 자유와 평등은 백인, 그중에서도 상공업 발달로 부자가 된 신흥 계급인 부르주아에게만 적용되는 것이었습니다. 그럼에도 아이티 혁명은 프랑스 혁명 사상을 유럽이 아닌 곳에서도 적용할 수 있음을 증명했습니다. 아이티 독립에 자극받은 아메리카 식민지들의 저항과 독립으로 유럽 국가들은 어쩔 수 없이 자국 식민지의 노예제를 폐지할 수밖에 없었습니다.

파리 거리는 시위대를 막기 위해 설계되었다고요?

많은 사람이 '세상에서 가장 아름다운 도시'로 꼽는 곳이 프랑스 수도 파리입니다. 개선문을 중심으로 방사형으로 뻗어 있는 파리 시가지는 현대 계획 도시의 모범으로 여겨지지요. 그런데 파리의 대로들은 근대 시절에 정부가 권력에 대항해 시위하던 시민들을 효과적으로 제압하기 위해 만들었다네요. 사실인가요?

프랑스 혁명의 확대

모르면 몰라도, 한 번 자유의 맛을 본 사람은 억압을 참기 힘듭니다. 프랑스 혁명을 경험한 프랑스인들은 1830년 7월, 부당한 왕권을 타파하기 위해 또 한 번 혁명을 일으켰습니다(7월 혁명). 이때 혁명군은 좁은 골목 곳곳에 바리케이드를 치고 시가전을 유리하게 이끌었습니다. 결국 혁명군이 승리하고 입헌 군주정인 '7월 왕정'이 들어섰습니다.

자본가 계급인 부르주아들이 사상적 무기로 사용했던 자유주의는 산업 혁명과 더불어 점차 노동자 계급으로 퍼져나갔습니다. 노동자들은 선거권을 요구하며 시위에 나섰습니다. 7월 왕정은 군대를 동원해 시위를 조기에 막으려 했습니다. 하지만 시위는 더 커져서 1848년 2월, 7월 왕정을 붕괴시키는 혁명으로 변모했습니다. 노동자 계급이 주도한 2월 혁명은 나폴레옹의 조카 루이 보나파르트가 나폴레옹 3세로 즉위하는 뜻하지 않은 결과를 가져왔지만, 혁명의 근본을 이룬 자유주의 사상은 주변 나라의 자유주의와 민족주의를 크게 자극했습니다. 벨기에가 네덜란드로부터 독립했고, 영국에서는 선거권 확대 운동이 일어났으며, 여러 도시 국가로 분열되어 있던 이탈리아에서는 국토 통일 운동이 활화산처럼 일어났습니다.

시위대를 막기 위해 만들어진 파리의 열두 대로

나폴레옹 3세 집권 후 왕은 파리 대개조 사업을 벌였습니다. 당시 파리 거리는 대부분 좁은 골목에 흙길이라 비가 내리면 걸어다니기 힘든 흙탕길이 되었습니다. 또한 날림으로 지어진 주택들에서 흘러나오는 생활 하수가 시민의 식수로 사용하는 센 강으로 고스란히 흘러들어가 해마다 콜레라를 비롯한 수인성 전염병이 발생했습니다.

나폴레옹 3세는 파리 대개조 사업의 책임자로 오스망 남작을 임명했습니다. 오스망은 파리를 변혁시키기 위해 주택을 재정비하고 하수도와 상수도를 구분해 지하에 매설했으며, 개선문이 서 있는 광장을 중심으로 방사형으로 열두 대로를 뚫어 도

파리의 대로는 개선문을 중심으로 방사형으로 뻗어 있어 아름다운 시가 모습을 연출한다.

심과 외곽을 촘촘하게 연결했습니다. 지금도 개선문 전망대에 오르면 당시 만들어진 거리가 그대로 보존되어 있는 것을 확인할 수 있습니다.

재미있는 사실은 오스망이 파리 시내에 뻗어 있는 열두 대로를 만든 의도가 길을 잘 만들겠다는 것만은 아니라는 것입니다. 1789년 프랑스 대혁명 이후 파리에서는 자주 폭동이 일어났습니다. 시민들은 주장을 관철하기 위해 바리케이드를 치고 도로를 점거하며 공권력에 저항했습니다. 오스망은 도로를 넓게 건설하면 시민들이 바리케이드를 칠 장소가 줄어들 것으로 예측했습니다. 그는 즉각 실행에 옮겨 12개의 직선 대로를 광장을 중심으로 부챗살 펼치듯이 개설했습니다.

역사 속의 다양한 사건들을 자세히 살펴보면 본래 의도와 다른 결과가 나타나는 경우가 간혹 있습니다. 파리의 열두 대로 건설이 딱 그랬습니다. 프랑스 정부의 대형 도로 건설은 시민 폭동 대처 방안 중 하나였습니다. 그러나 이 의도와 관계없이 파리 도로는 세계 각 도시의 도시 계획에 지대한 영향을 미치며 파리를 관광 명소로 등극시키는 데 일조해 지금도 많은 사람을 파리로 끌어들이고 있습니다. 지금 우리에게 파리는 자유와 낭만과 예술의 도시로 유명한데, 도시 설계에 시민들의 시가전 진압이 고려되었다는 점은 매우 뜻밖입니다.

드레퓌스 사건이 뭔가요?

어떤 사람의 유서를 대필하고 자살을 부추겼다는 누명을 쓰고 옥살이를 하셨던 분이 재심을 통해 무죄를 선고받았다는 뉴스를 본 적이 있어요. 그런데 뉴스 제목이 '한국판 드레퓌스'더라고요. 왜 이런 제목이 붙여졌을까요? 도대체 '드레퓌스'는 누구인가요?

스파이가 된 유대인 장교

1894년 9월 프랑스 사회를 대혼란으로 몰아넣은 스파이 사건이 발생했습니다. 누군가 프랑스군의 기밀문서를 독일에 넘기려 했다는 것입니다. 프랑스 군부는 이 사건 용의자로 프랑스군 참모 본부 대위 알프레드 드레퓌스를 지목했습니다.

프랑스군 지휘부는 기밀문서에 적힌 필체가 드레퓌스의 필체와 유사하다

Le Petit Journal
SUPPLÉMENT ILLUSTRÉ
Huit pages : CINQ centimes

DIMANCHE 13 JANVIER 1895

LE TRAITRE
Dégradation d'Alfred Dreyfus

군적을 박탈당하는 드레퓌스 대위. 당시 프랑스 사회에 팽배했던 반유대인 정서는 성실한 군인 드레퓌스를 스파이로 몰게 했다.

는 것을 증거로 제시했습니다. 하지만 필체 말고 드레퓌스가 범인이라는 증거는 아무것도 없었습니다. 오히려 조사를 하면 할수록 드레퓌스가 범인일 가능성은 낮아졌고, 필적 감정 전문가도 문서 속 필체는 드레퓌스의 필체가 아니라고 판단했습니다. 그런데도 프랑스 군부는 드레퓌스를 스파이로 단정해 재판에 넘기려 했습니다.

군부가 왜 드레퓌스를 스파이로 단정했냐고요? 이유는 단 하나입니다. 그가 유대인이기 때문입니다. 당시 유럽 사회에는 반유대인 정서가 팽배했고 프랑스에서도 예외는 없었습니다. 에두아르 드뤼몽이 반유대주의 관점에서 저술한 《유대 프랑스》는 출간 첫해에만 6만 부 넘게 팔릴 정도였습니다.

한편 이 사건은 프로이센-프랑스 전쟁(1870~1871) 패배 후 프랑스 국민이 군부에 갖는 불신과 비난의 화살을 유대인에게 돌릴 수 있는 절호의 기회였습니다. 군부는 증거 조작, 보수 언론 선동 같은 방법을 동원해 드레퓌스를 간첩으로 몰았습니다. 결국 조국과 군대를 사랑한 유대인 장교 드레퓌스는 스파이로 몰려 1895년 1월 5일 군적을 박탈당하는 수모를 겪고 외딴섬에 수감되었습니다.

피카르, 진실의 편에 서다

이제 드레퓌스는 꼼짝없이 나라를 팔아먹은 배신자로 낙인찍혔습니다. 하지만 새롭게 참모 본부 정보국장으로 부임한 피카르 중령의 용기로 이 사건은 새로운 국면을 맞이했습니다. 피카르는 부임 후 드레퓌스 사건을 마무리하기 위해 자료를 정리하던 중 독일 대사관이 프랑스 보병대 소령 에스테라지에게 보낸 엽서를 발견했습니다. 에스테라지 소령의 움직임을 주목한 피카르는 에스테라지가 쓴 편지 두 통을 손에 넣었는데 놀랍게도 편지 속 필체는 드레퓌스를 간첩으로 만든 문서의 필체와 일치했습니다. 피카르 중령이 더 자세히 조사하니, 파산 직전이던 에스테라지가 독일에 프랑스 군사 기밀을 넘기는 조건으로 돈을 요구했다는 사실을 알게 되었습니다. 기밀문서를 독일에 넘기려 한 범인은 드레퓌스가 아닌 에스테라지일 가능성이 훨씬 컸습니다. 피카르는 자신이 새롭게 조사한 사실을 상부에 보고했습니다.

드레퓌스 사건을 정치적으로 이용하려 했던 군 지휘부는 피카르에게 이 사실을 함부로 발설하지 말라고 명령하며 진실을 은폐하려 했습니다. 하지만 피카르는 끝까지 진실을 밝히기로 마음먹었습니다. 그의 폭로로 세상은 다시 드레퓌스 사건의 진실에 관심을 갖게 되었습니다.

나는 고발한다!

1898년 1월 13일 프랑스 수도 파리에서 발간하는 진보 성향 신문《로로르》1면에 소설가 에밀 졸라가 쓴 〈나는 고발한다!〉가 실렸습니다. 대작가 에밀 졸라의 글을 보며 프랑스 사람들은 드레퓌스 사건의 조작 가능성을 의심하기 시작했습니다.

그런데 여기서 궁금한 것이 하나 있습니다. 에밀 졸라는 왜 〈나는 고발한다!〉라는 글을 쓰게 되었을까요? 피카르는 진실을 파헤치는 과정에서 군 지휘부로부터 심한 협박을 받았습니다. 그는 자신의 괴로움을 주변에 알렸고, 이는 드레퓌스 가족 귀에도 들어갔습니다. 드레퓌스 가족은 에스테라지를 고

소설가 에밀 졸라는 1898년 1월 13일자 《로로르》에 〈나는 고발한다!〉라는 글을 발표해 드레퓌스 사건 판결의 부당성을 고발했다.

소했습니다. 하지만 군사 재판소는 에스테라지에게 무죄를 선고했습니다. 이 소식을 알게 된 에밀 졸라는 판결의 부당성과 진실을 은폐하려는 군부의 비겁함을 세상에 알리기 위해 펜을 들었습니다. 대통령에게 보내는 편지 형식의 글인 〈나는 고발한다!〉는 프랑스 군부와 반역자를 고발하고 정의를 말하기에 충분했습니다.

진실을 밝히려는 에밀 졸라의 외침에도 프랑스 군부는 자기들 주장을 고수하며 에밀 졸라를 고소했습니다. 반유대주의가 팽배하던 당시 프랑스 사회에서 군부가 고소에 앞장서니, 사람들은 에밀 졸라를 나쁜 사람으로 여겼습니다. 여론에 밀린 에밀 졸라는 영국으로 망명해야 했습니다. 하지만 진실을 알리기 위한 에밀 졸라의 노력은 프랑스 사회에 사건의 진실에 대한 강한 물음표를 던졌습니다. 〈나는 고발한다!〉 발표 이후 프랑스 사회에는 진상 규명을 요구하는 국민과 정의와 인권을 위해 투쟁하는 사람이 늘어났고, 이들은 부당한 권력과 반유대주의를 선동하는 보수 세력에 저항했습니다.

진실은 반드시 승리한다

진실을 요구하는 목소리가 커지며 결국 드레퓌스 사건은 재심에 들어갔고, 1906년 드레퓌스는 무죄를 선고받았습니다. 그리고 〈나는 고발한다!〉를 발표한 지 100주년이 되던 해인 1998년에 프랑스 대통령 자크 시라크는 무덤 속에 잠든 드레퓌스에게 국가를 대표해 공식적으로 사과했습니다. 아무 죄 없는 군인이 유대인이라는 이유만으로 스파이 누명을 쓴 지 104년 만의 일이었습니다.

진실을 밝히는 일에는 어려움이 따릅니다. 그래서 주저하거나 포기하기도 합니다. 하지만 나의 작은 관심과 용기는 진실로 가는 징검다리가 될 수 있습니다.

우리나라 현대사에도 반공 이데올로기 속에 억울하게 누명을 쓰고 여전히 구원의 손길을 기다리는 한국판 드레퓌스들이 있습니다. 이들을 구원할 수 있는 것은 진실을 요구하는 우리의 외침과 관심입니다. 드레퓌스 사건은 진실은 반드시 밝혀진다는 믿음에 확신을 주었습니다.

10 최초의 사회 보장 제도를 보수주의자가 만들었다고요?

사회 보장 제도 같은 복지 정책은 진보 개혁가들이 주장하는 것 아닌가요? 그런데 사회 보장 제도를 세계 최초로 설계한 사람은 비스마르크인데 그는 보수파 정치인이더라고요. 보수주의자인 그는 왜 진보주의자들이 주장했을 법한 사회 보장 제도를 만드는 데 앞장섰을까요?

철과 피로 이룩한 독일 통일

1848년 독일 베를린에서는 자유주의 체제 수립을 요구하는 시위가 일어났습니다. 당시 프로이센 지방 의원이었던 비스마르크는 자유주의자들의 시위를 강경하게 진압할 것을 요구했으나 중앙 의회 의원이 아니라 직접 행동에 나서지는 못했습니다. 이후 왕정 지지자인 비스마르크는 황제의 눈에 들어 러시아와 프랑스 공사를 지내는 등 다양한 정치 경험을 쌓았습니다.

1861년 왕위에 오른 빌헬름 1세는 독일 통일 과정에서 프로이센의 입지를 공고히 하기 위해 병력을 늘리고 군비를 확장하려 했습니다. 황제는 엄청난 규모의 예산을 의회에 요구했는데, 자유주의자가 다수를 차지하고 있던 프로이센 의회는 이를 승인하지 않았습니다. 빌헬름 1세는 이 위기를 타개할 인물로 비스마르크를 지명해 재상으로 임명했습니다.

비스마르크는 의회에 출석해 "현재의 문제는 논쟁이나 다수결이 아니라 철과 피에 의해서만 해결될 수 있다"는 유명한 연설을 했습니다. 그가 생각하기에 독일 통일은 협상이 아닌 힘에 의해, 즉 무기와 전쟁으로 추진해야 가능한 일이었습니다. 비스마르크가 추진한 군국주의 정책은 의회 의원 다수의

1871년 베르사유 궁전 거울의 방에서 독일 제국 선포식이 거행되었다.

반대에 부딪혔지만 비스마르크는 개의치 않고 의회를 해산하며 군비 확장 정책을 밀어붙였습니다. 이후 프로이센 군대는 덴마크, 오스트리아를 무력으로 제압했습니다. 프랑스와 전쟁에서도 승리를 거두었습니다. 계속되는 승리에 자유주의자들도 비스마르크가 주도하는 정책의 성공을 인정하지 않을 수 없었습니다. 결국 프로이센은 오스트리아를 제외한 독일 전역을 통일했고, 1871년 빌헬름 1세는 독일 제국 수립을 선포했습니다.

보수주의자가 사회 보장 제도를 도입하다

독일 통일을 완성한 비스마르크는 1890년까지 재상으로서 독일의 성장 기반을 다졌습니다. 한편 19세기 후반 독일은 산업화 진행 속에 노동자 수가 급격히 늘어났습니다. 사회주의 사상의 확산과 함께 노동자들은 조직적인 노동 운동을 전개했으며 큰 힘을 가진 정치 세력으로 성장했습니다.

사회주의 운동과 노동 운동은 지주 출신 기득권자이자 보수주의자인 비스마르크를 불안하게 했습니다. 그는 '사회 민주주의 진압법'을 제정해 사회주의 단체의 활동을 금지했습니다. 하지만 사회주의 정당의 치솟는 인기는 비스마르크에게도 상당히 위협적이었습니다. 그는 노동자를 자기편으로 끌어들이기 위해 채찍뿐만 아니라 회유책인 당근도 필요하다고 생각했습니다.

이러한 생각의 변화 속에 그는 당시로서는 파격적이라고 할 수 있는 사회 보장 제도를 만들었습니다. 1883년 의료 보험법 도입을 시작으로, 일을 하다 다친 사람을 위한 산업 재해 보험(1884), 노인을 위한 노령 연금 제도(1889)가 차례로 도입되었습니다. 현재 4대 사회 보험 중 고용 보험을 제외한 세 가지 사회 보험이 19세기 후반 독일에서 세계 최초로 탄생했습니다.

비스마르크는 특히 산업 재해 보험에 관심을 가졌는데, 노동자가 일을 하다 다쳤을 때 국가가 나서서 치료비를 지불해 주면 그들이 자연스럽게 국가 정책에 협조하리라 믿었기 때문입니다. 비스마르크가 주도해 제정한 사회 보장 제도 곳곳에는 이러한 노림수가 깔려 있었기에 노동 운동가들은 산업 재해 보험이 노동 운동을 쇠퇴시키는 족쇄가 될 것이라 비난했습니다. 하지만 비스마르크가 주도한 독일의 사회 보장 제도는 독일뿐 아니라 세계 여러 나라에 지대한 영향을 미치며 각 나라가 사회 보장 제도를 도입하도록 하는 밑돌이 되었습니다.

돈이 없으면 선거를
할 수 없었다고요?

우리나라는 현재 만 18세가 되면 각종 선거에서 국민의 대표를 뽑을 수 있는 선거권이 주어집니다. 그런데 세계사적으로 보더라도 성인 남녀가 모두 참여하는 보통 선거제가 실시된 것은 그리 오래된 일이 아닙니다. 이번 시간에는 시민 혁명 이후의 선거권 확대에 대해 탐구해 보겠습니다.

정치에 참여할 수 있는 권리=특권?

정치에 참여할 수 있는 권리, 즉 '참정권'은 자신이 속한 정치 공동체의 의사 결정에 참여하는 권리를 말합니다. 그런데 세계 어느 나라든 성인 남녀가 모두 조건 없이 정치에 참여할 수 있게 된 것은 그리 오래된 역사가 아닙니다. 불과 몇백 년 전만 해도 사람들은 돈이 없으면 정치에 참여할 수 없었습니다.

개인에게 참정권이 있다는 것은 국가로부터 실질적인 주권자로 인정받는 것입니다. 반면에 참정권이 없음은 본인이 소속된 사회에서 정치적인 참여를 할 수 없을 뿐더러, 사회 구성원의 대표가 될 수도 없음을 뜻합니다. 따라서 참정권은 국민에게 부여된 일종의 '특권'이라고 할 수 있습니다. 이러한 참정권을 성인 남녀 누구나 가질 수 있게 된 것은 근대 시민 혁명 이후 국민들이 지속적으로 참정권 확대 운동을 펼치며 오랜 시간 투쟁한 결과입니다.

민주주의를 향한 여정, 보통 선거권

1830년 7월 자유주의를 탄압하는 정부에 반발해 일어난 프랑스 7월 혁명은 부르주아 시민 계급이 주도하고 노동자 등 하층민이 참여해 이룬 결과였습니다. 그러나 혁명으로 세워진 7월 왕정은 입헌 군주제를 지향하면서 하층민의 선거권 확대에는 소극적이었습니다.

산업 혁명의 확산 속에 세력이 확대된 중소 상공업자와 노동자는 선거권을 요구하며 1848년 2월 혁명을 일으켰습니다. 그 결과 7월 왕정이 무너지고 제2 공화정이 수립되었습니다. 새로 구성된 정부는 모든 성인 남성에게 선거권을 부여했고, 이로써 7월 왕정 말기에 24만 명 정도였던 유권자 수는 940여만 명으로 늘어났습니다.

영국에서도 프랑스 7월 혁명의 영향을 받아 1832년 제1차 선거법 개정이 이루어졌습니다. 연 10파운드의 주택세를 내는 모든 세대주에 선거권이 주어져 도시의 신흥 상공업자까지 투표할 수 있게 되었습니다. 주택세를 내지 못해 선거권을 가지지 못한 노동자들은 제1차 선거법 개정에 불만이 많았습니다. 그들은 '21세 이상 모든 남성의 보통 선거', '의원 출마자의 재산 자격 철폐', '인구 비례에 따른 선거구 설치' 등의 요구 사항을 담은 〈인민 헌장〉을 발표하고 수백만 명의 서명을 얻어 의회에 청원하는 '차티스트 운동'을 전개했습니다. 의회는 〈인민 헌장〉을 인정하지 않았지만, 노동자들의 반발을 무마하기 위해 점차적으로 선거법을 개정해 노동자 계급까지 선거권이 확대되었습니다. 물론 그 기간은 상당히 길어 만 21세 이상 모든 남성이 투표에 참여할 수 있게 된 것은 무려 네 번의 선거법 개정을 거친 1918년부터였습니다.

참정권에서도 차별받았던 여성들

프랑스 혁명의 핵심 가치를 담은 〈인간과 시민의 권리 선언〉에서 '인간과 시민'에 포함되지 않은 사람들이 있었습니다. 바로 '여성'입니다. 이러한 프랑스 혁명의 모순을 신랄하게 비판한 인물이 당대에 있었으니, 그의 이름은 올랭프 드 구주입니다. 그녀는 〈인간과 시민의 권리 선언〉의 문제점을 비판하며 여성의 권리를 주장한 〈여성과 여성 시민의 권리 선언〉을 1791년에 발표했습니다. 그러나 이 선언문 발표로 그녀는 "자신의 성별에 적합한 덕성을 잃어버린 사람"이라는 죄목으로 단두대에서 처형당했습니다. 프랑스 혁명 시기 가장 급진적 지도자였던 로베스피에르의 국민 공회 시기에 일어난 사건이었습니다.

이 일을 통해 사람들은 부르주아 특권까지 평등하게 나누자고 주장하던 급진 개혁 세력조차 여성은 동등한 인격체로 여기지 않는다는 것을 알 수 있었습니다. 올랭프 드 구주가 죽으면서 했다는 말이 인상적입니다.

"여성이 단두대에 오를 권리가 있다면, 당연히 의정 연설 연단 위에 오를 권리도 있다."

국민의 책임이자 권리인 투표를 해야 하는 이유

"누구를 찍든 다 똑같다"며 투표를 포기하는 사람들이 있습니다. 하지만 그렇지 않습니다. 내가 기표하는 투표 용지 한 장에서 민주주의가 시작되고 발전합니다.

　투표는 민주주의를 실현하는 최선의 방법이자 수단입니다. 투표율이 높을수록 실제 국민 여론에 가까운 국가 운영이 가능해집니다. 반대로 투표율이 낮으면 국민의 정서나 여론과는 동떨어진 국정 운영을 하게 됩니다. 험난한 여정을 거쳐 얻게 된 민주주의와 보통 선거권! 여러분은 만 열여덟 살이 되면 어떤 선거가 되었든 자신에게 주어진 한 표를 꼭 행사해 국가 운영의 지킴이가 되어 주길 바랍니다.

12, 왜 미국 말을 'English'라고 하나요?

영어를 배우는 우리나라 사람들의 열정은 정말 뜨거워요. 그런데 영어로 'English'는 영국의 언어라는 뜻인데 우리는 보통 'English'를 미국 말이라고 생각해요. 많은 사람이 영어를 배우는 까닭도 세계 경제 대국 미국의 말이기 때문이고요. 왜 미국 사람이 쓰는 말을 영국의 언어라는 뜻을 가진 'English'라고 하는지 궁금해요.

아메리카 대륙으로 떠난 유럽인

1492년 콜럼버스가 아메리카 대륙에 도달한 후 많은 유럽 사람이 대서양을 건너 그곳으로 향했습니다. 돈을 벌기 위해 떠난 사람, 정치나 종교 박해를 피해 떠난 사람 등 사연은 다양했는데 그들이 공통으로 원했던 것은 '더 나은 삶'이었습니다.

1620년 청교도들을 태운 메이플라워호가 영국의 플리머스항을 떠나 아메리카 대륙으로 향했습니다. 66일의 여정 끝에 최종적으로 도착한 곳은 지금의 메사추세츠주 동부 해안이었습니다. 이들은 자신들이 내린 땅에 '플리머스'라는 이름을 지어 주었습니다. 그러니까 플리머스에서 출발해 플리머스에 도착한 셈이지요. 정착민들이 도착했을 때 아메리카는 겨울이었습니다. 낯선 땅에, 날씨까지 춥다 보니 다치거나 죽는 사람도 있었습니다. 이때 곤경에 처한 청교도 이주민들을 도와준 사람은 아메리카 원주민입니다. 원주민들의 도움으로 성공적인 첫 수확을 한 이주민들이 원주민을 초대해 감사의 마음으로 연 잔치가 지금의 '추수 감사절'입니다.

미국의 탄생

메이플라워호를 타고 아메리카로 떠난 사람들에게 영국, 즉 자신들의 모국은 어떤 의미였을까요? 꼭 성공해서 다시 돌아갈 고향이었을까요? 아니면 그쪽으로는 눈도 두고 싶지 않을 만큼 잊고 싶은 곳이었을까요? 개인의 생각을 전부 알 수는 없지만 그들이 배에서 내리기 전에 정한 규칙인 〈메이플라워 서약〉을 보면 어느 정도 짐작은 할 수 있습니다. 〈메이플라워 서약〉에는 "우리는 대영제국, 프랑스 및 북아일랜드의 신, 국왕, 신앙의 수호자 등의 은총을 통해 숭배하는 군주인 국왕 제임스 1세(당시 잉글랜드 왕)의 충실한 신민이다"라는 문구가 들어 있습니다. 비록 고국을 떠나왔지만 자신들의 뿌리는 영국이고 영국 왕이 최고 지도자라는 생각을 가슴에 새기며 배에서 내린 것입니다.

그런데요, "나는 영국인이다"라는 생각을 가진 이주민들은 왜 본국인 영국을 상대로 전쟁을 하고 독립 국가를 세웠을까요? 아메리카 대륙으로 건너간 이주민들이 영국인의 정체성을 계속 가지고 있었다면, 지금 그들은 미국 사람이 아니라 영국 사람이겠지요. 그런데 현재 미국은 독립 국가이고, 미국 사람과 영국 사람은 분명히 다릅니다.

아메리카 대륙을 놓고 유럽 국가들은 치열하게 경쟁했습니다. 특히 영국과 프랑스는 신대륙에서 주도권을 차지하기 위해 무려 7년 동안이나 전쟁을 치렀습니다. 길었던 이 전쟁에서 영국은 승리했지만 재정 면에서 심각한 후유증이 발생했습니다. 재정 악화를 타개하기 위해 영국 정부는 식민지에 설탕세·차세·인지세 같은 다양한 세금을 부과했습니다. 식민지 때문에 전쟁이 벌어졌으니 전후 복구 비용이나 앞으로의 방위비 등을 식민지에서 충당하겠다는 영국 정부의 구상은 어찌 보면 합리적이었습니다. 문제는 절차와 진행 과정이었습니다. 영국은 정작 세금을 내는 식민지 사람들에게는 전혀 동의를 구하지 않은 채 과중한 세금을 부과했습니다. 식민지 사람들은 '대표 없는 곳에 세금을 부과할 수 없다'며 강하게 반발했습니다. 영국 정부는 예상치 못한 사람들의 반발을 무마하기 위해 새로 매긴 세금 대부분을 폐지했습니다. 이로써 식민지 정착민들의 반발은 수그러들었습니다.

하지만 영국 정부가 동인도 회사에 홍차 무역 독점권을 부여하면서 상황은 다시 악화되었습니다. 당시 식민지 상인들은 홍차를 밀수입해 막대한 이득을 취하고 있었습니다. 그들 생각에 본국 정부는 식민지 경제 활동에 간섭이 지나쳤습니다. 여론의 지지 속에 반영국 단체인 '자유의 아들단'이 행동에 나섰습니다. 그들은 아메리카 원주민 분장을 하고 보스턴 항구에 정박해 있던 동인도 회사의 무역선에 올라가 홍차가 담긴 상자를 모두 바다에 빠트렸습니다. 이 일을 '보스턴 차 사건'이라 합니다(1774).

식민지 사람들의 단체 행동을 두고 볼 수 없었던 영국 정부는 보스턴에 군대를 파견해 강경 대응했습니다. 식민지 대표들은 '제1차 대륙 회의'를 열어 대책을 논의했고 영국과 통상 중지를 결정했습니다. 이후 식민지 연합군이 결성되어 영국군과 공방전을 펼쳤으며, '제2차 대륙 회의'를 열어 지속적 항쟁을 준비했습니다. 그러나 이때까지만 해도 아메리카 정착민들은 본국인 영국으로부터 독립은 꿈도 꾸지 않았습니다. 영국의 간섭이 싫기는 했지만 '나는 영국인이다'라는 인식이 남아 있었거든요.

그런데요, 이러한 식민지 정착민의 인식에 돌덩이를 던진 것은 토머스 페인이 쓴 책 《상식》이었습니다. 그는 이 책에서 군주제를 비판하며 공화정 체제를 적극 옹호했습니다. 한편 군대까지 동원하며 식민지 정착민을 적대시하는 영국 정부의 강경한 대응은 독립에 대한 여론 확산을 한껏 부추겼습니다. 결국 1776년 열린 대륙 회의에 참가한 식민지 대표들은 평등, 자유, 행복 추구 등 민주주의 정신

〈미국 독립 선언서〉. 맨 아래에 13개 식민지 대표들의 서명이 있다.

이 담긴 〈미국 독립 선언서〉를 발표하며 영국으로부터 독립을 선포했습니다.

영국이 가만있었을까요? 당연히 아닙니다. 영국과 식민지 사이에 본격적인 전쟁이 시작되었습니다. 영국의 기습 공격으로 시작된 전쟁은 트렌턴 전투와 새러토가 전투를 기점으로 식민지 연합군이 승기를 쥐었고, 영국과 사이가 좋지 않던 프랑스와 네덜란드가 식민지 편에 서면서 영국은 결국 굴복하고 말았습니다. 1783년 영국은 파리 조약을 통해 식민지의 독립을 인정할 수밖에 없었습니다. 이후 헌법이 만들어지고 독립 전쟁의 영웅 조지 워싱턴이 초대 대통령으로 취임하면서 현재 우리가 알고 있는 미국이 탄생했습니다.

이러한 과정을 거쳤기에 미국의 뿌리는 영국이 분명합니다. 하지만 독립 이후 미국은 두 차례의 세계 대전을 치르며 크게 성장해 세계 제일의 강국이 되었고, 영어 종주국인 영국을 제치고 '잉글리시'는 미국 말이라고 여겨질 정도로 영어 문화권의 대표 국가 이미지를 갖게 되었습니다.

뉴욕 자유의 여신상이 프랑스가 보낸 선물이라고요?

자유의 여신상을 아냐고요? 당연하죠! 부루마블 게임에도 뉴욕의 랜드마크로 자유의 여신상이 나오잖아요. 미국을 상징하는 대표 조형물이기도 하고요. 그런데 자유의 여신상은 프랑스가 만들어 미국에 선물했대요. 프랑스는 왜 자유의 여신상을 미국에 선물했을까요?

북아메리카 　대서양　 유럽

프랑스가 미국에 선물한 민주주의의 상징

미국 뉴욕에 도착하면 가장 먼저 여행객을 맞아 주는 것이 자유의 여신상입니다. 받침대부터 횃불까지 높이가 무려 93미터, 무게는 200톤이 넘는 이 조형물은 '아메리칸 드림'을 꿈꾸며 대서양을 건너온 무수한 유럽 이민자들에게 자유의 나라 미국의 상징으로 여기게 했습니다.

자유의 여신상에는 여러 의미가 담겨 있습니다. 왕관에 꽂혀 있는 7개의

뿔은 지구에 있는 일곱 대륙을 상징합니다. 오른손에는 '자유의 빛'을 상징하는 횃불을, 왼손에는 미국 독립 기념일인 "1776년 7월 4일"이 새겨진 〈미국 독립 선언서〉를 들고 있습니다. 한편 자유의 여신상이 밟고 있는 쇠사슬은 노예 제도 폐지를 나타냅니다.

그런데 이런 심오한 뜻이 담긴 자유의 여신상이 만들어진 곳은 미국이 아닌 프랑스입니다. 프랑스 조각가 바르톨디가 나중에 에펠탑을 건축한 에펠과 함께 만들었습니다. 에펠이 철골로 내부 뼈대를 만들고 바르톨디가 표면에 구리판을 입혀 작품을 완성했습니다. 동상 제작 비용은 프랑스 국민이 자발적으로 내준 기부금이었습니다. 프랑스 국민이 왜 기부금을 냈냐고요? 1886년 미국 독립 100주년을 기념해 자유의 여신상을 선물로 보내기 위해서였습니다.

프랑스 파리에서 제작되고 있는 자유의 여신상. 프랑스는 미국 독립 100주년을 기념해 국민의 기부금을 모아 제작한 자유의 여신상을 미국에 선물로 보냈다.

1776년 미국은 프랑스의 군사 지원 덕분에 영국으로부터 독립할 수 있었습니다. 프랑스 사람들은 자기들의 도움으로 미국이 영국으로부터 독립한 것에 대해 자부심이 컸습니다. 이를 기념하기 위해 프랑스는 미국에 자유의 여신상을 보냈습니다.

미국 독립 혁명, 전 세계에 영향을 끼치다

미국이 영국과 전쟁해서 얻어 낸 독립은 세계 역사에 커다란 영향을 끼쳤습니다. 독립 전쟁을 이끈 지도자 중 한 사람인 토머스 제퍼슨이 작성한 미국의 건국 이념이라고 할 수 있는 〈미국 독립 선언서〉에는 이런 말이 적혀 있습니다.

"모든 사람은 행복과 자유를 추구할 권리가 있다."

오늘날 우리는 사람이 사람답게 살기 위해 꼭 필요한 권리를 '기본권'이라 합니다. 이러한 기본권의 구체적인 내용이 〈미국 독립 선언서〉에 처음 등장했습니다. 그 밖에도 몽테스키외의 삼권 분립설을 받아들여 특정한 권력자가 독재하는 것을 막았고, 평등과 자유를 기반으로 하는 민주주의 헌법을 만들었습니다. 한편 미국 독립 혁명은 1789년에 일어난 프랑스 혁명에도 영향을 미쳤습니다.

그래서 일부 역사학자는 프랑스 혁명보다 미국 독립 혁명을 더 높게 평가하기도 합니다. '악의 평범성'이라는 개념을 제시한 한나 아렌트라는 학자는 《혁명론》이라는 책에서 프랑스 혁명에 견주어 미국 독립 혁명의 가치가 제대로 평가되지 않은 것을 의아하게 여겼습니다.

프랑스에도 자유의 여신상이 있다?

〈로스트 인 파리〉라는 영화가 있습니다. 에펠탑과 센강 주변의 아름다운 풍경이 화면에 펼쳐지는데요, 이 영화에 자유의 여신상이 잠깐 등장합니다. 파리가 배경인 영화에 '자유의 여신상'이라니 이상하지 않나요?

파리에 있는 자유의 여신상은 파리 중심을 관통하는 센강 근처에 있는데 프랑스에 사는 미국인들이 성금을 모아 만들어 기증한 것입니다. 뉴욕 자유의 여신상이 만들어진 지 3년 후인 1889년에 기증했는데, 이는 프랑스 혁명 100주년을 기념한다는 의미가 담겨 있습니다.

미국 국기에 그려진 별이 원래는 13개였다고요?

올림픽 개막식에서 미국 국가 대표 선수들이 국기를 들고 입장하는 모습을 봤어요. 국기에 작은 별이 여러 개 그려져 있더군요. 신기해서 숫자를 세어 보니 자그마치 50개나 됐어요. 미국 독립 초창기에는 국기에 별이 13개였다던데, 왜 지금은 50개나 될까요?

독립 후 미국의 발전 과정

치열했던 독립 전쟁 결과, 미국인은 세계 최초의 민주 공화국을 건설했습니다. 독립 당시 미국은 13개 주가 느슨하게 연합한 연방 국가였습니다. 각 주는 미국이라는 나라 안에 속해 있었지만 독자적인 의회와 법이 있어서 독립성이 강했습니다.

주들은 경제적 어려움과 폭동을 겪으며 효율적으로 대처할 강력한 연방 정부의 필요성을 느꼈습니다. 1787년 주 대표들이 필라델피아에서 연방 정부 구성을 위한 회의를 열었습니다. 하지만 13개 주의 이해관계가 서로 달라 모두 만족할 만한 헌법과 정부를 구성하기가 쉽지 않았습니다.

초기 미국 국기가 그려진 우표. 미국은 영국으로부터 독립할 당시 13개 주로 출발했기에 국기에 별이 13개 그려져 있다.

당시 회의에서 합의가 힘들었던 부분은 '연방 의회의 대표 수를 각 주에 어떻게 할당할 것인가?'와 '노예를 인구수에 포함할 것인가?'였습니다. 해결이 힘들 것 같던 이 두 문제는 대타협을 통해 합의가 이루어졌습니다. 연방 의회를 상원과 하원으로 구성하되, 상원은 각 주에 똑같이 2석을 배정하고 하원은 주의 인구수에 비례해서 배정하기로 했습니다. 노예 수 계산 문제는 연방 세금을 부담하거나 인구수에 비례한 대표를 선출할 때 노예 1명을 자유민의 5분의 3으로 계산하기로 합의했습니다. 지금 생각하면 어이없는 결정이지만, 당시에는 이런 결정 속에 삼권 분립 원칙, 연방과 주 정부 사이 권한의 균형, 특정 선거인에 의한 대통령 선출 방식과 임기 및 연임 제한 등이 담긴 미국 헌법이 제정되었습니다. 이후 새로 만든 헌법에 의거해 대통령 선거가 치러져, 1789년 조지 워싱턴이 초대 대통령으로 취임했습니다.

이렇게 각 주의 합의를 통해 제정된 헌법을 근거로 출발한 미국 정부였지만 초대 정부 출범 이후에도 정체성 논란은 한동안 계속되었습니다. 강력한 연방 정부를 만들어야 한다고 주장한 알렉산더 해밀턴 세력과 연방 정부 권한을 축소하고 주 정부 권한을 강화해야 한다는 토머스 제퍼슨 세력이 연방 의회에서 사사건건 충돌했습니다. 이들의 대립은 파벌 싸움으로 번지며 갈등의 골이 깊어졌고, 조지 워싱턴은 대통령직을 물러나는 자리에서 당파 갈등의 위험성을 경계하는 고별사를 할 정도로 미국 사회를 꽤나 시끄럽게 했습니다. 하지만 파벌 대립이 향후 미국 정치에 악영향만 끼친 것은 아니었습니다. 두 파벌은 당대에는 골칫거리였지만, 추후 해밀턴이 이끄는 연방당과 제퍼슨이 주도하는 민주공화당으로 발전해 정당 정치의 출발이 되었고, 지금도 미국은 공화당과 민주당 양당이 국정 전반을 책임지고 운영하는 양당제 국가로 세계 최강국으로 군림하고 있습니다.

미국은 어떻게 영토를 확장했나?

1783년 미국과 영국 사이 맺어진 파리 조약을 통해 미국은 독립을 인정받았을 뿐만 아니라 국경선도 확정했습니다. 이 조약을 통해 미국은 남북으로는 캐나다 국경에서 플로리다반도 위까지, 동서로는 대서양 연안에서 미시시피강까지 자국 영토로 인정받았습니다. 잘 살펴보면, 미국의 초기 영토는 지금 영토보다 상당히 작았음을 알 수 있습니다. 현재는 동쪽 대서양 연안에서 서쪽 태평양 연안까지가 미국 영토니까요.

그럼 미국은 어떤 과정을 통해 지금과 같은 넓은 땅을 가진 대국이 되었을까요? 19세기 초반까지만 하더라도 미시시피강 서쪽의 광대한 영토와 상업의 중심지였던 뉴올리언스를 차지하고 있던 나라는 프랑스였습니다. 1803년 미국은 프랑스 땅인 뉴올리언스를 사들이기 위해 협상단을 프랑스로 파견했습니다. 이 협상은 성공을 장담할 수 없었습니다. 그런데 의외로 협상이 쉽게 풀렸습니다. 당시 프랑스 최고 권력자였던 나폴레옹 보나파르트가 유럽 원정 준비를 위해 자금이 필요했기 때문입니다. 나폴레옹은 미국 협상단에 자국의 식민지인 뉴올리언스를 포함한 루이지애나 전체를 팔겠다고 제안했습니다. 뜻밖의 제안에 깜짝 놀란 미국 협상단은 곧바로 가격 흥정을 했

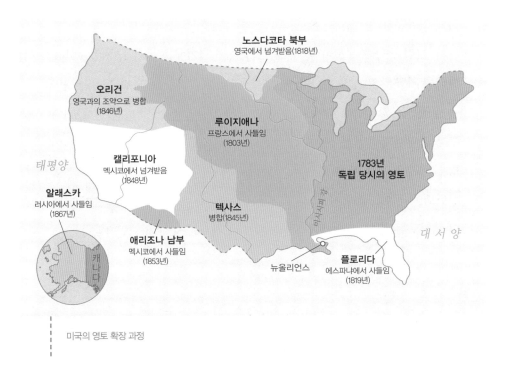

미국의 영토 확장 과정

고 단돈 1,500만 달러에 기존 미국 영토 크기에 맞먹는 땅을 프랑스로부터 매입할 수 있었습니다. 단숨에 미국은 영토가 두 배나 확장되었습니다.

이후에도 미국의 영토 확장은 그칠 줄 몰랐습니다. 원래 멕시코 땅이던 텍사스 지역에 정착한 미국인들은 멕시코 정부에 저항하며 텍사스 공화국을 건설했습니다. 이후 텍사스 사람들이 미국 연방 정부 가입을 신청해 텍사스도 미국 영토로 편입되었습니다. 이만하면 멈출 것 같았지만, 미국 정부의 영토 확장 야욕은 여기서 그치지 않았습니다. 또 다른 멕시코 영토인 캘리포니아를 중심으로 한 오늘날 미국 남서부 지역을 자국 영토로 편입하고자 했습니다. 미국과 멕시코 사이에 영토 분쟁이 발생했고, 미국-멕시코 전쟁(1846~1848)이 시작되었습니다. 이 전쟁에서 미국이 승리해 미국은 현재 영역인 서쪽 태평양 연안에서 동쪽 대서양 연안에 이르는 광대한 영토를 확보하게 되었습니다.

자, 그럼 궁금증을 풀어 볼까요? 초기 미국 국기에는 별이 13개였습니다. 그런데 지금은 50개나 됩니다. 왜 그럴까요? 미국 국기 속의 별은 미국 연방을 구성하는 각 주州를 상징합니다. 미국은 영국으로부터 독립할 당시 13개 주로 출발했기에 처음 국기를 만들 때 별을 13개 그려 넣었습니다. 그런데 영토 확장을 통해 주가 계속 늘어났고, 1959년에는 하와이가 50번째 주로 편입되면서 오늘날의 거대한 연방 국가가 되었습니다. 국기 속에 그려진 별의 개수도 주가 더 생길 때마다 같이 늘어나 현재의 50개가 되었습니다.

15 링컨 대통령의 노예 해방 선언에는 전쟁 승리를 위한 노림수가 있었다고요?

미국 대통령 '링컨' 하면 우리는 '노예 해방'을 먼저 떠올립니다. 그런데 백인인 링컨 대통령은 왜 굳이 남북 전쟁을 치르면서까지 흑인 노예를 해방시키려 했을까요? 이번 시간에는 미국의 노예 해방 정책에 대해 알아봐요.

노예주냐? 자유주냐?

1776년 독립 이래 미국은 눈부시게 발전했습니다. 하지만 이 시기 미국에는 시한폭탄 같은 문제가 하나 도사리고 있었습니다. 산업 혁명 이후 북부는 공업 지대로 발전했는데 남부는 농업이 주요 경제 활동 수단이었습니다. 그러다 보니 남북 간 반목이 알게 모르게 심했습니다.

당시 세계 최대 규모의 목화 재배 지역인 남부의 주요 노동력은 흑인 노예

〈노예 해방 선언문〉. 링컨의 노예 해방 선언은 남북 전쟁의 흐름을 바꾸어 놓았다.

들이었습니다. 목화 농사를 짓는 남부 대지주들에게 흑인 노예는 반드시 필요한 노동력이었습니다. 반면에 공업이 번성하고 있던 북부는 값싼 노동력을 제공할 수 있는 노동자들이 필요했습니다. 북부 기업가들은 남부의 노예 해방을 은근히 기대했습니다. 왜냐고요? 해방된 노예들이 북부로 와서 값싼 임금 노동자가 되어 줄 가능성이 컸으니까요. 이렇듯 남과 북의 산업 구조 차이는 흑인 노예에 대한 견해 차이를 유발했습니다.

그런데 사실 흑인 노예제에 대한 남부와 북부의 견해차는 미국이 독립할 시기부터 꾸준한 논란거리였습니다. 헌법 제정 당시 흑인 노예를 이용해 대농장을 경영하고 있던 남부는 노예를 인구수에 포함하려 했습니다. 연방 의회 하원 의석수를 인구 비례로 배정했기 때문에 노예가 인구에 포함되면 더 많은 하원 의석을 확보할 수 있기 때문입니다. 하지만 흑인 노예가 적었던 북부에서는 반대했습니다. 이 논란은 흑인 노예 1명을 자유인의 5분의 3으로 인정한다는 황당한 계산법으로 일단락되었습니다.

한편 미국 영토가 확장되면서 새롭게 미국 연방에 가입하는 주를 노예주로 할 것이냐, 자유주로 할 것이냐를 놓고도 날카로운 신경전이 벌어졌습니다. 미주리주와 메인주가 새롭게 연방 가입을 신청했을 때에도 자유주로 할지, 노예주로 할지, 논란이 심했습니다. 다행히 협정을 통해 미주리주는 노예주로, 메인주는 자유주로 편입하면서 미국 연방이 분열되는 최악의 상황은 모면했습니다. 하지만 이후에도 새롭게 연방에 가입하는 주가 생길 때마다 미국 의회에서는 '노예주냐? 자유주냐?'를 놓고 격렬한 논쟁을 벌였습니다.

남북 전쟁이 발발하다

1861년 3월 4일 공화당 소속 에이브러햄 링컨이 미국 제16대 대통령에 당선되었습니다. 링컨은 취임 연설에서 하나된 연방을 강조하며 남북의 충돌을 막고자 했습니다.

"우리는 적이 아니고 친구입니다. 적이 되어서는 안 됩니다. 울화가 치밀어 오르더라도 감정의 유대를 끊어서는 안 됩니다. (…) 신비로운 기억의 현들은 다시 퉁기기만 하면 연방의 코러스로 힘차게 울려 퍼질 것입니다."

하지만 노예제를 반대하는 공화당 소속 대통령의 탄생에 불만을 품은 남부 7개 주가 연방 탈퇴를 선언했습니다. 탈퇴한 남부 주들은 '남부 연합'을 결성했습니다. 이후 4개 주가 더 남부 연합에 합류했습니다.

1861년 남부 연합군 부대가 북부 연방군 요새를 기습 공격하면서 남부와 북부의 전쟁이 시작되었습니다. 객관적 전력을 비교하면 남부 연합군은 북부 연방군의 상대가 되지 못했습니다. 전쟁 당시 북부의 인구는 남부의 두 배 이상이었습니다. 미국 전체 예금액의 약 80퍼센트도 북부 사람 돈이었습니다. 군수 물자와 군인을 수송할 철도 관련 시설도 북부에 편중되어 있었습니다. 이렇듯 거의 모든 면에서 북부 연방은 남부 연합을 압도했습니다. 그러나 예상과 달리 전투 초기에는 연방군이 고전했습니다. 북부 연방군 병사의 다수가 남부 출신이었기 때문입니다. 전쟁이 시작되자 남부 출신 연방군 병사들은 고향으로 돌아가 남부 연합군에 합류했습니다. 게다가 연방군 병사는 대

게티즈버그 전투 장면 역사화. 연방군은 남북 전쟁에서 가장 중요하고 치열했다고 평가받는 게티즈버그 전투에서 승리하면서 전쟁의 유리한 고지를 점령했다.

부분 영어조차 서툰 이민자들이었습니다. 더구나 전투가 대부분 남부 지역에서 벌어졌기 때문에, 지형에 익숙한 남부 연합군에 유리하게 작용했습니다.

이처럼 불리한 전쟁 상황을 반전시키기 위해 대통령 링컨이 꺼내든 비장의 카드는 '노예 해방 선언'이었습니다. 1863년 1월 1일 링컨은 정식으로 노예 해방을 선언했습니다. 이 선언으로 남북 전쟁은 남과 북의 통일 전쟁을 넘어 인간의 자유와 평등을 지키기 위한 전쟁으로 변모했습니다. 북부 연방군은 인류의 보편적 가치를 지킨다는 명분을 얻게 되었습니다. 이는 유럽 국가들로부터 지지를 얻었을 뿐만 아니라 남부의 흑인 노예가 북부로 도망쳐 연방군을 위해 싸우는 계기가 되었습니다.

노예 해방 선언을 통해 상황을 반전시킨 북부 연방군은 남북 전쟁에서 가장 중요하고 치열했다고 평가받는 게티즈버그 전투에서 승리하면서 전쟁의 유리한 고지를 점령했습니다. 이후 한껏 공세를 펼친 끝에 마침내 1865년 4월 남부 연합군에 항복을 받아 냈습니다. 이로써 노예제에 담긴 정치·경제적 이해관계 차이에서 촉발된 미국 남북 전쟁은 약 60만 명에 이르는 희생자를 내고 종결되었습니다.

링컨의 노예 해방 선언이 노예 인권을 생각한 결과가 아니라고요?

링컨은 게티즈버그 전투 승리 후 희생자를 위한 추도식에서 짧지만 아주 강렬한 연설을 했습니다.

"전사자의 죽음을 헛되이 하지 않으리라 굳게 맹세하는 것, 이 나라를 하느님의 뜻으로 새로운 자유의 나라로 탄생시키는 것, 그리고 국민의, 국민에 의한, 국민을 위한 정부가 지상에서 사라지지 않도록 하는 것입니다."

링컨은 이 연설에서 민주주의 가치를 수호하겠다는 의지를 강하게 드러냈고, 실제로 남부 연합과의 전쟁에서 승리를 거둠으로써 농장에서 혹사당하던 흑인 노예를 대거 해방시켰습니다. 이러한 까닭에 우리는 링컨을 노예 해방을 이룬 정의로운 인물로 기억하고 있습니다. 그런데 흑인 노예 해방에 결정적 역할을 한 링컨이 작성한 편지를 살펴보면 의아한 점이 발견됩니다.

"나는 연방을 구할 것입니다. (…) 만약 제가 어떤 노예도 해방하지 않고 연방을 구할 수 있다면, 그렇게 하겠습니다. 또 모든 노예를 해방해서 연방을 구할 수 있다면, 그렇게 하지요. 일부는 해방하고 일부는 그냥 둠으로써 연방을 구할 수 있다면, 역시 그렇게 하겠습니다."

뭔가 이상하지 않나요? '노예 해방 선언을 한 링컨이 작성한 편지 맞나?'라는 생각이 들 정도로 링컨의 노예제에 대한 태도는 애매모호합니다. 편지 내용대로라면 링컨은 노예 해방보다 미국 연방 유지가 더 중요한 목적이었습니다. 그리고 보면 링컨의 노예제 폐지 선언은 자유와 평등 정신에 입각한 인권 존중이라기보다는 남북 전쟁의 흐름을 바꿀 하나의 방법이자 정치적 수단이었습니다. 이런 의도가 숨어 있었기에 남북 사이 민감한 사안이었던 노예제에 관한 질문을 받을 때마다 링컨은 자신의 의지를 일관되게 밝히기보다는 상황에 따라 임기응변으로 대처했습니다.

우리가 알고 있는 역사적 사실 뒤편에는 이렇듯 여러 다른 모습이 숨어 있습니다. 그래서 당대의 현실과 인물이 처한 상황을 면밀히 들여다보는 일은 전체 역사의 흐름을 이해하는 데 매우 중요합니다.

16 그 많던 아메리카 원주민은 다 어디로 갔나요?

영국의 식민지로 출발한 미국은 현재 영토 대국입니다. 북아메리카 대륙의 거의 절반이 미국 땅이니까요. 그런데 궁금한 게 있어요. 미국인이 들어와 살기 전에 이 넓은 땅에는 사람이 살지 않았나요? 누군가는 살고 있었을 텐데, 그들은 지금 다 어떻게 되었을까요?

왜 아메리카 원주민을 인디언이라 부르지?

원래 아메리카 주민은 누구일까?

유럽인들이 이주해서 살기 전부터 북아메리카에 살던 원주민들을 흔히 '인디언'이라고 부릅니다. 인디언은 '인도 사람'이라는 뜻입니다. 인도에서 멀리 떨어진 북아메리카에 사는 사람을 인도 사람이라 했다니, 왠지 생뚱맞습니다. 도대체 왜 그랬을까요?

에스파냐의 후원을 받아 신항로 개척에 나선 콜럼버스는 갖은 고생 끝에 지금의 아메리카 대륙 동쪽 섬 지대에 도착했습니다. 콜럼버스는 자기가 도착한 땅이 유럽 사람 누구도 가 보지 못한 신대륙이라는 것을 죽을 때까지 몰랐습니다. 그는 자기가 '인도'에 도착했다고 믿었고 그곳에 사는 주민들을 '인도 사람'이라는 뜻에서 '인디언'이라고 불렀습니다. 이후 유럽인들은 아메리카 대륙에 살고 있던 체로키, 아파치, 카이오와 등 여러 부족민을 '인디언'이라는 뭉뚱그린 이름으로 불렀습니다.

그럼 아메리카 원주민들은 어떤 사람들일까요? 그들은 지금으로부터 1만여 년 전에 아시아에서 아메리카 대륙으로 건너간 사람들의 후예입니다. 따라서 유럽인 콜럼버스가 발견한 아메리카 땅을 '신대륙'이라 부르는 것도 다시 생각해 봐야 합니다. 이미 오래전부터 사람들이 살고 있던 땅을 '신대륙'이라 칭하는 것은 대항해 시대 유럽인의 관점일 뿐이지, 이미 터전을 이루고 살고 있던 아메리카 원주민들에게는 맞지 않는 표현이니까요.

미국 서부 개척 시대의 '골드 러시'

영국으로부터 독립한 미국인들은 북아메리카 동부의 대서양 연안 13개 주에서 시작해 서쪽과 남쪽으로 영토를 넓혀 나갔습니다. 프랑스와 협상을 통해 프랑스 식민지였던 루이지애나 지역을 자국 영토로 편입시켰으며, 멕시코와 싸워 캘리포니아 지역을 얻어 냈습니다. 미국은 자국 영토로 편입된 서쪽의 광활한 황무지를 개발하기 위해 서부에 정착하는 사람들에게 다양한 혜택을 주며 본격적으로 서부 개척 시대를 열었습니다.

서부 개척 시기에 미국 정부는 집을 짓고 5년 동안 땅을 일궈 경작한다는 조건으로 서부 땅을 무상으로 나누어 주었습니다. 이런 혜택이 있었기에 당시 미국에서는 서부를 기회의 땅으로 생각하는 사람들이 많았으며, 유럽에서 힘들게 살고 있던 사람들에게 미국에 가면 집과 땅도 생기고 성공할 수 있다는 '아메리칸 드림'을 꿈꾸게 했습니다.

서부 개척은 19세기로 접어들며 더 활발해졌습니다. 서부 캘리포니아 지역에서 대량의 금이 발견되자, 사람들은 일확천금을 노리며 너도나도 황금을 찾아 캘리포니아로 떠났습니다. 이른바 '골드 러시Gold Rush'가 시작된 것입니다. 이제 막 개척되고 있는 지역이기에 위험 부담은 컸지만, 잘만 하면 부자가 될 수 있는 절호의 기회였습니다. 당시 서부 개척은 '프런티어 정신The Frontier'이라는 신조어를 만들어 내며, 오늘날까지 '독립 정신'과 더불어 미국의 정신을 대표하고 있습니다.

서부 개척 시대에 원주민들은?

미국인들은 서부로 영토를 확장하며 자신들의 우수한 문명을 확산시키겠다는 자신감으로 가득 차 있었습니다. 1845년 미국 기자 존 오설리반은 미국의 영토 확장을 '명백한 운명'이라는 말로 정당화했습니다. 미국 체제와 문화를 전파하기 위해 대서양에서 태평양에 이르는 광대한 영토를 차지하는 것은 미국인이 신으로부터 부여받은 사명이라는 것입니다.

존의 기고문은 미국인의 욕망을 자극했습니다. 그리고 영토 확장에 나선 미국인의 행동에 정당성을 부여했습니다. 미국 정부는 서부 지역으로 영토를 확장하며 원주민들의 토지를 매입하거나 선물을 주고 교환하는 방법을 주로 사용했습니다. 원주민들은 본래부터 땅에 대한 소유 개념이 없었고 땅은 누구의 것도 아닌 자연의 것이라고 생각했기에 백인들이 내미는 계약서를 "자연이 이 땅에 함께 살도록 허락했다"는 뜻으로 받아들였습니다. 하지만 백인에게 계약 체결은 소유권 이전을 의미했고, 계약서가 작성된 후에는 무력을 사용해 원주민들을 거주지에서 몰아냈습니다.

원주민들이 맥없이 자기 땅을 빼앗기면서도 그냥 당하기만 했냐고요? 원주민들은 강하게 저항했습니다. 백인과 원주민의 대격돌로 유명한 전투가 '리틀 빅 혼 전투'입니다. '앉은 황소'와 '성난 말'이 이끄는 원주민 연합 부족이 미국 기병대와 맞붙었던 전투로 원주민이 기병대를 전멸시켰습니다. 하지만 이렇게 원주민이 승리한 전투는 매우 드물었고 대부분의 전투는 정복자인 백인의 승리로 끝났습니다.

리틀 빅 혼 전투 이후 미국 정부는 원주민들이 야만적인 학살 행위를 했다고 비난하며 본격적으로 원주민 사냥을 시작했습니다. 반항하는 원주민들을 가차 없이 살해했으며, 급기야는 인디언 보호 구역을 만들어 원주민들을 정해진 곳에서만 제한적으로 살게 했습니다. 미국 민주주의를 한 단계 발전시켰다고 평가받는 제7대 대통령 앤드류 잭슨은 대통령이 되기 전 원주민 소탕자로 명성이 자자했습니다. 또한 그는 재임 시절 인디언 추방법을 승인했

1890년 미국 육군은 운디드니의 아메리카 원주민 290여 명을 총기로 사살하고 한꺼번에 시신을 묻었다.

습니다. 이 법 때문에 수많은 원주민이 정든 고향을 떠나 추방당해야만 했습니다.

오늘날에도 미국은 세계 경찰을 자청하고 있습니다. 세계 평화를 명분 삼아 전쟁도 마다하지 않으며 지구촌 곳곳에 영향력을 행사하고 있습니다. 어찌 보면 서부 개척 시대를 이끈 '명백한 운명'이라는 논리가 오늘날까지 미국 팽창주의를 지지하는 축으로 자리 잡고 있는 것 같습니다. 과연 정당한 일인지 생각해 볼 필요가 있습니다.

'역사는 승자의 기록이다'라는 말이 있습니다. 이 말을 문장 그대로 이해하면, 역사는 승리자의 관점에서 풀어 놓은 옛날이야기일 뿐입니다. 그런 역사를 그대로 믿고 배우는 것이 바람직한 역사 공부는 아니겠지요. 역사의 참모습을 이해하고 배우기 위해서는 승자뿐 아니라 시대를 부대끼며 살아간 다양한 사람들의 관점도 살피고 이해해야 합니다.

17 아메리카에는 본래 흑인이 살지 않았다고요?

미국의 유명 배우, 가수, 래퍼 중에는 흑인이 많습니다. 저는 랩 음악을 즐겨 들어 그런지 미국인 하면 백인보다 흑인이 먼저 떠오릅니다. 미국 대통령이었던 버락 오바마도 생각나고요. 그런데 흑인들은 원래 아메리카 대륙에 살지 않았다고 해요. 그렇다면 현재 미국에 살고 있는 흑인들은 어디에서 어떻게 미국으로 오게 된 걸까요?

노예로 팔려 아프리카에서 아메리카로 온 흑인들

1492년 콜럼버스의 아메리카 대륙 도달 이후 유럽 이주민들은 사탕수수, 면화 등을 재배하는 대규모 농장에서 아메리카 원주민을 노예로 부렸습니다. 그러나 유럽인이 옮긴 전염병 때문에 원주민 수가 급격히 줄자 농장 주인들은 새로운 노동력을 찾아야 했습니다. 이들이 새로운 노동력으로 선택한 사람은 원주민보다 전염병에 잘 견디고, 농장에서 도망칠 염려도 없는 아프리카 사람들이었습니다. 유럽 상인들은 1,000만 명이 넘는 아프리카 사람들을 강제로 노예선에 태워 아메리카로 보냈습니다.

아프리카에서 아메리카로의 이동은 매우 힘든 여정이었습니다. 노예 상인들은 적은 경비로 최대한 많은 흑인 노예를 싣고 대서양을 건너는 것에만 관심이 있었습니다. 흑인들은 지하 선실의 일인당 50센티미터도 안 되는 공간에서 족쇄를 찬 채 땀과 용변, 토사물과 함께 한 달 이상을 견뎌야 했습니다. 항해 도중 많은 사람이 설사와 천연두, 발열, 괴혈병 등으로 죽거나 체력을 소진해 녹초가 되었습니다. 다음은 시인 하이네가 쓴 〈노예선〉이라는 시의 일부입니다.

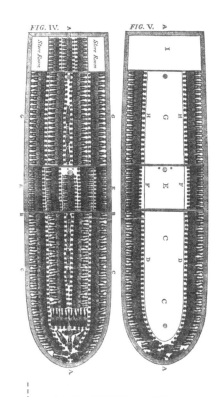

노예 무역선 선실의 흑인 노예 배치도. 노예 상인에게 잡혀 온 흑인들은 몸을 가누기도 어려운 좁은 공간에서 족쇄를 찬 채 한 달 이상을 견뎌야 했다.

고무도 좋고, 후추도 좋다네
각각 300자루, 300통
사금도 있고 상아도 있지
하지만 더 좋은 것은 검은 상품이지

나는 세네갈 강가에서
검둥이 600명을 싼값에 사들었다네
딴딴한 근육과 건장한 다리가
꼭 질 좋은 주물로 만든 쇳덩이 같거든

내가 지불한 것은 포도주와 렌즈와 강철 제품 뿐

그것으로 여덟 배의 이익이 남지

만약 검둥이가 절반이라도 살아남는다면

이렇듯 유럽인들에게 아프리카 사람은 많은 이윤을 남기고 팔 수 있는 상품이었을 뿐 그들의 고통과 희생은 안중에도 없었습니다. 긴 항해의 고통을 이겨 내고 아메리카에 도착한 흑인 대부분은 농장주들에게 팔려 평생을 노예로 살았습니다. 한편 노예 무역이 아프리카 사회와 경제에 끼친 영향은 심각할 정도로 컸습니다. 짧은 기간에 많은 사람을 잡아가다 보니 아프리카의 노동력이 크게 감소했습니다. 또한 아프리카인들이 서로를 믿지 못해 불신과 증오가 팽배하게 되었습니다.

흑인 노예의 비참한 삶, 그 속에서 시작된 현대 대중음악

아프리카에서 온 흑인 노예들의 삶은 참으로 비참했으나 이들은 현대 대중음악의 기반을 다졌습니다. 블루스, 로큰롤, 재즈, 힙합, 레게, 룸바 같은 음악에는 흑인 노예들의 고되고 아픈 삶의 정서가 스며들어 있습니다.

흑인 노예를 거느린 농장주들은 작업 중에 말을 하면 작업 능률이 떨어진다며 서로 이야기를 나누는 것조차 금지했습니다. 이런 상황에서 흑인들은 의사소통의 도구이자 노동의 고단함을 달래기 위해 노래를 불렀고 이 음악은 블루스와 가스펠 송으로 발전했습니다.

엘비스 프레슬리가 부른 음악으로 대표되는 로큰롤도 백인 음악으로 아는 사람이 많지만, 이 장르도 흑인 음악에서 출발했습니다. 흑인 음악 특유의 알앤비에 백인의 컨트리 음악 요소를 곁들인 강한 리듬의 열광적인 음악이 로큰롤입니다.

재즈도 마찬가지입니다. 노예 시장이 열렸던 뉴올리언스에서 흑인들이 답

답하고 괴로운 시간을 견디기 위해 냄비 같은 주방 도구를 악기 삼아 리듬을 만들어 낸 것이 재즈의 출발입니다. 그 밖에도 자메이카의 대표 대중음악인 레게는 자메이카에 노예로 끌려온 흑인들이 발전시켰으며, 룸바는 쿠바의 흑인들이 춤을 추기 위해 만든 음악입니다. 삼바는 브라질의 아프리카 출신 흑인들이 만든 음악이자 춤입니다. 랩, 디제잉, 그라피티, 브레이크 댄스, 비트 박스 같은 힙합 문화도 1980년대 미국 흑인들이 거주하던 빈민가에서 탄생했습니다.

아프리카 흑인은 처음에는 노예로 아메리카에 발을 디뎠지만, 음악을 비롯해 스포츠와 예술 등 다양한 분야에서 뛰어난 기량을 발산하고 있습니다. 또한 대통령과 장관 등 유력한 정치가들을 배출할 정도로 정치·사회적으로도 영향력을 발휘하고 있습니다.

호주에는 원래 소가 없었다고요?

오늘 엄마가 마트에서 호주산 소고기를 사 오셨어요. 호주 하면 푸른 초원에서 방목하는 목장이 떠오를 정도로 소고기가 특산물인 것 같은데, 호주에는 원래 소가 없었다고 해요. 그런데 어떻게 하다가 호주에서 소가 살게 되었을까요? 갑자기 살지 않던 소가 살게 되면서 호주 생태계에 문제가 생기지는 않았나요?

대항해 시대 이후 호주의 생태계가 바뀌다

우리가 좋아하는 소고기는 매우 다양하게 활용되는 식재료입니다. 대형 마트에 가면 한우와 함께 호주산 소고기가 정육 매장의 거의 절반을 차지할 정도로 가득 진열되어 있습니다. 드넓은 땅을 가진 호주(오스트레일리아)는 많은 소를 방목해서 키워 양질의 소고기를 생산하고 전 세계 시장에 값싸게 내놓고 있습니다.

호주의 드넓은 목초지에서 방목으로 키워지는 소는 대항해 시대 이후 유럽인들이 배에 싣고 들여왔다.

　지금은 '소고기' 하면 바로 호주를 떠올리지만 원래 호주에는 소가 살지 않았습니다. 대항해 시대 이후 유럽인들이 가축으로 기르기 위해 소를 호주로 들여왔습니다. 호주는 양도 유명합니다. 양도 유럽인들이 호주에 정착시킨 동물입니다. 식민지 개발을 위해 유럽에서 출발한 배에 실려 온 양이 오세아니아 대륙인 호주와 뉴질랜드에서 크게 번성해 현재 두 나라는 양 축산업의 선두 국가로 자리 잡았습니다. 심지어 뉴질랜드는 양의 숫자가 전체 인구의 일곱 배나 됩니다.

　그런데 인간의 편의를 위해 마음대로 들여온 동식물이 오히려 자연 생태계를 해치고 인간을 곤경에 빠트리는 경우가 있습니다. 호주 사람들은 사탕수수 농사를 망치는 딱정벌레를 퇴치하기 위해 수수두꺼비라는 대형 두꺼비를 하와이에서 들여왔습니다. 그러나 효과는 거의 보지 못한 채 두꺼비 개체 수만 엄청 늘리고 말았습니다. 강아지만 한 크기까지 자라는 이 두꺼비는 독도 있는 데다 호주 내에 천적이 없었습니다. 그러다 보니 현재 2억 마리까지 늘어나 호주 정부는 수수두꺼비 소탕을 위해 해마다 막대한 예산을 쏟아붓고 있습니다. 또한 호주는 사냥을 즐기기 위해 토끼를 들여왔는데 토끼가 급속히 번식해 20세기 초에는 5억 마리나 되었습니다. 왕성한 번식력으로 호주의 초원을 다 먹어 치우고 있는 토끼의 개체수를 줄이기 위해 호주 정부는 여러 노력을 기울이고 있지만, 그 수는 줄지 않고 계속 불어나고 있습니다.

생태계 변화와 지속 가능한 발전

호주의 사례에서 보았듯이 사람들의 교류가 활발해지면 인간 사회만 변하는 것이 아닙니다. 자연환경과 생태계도 변합니다. 대항해 시대 이후 바다를 통한 교류가 확대되면서 전 세계적으로 생태계 교류도 활발해졌습니다. 근대 초에 일어난 이러한 대규모 생물학적 교환 현상을 설명한 이론 중 하나가 앨프리드 크로스비의 '생태 제국주의'입니다. 이 이론은 생태적 측면에서의 제국주의를 말하는 것으로, 구대륙인 유럽의 동식물과 미생물들이 제국주의자들과 함께 신대륙으로 건너가 신대륙의 토착종을 몰아냄으로써 식민지 건설의 생태적 조건이 만들어졌다는 이론입니다.

크로스비에 따르면, 유럽인들은 아메리카, 호주, 뉴질랜드 등지로 진출하면서 원주민을 내몰고 땅을 빼앗은 다음 자신들이 원래 살던 유럽과 생태 환경이 비슷한 식민지를 만들었습니다. 또한 이 시기에 유럽에서 인간과 함께 살았던 동물, 식물, 병원균, 미생물 들이 그대로 이주지로 옮겨지며 생태계가 복제되었습니다. 크로스비는 이렇게 복제된 식민지를 '네오 유럽'이라고 이름 붙였습니다.

한편 신대륙 아메리카의 작물이 유럽과 아시아로 들어오기도 했습니다. 옥수수, 감자, 고구마 등 아메리카 대륙에서 전래된 작물은 거친 땅에서도 잘

자랐기에 구황 작물로 널리 재배가 되며 인구 증대에 도움을 주었습니다.

하지만 신작물의 재배 확대로 인한 부작용도 있었습니다. 아일랜드에서는 감자가 주식이 될 만큼 감자 재배가 번성했는데, 1840년대에 나라 전역에서 감자 역병이 발생해 감자를 먹지 못하게 되었습니다. 이를 '아일랜드 대기근' 또는 '아일랜드 감자 기근'이라고 합니다. 이 기근으로 전체 인구의 4분의 1 가량이 사망하고 많은 아일랜드 사람이 고향을 떠나 다른 나라로 이주해야 했습니다.

교통의 발달과 과학 기술의 진보 속에 인간의 활동은 자연과 환경에 아주 많은 영향을 끼치고 있습니다. 그리고 그 영향은 교류가 빈번할수록 더욱 커지고 있습니다. 하지만 풍요를 위해 자연환경을 바꾸려는 시도가 때로는 '아일랜드 감자 기근'처럼 인간 사회에 치명타를 입히기도 합니다. 그러기에 오늘날 우리는 자연과 공존을 통한 지속 가능한 발전을 염두에 두고 자연환경을 보전하며 인류 문명을 발전시켜 나가야 합니다.

중남아메리카 독립운동을 유럽 백인의 후예들이 이끌었다고요?

우리나라처럼 식민 지배를 겪은 다른 나라들은 어떻게 독립운동을 했는지 궁금해졌어요. 생각보다 식민 지배를 겪은 나라들이 많았고, 독립운동 방식도 다양했어요. 그중에서도 중남아메리카는 매우 흥미로웠는데, 독립운동을 이끈 계층이 원주민이 아닌 유럽 백인의 핏줄을 이어받은 사람들이었어요. 왜 중남아메리카 독립운동은 원주민이 아닌 백인들이 주도했을까요?

반갑지 않은 정복자

중남아메리카에는 아스테카 왕국, 잉카 제국 등이 번성하며 독자적인 문명을 꽃피웠습니다. 그러나 이 문명은 유럽인의 신항로 개척으로 16세기부터 아메리카 대륙에 백인들이 몰려오기 시작하면서 에스파냐의 코르테스와 피사로가 이끈 탐험을 위장한 정복 세력에 의해 멸망했습니다.

오랜 기간 성장해 기반이 단단했던 두 문명이 소수 이민족 세력에 허무하게 무너진 까닭은 총 같은 신무기, 정복자에 의해 퍼진 천연두나 홍역 같은 전염병, 원주민 내부의 분열 등 여러 요인이 함께 작용했습니다.

중남아메리카 원주민들은 전염병으로 죽거나 정복자들에게 가혹하게 착취당해 아주 짧은 기간 동안 인구가 90퍼센트나 감소했습니다. 그런데도 정복자들의 탐욕은 그칠 줄 몰랐습니다. 그들은 아프리카에서 흑인들까지 데려와 노예로 부리며 착취를 이어갔습니다. 이제 중남아메리카에는 원주민인 아메리카 토착인, 정복자들인 유럽 백인, 노예로 끌려온 아프리카 흑인들이 함께 살며 인종과 문화의 혼류가 발생했습니다. '페닌술라르(에스파냐인)', '크리오요(식민지에서 태어난 에스파냐인)', '메스티소(백인과 원주민 사이 혼혈인)', '물라토(백인과 흑인 사이 혼혈인)', '삼보(원주민과 흑인 사이 혼혈인)' 등이 중남아메리카에서 함께 살았습니다.

이러한 인종 혼류는 인종과 직업, 종교를 기준으로 사회 체제를 재편하게 했습니다. 특권을 가진 유럽 백인을 정점으로 혼혈인, 원주민, 흑인 순으로 내려가는 신분 사회가 정착되었습니다.

중남아메리카의 독립 전쟁

18세기 후반부터 유럽은 혁명의 시대로 접어들었습니다. 당시 중남아메리카 전역은 현재 브라질 영토만 빼고 모두 에스파냐 식민지였는데, 유럽 내의 혁명전쟁에 에스파냐도 휘말려 있었기에 중남아메리카의 식민지 통제가 전보다 느슨해졌습니다. 때마침 유럽 사회를 휩쓸고 있던 계몽사상과 자유주의, 민족주의 이념이 식민지 사회에도 전파되며 중남아메리카 각 지역에 독립 분위기가 고조되었습니다.

그런데 특이하게도 중남아메리카 독립운동을 주도한 세력은 식민지에서 태어난 에스파냐인인 크리오요였습니다. 이들은 인종적으로나 문화적으로

멕시코 (1821)
온두라스 (1821)
쿠바 (1902)
아이티 (1804)
도미니카 공화국 (1844)
과테말라 (1821)
니카라과 (1821)
엘살바도르 (1821)
영국령 가이아나
네덜란드령 수리남
코스타리카 (1821)
베네수엘라 (1811)
프랑스령 기아나
콜롬비아 (1819)
파나마 (1903)
에콰도르 (1822)
브라질 (1822)
태평양
페루 (1821)
볼리비아 (1825)
파라과이 (1811)
칠레 (1818)
우루과이 (1828)
아르헨티나 (1816)
대서양

독립 전의 식민 지배
- 에스파냐
- 포르투갈
- 네덜란드
- 영국
- 프랑스

중남아메리카의 신흥 독립 국가

유럽 땅에 있는 본국과 강하게 연결되어 있었고 중남아메리카의 식민 지배에도 동참했습니다. 하지만 이베리아반도에서 건너온 에스파냐인인 페닌술라르 아래 계층으로 취급받았기에 현실적 불만이 늘 있었습니다.

크리오요와 페닌술라르 사이의 갈등은 날이 갈수록 커졌고, 중남아메리카에서 영향력을 행사하고 싶었던 여러 나라가 이 틈을 비집고 들어와 에스파냐로부터 독립을 지원했습니다. 영국은 새로운 상품 시장 확보를 위해 중남아메리카의 독립을 지원했고, 미국은 유럽의 아메리카 대륙에 대한 불간섭을 담은 먼로 선언을 발표해 독립을 지지했습니다. 결국 크리오요는 본국인 에스파냐 왕이 자신들의 개혁안을 거부하자 독립 전쟁을 시작했습니다. 이때 그들은 자기들보다 신분이 낮은 원주민과 흑인은 최대한 배제하며 전쟁에 돌입했습니다.

중남아메리카의 독립 전쟁은 크리오요의 생각대로 전개되었습니다. 그런데 이 시기에 전쟁 주도 세력 내에 갈등이 발생했습니다. 독립 지역 전체를 하나의 연방 공화국으로 통합해서 가자는 세력이 있는 반면, 한편에서는 각 지역이 고유한 지리와 문화를 가지고 있으므로 자기들 고유 영역에 따라 분리 독립해야 한다고 주장하는 세력도 있었습니다. 중남아메리카 독립을 적극적으로 지원하고 있던 영국과 미국은 중남아메리카의 연방제 독립을 원하지 않았습니다. 결국 연방제 독립은 무산되었고 각 지역에서 개별 나라가 세워졌습니다.

한편 새로 들어선 중남아메리카 각국은 기존의 정치·경제·사회 구조를 그대로 고수했습니다. 이는 독립을 주도한 크리오요가 권력만 차지하고 싶었을 뿐, 기존 질서를 바꿀 생각은 없었기 때문입니다. 따라서 중남아메리카의 독립국은 기존 체제에서 에스파냐 왕실 권력만 제거되었을 뿐, 엘리트 중심의 위계적 사회 구조는 그대로 유지되었고, 권력과 부가 하층민에 분배되지 않아 빈부 격차와 갈등은 점점 심해졌습니다.

영국인들에게 산업 혁명은 자부심이라고요?

2012년에 열린 런던 올림픽 개막 행사를 보니 땅에서 굴뚝이 솟아오르며 산업 혁명을 장대하게 표현했습니다. 산업 혁명이 시작된 지 300여 년이 지났지만 영국 사람들은 산업 혁명에 강한 자부심과 향수를 느끼는 것 같았습니다. 영국인들은 왜 산업 혁명에 자부심을 느낄까요?

산업 혁명이 영국에서 시작된 배경은?

과학 기술 발전에 따른 동력 혁명을 통한 사회의 대폭적인 변혁을 '산업 혁명'이라 합니다. 이 혁명은 18세기 후반 영국을 시작으로 19세기 일본까지 소위 근대화에 나선 능력 있는 국가들 사이에서 유행처럼 번졌습니다.

산업 혁명을 간단히 정의하면, 상품을 수공업으로 소량 생산하던 방식에서 공장에서 대량 생산하는 방식으로 바뀌게 한 것입니다. 그런데 대규모 공

2012년 런던 올림픽의 개막식 퍼포먼스. 영국 사람들이 자부심으로 여기고 있는 산업 혁명을 표현했다.

장을 가동하려면 건물을 세우고 기계를 설치할 돈, 물건을 만들 재료, 기계를 관리할 노동력이 절대적으로 필요합니다. 18세기 영국은 돈, 자원, 노동력이라는 세 가지 조건을 갖추었기에 다른 국가보다 먼저 산업 혁명을 시작할 수 있었습니다.

농민들의 도시 유입 속에 진행된 영국의 산업 혁명

16세기 양털을 활용한 모직물 공업이 영국에서 급속도로 성장했습니다. 봉건 영주나 귀족처럼 땅을 가진 사람들은 돈이 되는 양모 사업에 앞다퉈 뛰어들었고, 이를 국가가 나서서 적극적으로 지원했습니다. 영국은 자국의 모직물 산업을 보호하기 위해 위협이 될 만한 제품을 수입 금지하고 국민에게 국산품 사용을 강요했습니다. 심지어 사망자에게도 국산 모직물만 입히라는 법을 만들 정도였습니다. 이러한 정부 지원에 힘입어 영국 모직물 산업은 나날이 발전했고 돈이 쌓이기 시작했습니다. 그리고 차곡차곡 쌓인 돈은 나중에 공장을 건설하고 기계를 만드는 밑거름이 되었습니다.

그렇다면 토지 소유주들은 양모 사업가로 변신하기 위해 어떤 일을 했을까요? 그들은 가지고 있던 농지를 양을 키울 수 있는 목초지로 바꾸었습니다. 이러한 변화를 '인클로저 운동'이라 합니다. 농경지는 물론 황무지와 공동 경작지까지 목초지가 되면서 그 땅에서 조상 대대로 농사짓고 살던 농민들은 쫓겨났습니다. 당시 쓰인 책에 "양이 사람을 잡아먹는다"라는 표현이 등장했을 정도이니, 농민들의 고충이 어땠을지 쉽게 짐작할 수 있습니다.

농사지으며 살던 땅에서 쫓겨난 농민들은 일자리를 찾아 도시로 몰려들었습니다. 때마침 영국의 각 도시에서는 인클로저 운동으로 쌓인 자본력을 바탕으로 산업 혁명이 진행되고 있었습니다. 새로 지어진 공장에서 일할 값싼 노동력이 많이 필요했는데, 농촌에서 유입되는 농민들이 이 공장들에서 노동자로 생계를 꾸려 나갔습니다. 그리고 보면 영국 산업 혁명의 배경에는 삶의 터전을 뺏기고 도시로 몰려든 농민들의 안타까운 현실이 담겨 있으며, 그들이 있었기에 영국은 사회 구조 변화라는 거대한 역사를 만들 수 있었습니다.

영국 산업 혁명에 대한 평가

기계를 만들고 공장을 돌리는 데 가장 필요한 자원은 무엇일까요? 기계를 만드는 데는 철이 필수였고 공장을 돌리는 데는 석탄이 필요했습니다. 영국은 지하자원이 풍부한 국가는 아니었지만 산업 혁명을 일으킬 만큼의 광물 자원은 충분했습니다.

그런데 돈, 자원, 노동력이 풍부하더라도 국내 정세가 어지러우면 경제는 발전하기 어렵습니다. 18세기 후반 유럽 국가들은 시민 혁명으로 사회가 격

변하고 있었지만 영국은 17세기 후반에 치른 명예혁명을 끝으로 정치적 불안이 일단락된 시점이었습니다. 명예혁명 자체도 피를 보지 않은 평화로운 혁명이었던 만큼 영국은 정치적으로 안정되어 있었기에 사회 경제 구조를 무난히 바꿔 나갈 수 있었습니다.

영국의 산업 혁명에 대한 평가는 다양합니다. 경제의 도약, 인류의 생산성과 부富를 여러 단계 격상시킨 일대 사건이라는 긍정적인 시각이 일반적인 평가입니다. 하지만 모든 혜택이 소수 상공인에게 돌아갔을 뿐, 일반 대중의 삶은 나아지지 않았다는 측면에서 부정적인 평가도 존재합니다. 7세 어린이가 일주일에 72시간씩 일했던 사실은 부정적 평가를 뒷받침하는 대표적 사례입니다. 현재 우리나라 만 18세 이상 성인 근로자의 법정 근로 시간이 하루 8시간, 일주일에 40시간인 것을 고려하면, 산업 혁명 당시 영국의 어린이 노동이 얼마나 가혹했었는지 능히 짐작할 수 있습니다.

영국 노동자들은 왜 기계를 부쉈을까요?

세탁기가 열심히 빨래하는 동안 로봇 청소기가 온 방을 돌아다니며 청소를 했어요. 설거지는 식기 세척기가 해 주고요. 기계가 있어서 얼마나 편리한지 몰라요. 그런데 산업 혁명 시기에는 기계를 달가워하지 않는 사람들도 많았대요. 대체 왜 그랬던 걸까요?

기계가 일자리를 빼앗는다!

18세기 영국에서 시작된 산업 혁명은 많은 것을 바꾸어 놓았습니다. 사람들이 일일이 손으로 하던 일을 기계가 대신하게 되었습니다. 실을 뽑는 방적기와 뽑아낸 실로 원단을 만드는 방직기에 기술 혁신이 일어나면서 영국의 면직물 산업은 크게 발달했습니다. 그러면서 기존의 숙련공들은 일자리를 잃게 되었고, 엎친 데 덮친 격으로 전쟁까지 일어나면서 노동자들의 삶은 더욱 어려워졌습니다. 생활고에 시달리던 영국 노동자들은 자신들의 고통을 기계 탓으로 여기며 이를 파괴하는 운동을 시작했습니다. 영국 노팅엄에서 시작된 기계 파괴 운동은 여러 주^州로 확대되었고, 사람들은 이 운동을 주도했던 '러드^{Ludd}'라는 인물의 이름을 따서 '러다이트^{Luddite} 운동'이라 불렀습니다.

러다이트 운동에 대한 영국 정부의 반응은 과연 어땠을까요? 정부는 투표권도 없는 노동자들의 고통에는 관심이 없었습니다. 자본가들의 편에 서서 군대를 동원해 기계를 부수는 노동자들을 탄압했습니다. 주동자들이 처형되면서 러다이트 운동은 쇠퇴했습니다. 하지만 빈부 격차와 실업으로 고통받고 있던 이들의 목소리는 이후 전개된 차티스트 운동과 선거법 개정에 일부 반영되었습니다.

첨단 기술이 일자리를 빼앗는다!

미국에서 17년 동안 20여 차례 우편물 폭탄을 보내 사람들을 죽거나 다치게 한 테러범이 1996년 체포되었습니다. 그의 이름은 시어도어 카진스키, 하버드 대학교를 졸업한 천재 수학자였습니다. 그는 본명보다 '유나바머^{UnAbomber}'라는 별명으로 더 잘 알려졌습니다. 대학교^{University}와 항공사^{Airline} 폭파범^{Bomber}이라고 해서 붙여진 이름입니다.

유나바머가 범행을 저지른 동기는 명확합니다. 첨단 기술에 대한 반발이었습니다. 그는 《워싱턴 포스트》에 기고한 〈산업 사회와 그 미래〉라는 글에서 "유전 공학이나 인공지능 같은 기술 발전이 오히려 인간을 파멸로 이끌 것"이라고 주장했습니다. 그의 테러 행위는 용서할 수 없는 범죄이지만, 기술 발전의 이면을 바라보는 그의 시각에 공감하는 사람들이 많았습니다. 이러한 첨단 기술에 대한 거부와 저항을 '네오 러다이트 운동'이라고 합니다.

1987년 미국 FBI가 작성한 유나바머 몽타주. 유나바머는 기술 발전이 오히려 인간을 파멸로 이끈다고 주장했다.

축복 또는 저주

　기술 발전에 따라 일자리를 잃게 되는 현상을 '기술적 실업'이라고 합니다. 미래에는 일자리의 절반 이상이 사라지거나 AI로 대체될 것이라는 학자들의 전망처럼 기술 발전은 필연적으로 일자리 감소를 불러옵니다. 1980년대 중반까지만 해도 버스에 반드시 동승했던 버스 안내원이 승하차 벨이 도입되면서 사라졌고, 지역의 전신 전화국마다 있었던 전화 교환원도 자동 교환기가 발명되면서 사라졌습니다. 스마트 톨링 시스템 도입에 따른 고속도로 톨게이트 수납원들의 정규직 전환 문제나 모빌리티 사업에 대한 택시 업계의 반발도 같은 맥락에서 볼 수 있습니다.

기술 발전은 필연적으로 일자리 감소를 초래한다. 가맹형 콜택시 '타다'가 서비스를 시작하자 기존 택시 업계에서 반발이 일어났다.

그렇다면 4차 산업 혁명 시대를 살아가는 우리는 기술 발전을 어떻게 바라보아야 할까요? AI 기술의 발전은 빠른 속도로 우리 사회의 변화를 주도하고 있습니다. 미래학자들의 주장처럼 장기적, 전체적으로 보면 기술 혁신이 일자리 감소를 가져오지 않을 수도 있습니다. 없어지는 직업만큼 새로 생겨나는 직업이 있을 테니까요. 하지만 급격한 기술 진보는 많은 희생과 혼란을 동반합니다. 새로운 일자리 환경에 적응하기까지 시간이 필요하고, 신산업이 일자리를 활발하게 만들어 내기까지는 오랜 시간이 걸릴 것이기 때문입니다. 기술 진보와 일자리 축소 사이에서 희생되는 사람이 없도록 세심한 배려가 필요합니다. 고용 충격과 사회 문제를 최소화하기 위한 정부의 노력과 노사 간에 충분한 대화와 타협이 필요할 시기입니다.

22, '프랑켄슈타인'이 산업 혁명 때문에 만들어졌다고요?

집에서 TV를 보다가 우연히 프랑켄슈타인을 알게 되었어요. 그런데 괴물 프랑켄슈타인은 산업 혁명 때문에 만들어졌다네요? 전혀 연결이 안 될 것 같은데 프랑켄슈타인은 산업 혁명과 어떤 관계가 있을까요?

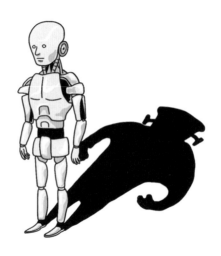

소설 속 프랑켄슈타인의 모습

프랑켄슈타인을 아시나요? 얼굴에 살갗을 꿰메 이어 붙인 자국이 선명한 험상궂은 서양 괴물이 TV에 나온다면, 아마 그 괴물은 프랑켄슈타인일 가능성이 큽니다. 중국의 강시나 한국의 처녀 귀신, 일본의 오니처럼 프랑켄슈타인은 드라큘라·늑대 인간과 함께 서양권에서는 인간의 삶을 위협하는 사악한 괴물의 대명사로 여겨집니다.

프랑켄슈타인은 원래 소설책에 나오는 괴물로 19세기 영국 작가 메리 셸리의 소설 《프랑켄슈타인》에 처음 등장했습니다. 그런데 이 소설을 읽다 보면 조금 다른 의미의 충격을 받게 됩니다. 소설 속 프랑켄슈타인은 우리가 지금까지 알고 있던 '괴물'이 아닙니다. '프랑켄슈타인'은 괴물을 창조한 박사의 이름입니다.

괴물 프랑켄슈타인은 19세기 산업 혁명에 대한 대중의 거부감과 공포를 반영한다.

소설의 주인공 프랑켄슈타인 박사는 엄청나게 호기심이 많은 사람입니다. 그는 닥치는 대로 책을 읽고, 과학을 알아가는 과정에서 우연히 생명을 창조하는 방법을 발견하게 됩니다. 급기야 프랑켄슈타인 박사는 인간과 동물의 시체에서 수합한 다양한 기관, 피부 조직들을 덧대어 새로운 생명체를 만들었습니다. 신만이 할 수 있는 영역에 손을 댔다고나 할까요?

그런데 한 가지 의문이 생깁니다. 어째서 메리는 《프랑켄슈타인》 같은 무시무시한 소설을 썼을까요? 메리 셸리의 삶을 이해하면 어느 정도 납득할 수 있습니다. 그녀는 18세부터 22세까지 아이 셋을 낳았는데 전부 잃었습니다. 부모로서 정말 비극적인 일을 겪었지요. 하지만 더 주목해야 하는 것은 메리가 살았던 19세기 초·중반 영국 사회의 현실입니다. 도시를 가득 채운 공장들, 쉴 새 없이 돌아가는 기계와 함께 쉴 틈 없이 일하는 노동자들, 매연으로 가득한 하늘…. 산업 혁명 시기 영국의 을씨년스런 풍경은 소설가 메리로 하여금 프랑켄슈타인 같은 괴물을 탄생하게 했습니다.

우리가 만들어 낸 '프랑켄슈타인'

소설 《프랑켄슈타인》은 19세기 산업 혁명에 대한 대중의 위화감과 공포를 반영하고 있습니다. 사람들은 새로운 기계와 과학 기술에 본능적으로 두려움을 느낍니다. 게다가 일자리를 빼앗아간다는 상상만으로도 공포감은 커지고 반감이 들게 합니다. "기계가 우리 일자리를 빼앗았으니, 이 기계들을 다 부숴버리자!"라고 외친 러다이트 운동의 구호처럼 말입니다.

2016년에 인공 지능 알파고가 당시 세계 최고 바둑 기사인 이세돌을 이기는 모습은 우리에게 충격으로 다가왔습니다. 물론 인공 지능을 잘 활용하면 인류에게 이익이 될 수 있습니다. 하지만 '인공 지능이 우리를 지배하지 않을까?', '정말 인간을 복제할 수 있는 기술이 개발된다면 우리는 어떻게 해야 할까?'라는 고민에 직면하는 상황이 올 수도 있습니다.

산업 혁명 시기를 살았던 영국 사람들도, 지금 우리도, 새로운 기술에 대해서는 여전히 두려움을 가지고 있습니다. 산업 혁명 시기를 살았던 영국 소설가가 프랑켄슈타인을 창조한 것처럼 그때보다 진보한 기술을 가진 현재의 우리도 '괴물'을 만들어 낼 수 있습니다. 우리는 과학 기술 문명이 발전하면 할수록 그 이면에 나타날 수 있는 현상에 관해서도 진지하게 검토하고 대처할 수 있어야 합니다.

흑인과 황인은 백인보다
미개하다고요?

1899년 영국 화가 빅터 길럼이 그린 〈백인의 짐〉에는 중국인과 인도인을 등에 지고 가는 영국인과 필리핀인, 쿠바인을 등에 지고 가는 미국인 모습이 보입니다. 영국인과 미국인은 '억압', '식인 풍습', '야만'이라는 장애물을 넘어 '문명'이라는 목표를 향해 힘겨운 발걸음을 옮기고 있습니다. 왜 백인은 다른 인종을 위해 짐을 지는 '희생'을 자처했을까요?

풋, 아무리 노력해도 백인을 따라올 순 없지.

인종주의와 사회 진화론

산업 혁명 성공으로 기업간의 경쟁이 확대되며 소수 기업이 시장을 독점했는데, 이러한 경제를 독점 자본주의 체제라 부릅니다. 독점 자본 기업들은 대량 생산된 상품들을 팔기 위해 자국 이외의 더 큰 시장이 필요했습니다. 상품을 내다 팔 시장과 값싼 원료를 들여올 공급지, 나아가 남아도는 자본을 투자할 새로운 투자처가 필요했던 유럽 국가들에 아시아와 아프리카 나라들의 문호 개방은 반드시 필요한 일이었습니다.

그런데 정작 아시아와 아프리카 나라들이 문을 열 생각을 하지 않았습니다. 유럽 국가들은 말로 해서 안 되니 힘을 사용해야 했는데, 무력을 동반한 강압적 개방은 분명히 피를 볼 것이고, 이는 자국민에게도 비판받을 수 있는 일이었습니다. 식민지 확장에 나선 유럽 국가들은 자신들의 행동을 정당화할 명분이 필요했습니다.

인간은 저마다 가진 재능이 모두 다릅니다. 예를 들어 축구를 잘하는 사람이 있다면, 이는 부모님의 운동 능력 같은 선천적 요인과 자신의 노력에 의한 후천적 요인이 복합되어 나타난 결과입니다. 그런데 인종주의는 무언가의 원인을 오로지 '피부색'에서 찾습니다. 백인은 우월하고 흑인과 황인은 미개하다는 것이 인종주의의 핵심입니다. 유럽 열강들은 이러한 인종주의를 무기

1899년 4월 1일 미국 시사 주간지 《저지》에 빅터 길럼의 만평 〈백인의 짐〉이 실렸다. 영국인과 미국인은 흑인과 황인을 짊어지고 미신, 억압, 무지, 야만, 잔혹, 식인 풍습을 지나쳐 문명으로 가는 것이 의무라는 것을 표현하고 있다.

삼아 아시아와 아프리카 대륙을 침략했습니다.

옆 페이지의 그림은 미개한 흑인과 황인을 이끌어 주기 위해 백인이 큰 희생을 치르고 있다는 그들만의 인식을 잘 보여 줍니다. 이렇게 침략 행위를 정당화하는 인종주의가 유럽에서 대두되었고, 이 논리는 진보한 문명이 미개한 문명을 점령해 도움을 주는 것은 당연하다는 사회 진화론과 함께 유럽 백인들의 식민지 확보 경쟁에 힘을 실어 주었습니다.

백인들에게도 부담이 된 식민지 확보 경쟁

인종주의와 사회 진화론을 기반으로 유럽 열강들은 아시아와 아프리카 곳곳을 식민 지배했습니다. 그들은 자신의 논리가 타당하다는 것을 증명하려는 듯, 식민지에 학교와 병원, 철도 같은 사회 기반 시설들을 건설했습니다. 식민 지배가 정당했다고 주장하는 사람들은 지금도 바로 이 점을 부각시킵니다. 유럽인들이 만들어 놓은 사회 기반 시설이 경제적, 문화적 발전을 가져다준 것은 부정할 수 없는 사실이라는 것입니다. 하지만 이는 어디까지나 식민지 통치의 효율성을 높이고 정복자들의 목적을 달성하기 위한 수단일 뿐이었다는 점을 잊으면 안 됩니다.

그럼 제국주의적 침략을 통해 여러 곳의 식민지를 확보한 유럽 국가의 국민들은 행복해졌을까요? 모두 그런 것은 아닙니다. 식민지 확장을 통해 국가는 확실히 부를 누렸습니다. 하지만 유럽 각국은 식민지 확보 경쟁 때문에 잦은 전쟁을 치러야 했으며, 확보한 식민지를 유지하기 위해 젊은이들을 무장시켜 해외로 내보내야 했습니다. 식민지 확보와 유지를 통해 형성된 제국은 자국 청년들이 피와 땀을 흘린 대가였다고 할 수 있겠지요.

혈액형 분류가 인종 차별 수단이었다고요?

친구한테 저의 혈액형을 말하니까 "O형이면 솔직하고 긍정적이겠네"라고 하더라고요. 혈액형으로 성격을 추측하는 것이 신기해서 혈액형에 따른 성격, 장단점 등에 관한 글을 읽어 보았어요. 저랑 일치하는 부분도 있지만 다른 점도 많았는데 혈액형으로 성격을 판단하는 건 잘못된 것 같아요. 그런데 20세기에 혈액형으로 인종 차별을 했다면서요?

ABO식 혈액형과 민족 인종 간의 특징

A형, B형, O형, AB형으로 나뉘는 혈액형은 1901년 오스트리아의 카를 란트슈타이너 박사가 발견했습니다. 혈액형을 ABO식으로 구별하니 급하게 혈액이 필요한 환자에게 안전하게 수혈도 할 수 있게 되었습니다. 이후 여러 학자가 인종의 특징과 연결된 혈액형 연구를 진행했습니다.

독일의 과학자 힐슈펠트는 B형보다 A형이 진화된 혈액형이라는 가설을 세우고 현실에 존재하는 인종과 민족의 혈액형 분포에서 백인종일수록 A형의 빈도가 높고, 유색 인종일수록 B형의 빈도가 높다는 가정하에 실험을 진행했습니다. 그는 16개국의 군인 8,500명의 피를 뽑아 혈액형을 분류하고 혈액형 분포를 분석해 '생화학적 인종 계수'라는 새로운 지표를 만들었습니다. 분자는 'A형 또는 AB형을 가진 사람의 숫자'로, 분모는 'B형 또는 AB형을 가진 사람의 숫자'로 설정해 지수가 높을수록, 즉 A형 인자를 가진 사람이 많으면 더 진화한 인종이라는 주장을 펼쳤습니다. 이 연구 결과, 영국인은 4.5, 프랑스인은 3.2, 독일인은 2.8이었고, 식민지 유색 인종인 베트남인과 인도인은 0.5가 나왔습니다. 가설대로라면 영국인이 가장 진화한 인종이고 베트남인과 인도인은 열등한 인종이 됩니다.

혈액형 인종주의와 백인 우월주의

코로나19 팬데믹 시기 서구 사회에서 아시아인 혐오가 증가했는데, 서구 사회의 아시아인 혐오는 어제오늘의 문제는 아니며 그 뿌리가 상당히 깊습니다. 19세기에서 20세기 초반 서구 과학자들은 아시아인의 뇌 크기를 측정하고 혈액형에 따른 우열을 분류하며 차별을 합리화했습니다. A형이 얼마나 많은지를 나타내는 지수는 'A형이 많은 백인이 우월하다'는 논리를 도출시켰습니다.

황색인에 대한 차별 근거를 찾던 유럽인들은 혈액형과 인종주의를 결합해 활용했습니다. 그리고 유전적으로 우월한 민족과 열등한 민족이 있으므로 우월한 쪽이 열등한 쪽을 지배하는 것은 당연하다는 주장을 펼쳤습니다.

아시아, 아프리카, 중남아메리카에서 식민지 확보 경쟁을 벌였던 유럽 각국은 사회 진화론과 인종주의를 내세워 식민 지배를 정당화했습니다. 《정글북》을 쓴 영국 작가 러디어드 키플링은 자신의 시 〈백인의 짐 – 미국과 필리핀 제도)에서 미개한 인종을 올바르게 이끄는 것은 백인이 져야 할 짐이자 의무라고 주장했습니다. 인종적 편견과 백인 우월주의를 단적으로 보여 주는 사례라고 할 수 있습니다.

일본에서 발달한 혈액형별 성격

1903년 오사카 박람회에서 조선 여인 2명을 '학술 인류관'에 전시한 일본은 1907년 도쿄 박람회에서 또다시 조선인 남녀를 전시했습니다. 일본의 이러한 행동에는 진화와 진보를 동일시하고, 진보의 정도에 따라 인종을 분류하던 당시의 인종 차별 인식이 짙게 깔려 있습니다. 이민족을 미개 인종으로 멸시하고 일본 문명이 타민족 문명보다 우월하다는 것을 자국민에게 각인시키고자 했던 일본의 의도를 엿볼 수 있습니다.

산업 혁명 이후 압도적인 물질문명 격차를 '피부색', '머리카락 색' 같은 외모로 구분하고자 했던 서구 제국주의의 식민 지배 수단을 유색 인종인 일본이 활용하는 것은 불가능했습니다. 그래서 일본은 눈에 보이는 특징을 연구하고 강조한 서구의 인종주의와는 달리 '피'로 구분하는 혈액형별 인종주의를 강조했습니다. 일본은 다른 아시아 국가에 견주어 생화학적 인종 계수로 A 혈액형의 비율이 높은 편이었기 때문입니다.

이처럼 우리가 재미 삼아 따져 보는 혈액형별 성격 및 특징에는 식민 지배를 정당화했던 논리가 숨어 있습니다. 인간은 각자 다른 능력이 있고 다양한 환경의 영향을 받으며 저마다 다르게 성장합니다. 혈액형 같은 특정 지표로 우월과 열등을 나눌 수는 없습니다. 제국주의 시대의 혈액형 인종 분류가 얼마나 몰상식하고 무례한 행위였는지 이제는 분명히 알 수 있습니다.

25. 아프리카에서 내전이 잦은 이유가 유럽 때문이라고요?

수업 시간에 세계 지도의 아프리카 국경선을 보고 깜짝 놀랐어요. 다른 대륙과 달리 국경선이 칼로 자른 듯 반듯반듯했어요. 국경선은 보통 강이나 산맥을 경계로 형성되기 때문에 울통불통한 모양이 나오는 게 자연스러운데, 아프리카 나라들의 국경선은 왜 반듯반듯한 직선일까요?

강대국이 임의로 그린 아프리카 국경선

1884년 베를린에서 국제회의가 열렸습니다. 유럽 열강과 미국 등 당시 내로라하는 강대국 대표들이 속속 베를린으로 모였습니다. 이 회의를 주도한 인물은 독일 제국 통일의 일등 공신 비스마르크였습니다.

이들이 베를린에 모여 회의를 한 까닭은 아프리카 땅에서 벌어지는 유럽 나라들의 분쟁을 조정하기 위해서였습니다. 하지만 진짜 속셈은 따로 있었습

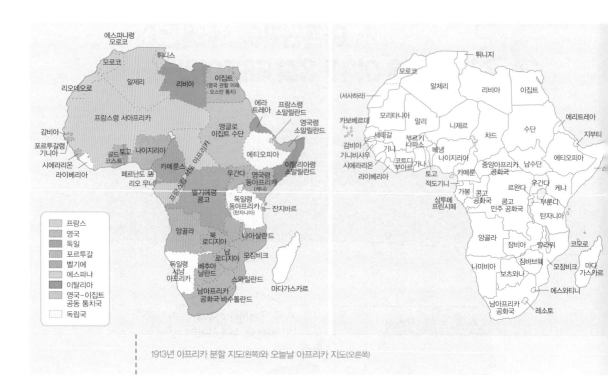

1913년 아프리카 분할 지도(왼쪽)와 오늘날 아프리카 지도(오른쪽)

니다. 식민지 확보 경쟁에 나선 강대국들이 어떻게 하면 아프리카 대륙을 싸우지 않고 나눠 가질 수 있을지 논의하기 위해서였습니다.

회의에서 그들은 아프리카 땅을 분쟁 없이 차지하기 위한 그들만의 원칙을 만들었습니다. 이후 유럽 열강은 자기들 마음대로 밀실에서 지도 위에 국경선을 그려 가며 아프리카를 분할 점령했습니다. 이게 무슨 말이냐고요? 아프리카의 자연환경, 민족 분포, 종교 상황 등은 전혀 고려하지 않고 탁자 위에 지도를 놓고 자기들 편한 대로 쭉쭉 선을 그어 가며 국경선을 확정했다는 뜻입니다. 이렇듯 열강들이 임의로 자기들 편리에 따라 아프리카 나라들의 국경선을 확정한 까닭에, 지금도 아프리카 나라의 국경선은 자를 대고 그은 듯이 반듯하게 직선인 경우가 많습니다.

유럽 강대국이 아프리카 땅을 지배한 이유는?

유럽 강대국들은 왜 아프리카 땅을 식민 지배하려 했을까요? 여러 이유가 있지만 가장 큰 이유는 경제적 이윤 확대 때문입니다. 19세기 후반에 유럽과 미국 등지에서 2차 산업 혁명이 일어나 화학, 철강, 자동차, 전기 분야가 크게 발전했습니다. 그런데 이들 기술이 충분한 효력을 발휘하기 위해서는 원료 확보가 중요했습니다. 이 시기에 유럽인들 눈에 들어온 곳이 아프리카 땅이었습니다. 19세기에 리빙스턴이나 스탠리 같은 유럽 탐험가에 의해 그동안 미지의 세계였던 아프리카 내륙이 속속 알려졌습니다. 그곳에는 석유를 비롯한 수많은 광물 자원이 넘쳐났습니다.

당시 유럽인에게 아프리카는 자신들을 큰 부자로 만들어 줄 기회의 땅이었습니다. 또한 유럽인들은 자신들이 소비하는 농작물 생산을 위해 아프리카에서 플랜테이션 농업을 실시했습니다.

유럽 열강의 경제 착취는 가혹하고 비인간적이었습니다. 벨기에 왕 레오폴드 2세는 베를린 회의 이후 콩고를 사유지로 만들고 콩고에서 채취한 고무로 막대한 이윤을 남겼습니다. 그런데도 그는 더 많은 돈벌이를 위해 콩고 원주민에게 하루에 채취할 할당량을 주고, 이를 달성하지 못하면 팔을 잘랐습니다. 상상만 해도 끔찍한 일이었습니다.

이렇듯 아프리카 대륙 전체가 유럽 제국주의 국가의 침략에 신음했습니다. 게다가 하루 아침에 자신들의 의사와 무관하게 그어진 국경선 때문에 아프리카인은 혼란스러웠습니다.

벨기에 레오폴드 2세 국왕은 콩고인에게 하루에 채취할 고무의 할당량을 주고 이를 달성하지 못하면 팔을 잘랐다. 희생자의 팔을 선교사가 들고 있다.

어제까지 같은 부족민이었던 이웃이 다른 나라 국민이 되었고, 원수처럼 지내던 부족민이 같은 나라 국민이 되면서 불편하고 불안한 동거가 시작되었습니다.

제국주의가 낳은 아프리카 민족의 비극, 르완다 내전

제국주의 국가의 아프리카 식민 통치는 아프리카 내에서 수많은 갈등을 유발했습니다. 이러한 제국주의 국가 침략이 낳은 크나큰 비극 중 하나가 '르완다 내전'입니다.

르완다에는 다수의 후투족과 소수의 투치족이 함께 살고 있었습니다. 두 부족은 서로 교역도 많이 했고, 결혼도 자유롭게 하면서 평화롭게 살았습니다. 하지만 이들의 평화는 제국주의 열강의 지배를 받으며 금이 갔습니다. 르완다 땅은 독일 식민지였으나, 독일이 제1차 세계 대전 패전국이 되면서 벨기에가 차지했습니다. 벨기에 식민 지배자들은 투치족이 인종적으로나 외모로나 백인에 더 가깝고 우월하다고 생각해 투치족에 후투족을 강압적으로 통치할 수 있는 권한을 부여했습니다. 이후 정치, 경제, 사회 모든 방면에서 후투족은 투치족의 지배를 받았습니다.

1962년 르완다가 독립했습니다. 독립 직전에 정부 주도권을 두고 투치족과 후투족 사이에 유혈 충돌이 발생해 많은 사상자와 피난민이 발생했습니다. 식민 지배를 했던 벨기에는 이러한 혼란이 발생했는데도 해결하지 않고 무책임하게 본국으로 떠날 준비만 했습니다.

인구수가 많아 주도권을 잡게 된 후투족은 그동안 투치족한테 당했던 것을 복수라도 하듯 철저히 자기들 중심으로 국가를 운영했습니다. 투치족 다수가 르완다를 떠나 주변국으로 망명했고, 이들은 후투족에 복수의 칼을 갈았습니다. 우간다로 망명한 투치족이 주도해 르완다 애국 전선^{RDF}을 결성했고, 1990년 후투족과 싸움에 나섰습니다. 이 내전은 장기전으로 접어들었으며, 1994년에는 4개월 동안 약 100만 명이 넘는 사람들이 르완다에서 학살되었습니다. 이 시기 르완다 내 학살은 나치의 홀로코스트, 방글라데시 독립전쟁 당시 파키스탄군의 학살, 크메르루주의 킬링필드와 더불어 최악의 학살로 손꼽힙니다.

아프리카 국가 르완다의 참혹한 분쟁의 시작점은 어디였을까요? 그것은 유럽 제국주의 국가가 아프리카 땅에 사는 사람들의 역사와 전통을 무시한 채 그들만의 기준으로 국경을 나누고 민족을 구분한 데서 비롯되었습니다.

우리에게 아프리카 나라들은 정치 후진국에 내전이 빈번해 위험한 지역이라는 인상이 강합니다. 하지만 유럽 제국주의 국가의 아프리카 침탈 과정을 알고 나면 아프리카의 오랜 분규가 안타까울 수밖에 없습니다. 르완다 말고도 아프리카 땅 곳곳에는 제국주의 시대 역사가 만들어 놓은 분쟁의 불씨가 여전히 살아 있어 많은 사람이 지금도 고통받고 있습니다.

튀르키예 이스탄불에 나이팅게일 박물관이 있다고요?

진로 체험 활동 시간에 보건 부스에서 '나이팅게일 선서'를 했어요. 선서에 이름이 나올 정도로 나이팅게일은 간호사의 대명사이자 간호학에도 큰 영향을 미쳤어요. 영국 런던에는 그를 기념하는 박물관도 있고요. 그런데 튀르키예의 이스탄불에도 '나이팅게일 박물관'이 있대요. 영국인인 나이팅게일은 튀르키예와 어떤 인연이 있었을까요?

안팎으로 흔들리는 오스만 제국

튀르키예는 지중해를 중심으로 유럽, 아시아, 아프리카 세 대륙에 걸쳐 세력을 과시했던 오스만 제국을 잇는 국가입니다. 오스만 제국은 전성 시절, 유럽 나라들도 쥐고 흔들 정도로 강대국이었지만, 나이팅게일이 활동하던 19세기에는 대내외적으로 많은 어려움을 겪었습니다. 안으로는 제국 내 다양한 민족들이 독립을 요구하며 도전해 왔습니다. 오스만 제국은 지배층인 소수 튀르크족이 이슬람교를 중심으로 관용 정책을 펼치며 여러 민족을 느슨하고 유연하게 결합해 제국을 유지했습니다. 그런데 유럽에서 불어 닥친 강력한 민족주의의 영향으로 각 민족이 독립에 나서며 제국의 결속을 위협했습니다. 외적으로는 유럽 열강들이 오스만 제국의 내부 분쟁에 개입했습니다. 당시 유럽 열강들은 오스만 제국에 복속되어 있던 그리스의 독립운동을 지원하며 제국 분열을 재촉했습니다.

　오스만 제국 지배층은 제국 분열에 위기의식을 느끼며 유럽 근대 국민 국가 모델을 본뜬 개혁에 나섰습니다. 이 개혁을 '재정비'라는 뜻의 '탄지마트'라고 합니다. 행정 체제를 중앙 집권으로 바꾸고 무슬림과 비무슬림 간의 차별을 없앴습니다. 신식 교육을 도입하고 군대 개혁도 단행했습니다. 하지만

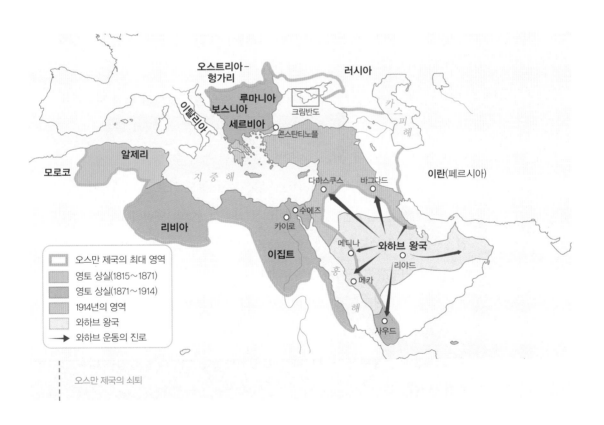

오스만 제국의 쇠퇴

드넓은 제국을 짧은 시간에 개혁하기란 쉽지 않았습니다. 자치권을 갖고 있던 지방 세력, 군대를 장악하고 있던 구식 군인들, 국교인 이슬람교 지도층이 반발해 개혁은 순탄하게 추진되지 못했습니다. 여기에 유럽 열강들의 간섭이 더해지며 혼란만 가중되었습니다.

크림 전쟁과 나이팅게일

마침 지중해로 세력 확장을 노리던 러시아는 기독교도들의 안전을 지킨다는 명분으로 오스만 제국 영토로 군대를 파견했습니다. 그러자 러시아와 세계 곳곳에서 대치하고 있던 영국과 프랑스가 러시아의 남하 정책을 막는다며 오스만 제국을 지원했습니다. 결국 오스만 제국을 놓고 서양 열강들이 얽히고설키며 크림 전쟁(1853~1856)이 벌어졌습니다. 왜 크림 전쟁이라 했냐고요? 초기 전투는 오스만 제국 영역 내에서 치러졌지만, 후반 전투는 흑해 북부 지대인 크림반도에서 전개되었기 때문입니다.

크림 전쟁 당시 영국 출신 나이팅게일은 38명의 간호사와 함께 튀르키예의 이스탄불에 설치되어 있던 영국군 야전 병원으로 발령받아 왔습니다. 나이팅게일은 이곳에서 전투로 사망한 병사보다 부상 후 제대로 간호받지 못해 감염병으로 사망하는 병사가 훨씬 많은 것을 알고 의료 위생 개선에 힘쓰며 간호 체계를 재정립했습니다. 이러한 나이팅게일의 노력이 현재도 그를 간호사들의 모범으로 여기게 하며, 영국 런던은 물론 튀르키예 이스탄불에도 그를 기린 기념관이 들어서게 했습니다.

한편 오스만 제국은 영국과 프랑스 등의 지원 속에 러시아를 몰아냈습니다. 하지만 전쟁 후 오스만 제국은 힘이 약해졌습니다. 전쟁 비용은 모두 빚으로 남아 재정 상태가 아주 나빠졌고, 영국과 프랑스의 내정 간섭은 더욱 심해졌습니다.

유럽 열강의 세력 균형과 제국의 운명

그런데 궁금증이 하나 있습니다. 영국과 프랑스는 그리스 독립전쟁 때는 그리스 편을 들어 오스만 제국과 전쟁을 했는데, 크림 전쟁 때는 오스만 제국을 지원했습니다. 왜 그랬을까요? 그 원인은 유럽 열강들의 복잡한 이해관계에서 찾을 수 있습니다. 19세기 제국주의 팽창으로 식민지 경쟁이 치열해진

TOUGH ON TURKEY.
ENGLAND and RUSSIA, *together.* "Be my Ally, or I'll give you the Worst Thrashing you ever had in your Life!"

상황에서 넓은 영토를 가진 오스만 제국 땅은 여차하면 유럽 열강들이 독점적 지배를 할 수 있는 기회의 땅이었습니다. 하지만 유럽 열강들은 어느 특정 국가가 오스만 제국을 독점 지배하는 것을 원치 않았습니다. 열강의 세력 균형이 무너지면 유럽 전체의 평화를 보장할 수 없기 때문입니다. 그래서 유럽 열강들은 오스만 제국이 급격히 무너지지 않으면서도 자국 이익을 극대화할 방법을 모색했습니다.

다만 러시아는 막무가내였습니다. 남쪽으로 세력을 넓히고자 했던 러시아의 대외 팽창 정책은 필연적으로 영국의 대응을 불러왔습니다. 영국이 보기에 러시아의 오스만 제국 침입은 유럽 열강의 세력 균형을 무너트리는 일이었습니다. 만주와 한반도로 세력을 넓히려는 러시아의 시도에 영국이 거문도를 점령

1885년 4월 22일 미국의 주간지에 실린 삽화. 왼쪽 사자는 영국, 오른쪽 곰은 러시아, 가운데 칠면조는 오스만 제국을 나타낸다. 오스만 제국을 칠면조로 표현한 것은 '튀르크인의 땅'이라는 뜻의 '튀르키예'의 영어식 표현인 '터키(Turkey)'에 '칠면조', '패배자'라는 뜻이 있기 때문이다. 2022년 튀르키예 정부는 기존에 쓰던 '터키'가 아닌 '튀르키예Türkiye'를 정식 국호로 변경 요청했고, UN 승인으로 국제 사회에 적용되었다.

해 견제했던 것처럼, 지중해로 내려오기 위해 오스만 제국 영토를 침탈하는 러시아를 막아 내고자 영국은 프랑스를 끌어들여 러시아와 강한 힘겨루기를 벌였습니다.

크림 전쟁 당시 오스만 제국은 스스로 제국의 운명을 결정할 힘이 없었습니다. 크림 전쟁은 대제국 오스만이 사실은 '종이 호랑이'에 불과하다는 것을 유럽 열강에 선전한 꼴이 되고 말았습니다. 여러 나라가 오스만 제국 땅을 호시탐탐 노렸으며, 오스만 제국은 유럽 열강과 함께 제1차 세계 대전에 휘말리면서 제국 해체의 운명을 맞았습니다.

이집트 수에즈 운하를 프랑스가 만들고 영국이 관리했다고요?

얼마 전 수에즈 운하에서 길이가 400미터에 이르는 초대형 컨테이너선이 좌초되면서 천문학적 액수의 피해가 발생했다고 해요. 수에즈 운하를 만든 나라는 프랑스이고, 관리 운영했던 나라는 영국이라던데, 이집트에 있는 수에즈 운하를 왜 프랑스와 영국이 건설하고 관리했을까요?

수에즈 운하 건설, 터무니없던 상상이 현실로

1869년 개통한 이집트 수에즈 운하는 아시아와 유럽을 연결하는 최단 항로입니다. 이 운하가 만들어지기 전까지 유럽에서 아시아를 오가려면 아프리카 대륙 남쪽 끝에 있는 희망봉을 지나가야 했습니다. 이게 무슨 소리냐고요? 예를 한번 들어 볼까요? 영국에서 출발한 배가 아시아 서쪽에 있는 인도로 무역을 하러 갑니다. 시기는 수에즈 운하가 아직 개설되기 전입니다. 무역

수에즈 운하

선은 아프리카 서부 해안을 따라 장기 항해를 해서 아프리카 대륙 남쪽 끄트머리에 있는 희망봉을 빙 돌아 인도양으로 들어서야 목적지인 인도에 도착할 수 있습니다. 이 항로로 운행하면 현대화된 요즘 컨테이너선으로도 한 달 넘게 걸립니다. 19세기 초반에 운항했던 선박으로는 수개월이 걸렸고요. 그런데 수에즈 운하 개통으로 런던에서 인도의 뭄바이로 가는 항로는 41퍼센트, 런던에서 싱가포르로 가는 항로는 29퍼센트 정도 시간이 단축되었습니다.

이처럼 유럽과 아시아 사이를 잇는 화물 운송 시간을 크게 단축한 수에즈 운하 건설은 프랑스 외교관 르셉스가 주도했습니다. 그는 운하 건설을 통해 이집트가 자주적으로 독립하고 경제적 이익을 얻을 수 있을 것이라며 이집트 총독을 설득했습니다. 당시 이집트는 오스만 제국의 속국이었습니다. 자기 힘으로 독립하고 싶었던 이집트 총독은 르셉스의 주장을 받아들여 수에즈 운하 건설을 허가했고, 11년의 공사 끝에 163킬로미터나 되는 운하가 완성되었습니다.

그런데 실제로 운영해 보니, 이집트가 기대했던 것과 달리 이용률이 낮아 수익성이 전혀 없었습니다. 재정 악화로 파산 직전까지 간 이집트 정부는 수에즈 운하의 주식을 팔아야 했습니다.

영국, 수에즈 운하를 매수하고 이집트를 식민지로 삼다

1875년 어느 날이었습니다. 영국 총리 디즈레일리와 유대인 재벌 로스차일드는 총리 관저에서 함께 식사하고 있었습니다. 그때 집사가 파산 위기에 내몰린 이집트가 수에즈 운하 주식을 내놓았다는 극비 정보를 전해 왔습니다. 디즈레일리 총리는 이를 기회라 여기고, 매수하겠다고 결심했습니다.

영국 정부는 재벌 로스차일드의 돈을 빌려 주식을 전부 사들였습니다. 이를 계기로 수에즈 운하는 영국이 운영하게 되었고, 영국은 세계 해상 무역을 장악함과 동시에 인도와 뉴질랜드 등 아시아·태평양 지역에 있던 식민지 통제도 훨씬 수월하게 할 수 있었습니다. 또한 수에즈 운하를 국제 정세 변동에 따라 적절히 활용하며 자국의 이익을 톡톡히 챙겼습니다. 러일 전쟁 때는 러시아 군함의 운하 통과를 거부해 자국과 동맹 맺은 일본에 도움을 주었으며, 제1차 세계 대전 때는 적국의 이용을 막아 영국의 국익을 지켜 냈습니다.

한편 영국은 수에즈 운하를 운영하며 이집트 내정에 깊숙이 개입했습니다. 이집트에서는 아라비 파샤를 중심으로 민족주의 운동이 들불처럼 일어났지만, 1882년 영국은 수에즈 운하의 안정적 운영을 구실로 출병해 이집트를 식민지로 삼았습니다.

이집트 정부가 운영하는 세계 해운의 대동맥, 수에즈 운하

이집트는 제1차 세계 대전 이후 독립했습니다. 하지만 수에즈 운하 운영권은 여전히 영국이 가지고 있었습니다. 제2차 세계 대전 이후 이집트 민족 운동 지도자이자 당시 총리였던 나세르는 댐 건설을 위한 자금을 확보한다는 명분으로 수에즈 운하 국유화를 선언했습니다. 영국은 프랑스와 이스라엘을 끌어들여 이집트를 침공했습니다(수에즈 전쟁). 그러나 이집트를 자기편으로 끌어들이려 했던 미국과 소련의 개입으로 전쟁을 포기해야 했습니다. 수에즈 운하 국유화를 주도한 나세르는 이집트 내에서 영국 세력을 몰아낸 영웅으로 떠올랐습니다.

이후 수에즈 운하는 이집트 정부가 직접 운영하고 있습니다. 현재 이집트 정부가 관리 운영하는 수에즈 운하는 하루 50여 척의 대형 선박이 오가고, 1년에 1만 9,000여 척의 배가 통과하며 세계 상품 교역량의 12퍼센트를 책임지는 명실상부한 세계 해운의 대동맥입니다.

담배를 사지 않는 게 민족 운동이었다고요?

2019년에 우리나라에서는 일본 제품 불매 운동이 일어났었어요. 역사 시간에 배운 물산 장려 운동이 떠오르기도 했지요. 그런데 이란에서는 민족 운동으로 담배 불매 운동을 전개했다고 해요. 담배를 사지 않는 것이 어떻게 민족 운동이 될 수 있었을까요?

유럽 열강들이 중동을 삼키려 하다

서아시아 지역, 일반적으로 '중동'이라고 하는 지역을 떠올리면 무엇이 연상되나요? 아마 '오일 머니'의 배경이 되는 석유가 가장 먼저 생각날 겁니다. 그런데 과거 제국주의 시대에 서아시아는 지리적으로도 굉장히 중요한 지역이었습니다. 왜냐고요? 유럽 열강이 아시아로 진출하는 통로였기 때문입니다. 서구 열강은 식민지 확보라는 목적을 갖고 서아시아를 호시탐탐 노렸습니다. 특히 오스만 제국의 영향력이 약해진 상태에서, 2차 산업 혁명으로 석유 자원의 중요성이 높아지자 영국, 프랑스, 러시아 등 유럽 열강의 각축전은 더욱 심해졌습니다. 따라서 서아시아의 토착민인 아랍인들에게는 오스만 제국의 영향권에서 벗어나는 것뿐만 아니라 유럽 열강의 침략을 막는 것도 시급히 해결해야 할 과제였습니다.

《쿠란》으로 단결해 민족 국가를 수립하다

제국주의 시대 때 아랍인들의 민족주의 운동은 사우디아라비아의 국기와 수도를 통해서 그 역사를 살펴볼 수 있습니다. 사우디아라비아 국기는 초록색 바탕에 흰색으로 글씨와 칼이 새겨져 있습니다. 글씨는 '알라는 유일한 신이며 무함마드는 신의 사도이다'라는 뜻이고, 칼은 '이슬람교의 성지 메카를 수호한다'는 것을 의미합니다. 이러한 뜻이 담긴 국기는 와하브 운동 때 만들어졌으며, 이 운동이 시작된 곳이 현재 사우디아라비아의 수도 리야드입니다.

와하브 운동이 뭐냐고요? 18세기 후반 아랍에서 일어난 민족주의 운동입니다. 이븐 압둘 와하브가 중심이 된 세력은 오스만 제국이 주도하는 개혁이 이슬람교를 변질시키고 있다며 이슬람교 본래의 순수함을 되찾자고 주장했습니다. 따라서 이 운동은 초기에는 '쿠란으로 돌아가자!'며 이슬람교의 근본 원리에 충실할 것을 강조한 순수 종교 운동이었습니다. 하지만 점차 아랍 민족의 단결을 가져와 아랍인들의 민족의식을 고취시키며 오스만 제국과 외세 반대를 외치는 민족 운동으로 발전했습니다.

와하브 운동을 주도했던 세력은 사우드 가문과 동맹을 맺고 제1차 사우디 왕국을 건설했습니다. 이 왕국이 앞장서서 와하브 운동을 추진하며 오스만 제국의 지배에 맞서 싸웠습니다. 하지만 제1차 사우디 왕국은 1818년 오스만 제국에 패해 멸망했습니다. 그럼 와하브 운동은 끝이 났나요? 와하브 운동으로 불이 붙은 아랍 민족주의 운동이 소멸된 것은 아니었습니다. 아랍 사람들에게 아랍 국가 건설을 염원하는 민족의식은 여전히 남아 있었고, 이를 기반으로 사우드 가문은 1932년 현재의 사우디아라비아 왕국을 건설했습니다.

담배가 반영 운동에 불을 붙였다고요?

서아시아 지역에서 사우디아라비아와 더불어 양대 산맥을 이루고 있는 이란에서도 제국주의 시대에 민족주의 운동이 활화산처럼 일어났습니다. 이란 고원 지대에서는 18세기 말 카자르 왕조가 등장해 번영을 누렸습니다. 하지만 그것도 잠시, 얼지 않는 항구 획득 등을 목적으로 남하하는 러시아와 이를 견제하려는 영국의 충돌로 국가 운영이 위기에 빠졌습니다. '고래 싸움에 새우 등 터지는' 처지가 된 카자르 왕조는 광산 채굴, 산업 시설 건설, 관세 자주권 등의 이권은 물론이고 영토까지 빼앗겼습니다. 왕은 근대적 개혁을 시도하며 다시 일어서 보려고 했지만, 보수 세력의 반발로 큰 성과를 거두지 못했습니다.

개혁 실패 이후인 19세기 말, 카자르 왕조는 영국에 담배 사업을 넘겨주었습니다. 이는 영국 사람들이 50년간 이란 땅에서 담배를 제품화해 판매하고 수출할 수 있는 매우 큰 이권이었습니다. 영토 축소에 이권마저 빼앗기니 외세에 대한 그동안 쌓여 있던 이란인의 분노는 한순간에 폭발했습니다. 개혁 세력과 상

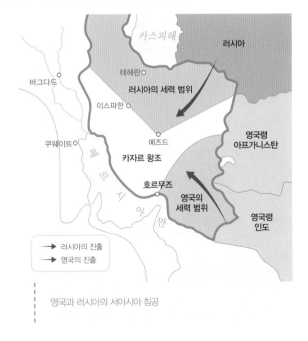

영국과 러시아의 서아시아 침공

인, 이슬람 지도자들을 중심으로 담배 불매 운동을 벌였으며, 더 나아가 영국뿐만 아니라 다른 외세의 이권 침탈 반대 운동도 함께 전개했습니다.

국민 다수가 참가한 민족주의 운동의 끈질긴 시도 속에 결국 카자르 왕조는 영국에 빼앗긴 담배 사업 이권을 되찾을 수 있었습니다. 그런데 어이없게도 이권을 되찾는 과정에서 영국에 어마어마한 배상금을 지급하며 오히려 경제적으로 종속되고 말았습니다. 게다가 외세의 이권 침탈을 막기 위해 민중들은 앞장서서 온갖 노력을 다했지만, 국왕은 많은 이권을 헐값으로 외세에 넘기며 사치스러운 삶을 살았습니다.

왕실의 이율배반적 행위를 도저히 두고 볼 수 없었던 이란의 민족주의 운동 세력은 썩어빠진 왕조를 개혁하기 위해 적극적으로 나섰습니다. 그들은 전제 왕권이 아닌 입헌 군주제 정부를 세워 부패한 내정을 개혁하려 했습니다. 1906년 입헌 혁명으로 국민 의회를 수립하고 입헌 군주제 헌법을 제정하며 입헌 정치를 실현했습니다.

하지만 이란의 입헌 혁명은 보수 세력의 반발과 영국, 러시아의 무력 간섭으로 단시간 내에 좌절되고 말았습니다. 이후 영국과 러시아가 독일의 중동 진출을 저지하기 위해 동맹을 체결해 이란을 분할하고 자기들 마음대로 통치했습니다.

세포이 항쟁이 동물 기름 때문에 일어났다고요?

얼마 전 무슬림이 먹을 수 있는 급식 메뉴가 없어서 이슬람교를 믿는 무슬림 학생들이 점심을 굶는다는 뉴스를 봤어요. 인터넷에서는 이를 두고 다양한 의견이 쏟아졌어요. 문화의 차이를 어떻게 받아들이고 존중해야 하는지 고민되는 기사였어요. 19세기 인도에서는 이러한 문화 차이 때문에 전쟁까지 일어났다고 하던데 대체 무슨 일이 있었던 걸까요?

국가에 버금가는 권한을 가지고 있던 동인도 회사

영국은 17세기에 인도로 진출했습니다. 처음에는 교역할 수 있는 지역이 적었지만, 무굴 제국의 황제와 교섭을 해서 점차 그 영역을 늘려갔습니다.

영국의 인도 무역에는 경쟁자가 많았습니다. 영국보다 먼저 진출해 인도 무역을 독점하고 있던 네덜란드가 있었고, 프랑스도 영국과 비슷한 시기에 인도로 진출했습니다. 그러나 영국은 네덜란드를 밀어낸 후 플라시 전투에서 프랑스도 물리쳐 점차 인도를 장악해 나갔는데, 이를 주도했던 기구가 '동인도 회사'입니다. 동인도 회사가 뭐냐고요? 인도를 비롯한 아시아 무역을 전담하기 위해 영국 왕실의 승인을 받아 만든 회사로, 타국과의 전쟁과 수교 체결 심지어 화폐 발행까지 독자적으로 했습니다.

영국 왕실이 동인도 회사에 이처럼 막대한 권한을 준 까닭은 인도가 너무 멀어 왕실이 직접 나설 수 없었기 때문입니다. 영국 왕실은 동인도 회사에 인도 무역의 전권을 준 대신 회사의 이익 일부를 챙겼습니다. 한편 동인도 회사는 인도를 효율적으로 통치하기 위해 인도 사람들을 용병으로 고용했습니다. 이들 용병을 '세포이'라 했는데, 페르시아어로 '병사'라는 뜻입니다.

세포이는 민족 반역자?

우리나라에서는 일제 강점기에 자발적으로 일본 군대에서 활동한 경력이 있는 사람을 민족 반역자 취급합니다. 일본 편에 서서 독립운동가들과 전투를 벌인 사람들이니까요. 그런데 영국에 고용되어 영국을 도운 세포이는 인도 내에서 비난받지 않았습니다. 인도 땅이 워낙 넓어서 지역마다 특색이 강하다 보니, 다른 지역 사람들을 서로 외국인으로 여겼기 때문입니다.

그럼 어떤 사람들이 세포이가 되었을까요? 세포이는 힌두교나 이슬람을 믿는 계층에서 많이 지원했고, 상층 카스트인 브라만과 크샤트리아 출신이 다수였습니다. 인도 상류 계층으로 잘 먹고 잘살았던 사람들이 왜 굳이 영국 용병으로 활동했냐고요? 그들은 자기들이 가진 특권을 더욱 안정적으로 누리기 위해 영국의 인도 지배에 가담했습니다.

종교 문제로 발생한 세포이 항쟁

영국의 인도 지배가 장기화되면서 영국과 세포이 사이에 갈등이 생겼습니

동인도 회사는 인도를 효율적으로 통치하기 위해 인도 사람을 용병으로 고용하고 그들을 '세포이'라 했다.

다. 인도 이외의 아시아 지역에서 전쟁을 벌이던 영국은 세포이의 해외 출병을 의무화하는 법을 만들었습니다. 자국 내에서 특권 유지가 목적이었던 세포이에게 타국으로 원정을 떠나는 것은 계산에 없는 일이었습니다. 이 와중에 새로운 총이 보급되면서 불만은 더 고조되었습니다. 세포이가 새로 받은 신식 엔필드 소총은 총구멍에 화약과 총알을 함께 넣어 사용했습니다. 기존에 사용했던 총은 화약과 총알을 따로 갖고 다니며 사용했는데, 신형 총은 전투 효율을 높이기 위해 기름종이에 화약과 총알을 한꺼번에 담아 놓았습니다. 그런데 이게 문제였습니다. 화약과 총알이 들어 있는 기름종이를 이로 뜯어야 했는데, 세포이들 사이에 종이에 먹인 기름이 돼지기름과 소기름을 섞은 혼합유라는 소문이 떠돌았습니다. 이게 무슨 문제냐고요? 세포이들은 다수가 힌두교도이거나 이슬람을 믿는 무슬림이었습니다. 힌두교에서는 소를 신성시했고, 이슬람에서는 돼지고기 먹는 것을 금지했습니다. 특히 무슬림에게 돼지는 집에서 기르지도 않을 정도로 금기하는 가축이었습니다. 왜 그랬냐고요? 이슬람교 경전인《쿠란》에 이런 말이 쓰여 있습니다.

"죽은 고기와 피와 돼지고기를 먹지 말라. 또한 하나님의 이름으로 도살되지 아니한 고기도 먹지 말라."

《쿠란》에서 금지한 음식을 무슬림이 어찌 입에 대겠어요? 힌두교도 세포이들은 신성시하는 소의 기름이 발라진 종이여서 반발했고, 무슬림 세포이들은 돼지기름이 발라졌다는 소문에 크게 들고 일어났습니다.

　세포이들은 영국에 속 시원한 해명을 요구했습니다. 하지만 영국은 소란을 일으키는 병사를 전역시키거나 감옥에 보내고 심한 경우 교수형에 처해 버렸습니다. 기독교 국가인 영국에서는 어떤 동물 기름을 쓰든 뭐가 대수냐고 생각했던 것이지요. 다른 문화에 대한 몰이해는 결국 전쟁으로 이어졌습니다. 불만이 쌓인 세포이들은 영국군과 전쟁을 시작했고, 여기에 인도의 일반 사람들까지 가담했습니다(세포이 항쟁, 1857~1858). 세포이는 한때 당시 인도 수도인 캘커타(지금의 콜카타)까지 점령하며 크게 세력을 떨쳤지만 결국은 영국군의 화력에 밀려 완전 진압되었습니다. 이후 영국 왕실은 동인도 회사를 통한 인도 지배를 끝내고 직접 인도를 통치했습니다.

소금으로 총을 이길 수 있었다고요?

화폐 수집이 취미인 친구가 인도 화폐를 보여 주었어요. 5루피부터 2,000루피까지 모든 지폐에 마하트마 간디의 초상화가 그려져 있었어요. 간디는 인도 건국의 아버지라서 그렇대요. 그런데 간디는 인도를 지배하던 영국의 탄압에 소금으로 저항했다고 해요. 어떻게 고작 소금으로 강대국 영국과 싸울 수 있었을까요?

소금 한 줌에 담긴 평화의 가치

　세포이 항쟁의 결과 인도는 마지막 왕조 무굴 제국이 멸망하고 영국 여왕의 직접 지배를 받는 식민지로 전락했습니다. 영국은 제1차 세계 대전이 일어나자 인도인들의 협력을 얻기 위해 전쟁이 끝나면 인도인의 자치권을 인정하겠다고 약속했습니다. 당연히 인도인들은 그 말을 믿고 영국에 적극 협조했습니다. 하지만 영국은 전쟁이 끝났는데도 약속을 지키지 않았습니다.

오히려 자치를 요구하는 인도인을 감옥에 가두고 인도의 민족 운동을 탄압했습니다.

약속을 지키지 않는 영국을 향한 인도인의 반감이 높아지던 중 1929년 미국에서 시작된 세계 대공황은 영국에도 큰 타격을 주었습니다. 경제 위기에 직면한 영국은 돌파구를 마련하기 위해 식민지 인도에 대한 착취를 강화했습니다.

1930년 '소금법'이 제정되었습니다. 이 법에 따르면 인도인은 자국 내에서 소금을 생산하고 판매할 수 없었습니다. 소금은 영국 정부의 전매 물품이었고, 영국 정부는 인도에서 파는 소금에 높은 세금을 부과했습니다.

인도의 민족주의 운동가 간디는 영국의 이러한 부당함에 적극 맞서기로 결심하고 1930년 3월, 70여 명의 동료들과 함께 시위에 나섰습니다. 소금 행진의 시작이었습니다. 구자라트주 사바르마티 아쉬람에서 출발한 일행이 향한 곳은 남쪽으로 약 400킬로미터 떨어진 단디 해변이었습니다. 이 행렬은 인도 사람들의 열렬한 환영과 호응을 받았습니다. 영국을 규탄하는 간디의 호소는 사람들의 마음을 움직이기에 충분했고, 어느새 간디를 따르는 무리는 수천 명으로 늘어났습니다. 행진은 영국 경찰의 무자비한 탄압 속에서도 계속 이어져, 출발한 지 24일 만에 목적지인 단디 해변에 도착했습니다. 간디는 일행이 지켜보는 가운데 한 줌의 소금을 집어 들었습니다. 간디가 인도 사람들에게 던진 메시지는 명확했습니다. 영국의 불의와 폭력에 대한 항거였습니다.

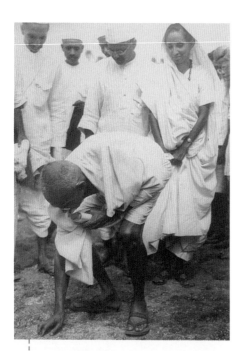

단디 해변에 도착해 소금을 집어 드는 간디. 간디는 영국 정부에 소금법 폐지를 주장하며 동료들과 함께 400km를 행진했다.

이 행진 이후 인도인들은 영국이 정한 법에 불복종하며 소금을 생산하기 시작했습니다. 수만 명의 사람이 동참했고 영국 경찰은 이들을 체포했습니다. 그러나 소금이 가진 힘은 영국 경찰의 총칼보다 강력했습니다. 자신들을 탄압하는 영국 경찰에 인도인들은 비폭력과 불복종으로 맞섰습니다. 영국 경찰의 무수한 매질에도 움츠러들지 않았습니다. 약 6만 명의 인도인이 재판에 넘겨진 후에도 소금 투쟁은 계속 이어졌고, 인도인의 저항에 놀란 영국 정부는 결국 1931년에 소금법을 폐지했습니다. 간디의 소금 행진은 인도에 대한 영국의 생각과 태도를 완전히 바꾸어 놓았고, 이후 인도 독립에 큰 영향을 미쳤습니다.

시민 불복종으로 계승된 비폭력 정신

인도의 비폭력, 불복종 민족주의 운동은 지금도 '시민 불복종'이라는 이름으로 이어지고 있습니다. '시민 불복종'이란, 부당한 법을 개정하거나 정책을 변혁시키기 위해 의도적으로 법이나 정책을 위반하는 행동을 말합니다. 미국의 철학자 존 롤스는 저서《정의론》에서 시민 불복종의 몇 가지 전제 조건을 밝혔습니다.

첫째, 시민 불복종은 목적이 정당해야 한다.
둘째, 개인이나 특정 집단의 이익이 아니라 공익을 위해 이루어져야 한다.
셋째, 공개적으로 이루어져야 하며 최후의 수단으로 사용되어야 한다.
넷째, 비폭력적이고 평화적인 방법으로 이루어져야 한다.
다섯째, 국가의 처벌을 감수해야 한다.

이러한 시민 불복종 운동의 대표적 사례로 우리나라의 '촛불 혁명'과 홍콩

2016년 박근혜 대통령 퇴진을 요구하는 촛불 시위. 시민 불복종 운동의 대표적 사례로 볼 수 있다.

의 '우산 혁명'을 들 수 있습니다. 미얀마 군부의 쿠데타에 반발해 일어난 미얀마 민주화 운동도 시민 불복종 운동이라 할 수 있습니다.

이솝 우화에 등장하는 이야기입니다. 길 가는 나그네의 옷을 벗긴 것은 세차게 몰아친 바람이 아니라 따스한 햇살이었습니다. 불합리한 세상의 허물을 벗기는 것은 폭력이 아니라, 정의로운 사회를 열망하는 시민들의 평화롭지만 뜨거운 함성입니다.

인도는 독립국인데
왜 영국 연방에 포함되어 있나요?

스포츠 뉴스에서 낯선 국제 대회 소식을 들었어요. '커먼웰스 게임'이라는 영국 연방 체육 대회였는데, 참가국을 보니 인도를 비롯해 과거 영국 식민지였던 나라들이 많았어요. 인도는 독립국인데 영국 연방 체육 대회를 함께하다니, 신기했어요.

식민지 인도의 낯선 풍경

일제 식민 지배를 경험한 우리 민족은 제국주의 침략에 대한 아픈 기억과 반감이 있습니다. 이러한 국민 정서는 오늘날 스포츠 경기에도 영향을 미치고 있습니다. 한일전에 참가하는 선수들의 표정은 다른 나라와 겨룰 때보다 더 비장해 보입니다. 그런데 영국 식민 지배 경험이 있는 국가들은 대부분 영국 연방에 속해 있으며 영국과 우호적 관계를 유지하고 있습니다. 일본과 그

2022년 커먼웰스 게임 상징 조형물. 커먼웰스 게임은 4년마다 한 번씩 개최되는 영연방 소속 국가들의 스포츠 대회이다.

런 관계가 아닌 우리에게는 대단히 낯선 상황입니다.

인도인들은 민족 운동 과정에서 영국 지배를 인정하고 주로 자치를 요구했습니다. 일제 식민 시절 우리 민족 대다수가 독립을 염원했던 것과는 상당히 다르지요. 비폭력 불복종 운동으로 유명한 인도 민족 지도자 간디는 자치(스와라지)를 주장하며, 제1차 세계 대전 당시 인도인들에게 영국을 도와 전쟁에 참여하자고 독려했습니다. 비폭력주의인 그가 폭력이 극대화된 상태인 전쟁으로 인도인을 이끈 것은 영국의 자치권 약속 때문이었습니다. 그만큼 인도 지도자들은 자치권 획득을 중요하게 여겼습니다.

제1차 세계 대전이 끝난 후 영국이 자치 약속을 지키지 않자 인도 국민 회의를 이끌던 네루는 자치가 아닌 독립을 요구했고, 간디는 1942년에 영국의 인도 철수를 강하게 주장했습니다. 제2차 세계 대전이 끝난 이후인 1947년 영국이 인도에서 철수하자 간디는 영국인을 친구로 표현하며 앞으로 사이좋게 지내자고 말했습니다. 만약 해방 이후 우리나라에서 그런 태도를 보였다면, 그 사람이 아무리 민족을 이끄는 지도자라고 해도 사람들은 '친일파' 취급을 했겠지요. 그런데 인도인들은 간디를 계속 지도자로 지지하며 식민 지배했던 영국을 우호적으로 대했습니다.

영국의 인도 통치 특징

영국 제국을 흔히 '해가 지지 않는 나라'라고 표현합니다. 영국 본토가 밤일 때 반대편에 있는 식민지 인도는 낮이었기에, 자기들이 가진 넓은 영토에 대한 자부심에서 나온 말입니다. 영국은 식민지 인도와 먼 바닷길로 연결되어 있었습니다. 따라서 영국의 인도 식민 지배는 프랑스가 북아프리카 알제리를 식민 통치하거나 일본이 한반도를 식민 지배했던 것과는 상당히 달랐습니다. 프랑스와 일본은 식민지가 지리적으로 가까웠기 때문에 본국의 영향력이 강했습니다. 그러나 영국은 바다 건너 멀리 떨어진 식민지를 다스려야 했기 때문에 다른 전략이 필요했습니다. 그래서 총독을 비롯한 최고위 지배층 소수만 영국인으로 임명하고 나머지 관료들은 현지인을 적절히 활용했습니다. 인도를 지배할 때도 마찬가지였습니다. 인도 고유의 신분 제도인 카스트를 활용해 현지인들끼리 확실한 위계질서를 세우고 이를 통해 간접적으로 지배했습니다.

물론 인도의 특수성도 영국의 식민 지배에 영향을 주었습니다. 인도는 소규모의 단일 민족 국가가 아니라 넓은 땅에 여러 민족과 종교가 어우러져 다양한 정체성을 품고 있는 나라입니다. 따라서 고대부터 사회·문화적으로 인도라는 정체성은 공유해 왔지만, 오랫동안 단일 국가 형태를 유지했던 우리나라보다는 집단의식이나 통일성이 약할 수밖에 없었습니다. 이에 영국은 인

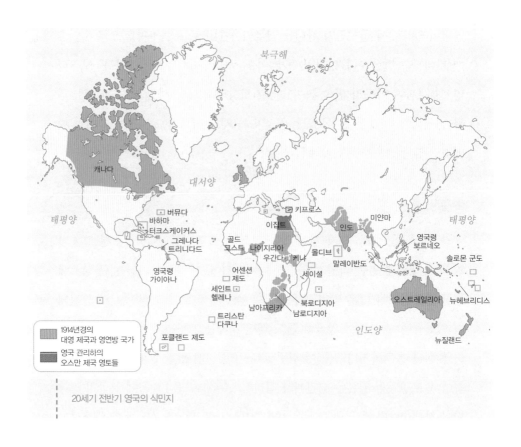

20세기 전반기 영국의 식민지

도 마지막 제국인 무굴 제국을 그대로 유지하며 동인도 회사를 통한 식민 지배를 시작했습니다. 동인도 회사는 지방 세력들을 회유하고 분열시키면서 인도를 야금야금 지배해 나갔습니다. 무굴 제국을 무너뜨리고 직접 통치를 시작한 후에도 영국은 동인도 회사를 통해 효율적으로 인도를 지배했습니다. 그래서 인도의 민족 지도자들은 현지 지배층과 교묘하게 연결된 영국 식민 지배 체제를 인정한 상태에서 자치권 획득에 집중해야 했습니다.

수업 시간에 영국과 일본의 식민 지배를 비교하다 보면 차라리 영국 식민지가 되는 게 나았겠다고 말하는 학생들도 있습니다. 그러나 우리가 간과하지 말아야 할 점이 있습니다. 본질적으로 식민 지배는 제국주의 국가의 극심한 약탈과 식민지인에 대한 차별을 바탕으로 이루어진다는 점입니다.

영국 제국에서 영국 연방으로 이어진 관계

한편 영국은 19세기 후반 급격히 성장하는 독일을 견제하기 위해 식민지와의 결속을 강화하려 했습니다. 영국과 식민지 간의 협의체는 빅토리아 여왕 시기 열린 '식민지 회의'에서 출발해 20세기 초 '제국 회의'로 명칭을 바꿔 가며 이어졌습니다.

제1차 세계 대전 당시 영국 정부는 전쟁 승리를 위해 식민지 사람들의 적극적 협조를 얻는 대신에 전쟁 후 자치권 또는 독자성 확대를 약속했습니다. 전쟁이 끝난 후 영국은 약속을 지키기 위해 1926년 '제국 회의'에서 캐나다, 호주, 남아프리카 공화국 등 백인들이 이주한 자치령의 독자성을 인정했습니다. 영국과 동등한 지위를 인정받은 자치령 국가들은 '영국 연방'의 밑돌이

2018년에 개최된 영국 연방 정상 회의. 영국 여왕 엘리자베스와 각국의 총리들이 참가했다.

되었습니다. 하지만 인도를 비롯한 다른 식민지는 여전히 영국의 직접 지배를 받았습니다. 그런데 제2차 세계 대전을 거치며 영국은 더는 식민 지배를 할 수 없었습니다. 세계 패권은 미국과 소련이 주도했습니다. 결국 영국은 전쟁 중에 '제국 회의'의 명칭을 '영국 연방 정상 회의'로 바꾸었고, 전쟁이 끝나자 인도 독립을 승인했습니다.

인도는 독립해 공화국이 되었지만 영국과 관계를 끊지 않고 '영국 연방'에 합류했습니다. 영국 네트워크에 속해 있는 것이 인도 국익에 도움 되었기 때문입니다. 이후 영국이 영국 왕을 섬기지 않는 나라도 영국 연방 회원국으로 받아들이자 새롭게 독립한 신생국들이 대거 가입했습니다. 오늘날 '영국 연방Commonwealth'은 56개 국가로 구성되어 영국 왕실을 중심으로 회원국 간에 상호 친선과 협력, 사회·문화적 교류를 이어 가고 있습니다.

32. 동남아시아가 유럽의 보급 창고였다고요?

제국주의 시대에 서구 열강들은 동남아시아 나라들을 식민 지배했습니다. 왜 그들은 안전한 자기 나라를 놔두고 목숨 걸고 험난한 바다를 건너와서 동남아시아를 지배하려 했을까요?

아시아로 진출하는 유럽 열강들

유럽의 14세기는 참혹했습니다. 이상 기후로 대기근이 발생해 먹을 것이 부족했고 흑사병으로 많은 사람이 죽었습니다. 엎친 데 덮친 격으로 백 년 전쟁, 장미 전쟁이 이어지며 인구가 절반 가까이 감소했습니다.

인구 감소는 노동력 부족으로 이어졌고, 이로 인해 두 가지 큰 변화가 발생했습니다. 첫째, 노동력이 많이 필요한 경작지가 노동력이 비교적 적게 드는 목초지로 전환되며 축산업이 발달했습니다. 둘째, 인구가 줄어들어 인구수와 생산량의 균형이 맞춰지다 보니 양보다 질을 추구하는 경향이 생겼습니다.

축산업 발달과 양보다 질을 추구하는 경향은 고기 수요 증가로 이어졌습니다. 그런데 문제는 가축을 대량 도살해도 냉장이나 냉동 보관이 불가능했기에 고기를 장기간 보관할 수 없었습니다. 이런 문제를 해결할 방법을 찾아야 했는데, 궁극적으로 찾아낸 방법은 향신료의 사용이었습니다. 향신료란, 박하나 고수처럼 강한 향을 내거나 후추나 고추처럼 매운맛을 내는 식재료를 말합니다. 향신료는 고기의 잡내와 누린내를 없애 주면서 살균제와 방부제 역할을 하기 때문에 장기간 보관에 유리했습니다.

하지만 향신료의 가격이 문제였습니다. 향신료는 동남아시아에서 주로 수입되었기에 가격이 매우 비쌌습니다. 특히 후추는 검은 황금으로 불릴 정도로 고가였습니다. 유럽 사람들은 향신료의 안정적인 공급과 가격 하락을 열망했습니다. 물론 방법이 없는 것은 아니었습니다. 당시 유럽과 아시아 사이의 무역은 육로로 전개되었고 오스만 제국이 중계자 역할을 했습니다. 만약 신항로를 개척해 오스만 제국을 거치지 않고 인도와 동남아시아에서 직접 향신료를 사 올 수만 있다면 공급 가격을 대폭 낮출 수 있었습니다.

이 문제 해결에 먼저 뛰어든 나라는 포르투갈과 에스파냐였습니다. 두 나라는 대서양 연안 국가이다 보니, 지중해 무역에서 소외될 수밖에 없었습니다. 두 나라 왕실은 신항로 개척에 나선 탐험가들을 적극 후원했고, 대서양 항로가 개척되며 바닷길을 통한 유럽과 아시아 사이의 문물 교류가 가능해졌습니다. 이후 네덜란드와 영국도 바닷길 무역에 적극 뛰어들면서 향신료 무역에서 우위를 차지하려는 유럽 열강들의 경쟁이 본격화되었습니다.

유럽의 맞춤형 창고이자 시장이 된 동남아시아

18세기 후반 이후 유럽은 산업 혁명이 급속히 진행되었습니다. 유럽 각국은 자국의 산업 진흥을 위해 값싼 원자재 공급지 및 공산품 판매 시장, 잉여 자본의 투자처가 필요했습니다. 이 시기에 유럽인들의 눈을 사로잡은 곳이 있었으니, 바로 동남아시아입니다.

신항로 개척 이후 유럽 나라들은 동남아시아의 주요 항구에 상관을 설치해 무역 활동을 했습니다. 이제 동남아시아는 유럽에 원자재를 공급하는 창고이자 공산품을 수입하는 판매처로 전락해 버렸습니다.

한편 유럽 자본가들은 동남아시아 각 지역의 광대한 땅에 대농장을 만들었습니다. 자본 및 기술과 원주민의 값싼 노동력을 결합해 상품 작물을 대규모로 단일 경작하는 플랜테이션 농업이 활성화되었습니다. 커피, 카카오, 차, 사탕수수, 천연고무, 면화, 바나나, 담배가 안정적으로 유럽 땅에 공급되었고,

자바섬의 사탕수수 플랜테이션 농장. 유럽 자본가들은 동남아시아의 광대한 땅에 상품 작물을 대규모로 단일 경작하는 플랜테이션 농업을 실시했다.

곳곳에서 광산 개발도 이루어져 주석이나 구리 등 공산품 제조에 필요한 광석이 싼값에 거래되었습니다.

여전히 치유되지 않은 상처

19세기 후반까지도 동남아시아는 제국주의 국가의 침략이 이어졌습니다. 동남아시아 국가 중에서 태국만 유럽 열강의 침략에 효과적으로 대처했습니다. 태국은 왕실이 적극적으로 주도해 유럽의 선진 문물과 근대 정책을 도입하며 독립국 체제를 계속 유지했습니다. 반면에 태국의 주변국들은 유럽 열강의 침략에 속수무책으로 무너져 영국, 프랑스, 네덜란드, 미국 등의 식민지가 되었습니다.

이처럼 처참한 현실에서 동남아시아 각국에서는 식민 지배에서 벗어나 근대 국가를 수립하려는 민족 운동이 일어났습니다. 베트남의 판보이쩌우와 판쩌우찐, 필리핀의 호세 리살과 아기날도, 인도네시아의 카르티니 등이 대표적인 민족 운동가로 이들은 독립 국가 수립을 위해 앞장섰고, 결국 독립을 이루어 냈습니다.

하지만 서구 제국주의 세력이 동남아시아에 남긴 상처의 흔적과 후유증은 오늘날까지 이어지고 있습니다. 플랜테이션 농업의 부작용으로 아직도 식량 부족에 시달리는 지역이 있으며, 열강의 자본과 기술력에 의존한 경제 종속은 지금도 이어지고 있습니다. 아동 노동을 비롯한 노동 착취로 인한 인권 문제도 아직 해결되지 않았으며, 단작 재배로 인한 생태계 파괴 등 환경 문제도 여전합니다.

33 베트남 국민 영웅 호찌민이 한국 독립운동가들과 교류했다고요?

베트남 최대 도시는 수도 하노이가 아니라 호찌민이라고 들었어요. 그런데 호찌민이 사람 이름이라면서요? 인터넷을 찾아보니 베트남 지폐에 호찌민 얼굴이 있더라고요. 게다가 베트남을 대표하는 공항, 경기장까지 호찌민이라는 이름이 붙어 있었어요. 호찌민은 대체 어떤 사람이기에 베트남 사람들에게 이처럼 극진한 사랑을 받을까요?

베트남 독립운동에 헌신한 호찌민

호찌민은 베트남 국민이 사랑하는 민족 영웅입니다. 그는 지금의 베트남 사회주의 공화국을 세우는 데 결정적인 공을 세웠습니다. 베트남은 강대국 중국과 국경을 맞대고 있음에도 끈질기게 침략에 저항하며 자신들의 고유 문화를 유지해 온 당당한 역사가 있습니다. 하지만 그런 베트남도 제국주의 시대 서양 국가들의 침략은 피할 수 없었습니다. 베트남은 19세기 후반 프랑

호찌민 시청 앞의 호찌민 동상. 호찌민은 베트남 독립운동을 상징하는 인물로 지금도 베트남 사람들의 사랑과 존경을 받고 있다.

스의 식민지가 되었습니다. 이에 많은 베트남인이 조국의 독립을 위해 독립운동에 뛰어들었습니다. 호찌민도 그중 한 사람입니다.

그는 젊은 시절, 급변하는 세상을 알기 위해 프랑스, 영국, 미국 등지에서 견문을 넓혔습니다. 그러던 중 서양 강대국들이 제1차 세계 대전 후속 처리를 위해 한자리에 모여 회의한다는 소식을 듣고는 파리로 달려갔습니다. 식민 체제에서 고통받는 베트남 사람들의 인권을 보장하라는 청원서를 전달하기 위해서였습니다. 서양 강대국들은 그의 청원을 무시했지만, 이후 호찌민은 베트남 독립운동을 상징하는 인물로 떠올랐습니다.

베트남으로 돌아온 호찌민은 당시 유행하던 사회주의 사상을 받아들여 공산당을 만들고 본격적인 독립운동을 시작했습니다. 또한 미국 특수 작전 부대[OSS]와 연계해 베트남 독립운동가들이 군사 훈련을 받을 수 있도록 힘쓰기도 했습니다. 이러한 활동으로 감옥에 갇히기도 했지만 그는 멈추지 않았습니다. 제2차 세계 대전 당시 베트남을 지배했던 프랑스가 독일군에 의해 점령당하는 사건이 발생했습니다. 베트남인은 드디어 식민지 생활이 끝날 것이라고 기대했는데 이번에는 일본군이 프랑스의 공백을 틈타 베트남으로 쳐들어 왔습니다. 호찌민은 공산주의 세력은 물론 다른 사상을 가진 베트남인과도 힘을 합쳐 '베트남 독립 동맹'을 결성하며 맞섰습니다. 이후 일본이 패망하자 빠르게 임시 정부를 수립하고 〈독립 선언문〉을 발표해 베트남 독립을 이끌었습니다.

프랑스와 미국을 물리치다

베트남이 독립 선언을 하자 본래 베트남을 지배했던 프랑스가 가만있지 않았습니다. 1946년 프랑스는 베트남을 다시 식민지로 삼을 목적으로 전쟁을 일으켰습니다. 한편 제2차 세계 대전 이후 공산주의 국가 소련과 세계 주도권을 놓고 경쟁하던 미국 역시 공산주의자 호찌민이 이끄는 베트남 독립을 바라지 않았습니다. 미국은 프랑스 군대를 전폭적으로 지원했습니다.

호찌민은 독립을 열망하는 베트남인들과 함께 프랑스군에 맹렬히 저항했습니다. 베트남인의 저항은 끈질겼습니다. 제2차 세계 대전의 후유증이 가시지 않았던 프랑스는 전쟁을 멈추고 베트남에서 발을 뺄 수밖에 없었습니다. 이후 베트남은 호찌민이 이끄는 공산주의 세력이 통치하는 북베트남과 프랑스와 미국의 후원을 받는 비공산주의 세력이 이끄는 남베트남으로 분리되었습니다. 미국은 북베트남 세력이 날이 갈수록 커지자 베트남에 군대를 보내 남베트남 중심의 통일을 지원했습니다. 미국의 우방국인 우리나라도 이 전쟁에 30만 명이 넘는 병사를 파병해 5,000여 명이 전사했습니다.

호찌민이 이끄는 북베트남은 미국의 대규모 공격에도 굴복하지 않았습니다. 남베트남 지역에서는 '베트콩'이라 불리는 공산주의 지지 세력이 게릴라 공격으로 미군을 끈질기게 괴롭혔습니다. 당시 나이가 일흔이 넘었던 호찌민은 사망하기 직전까지 이 전쟁을 지휘했습니다. 결국 미국은 장기간 막대한 자금과 병력을 투입했음에도 뚜렷한 성과가 나지 않자 베트남에서 군대를 철수했습니다. 이후 베트남은 북베트남에 의해 통일되어 지금의 베트남 사회주의 공화국이 되었습니다.

베트남이 독립을 이루기 위해 프랑스, 일본, 미국과 싸우는 동안 호찌민은 그야말로 혁혁한 공을 세웠습니다. 물론 그를 향한 비판이 없는 것은 아닙니다. 호찌민은 자신의 목표를 달성하기 위해 정적은 물론 수많은 무고한 국민을 살해했습니다. 그럼에도 현재 베트남 사람들은 그의 공을 인정해 호찌민을 '베트남 건국의 아버지'로 여기며 존경하고 있습니다.

한국의 독립운동가들과 교류한 호찌민

20세기 초 프랑스의 식민 지배를 받고 있던 베트남 사람에게 일본의 지배를 받고 있던 한국인의 상황은 남 일 같지 않았을 것입니다. 한국인 역시 마찬가지였겠지요. 실제로 대한제국 시절 《황성신문》에 연재된 《월남 망국사》는 당시 신문 구독을 하던 지식인에게 인기 만점의 연재물이었습니다.

한편 프랑스 식민 지배를 받던 베트남 사람들과 일제 침략으로 고통받던 우리 민족은 동병상련의 아픔이 있었기에 독립운동 지도자들의 유대 관계도 깊었습니다. 호찌민이 프랑스에서 베트남이 처한 상황을 알리려 할 때, 현지 언론과 인터뷰를 주선해 준 사람이 대한민국 임시 정부 대표로 파리에 파견된 김규식, 황기환 등이었습니다. 김규식은 호찌민이 프랑스 언론에 기고한 글이 중국에서도 발표될 수 있도록 도왔습니다. 이처럼 두 나라의 독립운동가는 프랑스 현지에서 지속적으로 연대하며 활동했기에 당시 프랑스 경찰은 호찌민의 활동 계획이 한국인의 계획을 거의 그대로 따르고 있다는 내용의 보고서를 쓰기도 했습니다. 이들의 신뢰가 얼마나 두터웠는지 알 수 있는 사례입니다.

하지만 세월이 흘러 두 나라는 베트남 전쟁 당시 서로 총을 겨누었습니다. 지금은 많이 극복되었지만, 전쟁이 남긴 후유증은 지금도 양국 교류에 영향을 미치고 있습니다.

현재 베트남은 우리에게 서너 번째로 교역량이 많은 나라이며 경제 발전을 함께 도모하는 이웃입니다. 베트남 전쟁으로 인한 상처도 있지만 그 전 시기인 독립운동기에는 식민지의 아픔을 함께 나눈 연대의 역사가 있습니다. 이 사실을 기억하며 동반자적 관계를 강화해야겠습니다.

서구 열강의 침략에도 불구하고
독립을 유지한 나라가 있었다고요?

19세기 유럽 국가들은 산업 혁명을 바탕으로 군사 강국으로 성장했어요. 그 군사력을 기반으로 아프리카와 아시아에 많은 식민지를 건설했고요. 그런데 유럽 제국주의 국가의 파상 공세에도 스스로 독립을 유지한 나라들이 있었어요. 그 나라들은 어떤 비결이 있었기에 독립을 유지할 수 있었을까요?

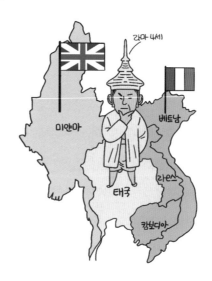

주변 나라들이 식민지가 될 때 독립을 지켜 낸 태국

19세기 초반 유럽 세력이 아시아로 물밀듯이 밀고 들어오던 시기에 태국은 미얀마를 점령한 영국과 인도차이나에 영향력을 행사하는 프랑스 사이에 끼어 불안한 시기를 보냈습니다. 그렇지만 당시 태국의 방콕(짜끄리) 왕조는 전반적으로 왕권이 안정되어 있었고, 적극적인 대외 정책으로 태국 역사상 가장 넓은 영토를 차지하고 있었습니다. 활발한 대외 교역으로 경제도 눈에 띄게 성장했고 서구 문물에 깊은 관심을 보여 적극적으로 새로운 기술과 사상을 받아들였습니다.

이처럼 정치·경제 부문의 안정과 외부 세계에 대한 개방적 태도로 꾸준히 나라의 힘을 키운 태국에 2명의 현명한 군주가 있었으니, 라마 4세(몽꿋)와 그의 아들 라마 5세(쭐랄롱꼰)입니다. 라마 4세는 즉위 전에 승려로 있으면서 외국 선교사를 통해 기독교 교리와 서양 문물을 받아들였습니다. 서구의 언어와 사상을 익혔던 경험은 라마 4세의 개방적인 외교 정책과 근대화 노력으로 이어졌습니다.

한편 미얀마를 병합한 영국은 태국에 치외 법권, 최혜국 대우, 협정 관세 등을 요구한 불평등 조약 체결을 강요했습니다. 라마 4세는 영국의 요구 사

서구 열강의 인도·동남아시아 식민 지배 현황

항을 사전에 파악해 적극적으로 대응책을 마련했고 1855년 무난하게 영국과 문호 개방 조약을 체결했습니다(보링 조약). 이후 미국, 독일, 프랑스 등 서양 주요 열강과도 조약을 체결했는데, 라마 4세는 유연한 외교 정책을 통해 어느 한 나라가 태국을 독점 지배할 수 없도록 만들었습니다. 한편 그는 베트남을 점령한 프랑스가 태국에도 손을 뻗치려 하자, 친영국 정책을 펼치며 영국을 통해 프랑스를 견제했습니다.

라마 4세의 뒤를 이은 라마 5세는 본격적인 근대화 개혁을 추진했습니다. 라마 5세를 중심으로 그의 형제들은 악습과 노예제를 폐지하고 철도 부설, 증기선, 근대 교육, 근대법 도입 등 적극적인 근대화 정책을 추진해 제국주의 국가의 침략에 버틸 힘을 키웠습니다. 또한 영국과 프랑스의 압력으로 영토가 축소되기는 했지만, 주요 강대국과 다원적 외교 관계를 수립해 독자 주권을 유지했습니다.

아프리카의 독립 국가 에티오피아

19세기 제국주의 시대에 아프리카는 어땠을까요? 베를린 회의(1884~1885) 이후 제국주의 국가가 아프리카를 분할, 점령한 지도를 살펴보면 아프리카 대륙 동부에 있는 에티오피아를 발견할 수 있습니다.

19세기 중반까지 에티오피아는 지역 군벌의 성장으로 중앙 정부가 제 역할을 하지 못해 정치적 혼란이 이어지고 있습니다. 이러한 국내 정세 속에 지역 맹주에서 성장해 왕이 된 인물이 있었으니, 쇼아 지역 지도자 메넬리크입니다. 그는 요하니스 4세를 이어 에티오피아 황제가 되어 '메넬리크 2세' 시대를 열었습니다.

메넬리크 2세 재임 초기에 에티오피아를 노리던 이탈리아는 경제 침략을 넘어 에티오피아를 보호령으로 삼고자 했습니다. 에티오피아는 이에 반발했

아도와 전투 기록화. 일찍이 서양 근대 교육 체제를 도입하고 도로와 철도를 건설하며 국력을 키운 에티오피아는
최신 무기로 무장하고 이탈리아군과 싸웠다.

고, 결국 1895년 전쟁이 일어났습니다. 주변 아프리카 국가들이 제국주의 침
략에 속속 무너졌기에 에티오피아도 이탈리아에 무너지리라 예상했으나 결
과는 달랐습니다. 1896년 3월 1일 아도와 전투에서 에티오피아는 이탈리아
군을 완벽하게 격파했고 '보호령 철회' 약속을 받아 냈습니다.

에티오피아가 군사력이 더 강력한 이탈리아를 상대로 승리를 거둘 수 있
었던 원인은 태국의 경우와 비슷합니다. 일찍이 제국주의 열강의 힘을 경험
했던 메넬리크 2세는 근대화에 최선을 다했습니다. 서양 근대 교육 체제를
도입하고, 도로와 철도를 건설하며 국력을 키웠습니다. 최신 무기도 도입하
고, 유럽의 군사 교관을 초빙해 군사력 강화에도 힘썼습니다.

태국과 에티오피아는 멀리 떨어져 있었지만 제국주의 침략에 대처했던 방

법은 비슷했습니다. 새로운 것에 대한 적극적인 수용과 유연한 외교술, 그리고 뛰어난 리더가 존재했기에 그들은 제국주의 침략이라는 거센 파도를 막아 낼 수 있었습니다.

또 다른 독립국 라이베리아

아프리카에는 에티오피아 말고도 독립을 유지한 나라가 또 있습니다. 라이베리아입니다. 미국에서 자유 흑인이 이주해 오면서 세운 나라입니다. 미국 흑인이 아프리카 땅으로 이주해 왔다고요? 예, 그렇습니다. 미국 식민 협회가 미국 내 인종 문제 해결 방법의 하나로 흑인의 국외 이주 정책을 추진했습니다. 19세기 미국은 백인과 흑인의 공존 갈등과 흑인 노예 문제로 여러 가지 어려움이 있었습니다. 이 시기에 미국은 아프리카 땅을 비롯한 국외에 식민지를 건설해 인종 문제를 해결하고자 했습니다.

이러한 정책 속에 미국 내 흑인 중 일부는 피부색으로 인한 차별에서 벗어나 자유를 누리고, 아프리카 땅에 기독교 국가를 건설하겠다며 스스로 이주했습니다. 그 결과 아프리카 중부 지대에 미국에서 건너온 흑인들에 의해 미국 식민지가 건설되었습니다. 1847년 식민지 정착민들은 미국 식민 협회로부터 식민지 통치권을 인계받아 독자적인 라이베리아 정부를 구성했습니다.

남아프리카 공화국의 수도는 3개라고요?

세계 지도를 살펴보다가 흥미로운 사실을 발견했어요. 남아프리카 공화국에 수도가 3개나 표시되어 있더라고요. 혹시 지도에 잘못 표기된 게 아닌가 싶어 확인해 봤는데 진짜였어요. 남아프리카 공화국의 수도는 왜 3개일까요?

남아프리카의 박힌 돌

남아프리카에는 오래전부터 줄루족이 살고 있었습니다. 이 부족은 아프리카 남부 지역의 대다수를 차지하던 반투 민족의 한 갈래였습니다. 미디어 속의 아프리카인들은 우스꽝스럽고 비문명화된 야만인으로 묘사되는 경우가 많은데, 이는 실제와 다릅니다. 이들은 대규모 농업과 목축, 무역을 바탕으로 문명화된 삶을 누리고 있었습니다.

검은 나폴레옹이라 불렸던 샤카 줄루는 남아프리카 일대를 장악하고 줄루 왕국을 건설했다.

19세기 초반, 여러 세력이 권력을 나누어 다스리던 남아프리카에 영웅이 등장했습니다. '검은 나폴레옹'이라 불린 '샤카'입니다. 줄루 왕국을 건설한 샤카는 무기와 전술 개혁을 통해 왕국을 새롭게 정비했습니다. 기존에 사용하던 창을 짧은 형태로 개량한 '이클와'를 사용하고, '쇠뿔 전략'이라 불리는 전술 시스템을 고안해 주변의 작은 부족들을 공격하며 빠르게 성장해 얼마 지나지 않아 줄루 왕국은 남아프리카 일대 대부분을 장악했습니다.

남아프리카로 굴러 들어온 돌

서양 열강 중 남아프리카에 가장 먼저 정착한 나라는 동인도 회사를 통해 아프리카에서 이익을 얻으려 했던 네덜란드였습니다. 동인도 회사가 무역 거점으로 삼았던 케이프 식민지는 빠르게 번성했고, 유럽인의 이주가 급증했습니다. 네덜란드에서 건너온 농부들과 종교의 자유를 찾아 건너온 칼뱅파와 프랑스 위그노들이 정착했습니다.

그런데 케이프 식민지 지배권이 나폴레옹 전쟁을 거치면서 네덜란드에서 영국으로 넘어갔습니다. 케이프 식민지를 차지한 영국은 영어 사용을 강제하고, 노예제를 금지하는 등 네덜란드계 백인들의 생활을 간섭하기 시작했습니다. 영국의 통제를 참지 못한 네덜란드계 사람들은 케이프 식민지 북쪽으로 이주해 갔습니다. 이들은 '아프리카너' 또는 '보어인'이라 불리며 기존 유럽인과는 다른 정체성을 갖게 되었습니다.

보어인의 이주는 당시 남아프리카 지역을 장악하고 있던 줄루 왕국과 충돌을 가져왔습니다. 줄루의 왕 딩가네는 보어인들을 잔치에 초대한 뒤 잔혹하게 살해했습니다. 이 사건을 보어인은 '통곡의 학살'이라고 부릅니다. 보어인들은 곧바로 복수에 나섰지만 줄루 전사들을 당해 낼 수 없었고, 보어인을 돕는다는 명분으로 참전한 영국도 패배의 쓴맛을 봐야 했습니다.

그러나 최종 승자는 보어인이었습니다. 그들은 수차례의 전투 끝에 '핏빛 강 전투'에서 줄루 전사들을 물리치고 나탈 공화국을 수립했습니다. 그런데 보어인한테는 또 영국이 문제였습니다. 영국은 나탈 공화국을 자기들 식민지로 편입했습니다. 그러자 보어인은 다시 북쪽으로 이주하며 영국의 지배에서 벗어나려 했습니다. 계속된 보어인의 저항에 영국은 보어인들이 주도한 트란스발과 오렌지 자유국의 수립을 인정할 수밖에 없었습니다.

굴러온 돌이 박힌 돌을 빼내다

남아프리카 지역에서 보어인과 영국인, 줄루인의 평화롭지만 위험한 동거가 시작되었습니다. 그리고 세 세력의 평화는 남아프리카에서 대량의 황금과 다이아몬드가 발견되면서 처참히 무너졌습니다. 트란스발과 오렌지 자유국에서 발견된 금과 다이아몬드 광산은 당시 전 세계 생산량의 95퍼센트를 차지할 정도로 어마어마한 양이었고, 영국은 이를 가만두지 않았습니다.

영국은 트란스발을 합병했고, 줄루인들과도 국경을 정하려 했습니다. 줄루인들은 탐욕에 눈이 먼 영국의 제안을 거절했고, 두 세력 사이에 전쟁이 일어났습니다. 세계 최강이라고 자부했던 영국군은 줄루 전사들을 얕잡아 봤지만 이산들와나 전투에서 대패했습니다(1879). 세계 최강 영국군을 줄루족이 물리친 것이지요. 하지만 최종 결과는 영국의 승리였습니다. 영국군이 기관총을 동원해 줄루족을 학살했고, 줄루 왕국은 역사 속으로 사라졌습니다.

이제 영국에게 남은 상대는 보어인뿐이었습니다. 영국군은 막강한 화력을 동원해 보어인들을 공격했고, 1902년 보어인이 항복하면서 남아프리카는

아프리카의 보어인 가족. 남아프리카에서 영국의 간섭을 피해 북쪽으로 이주한 네덜란드계 사람들을 '보어인' 또는 '아프리카너'라 불렀다.

완전히 영국의 손아귀에 들어갔습니다. 다만 영국은 보어인의 불만을 잠재우기 위해서 그들에게 자치를 허용했습니다. 이후 남아프리카에는 영국 식민지였던 나탈과 케이프, 보어인들이 세운 오렌지 자유국과 트란스발, 4개 주州로 구성된 연방 국가가 탄생했습니다.

영국은 새롭게 세워진 국가의 수도를 케이프타운으로 정하려 했습니다. 그러나 자치권을 잃을 수 있다고 우려한 보어인들의 강한 반대에 부딪혔습니다. 오랜 논의 끝에 수도를 세 곳으로 하자는 결론이 내려졌습니다. 입법 수도는 케이프타운, 행정 수도는 프레토리아(트란스발), 사법 수도는 블룸폰테인(오렌지 자유국)으로 정해졌습니다. 남아프리카 공화국의 수도가 세 곳으로 정해질 때 박힌 돌 줄루족의 의사는 전혀 반영되지 않았습니다. 오직 '굴러 들어온 돌'이었던 보어인과 영국인의 이해관계만 담겼습니다.

동아시아 근대 사회는 어떻게 진행되었을까요?

세계사를 공부하다 보면 '근대'라는 용어가 자주 나오더라고요. '근대 사회'를 검색해 보니, 유럽에서는 보통 르네상스나 종교 개혁 이후 시기를 말하더군요. 그런데 유럽 말고 다른 지역에서는 어느 시기를 '근대 사회'라고 하나요? 특히 우리가 사는 동아시아의 근대 사회는 어느 시기에, 어떻게 진행되었나요?

동아시아, 근대를 고민하다 – 사회 진화론과 아나키즘

서양에서 들어온 근대라는 새로운 시대에 적응하기 위해 동아시아 각국 정부와 관료, 지식인, 민중들은 고민했습니다. 물론 이 시기에 조선의 위정척사 운동처럼 동아시아의 전통 질서를 수호하자는 세력도 있었습니다. 하지만 유럽 국가를 모방해 근대화에 성공한 일본을 모델로 한 서구식 근대화에 관심을 갖는 세력도 많이 있었습니다.

그런데 동아시아 각국이 서구와 맺은 근대 조약은 겉으로는 만국 평등을 내세웠지만, 실제로는 불평등 조약을 바탕으로 한 약육강식의 모습을 띠고 있었습니다. 이러한 국제 관계의 냉혹한 현실 속에서 사회 진화론이 동아시아 국가들에서도 유행했습니다.

다윈의 진화론을 인간 사회에 적용해 사회 발전을 설명하는 사회 진화론은 '적자생존'의 원리에 따라 열등한 문명은 도태된다는 사회 이론입니다. 동아시아 지식인들은 사회 진화론에 입각해 국가나 민족 간의 경쟁을 인정했고, 스스로 강해지지 않으면 그 국가와 민족은 멸망할 것이라 여겼습니다. 일본의 대표적 사회 진화론자인 후쿠자와 유키치는 사회를 '야만', '반개화', '문명'으로 구분하고 국가 간의 생존 경쟁을 사회 진화론 방식으로 파악했습니다. 후쿠자와 유키치의 영향을 받은 조선의 유길준도 자신의 저서 《서유견문》에서 사회를 '미개화', '반개화', '개화'로 구분해 놓았습니다.

하지만 '약육강식'이라는 힘의 논리를 바탕으로 한 사회 진화론은 제국주의 열강의 아시아 지배를 인정하는 모순에 빠졌습니다. 이로 인해 사회 진화론을 외치던 아시아 지식인 중 일부는 유럽이나 일본 같은 제국주의 열강의 지배에 순응하고 협력하는 모습을 보였습니다. 물론 일본은 사회 진화론을 적절히 활용해 근대 국가로 나아갔고 제국주의 국가로까지 변신했습니다. 그러나 일본은 국가의 생존과 발전을 지나치게 강조한 나머지 개인의 권리가 국가에 종속되었고, 그 결과 국가가 주도하는 잇따른 전쟁으로 국민은 힘든 삶을 살아야 했습니다.

여기서 궁금증이 하나 있습니다. 동아시아 나라 사람들은 일방적으로 사회 진화론의 영향을 받았을까요? 그건 아닙니다. 사회 진화론의 위험성을 충분히 간파하고 평화를 위한 노력을 전개했던 사람들도 있었습니다. 1900년대 일본 도쿄에서 전쟁 반대와 민족 독립을 위한 아시아의 연대 운동인 '아주 화친회'가 조직되었습니다. 1909년에는 대한 제국의 안중근이 '동양 평화론'을 주장하며 제국주의의 침략 정책을 반대했습니다. 1920년대에는 동아시아 사회에 사회주의 사상이 수용되면서 '아나키즘'도 들어왔습니다. '무정부주의'라고 번역된 아나키즘은 인류의 진화가 우승열패, 약육강식의 경쟁이 아니라 서로 간의 호혜와 협력을 바탕으로 이루어진다고 보았습니다. 따라서 약자를 억압하는 제국주의 열강의 강력한 힘에 맞서 약자들이 연합하고 단결해야 한다고 주장하며 제국주의 체제에 반대했습니다.

동아시아 아나키스트들은 국가와 민족을 넘어 제국주의와의 전쟁을 반대하며 평화를 위해 서로 연대했습니다. 1921년 신채호, 이회영 등은 한국인 아나키즘 계열 독립운동 단체를 결성하고 일본, 중국, 대만, 러시아의 아나키스트들과 연대 활동을 펼쳤습니다. 1928년에는 동아시아 각 나라의 아나키스트들이 '동방 무정부주의자 연맹'을 결성해 민족의 자주성과 개인의 자유를 확보하는 이상적 사회를 건설하려 했습니다.

동아시아, 근대를 극복하자 - 현대 세계와 동아시아

제국주의의 침략이라는 방식으로 근대를 맞이한 동아시아인들은 이 위기에 맞서기 위해 강력한 국가와 국민을 만들기 위해 노력했습니다. 그 결과 한국, 중국, 일본이라는 국가 의식과 한국인, 중국인, 일본인이라는 민족의식이 강하게 싹텄습니다.

이러한 사회 변화 속에 동아시아 전체를 장악하려 했던 일본 제국주의 세력이 태평양 전쟁에서 미국에 굴복하며 결국 무너졌습니다. 그 이후 동아시아 사회도 평화와 공존이 상생하는 사회로 나아갔을까요? 그건 아닙니다. 미국을 비롯한 자본주의 진영과 소련을 중심으로 하는 공산주의 진영 간에 서로 대립하는 냉전 체제가 동아시아에도 큰 영향을 미쳤습니다. 동아시아는

동아시아의 평화와 공존을 꿈꾸며 한·중·일 역사학자들이 공동으로 저술한 역사책. 한국어, 일본어, 중국어, 영어로 출판되었다.

자본주의와 공산주의 양대 진영으로 나뉘었고, 우리 민족은 남과 북으로 갈려 이념 분쟁을 겪게 되었습니다. 이건 또 무슨 이야기냐고요? 동아시아 국가는 미국과 연결된 자본주의 진영인 한국, 일본, 타이완과 공산주의 종주국 소련과 연결된 중국, 북한, 북베트남으로 철저히 분리되었습니다. 다행히 1969년 미국 대통령 닉슨이 선언한 아시아 외교 정책인 '닉슨 독트린'을 계기로 냉전 체제가 완화되며 두 세력 사이의 긴장이 조금씩 풀리기 시작했습니다. 1990년대에는 독일 통일과 소련 붕괴로 냉전 체제가 해소되며 이념보다는 국익에 따라 나라 간 교류가 활성화되었습니다. 그럼 이제 동아시아 나라들 사이의 긴장 관계는 완전히 해소되었을까요? 그건 또 아닙니다. 긴장 관계는 지금도 여전히 유지되고 있습니다. 과거처럼 제국주의의 침략은 없어졌지만, 후유증처럼 남겨진 자국 중심의 국가 의식이 동아시아의 평화와 공존을 방해하고 있습니다. 동아시아 사회에 진정한 평화와 공존이 함께하려면 근대 시대 사회 진화론에서 비롯된 갈등들이 모두 극복되어야 합니다.

영국이 중국에 마약을 팔았다고요?

마약은 중독성이 강하고 개인과 사회에 아주 나쁜 영향을 미치기 때문에 국가 차원에서 유포를 금지하고 있습니다. 그런데 과거에 영국은 청나라에 몰래 마약을 판 적이 있습니다. 이일로 두 나라는 전쟁까지 벌였고요. 영국은 왜 청나라에 마약을 팔았을까요?

화이 사상과 광저우 무역 체제

옛 중국 왕조들은 자기 나라가 문명국이자 세상의 중심이고 다른 나라나 민족은 모두 오랑캐라는 '화이사상華夷思想'이 있었습니다. 그리고 이 사상은 중국의 대외 무역에도 고스란히 적용되었습니다. 산업 혁명을 통해 세계 최강국으로 성장한 영국도 중국과 거래에서는 늘 중국 정부의 규제를 받았습니다. 영국 상인들은 중국 정부가 개방한 광저우에서만 무역할 수 있었고, '공행'이라는 청나라 정부가 인정한 상인 조합하고만 거래해야 했습니다.

당시 영국 상인들은 청나라에 양털로 짠 모직물을 주로 팔았고, 차와 도자기, 비단 등을 사 갔습니다. 그런데 날이 갈수록 벌어지는 수출과 수입의 격차가 문제였습니다. 영국의 모직물은 청나라에서 별로 인기가 없었는데, 청나라에서 수입해 간 차는 영국에서 인기가 치솟아 연간 차 수입량이 400톤을 넘었습니다. 게다가 차를 마시려면 차 도구가 필요했기 때문에 자연스럽게 찻잔과 찻주전자를 비롯한 도자기류까지 많이 수입되었습니다.

청나라는 은을 화폐 단위로 하는 은본위제였기에 영국 상인들은 차나 도자기를 구매할 때 은으로 결제했습니다. 따라서 영국의 은이 다량으로 청나

1793년 건륭제를 알현하는 영국 대사 매카트니. 영국 왕 조지 3세는 매카트니를 청나라 사절로 보내 무역 격차 해소를 위한 개항장 확대를 도모했으나 건륭제는 이를 거절했다.

라에 흘러 들어갔습니다. 국가 재정을 걱정할 정도로 은 유출이 심각해지자 영국 정부는 차가 건강에 해롭다는 광고까지 했지만 별 소용이 없었습니다.

영국 왕 조지 3세는 총애하는 신하 매카트니를 청나라에 사절로 보내 개항장 확대 및 무역 격차 문제를 논의하려 했습니다. 매카트니는 천문 관측 기계, 무기, 망원경, 서양 선박 모형 등 엄청난 양의 선물을 들고 청 황제인 건륭제를 만났습니다. 그는 무역 격차 해소를 위해 광저우 외 다른 항구 개방, 개항장 내 영국 외교관 상주, 영국인 거주지 마련 등을 건의했습니다. 하지만 건륭제는 광저우만이라도 은혜롭게 여기라며 그의 제안을 단박에 거절했습니다. 영국으로서는 무슨 수를 써서라도 무역 적자를 줄여야 했습니다. 그들이 찾아낸 해결책은 '아편'이라는 마약의 수출이었습니다.

돌아온 양귀비, 아편

'경국지색傾國之色'은 나라를 기울어지게 할 만큼 아름다운 미인을 일컫는 말입니다. 당나라 현종의 마음을 사로잡은 양귀비가 대표적인 '경국지색'이라 할 수 있지요. 당 현종은 양귀비에게 흠뻑 빠져 나라를 기울어지게 만들었고, 훗날 사람들은 마약 성분이 담긴 꽃에 '양귀비'라는 이름을 붙였습니다.

당 현종 시대로부터 1000여 년이 흐른 뒤 중국 땅에 다시 양귀비 문제가 대두되며 나라가 기울어졌습니다. 영국은 청나라와 무역에서 손해를 만회하기 위해 인도에서 재배한 양귀비 추출 마약인 아편을 중국으로 밀수출했습니다. 평소에 구하기 힘들었던 아편이 값싸게 대량 공급되자 청나라 사람들은 너나 할 것 없이 아편을 피워 댔고, 부모가 자식에게 권하기까지 했습니다. 아편을 구하기 위해 집과 땅, 심지어 아내와 딸을 팔 만큼 청나라 사람들의 아편 중독은 심각했습니다. 더는 이 문제를 두고 볼 수 없게 된 청나라 정부는 광저우항으로 밀반입되는 아편을 몰수해 폐기해 버렸습니다.

역사를 바꾼 아홉 표, 261 vs 252

청나라가 아편을 몰수했다는 소식을 들은 영국은 어떤 반응을 보였을까요? 모르는 일이라고 시치미를 떼거나 청나라에 사과하는 것이 상식이지 않았을까요? 하지만 영국은 상식에 벗어난 결정을 내렸습니다. 의회 내 토론을 통해 청나라와 전쟁을 결정했습니다.

전쟁에도 명분은 있어야 합니다. 하지만 청나라와 갈등은 마약인 아편 때문에 발생했기에 영국은 전쟁의 명분이 없었습니다. 당시 영국 안에서도 전쟁에 대한 찬반 입장이 팽팽하게 갈렸는데, 의회 투표 결과 전쟁 찬성 261표, 반대 252표가 나와 단 아홉 표 차이로 전쟁이 결정되었습니다.

1840년 영국 함대가 청나라를 침범하며 시작된 이 전쟁을 '아편 전쟁'이라 합니다. 전쟁은 영국의 일방적 승리로 끝났습니다. 1만여 명에 불과했던 영국군이 승리한 이유는 두 나라 간 무기 성능의 차이도 있었지만, 청나라 군대 지휘관과 정책 결정권자들의 무능력도 큰 영향을 미쳤습니다. 청나라 장군 혁경은 전투에서 패한 뒤, "우리 병사들은 전투 의지가 약한데 적의 병사들은 전투 의지가 매우 강했다"라고 말했습니다. 청나라 정부도 강화를 맺을 것인지 끝까지 싸울 것인지를 두고 갈팡질팡했습니다. 불과 아홉 표라는 팽팽한 논란 속에 일으킨 전쟁이었지만, 전쟁 결과 영국은 청나라에 더 많은 항구를 개방하도록 하고 무역을 확대함으로써 소기의 목적을 달성할 수 있었습니다.

중국 총리가 서양 담배 마케팅에 쓰였다고요?

중국 근대사를 공부하다 보면 자주 나오는 인물이 이홍장입니다. 태평천국 운동부터 양무운동, 청일 전쟁 등 굵직굵직한 사건에 번번이 이홍장이 등장합니다. 심지어 서양의 담배 카드에도 그의 얼굴이 그려져 있었습니다. 이홍장은 대체 어떤 사람일까요?

이홍장을 바라보는 다양한 평가

이홍장은 중국뿐 아니라 한국과 일본의 근대사를 배울 때도 반드시 등장하는 인물입니다. 중국 역사에서 이홍장만큼 평가가 극명하게 갈리는 사람도 없습니다. 당시 중국 민중들은 이홍장을 매국노라고 여겼습니다. 그도 그럴 것이, 이홍장이 열정을 가지고 추진했던 양무운동은 청일 전쟁 패배로 실패한 정책임이 드러났고, 여러 차례 불평등 조약을 체결한 장본인이기에 중

담배 회사에서 제작한
이홍장 카드는 수집가
들에게 인기가 높았다.

국 민중에게 이홍장은 고통을 안겨 준 사람이었습니다. 이홍장은 '외국 침략자와 내통한 매국노'라는 뜻의 '한간漢奸'으로 불리며 오랜 세월 동안 비난의 대상이었습니다.

반면에 서구 열강들은 이홍장을 망해 가는 청나라의 불씨를 끝까지 살리려 한 충성스런 인재로 인식했습니다. 미국의 18대 대통령 그랜트는 "세계에는 3명의 위대한 지도자가 있다. 글래드스턴과 비스마르크 그리고 이홍장이다. 그중 가장 위대한 인물은 이홍장이다"라며 극찬했습니다. 이토 히로부미는 이홍장을 "대청 제국에서 유일하게 능력을 가진 사람"이라고 말했습니다. 이처럼 이홍장을 상대했던 외국인들은 대체로 그를 긍정적으로 평가했습니다.

이홍장이 서양 담배 회사의 마케팅에 쓰인 것도 같은 맥락입니다. 1910년부터 서양의 어느 담배 회사는 역사 인물의 사진을 인쇄한 카드를 제작해 담뱃갑에 넣어 팔았습니다. 이 카드는 수집가들에게 각광을 받았는데, 그중에서도 이홍장 카드는 상당히 인기가 높았습니다.

동양의 비스마르크, 이홍장의 개혁

이홍장은 신사층 출신으로 청나라 말기 나랏일을 주도한 인물입니다. 태평천국 운동이 전개될 당시의 일입니다. 한족 출신의 유생 홍수전은 기독교 신앙을 일부 받아들여 '배상제회'라는 새로운 종교를 창시했습니다. 이 종교는 급격히 세력을 넓혀 급기야 '태평천국'이라는 나라까지 건국해 난징을 점령하며 중국 남부를 장악했습니다. 위기를 느낀 청나라 정부는 증국번에게 의병을 요청했고, 이홍장도 고향에서 의병 '회군'을 조직했습니다. 그는 문관이면서도 군 지휘 능력이 뛰어나 태평천국 운동을 진압하는 데 큰 공을 세웠습니다.

이후 이홍장은 청나라 황실의 신뢰를 얻으며 중국 근대화 운동인 양무운동을 지휘했습니다. 막대한 예산을 들여 서양 열강으로부터 대량의 무기와 함선을 구입해 북양 함대라는 해군을 만들었고, 이 해군은 '아시아 최고 함대'라는 찬사를 받았습니다. 이홍장은 '동양의 비스마르크'로 불렸습니다.

말년의 이홍장, 청의 몰락을 지켜보다

어찌 보면 이홍장은 한 시대를 풍미한 능력자였습니다. 그는 격동의 시기 꺼져 가는 중국의 운명을 되살리기 위해 혼신의 힘을 다했습니다. 하지만 역사는 그의 바람과는 반대로 흘러갔습니다.

양무운동의 실패는 베트남을 둘러싸고 벌어진 프랑스와의 전쟁(청프 전쟁, 1884~1885)에서 청나라가 크게 패배할 때 이미 예견되었습니다. 그리고 조선의 주도권을 두고 벌어진 청일 전쟁(1894)에서 북양 함대가 대패하면서 양무운동의 성과가 '빛 좋은 개살구'였음이 여실히 드러났습니다.

이홍장은 청일 전쟁 이후 문제를 논의하기 위해 청의 전권대신으로 일본 시모노세키에 협상하러 갔습니다. 그는 당시 일본 실권자인 이토 히로부미와 몇 차례의 회담을 통해 강화 협정과 배상을 결정했습니다. 협상에 최선을 다했지만 시모노세키 조약은 청에게 매우 불평등했기에, 이홍장은 중국 사람들에게 나라를 팔아먹은 매국노라는 원성을 들어야 했습니다.

청나라의 불행은 여기에서 그치지 않았습니다. 중국 산둥 지역에서 의화단이라는 단체가 일어나 '청을 도와 서양 세력을 물리치자!'는 구호를 외치며 베이징으로 진격했고, 청나라 정부는 열강을 견제하고자 일부러 의화단의 베이징 진입을 막지 않았습니다. 그런데 서구 열강이 8개국 연합군을 구성해 청나라 수도 베이징을 함락했습니다. 이때 중국 황제가 사는 자금성과 별장인 이화원의 보물이 무참히 약탈당했고, 베이징은 한순간에 무법 천지가 되

의회단 운동으로 혼란한 와중에 8개국 연합군이 베이징에 입성했고, 연합군 장병들은 황족과 귀족의 별장과 저택에 침입해 귀중품을 약탈했다.

었습니다.

8개국 연합군은 청나라 정부로부터 막대한 배상금을 받아 내려 했습니다. 청나라는 이미 늙을 대로 늙은 이홍장을 앞세워 강화 조약을 체결했지만, 그가 주도해 맺은 '신축 조약(1901)'은 청나라를 반식민지로 전락시켰습니다.

조약 체결 후 이홍장은 세상을 떠났습니다. 그가 세상을 떠난 지 어느덧 120여 년이 흘렀습니다. 여러분은 이홍장의 삶을 어떻게 평가하나요? 그는 위태롭게 무너져 가는 나라를 새롭게 일으키려 한 애국자일까요? 아니면 나라를 배신한 매국노일까요?

변법자강 운동은 왜
'100일 천하'가 되었나요?

선생님께서 수업 시간에 청나라의 변법자강 운동을 우리나라의 갑신정변과 비교해 설명해 주셨어요. 갑신정변처럼 서양 문물을 받아들여 나라를 새롭게 바꾸고 발전시키기 위해 추진했는데 100일 만에 실패했다고 들었어요. 변법자강 운동은 왜 100일 만에 실패로 끝났을까요?

제도 개혁의 시작, 변법자강 운동

여러분은 혹시 '3일 천하'라는 말을 들어보셨나요? 여기서 '천하'는 '하늘 아래 세상', '3일'은 '짧은 기간'을 의미합니다. 조선의 개화파들이 정변을 일으켰으나 3일 만에 실패로 끝난 갑신정변은 정말 '3일 천하'였습니다. 그런데 우리나라에 갑신정변이 있었던 것처럼, 중국에는 '100일 천하'라고 불리는 변법자강 운동이 있었습니다. 이 운동도 갑신정변처럼 서양식 정치 제도와 문물을 수용해 나라를 발전시키자는 근대 개혁 운동입니다.

변법자강 운동은 청일 전쟁 패배 후 절충적 개혁인 양무운동이 실패로 끝나자 캉유웨이와 량치차오가 중심이 되어 시작한 개혁 운동입니다. 한 수 아래로 여기며 얕잡아 보던 일본에 청일 전쟁에서 패한 후 청나라는 충격에 빠졌습니다. 청나라 정부와 지식인들은 이러다가 나라가 멸망하는 건 아닌지 걱정할 정도로 위기감이 고조되었습니다. 캉유웨이를 비롯한 변법자강 세력은 서양의 산업과 기술을 배우고자 했던 양무운동과 다르게 정치·사회 제도 개혁까지 이루어 내야 나라가 다시 번성할 수 있다고 생각했습니다.

그들은 부국강병을 실현하기 위해서는 단순히 유럽의 산업과 기술만 배우는 것이 아니라 서양의 법과 제도를 먼저 받아들여야 한다고 주장했습니다. 그래서 헌법 제정, 국회 개설, 과거제 개혁과 서양식 학교 설립, 산업의 보호 육성 등을 청나라 정부가 추진할 구체적 목표로 설정했습니다. 개혁에 공감하는 관료들의 지지 속에 캉유웨이는 황제에게 변법자강 의견을 제출했고 황제가 동의하며 량치차오, 담사동 등 변법파를 등용해 개혁 추진에 나섰습니다.

개혁은 성공했을까요? 아닙니다. 당시 황제 뒤에서 나랏일을 좌지우지하던 서태후를 중심으로 하는 보수파 세력은 변법자강에 반대하며 한족 신사층이 중앙 권력에 나서는 것을 견제했습니다. 변법파는 이에 대응해 당시 군대를 이끌던 위안스카이를 포섭해 서태후로 대표되는 보수파를 제거하려 했습니다. 하지만 위안스카이가 변법파를 배신하고 서태후 편에 가담하면서 계획은 물거품이 되었고, 보수파는 무술정변을 일으켜 황제를 가두고 변법파를 제거했습니다.

개혁을 주도한 신사층과 캉유웨이

명나라 때부터 청나라 때까지 정치·경제·사회·문화 등 여러 방면에서 영향력을 행사했던 계층을 '신사紳士'라 합니다. 이 계층은 관직 경력자인 '신紳'과 관직 경험은 없지만 학문으로 인정받는 학자 계층인 '사士'로 구성된 지배층입니다. 이들은 각지에서 지방관을 보좌하며 나랏일에 적극 참여했습니다. 특히 명나라 말기부터 정부는 신사 계층을 활용해 향촌을 이끌었고 이는 청나라도 마찬가지였습니다.

청나라 말기인 1895년, 촉망받던 신사 캉유웨이가 과거 시험을 보기 위해 수도 베이징에 왔습니다. 그는 시험을 보러 모인 신사들을 이끌고 정부에 개혁을 요구했습니다. 캉유웨이는 그를 지지하던 정부 고관들의 후원으로 황제에게 의견을 제시할 기회를 얻었습니다.

서태후는 광서제 통치 기간 동안 조정을 지배하며 황제의 개혁 노력을 저지했다.

광서제(왼쪽)는 캉유웨이(가운데), 량치차오(오른쪽) 등을 등용해 변법자강 운동을 추진하며 근대화를 시도했다.

캉유웨이를 만난 광서제는 그의 의견에 공감하며 량치차오와 담사동 등을 등용해 개혁을 시도했습니다. 양무운동의 뒤를 이은 변법자강 운동은 한족 신사층이 중심이 되어 만주족이 세운 청나라를 개혁하기 위한 근대 개혁 운동이었습니다. 하지만 변법자강 운동은 실패로 끝났습니다. 이후 의화단 운동이 일어났고, 그 결과 열강들과 신축 조약을 맺으면서 청나라는 열강들의 손에 휘둘리는 반식민지 상태로 전락하게 되었습니다.

왜 쑨원을 중국 혁명의 아버지라고 부르나요?

'음악의 아버지 바흐', '베트남 독립운동의 아버지 호찌민'처럼 특정 분야에서 정신적 지주가 되었던 사람에게 '~의 아버지'라는 칭호를 붙여 주고는 합니다. 중국에도 이런 칭호가 붙은 사람이 있습니다. 중국에서는 쑨원을 '혁명의 아버지'라고 부릅니다. 쑨원은 무슨 일을 했기에 이런 명예로운 별칭이 붙여졌을까요?

마지막 황제 푸이가 다스리던 시기의 중국

1908년 세 살배기 푸이가 청나라의 새로운 황제가 되었습니다. 세 살짜리 아이가 대국 청나라를 다스리는 황제가 되었으니, 어린 황제를 등에 업은 신하들은 권력 다툼하기에 바빴고, 아편 전쟁, 청프 전쟁, 청일 전쟁 패배로 떠안게 된 막대한 배상금은 백성들의 몫이었습니다.

백성들의 불만은 폭발 일보 직전이었습니다. 중국에서는 청나라를 세운 만주족을 몰아내려는 움직임이 커졌고 그 중심에는 혁명가 쑨원이 있었습니다.

쑨원은 하와이 유학파로 청나라 황실을 몰아내고 나아가 공화정 국가 건설을 꿈꿨습니다. 그가 만든 중국 혁명 동맹회는 정부의 철도 부설권 국유화를 계기로 본격적인 활동에 나섰습니다. 철도 건설은 수익이 큰 사업이기에 청나라에 진출한 서양 나라들은 그 이권을 꼭 챙기고 싶어 했습니다. 청나라 지식인들은 철도만큼은 외세에 넘길 수 없다며 청나라 자본으로 민간이 만들어 운영해야 한다고 주장했습니다. 하지만 청나라 정부는 철도는 국가가 부설해서 운영한다고 발표했습니다. 이는 사실상 외국인에게 철도 건설과 운영의 기회를 주는 조치였고, 그 대가로 청나라 황실은 원하는 만큼의 돈을 빌릴 수 있었습니다.

혁명으로 태어난 동아시아 최초의 공화국

청나라 정부에 대한 백성의 불만은 이미 턱밑까지 차올라 쓰촨성을 시작으로 각지에서 무장봉기가 일어났습니다. 이 시기 우창에서 혁명군이 정부군을 상대로 대승을 거두며 새로운 정부를 수립하는 데 성공했습니다.

1912년 혁명 세력은 난징에 수도를 두고 새로운 나라 '중화민국'을 세웠고, 쑨원이 최고 지도자인 임시 대총통에 취임했습니다. 망해 가는 전통 왕조 청나라와 달리 중화민국은 근대 국가 수립을 목표로 삼았으며 동아시아 최초의 민주 공화제 정부로 전제 왕권 체제를 부정했습니다. 청나라 정부에서는 중화민국을 무너뜨리기 위해 군부의 실력자인 위안스카이를 파견했습니다. 황제국과 공화국 사이의 대규모 전쟁이 불가피한 상황이었습니다.

쑨원과 위안스카이의 약속

쑨원은 새로운 세상에 대한 구상을 '삼민주의'로 정리했습니다. 삼민은 '민족, 민권, 민생'을 뜻합니다. 또한 쑨원은 위안스카이의 권력욕을 이용해 두 마리 토끼를 모두 잡으려 했습니다. 무슨 얘기냐고요? 위안스카이에게 중화민국 대총통 자리를 양보하는 대신 청 왕조 붕괴와 공화정 수립 과정을 함께 하자고 했습니다. 권력욕이 컸던 위안스카이는 쑨원의 제안을 받아들였습니다. 청나라 황제의 명령을 받고 중화민국을 치러 내려온 위안스카이가 황제를 배신해 버린 것입니다.

그런데 위안스카이의 욕망은 쑨원이 생각한 것보다 훨씬 컸습니다. 그는 공화정이나 대총통에는 관심이 없었습니다. 그의 야망은 본인의 황제 즉위였습니다. 위안스카이는 쑨원을 배신하고 1915년 '중화 제국'을 선포하며 스스로 황제 자리에 올랐습니다.

그럼 위안스카이는 중화 제국을 오래 다스렸을까요? 그건 아닙니다. 황제에 즉위한 이듬해 위안스카이가 죽었습니다. 이후 중국 땅에는 여러 군벌이

쑨원(왼쪽)을 배신한 위안스카이(오른쪽)는 중화 제국을 선포하고 스스로 황제에 올랐으나 이듬해 사망했다.

난립하며 주도권을 잡기 위해 경쟁했습니다. 쑨원도 이 시기에 재기해 군벌에 대항했습니다. 이번에는 자신과 다른 사상을 가진 공산주의자들까지 끌어들였습니다.

하지만 쑨원은 혁명을 완결 짓지 못하고 1925년에 사망했습니다. 이후 쑨원의 뜻과 달리 중국에서는 민족주의 계열인 국민당 세력과 공산주의 계열인 공산당이 분열되어 서로 치열하게 싸웠습니다. 아이러니한 것은 성향이 완전히 다른 국민당과 공산당이 서로 자기들이 쑨원의 혁명 정신을 계승했다고 주장하며 쑨원을 '혁명의 아버지'로 추앙했습니다.

중국인들에게 깨우침을 준
두 스승이 있었다고요?

중국은 공자가 태어난 곳이라 중국 하면 유교가 떠오릅니다. 중국인은 오랫동안 유교 문화에 익숙했기 때문에 서양의 사상과 문화를 받아들이는 것이 매우 어려운 일이었습니다. 그런데 이러한 중국인들의 생각을 변화시켜 준 두 스승이 있었습니다. 과연 그들은 누구였을까요?

새로운 사상으로 무장하는 중국 청년들

1910년대 중국은 매우 혼란스러웠습니다. 중국인들은 왜 이런 문제가 발생했는지를 고민하다가 '봉건사상'이 가장 큰 원인이라는 결론을 내렸습니다. 중국을 근본적으로 변혁시키고 사상을 바꾸자는 신문화 운동은 이러한 문제의식에서 출발했습니다.

천두슈, 후스 같은 지식인들은 학생들의 의식 성장에 영향을 끼치며 신문화 운동을 주도했습니다. 그들은 신문화 운동을 대표하는 잡지《신청년》을 창간해 전국의 청년과 학생에게 새로운 중국이 나아가야 할 방향을 제시했습니다. 이때 중국인들에게 커다란 깨우침을 준 두 스승이 있었으니, 바로 '민주주의'와 '과학'이었습니다. 《신청년》은 중국이 나아갈 목표는 '덕 선생'과 '새 선생'에 의해 정해진다고 주장했습니다. 여기서 '덕 선생'은 민주주의를 뜻하는 '데모크라시democracy'이고, '새 선생'은 과학을 뜻하는 '사이언스science'를 말합니다.

중국의 문화를 새롭게 바꾸려 하다

근대화 시기 중국 지식인들은 중국 사상의 핵심이라고 할 수 있는 유교를 매섭게 비판했습니다. 유교 사상 아래에서 만들어진 전통 가족 제도를 재점검했으며, 전통 가족 체제에서 억압받는 개인의 삶을 되돌아보았습니다. 억눌린 여성 인권 문제도 다시 살폈습니다.

신문화 운동은 중국인들의 언어 습관도 바꿨습니다. 중국은 전통적으로 문장으로 표현하는 문어체를 중시해 일상생활에서 사용하는 구어체는 하급 언어라며 무시하는 경향이 있었습니다. 심지어 문학에서 쓰는 언어와 일상생활에서 쓰는 언어가 달라 대다수 민중은 글을 읽지 못했습니다. 이러한 모순을 타개하기 위해 신문화 지식인들은 생활 언어인 백화문 쓰기 운동을 전개했습니다. '백화문'이 뭐냐고요? '백화白話'는 당나라 때 나타나 송나라·원나라·명나라·청나라 시대를 거치면서 확립된 중국어의 구어체를 말하며, 이를 글로 표기한 것을 '백화문白話文'이라고 합니다.

신문화 운동을 주도했던 《신청년》이 백화문으로 발간되었고, 각급 학교에서 공식적으로 사용하는 교과서도 백화문으로 서술되었습니다. 소설가 루쉰도 《광인 일기》를 백화문으로 쓰고 소설 속에서 유교를 신랄하게 비판했습니다. "언어가 사고를 바꾼다"는 말처럼, 백화문의 보급은 많은 중국인의 의식을 바꾸어 놓았습니다.

중국이 망하려 하니, 동포여 일어나라!

제1차 세계 대전이 한창이던 1915년 일본은 당시 독일이 관할하던 중국 산둥반도를 공격하며 청나라 정부에 자기들에게 유리한 〈21개조 요구〉를 강요했습니다. 주요 내용은 '산둥반도에 대한 일본의 권익을 확보하며, 남만주와 내몽고에서 일본의 특수한 지위를 강화하고, 청나라 조정 내 여러 분야에 일본인 고문을 둔다'는 것이었습니다.

제1차 세계 대전이 끝난 뒤에 열린 파리 강화 회의에서 중국은 전승국의

파리 강화 회의에서 산둥반도의 이권을 일본이 가져갔다는 소식이 전해지자 신문화 운동으로 활성화된 학생 단체들이 1919년 5월 4일 톈안먼에서 시위를 일으키며 5·4 운동이 시작되었다.

일원으로 패전국인 독일이 가지고 있던 산둥반도 조차권을 되찾으려 했습니다. 하지만 산둥반도에 대한 이권은 이미 일본이 차지한 뒤였고, 일본의 주장은 파리 강화 회의에서 그대로 받아들여졌습니다.

파리 강화 회의가 끝나고 얼마 뒤 산둥반도의 이권을 일본이 가져갔다는 소식이 중국에 알려졌습니다. 중국인들은 큰 충격에 빠졌습니다. 때마침 조선에서 3·1운동이 대대적으로 일어났다는 소식이 전해졌습니다. 신문화 운동을 통해 활성화된 학생 단체들은 1919년 5월 4일 톈안먼(천안문)에서 시위를 벌였습니다. 중국 현대사에서 중요한 사건으로 평가받는 '5·4 운동'의 시작이었습니다.

친일파 위주로 운영되었던 당시 중국 정부는 학생들의 자립 요구를 묵살하고 탄압했습니다. 이에 대한 저항으로 학생들은 수업을 거부하고 상인들은 가게 문을 닫았으며 노동자들은 파업을 하는 등 전국 각지에서 시위가 열렸습니다. 국민들의 거센 항의에 깜짝 놀란 정부는 친일파를 처벌하고 파리 강화 회의 결정 사항을 거부했습니다.

5·4 운동은 중국 민중이 자신들의 힘으로 국가 중대사를 바꾼 최초의 경험이자 중국에서도 민주주의가 가능하다는 것을 보여 준 일대 사건이었습니다. 그리고 이러한 흐름의 밑거름이 된 것이 신문화 운동으로 인한 중국인들의 의식 변화였습니다. 신문화 운동을 이끌었던 '민주주의'와 '과학'이라는 두 스승은 중국인을 근본부터 변화시켰다고 할 수 있습니다.

자본주의의 문제점을 지적하며 나온 것이 사회주의, 공산주의 사상이잖아요. 그렇다면 자본주의자와 공산주의자는 물과 기름 같은 존재였겠어요. 그런데 공산주의 국가의 대표 격인 소련이 중국의 쑨원을 지원했다고 해요. 소련은 왜 민족주의자이자 자본주의를 지향했던 쑨원을 지원했을까요?

군벌의 등장과 제1차 국공 합작

1916년 위안스카이가 죽자 중국 각 지역에서 군벌이 난립했습니다. '군벌'이 뭐냐고요? 군사력을 배경으로 정치적 특권을 장악한 군인 집단을 말합니다. 군벌들은 서로 제2의 위안스카이가 되겠다며 수단과 방법을 가리지 않고 경쟁했습니다. 그들은 군대 운영을 위한 자금을 마련하기 위해 앞장서서 아편을 유통했고, 질 낮은 화폐를 마구 찍어 내 경제를 혼란스럽게 했습니다.

심지어 일부 군벌은 몇십 년 치에 해당하는 세금을 걷어 들이는 행패까지 저질렀습니다.

위안스카이에게 대총통 자리를 양보했다가 뒤통수를 세게 얻어맞은 쑨원은 중국 국민당을 만들어 군벌 난립으로 인한 혼란을 수습하려 했습니다. 하지만 각 지역에서 비 온 뒤 자라나는 대나무처럼 등장하는 군벌을 모두 없애기에는 힘이 많이 부족했습니다. 쑨원은 이 문제를 해결하기 위해 소련에 손을 내밀었습니다. 공산주의 혁명으로 만들어진 나라 소련은 세력이 미약한 중국 공산당을 국민당과 연결시켜 대중적인 정치 세력으로 키운다는 속셈으로 쑨원과 손을 잡았습니다. 그 결과 소련의 군사 지원을 받아 황푸 군관 학교가 세워졌습니다. 이 학교는 폐교되기까지 약 7,000여 명의 졸업생을 배출했는데, 그중에는 우리나라 독립투사들도 있습니다. 1920년대 초반 중국 땅에 거점을 두고 활동한 의열단 단장 김원봉이 대표적인 황푸 군관 학교 출신입니다.

중국에서의 국공 합작은 국내 문제를 해결하는 데 도움이 될 것 같았습니다. 하지만 국공 합작을 성사시킨 쑨원이 1925년 봄에 죽으며 위기를 맞았고, 장제스가 국민당을 이끌며 합작은 결렬되었습니다.

일제에 대항하기 위해 결성한 제2차 국공 합작

제1차 국공 합작은 결렬되었지만, 국민당을 이끈 장제스는 군벌을 없애는 데 성공했습니다. 이로써 신해혁명이 비로소 완결되었습니다. 하지만 장제스가 이끄는 국민당 정부 앞에 또 다른 적이 나타났습니다. 대륙 침략을 시작한 일본은 1931년 만주 사변을 일으켜 만주국을 세운 뒤, 청나라 마지막 황제 푸이를 허수아비 황제로 세웠습니다.

이후 일본은 만주국을 기반 삼아 중국 관내로 야금야금 들어오며 중국 사

람들을 괴롭혔습니다. 당시 국민당 정부를 이끌고 있
던 장제스는 외부의 적인 일본보다 공산당 토벌을
우선시했습니다. 국민당 정부 이인자였던 장쉐량은
장제스의 이런 모습이 답답했습니다. 장쉐량은 장제
스에게 기회가 있을 때마다 공산당 토벌보다 일본과
전쟁이 더 중요하다고 말했지만 장제스는 고집을 꺾
지 않았습니다. 그는 결국 시안에 온 장제스를 감금
한 후 국민당 정부를 협박했습니다. 공산당과 손잡
고 일치단결해 일본을 먼저 몰아내자고 했습니다. 결
국 장제스는 고집을 꺾고 대일본 투쟁에 나섰습니다.
1937년 여름에 중일 전쟁이 터지며 제2차 국공 합
작이 본격적으로 전개되었고 국민당과 공산당 두 진
영은 1945년 일본의 패망으로 더는 손잡을 필요가

국공 내전에서 공산당에 패배한 장제스와 국민
당은 타이완섬에서 자본주의 체제의 새 정권을
수립했다.

없어질 때까지 협력 체제를 유지하며 일본을 상대로 싸웠습니다.

　그럼 1945년 일본의 항복으로 중일 전쟁이 끝나면서 중국에서는 국민당
과 공산당이 협력하는 새로운 정부가 세워졌을까요? 그건 아닙니다. 중국 땅
에서 일본이 쫓겨나가자 국민당과 공산당 세력은 서로 자기들 위주의 신정
부를 세우기 위한 싸움에 돌입했습니다. 이를 '국공 내전'이라고 합니다. 이
싸움에서 최종 승자는 공산당이었습니다. 마오쩌둥이 이끈 공산당이 장제스
가 이끈 국민당 세력을 중국 대륙에서 몰아내고 '중화 인민 공화국'을 세웠습
니다. 내전에서 패배한 장제스의 국민당은 대륙 남쪽에 있는 작은 섬 타이완
(대만)으로 들어갔고 공산당 정권과는 다른 자본주의 체제의 새 정권을 수립
했습니다. 이로써 중국 땅 안에는 대륙의 공산당 정권과 타이완섬의 자본주
의 정권이 수립되어 오늘날까지 대립하고 있습니다.

돈가스가 일본에서 시작된
음식이라고요?

저는 돈가스를 정말 좋아해요. 그래서 서양 음식을 파는 곳에 가면 꼭 돈가스를 주문해서 먹어요. 그런데 돈가스가 서양의 요리를 일본식으로 변형시킨 음식이라네요. 서양 요리가 언제 어떻게 일본으로 전래되어 돈가스 같은 개량된 음식이 만들어졌을까요?

서양 음식을 개량해 일본식으로 만들다

남녀노소 누구나 맛있게 먹는 돈가스는 돼지를 뜻하는 '돈豚'이라는 한자와 '커틀릿'의 일본식 발음인 '가쓰레쓰'에서 온 '가스'가 합쳐져 만들어진 이름입니다. 에도 막부 말기에 일본은 미국을 비롯한 서양 국가들로부터 개방 압력을 받았습니다. 그 결과 미국과 불평등 조약을 맺으며 개항을 하게 되었고, 서양 여러 나라와 외교 관계를 맺기 시작했습니다.

이후 일본은 메이지 유신을 거치며 지식인층이 적극 나서 서구화 운동을 추진했고, 일본적인 것을 서양식으로 바꾸는 이른바 '문명 개화' 운동을 펼쳤습니다. 이 시기에 일본의 음식 문화도 크게 바뀌었습니다. 본래 일본은 채식과 생선 위주의 식사를 했습니다. 그런데 메이지 유신 이후 부국강병을 추진하며 서양 사람처럼 키도 크고 힘도 세려면 고기를 먹어야 한다며 육식을 적극 권장했습니다. 하지만 일본 사람들의 식습관은 쉽게 바뀌지 않았습니다. 특히 육류에서 나는 특유의 누린내에 적응하기가 쉽지 않았

에도 막부 말기 일본이 개항한 항구

습니다. 이때 나온 아이디어가 납작하게 편 돼지고기에 빵가루로 튀김옷을 입힌 후 기름에 튀겨 누린내를 잡은 돈가스였습니다.

일본식 튀김인 '덴푸라'도 사실 '필레테스Filetes'라는 포르투갈 요리가 원형입니다. 필레테스는 생선, 조개, 채소 등의 다양한 재료에 밀가루, 달걀, 물로 튀김옷을 만들어 입히고 기름에 튀기는 요리인데, 개항장인 나가사키를 통해 포르투갈과 무역이 활발했던 시기에 들어와 '덴푸라'라는 이름으로 정착했습니다. 덴푸라는 가톨릭에서 육류 대신 생선을 튀겨 먹는 금요일의 축제를 의미하는 에스파냐어 '템포라Tempora'에서 비롯된 이름입니다.

포르투갈 영향으로 일본에서 유행한 음식이 또 있습니다. '빵'입니다. 일본에 온 포르투갈 선원들이 먹는 빵을 보고 일본 사람들이 모방해서 만들었지만 초기에는 인기가 별로 없었습니다. 그런데 메이지 유신 시절 빵이 일본군의 보급품이 되면서 점차 수요가 많아졌습니다. 일본 군인들이 빵을 좋아했

단팥빵의 원조 긴자 기무라야 소혼텐. 포르투갈 선원들이 먹는 '빵'에 단팥을 넣어 만든 음식을 일본 군인들이 즐겨 먹으며 일본 곳곳에 단팥빵이 전파되었다.

냐고요? 그건 아닙니다. 보급 초기에 군인들은 밥 대신 빵을 먹는 것에 거부감이 컸습니다. 이를 해소하기 위해 빵 안에 단팥을 넣은 단팥빵이 개발되었는데 이 빵을 일본 군인들이 즐겨 먹었고, 퇴역 후 지역 사회에 빵 만드는 방법을 전파하며 일본인 누구나 좋아하는 간식거리로 정착했습니다.

문화는 다른 지역이나 국가와 교류를 통해 서로 혼용되며 새롭게 창조되고 더욱 다채롭게 발전합니다. 바뀌기 어려울 것 같은 입맛도 한 번 바뀌면 금세 새로운 것에 적응합니다. 일본은 대항해 시절부터 서양 세력과 교류했던 경험을 바탕으로 개항 이후 진짜 서양이 되고자 노력했습니다.

서양이 되고 싶었던 일본의 꿈

일본은 덴무 천황이 불교를 국교로 삼으며 675년 육식 금지령을 내린 이후, 1200여 년 동안 고기를 먹지 않았습니다. 하지만 메이지 유신 이후 모든 것이 바뀌었습니다. 육식 금지가 공식적으로 사라졌고 더 나아가 천황이 직접 육식을 하며 '육식의 모범'을 보였습니다. 왜 그랬냐고요? 일본인의 체격을 서양인처럼 크고 강하게 바꾸고 싶었기 때문입니다.

일본이 음식만 서구식으로 바꾼 것은 아닙니다. 메이지 유신 이후 일본은 제도와 행정 체제도 서구식으로 바꾸었습니다. 지방 영주가 다스리는 번을 없애고 현을 설치해 중앙 정부에서 직접 관리를 파견해 다스렸습니다. 세금 제도를 개혁하고 이를 통해 확보한 자금을 바탕으로 경제 건설에 나섰습니다. 철도를 부설하고 항만을 건설했으며, 전신과 우편 제도를 마련했습니다. 서양의 교육 제도를 본떠 의무 교육 제도를 실시했고, 모든 남자에게 일정 기간 병역 의무를 부과하는 징병제를 시행했습니다.

일본 근대화 시기에 서구 문물을 적극 수용하자고 주장했던 학자로 후쿠자와 유키치가 있습니다. 그는 《문명론의 개략》이라는 책을 저술해 '문명 개화'라는 말을 사용했고, '문명 개화'라는 구호는 메이지 유신 이후 서양 문물 수용의 시대정신이 되었습니다.

안타까운 것은 아시아에서 가장 먼저 서구식 근대화를 이루고 서양 나라들과 어깨를 나란히 하게 된 일본이 서양 열강의 일그러진 욕망까지 그대로 따라 배웠다는 점입니다. 일본은 식민지 확보 경쟁에 나섰던 서구 열강들처럼 침략 국가의 길을 걸어 우리 민족을 비롯한 아시아 여러 나라 사람들에게 큰 고통과 상처를 주었습니다. 또한 자국민을 계속 전쟁으로 몰아넣으며 끝내 패전의 고통을 겪게 했습니다.

일본에도 소수 민족이 있다고요?

저는 일본이 단일 민족 국가라고 생각했어요. 그런데 2021년 도쿄 올림픽 폐막식에 등장한 류큐 왕국과 아이누족 소개 영상을 보니, 저마다 다른 역사와 문화를 가진 민족이었어요. 일본에 있는 소수 민족은 어떤 사람들일까요?

오키나와인　　　아이누　　　일본인

저 사람들이 다 일본인이야?

일본인이지만 일본인이 아닌 사람들

지금 우리가 알고 있는 일본 땅은 일본 본토 북쪽의 홋카이도와 남쪽의 류큐가 병합되어 만들어졌습니다. 18세기 일본 지도를 보면 홋카이도나 오키나와가 일본 영토에 포함되어 있지 않습니다. 그럼 이 지역은 언제부터 일본 영토가 되었으며, 그곳에 살던 원주민은 어떤 사람들이었을까요?

일본 역사에는 세 가지 차별이 존재합니다. 첫째, 북방 선주민인 아이누와

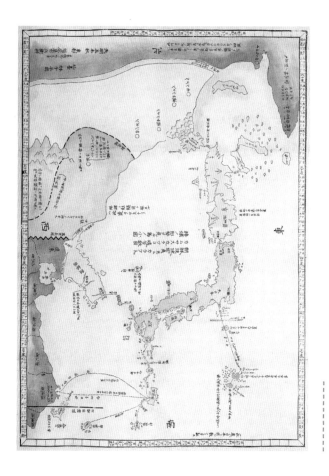

18세기에 그려진 〈삼국 접양
지도〉. 일본 영토가 연두색으
로 표시되어 있다.

최남방 지역인 류큐, 즉 오키나와 사람들을 차별했습니다. 둘째, 재일 한국인 같은 타민족을 차별했습니다. 셋째, 일본 본토 내 천민 계층인 부라쿠민을 차별했습니다.

원래 홋카이도는 아이누가 살고 있던 땅입니다. 아이누는 우리가 알고 있는 일본인과 생김새나 옷차림이 많이 달랐습니다. 그들은 일본 본토 사람들과 달리 이마와 광대가 발달했고, 흰 피부에 깊은 눈, 수북한 털이 있는 게 특징입니다. 또한 고유의 토착 문화와 언어가 존재했고 수렵과 사냥으로 독자적인 삶을 살았습니다.

메이지 유신 이후 일본은 서구 열강과 비교해도 손색이 없을 정도로 막강한 군사력을 갖추고 팽창 정책을 추진했습니다. 이때부터 아이누의 수난이 시작되었습니다. 메이지 정부는 홋카이도를 일본에 강제 편입하고, 정착민들에게 토지를 공짜로 나누어 주면서 홋카이도를 일본으로 만들었습니다. 1899년에는 아이누에 관한 법을 제정해 동화 정책을 공식화했는데, 이 시기에 일본인화를 구실로 아이누의 전통 생활 방식을 금지해 많은 아이누 원주민이 굶어 죽거나 학살당했습니다.

이처럼 일본 정부는 반인륜적인 폭력과 정책으로 아이누를 탄압하고 말살했음에도 아이누에게 그 어떤 사과도 하지 않았습니다. 그러다 2008년에 와서야 소수 민족으로 인정했으며, 2019년에는 아이누가 홋카이도 '원주민'임을 공식 인정했습니다. 그럼 이제 아이누에 대한 차별 대우는 완전히 사라졌을까요? 그건 아닙니다. 예전만큼은 아니지만, 일본 내에는 여전히 아이누에 대한 차별이 존재합니다. 아이누는 게으르고 머리가 나쁘다는 제국주의 시대의 고정관념 때문에 취업이 어렵고, 하류 계층이라는 인식 때문에 연애나 결혼을 할 때도 상대 집안의 반대를 심하게 겪습니다. 일본인이지만 일본인으로 받아들여지지 않는 사람들, 그들이 바로 홋카이도의 선주민이자 원주민인 아이누입니다.

일본 영토지만 다른 역사를 가진 오키나와

일본은 류큐 왕국이 있던 오키나와를 1872년에 병합했습니다. 이후 오키나와에도 일본의 동화 정책이 실시되었습니다. 류큐어를 사용하면 처벌받았고 오키나와의 고유 문화는 말살되어 갔습니다. 동화 정책은 오키나와를 일본 땅으로 편입하기 위한 수단에 불과했습니다. 일본 본토 사람들은 오키나와 사람을 일본인으로 인정하지 않았습니다. 1923년 발생한 관동 대지진 때는 오키나와 출신 일본인도 조선인과 함께 학살 대상이었습니다.

태평양 전쟁 말기인 1945년에도 비슷한 일이 벌어졌습니다. 태평양 곳곳에서 일본군과 격전을 치르던 미군은 사이판, 괌, 이오지마 등을 연달아 함락시키고 오키나와에 상륙했습니다. 일본은 오키나와를 요새화해 격렬하게 맞섰습니다.

당시 일본군 지도부는 오키나와를 지키는 것이 목적이 아니었고 일본 본토를 지키기 위해 오키나와를 전초 기지로 활용했습니다. 그들은 제대로 훈련되지 않은 오키나와 주민들에게 무기를 주고 죽을 때까지 싸우도록 정신교육을 하며 희생을 강요했습니다. 미군이 오키나와를 점령한 3개월간의 전투에서 오키나와 주민 4분의 1이 목숨을 잃었습니다. 오키나와 주민들은 "미군에 사로잡히면 여자는 능욕을 당하고, 남자는 사지가 찢겨 죽는다"는 이야기를 일본군에게 반복해서 들으며 자살을 강요당했습니다.

한편 일본 정부는 오키나와 주민을 본토의 총알받이로 이용한 것도 모자라 패망 후 미국과 맺은 샌프란시스코 강화 조약을 통해 오키나와의 지배권을 미국에 넘겨 버렸습니다. 1972년 다시 일본에 반환되었지만 오키나와는 여전히 차별받고 소외받는 지역입니다. 그래서 그런지 오키나와 사람에게 어느 나라 사람이냐고 물으면 많은 사람이 '일본인'이라고 말하기보다는 '류큐인'이라고 말합니다.

일본 내에 존재하는 차별

재일 한국인, 즉 자이니치在日는 1945년 8월 15일 해방 이후 일본에 남은 한국인과 북한 국적의 조선인을 아우르는 호칭입니다. 이들은 일본에서 의무만 있고 권리는 없는 '이등 시민'으로 취급되고 있습니다. 일본 사회에서 차별과 혐오의 표적이 될 때가 많으며, 실력이 있어도 취업이나 승진에서 자주

불이익을 당합니다.

한편 일본에는 특이하게도 천민 계층으로 '부라쿠민'이 아직도 암암리에 존재합니다. 이들이 어떤 사람들이냐고요? 이들은 전근대 시절 망나니, 백정, 장의사 같은 직업에 종사하는 천민 계층이 모여 살던 '부라쿠(부락)'에 거주했습니다. 메이지 정부에서 천민 제도를 폐지했기에 부라쿠민 역시 공식적으로는 사라진 신분 계층입니다. 하지만 일본 사람들은 아직도 이들을 차별하고 천대하고 있습니다. 어떻게 부라쿠민인지 아냐고요? 호적과 주소로 출신을 가릴 수 있다고 합니다. 한때 일본 기업에서는 전국의 부라쿠 주소를 정리한 책자를 가지고 부라쿠민 출신을 가려내 사회 문제가 되기도 했고, 지금도 부라쿠민 출신은 일반인보다 교육, 취업, 결혼 등 여러 면에서 차별받고 있습니다.

일본인에게 가장 사랑받는 역사 인물은 누구일까요?

우리나라 사람이 가장 좋아하는 역사 인물을 꼽는다면 단연 이순신 장군일 거예요. 이순신 장군에 관한 이야기는 지금도 책이나 드라마, 영화로 만들어지고 있으니까요. 이렇게 나라마다 존경받는 역사 인물이 있겠지요? 이웃 나라 일본에서는 누가 가장 사랑받는 역사 인물인가요?

일본인이 가장 사랑하는 역사인물은 누구일까?

설문 조사에서 역대 최고의 정치 지도자로 뽑힌 인물

2000년대 일본 《아사히 신문》에서는 자국민을 대상으로 '지난 1000년간 최고의 정치 지도자'를 묻는 설문 조사를 실시한 적이 있습니다. 이때 수많은 인물을 제치고 1위로 뽑힌 사람이 '사카모토 료마'입니다. 우리에게는 다소 낯선 인물이지만 일본에서 인기는 상당합니다. 그의 인생과 활약을 다룬 소설과 드라마가 여러 편 만들어졌으며, IT 산업으로 큰 성공을 거둔 재일 한국인 사업가 손정의도 사카모토 료마를 자신의 롤모델이라고 말한 적이 있습니다.

사카모토 료마가 어떤 일을 했기에 이처럼 일본 사람들에게 사랑받을까요? 그는 19세기 후반 지금의 일본 시코쿠 지역 고치현에서 상인 집안이었다가 하급 무사로 신분 상승한 미천한 가문 출신이었습니다. 하지만 료마는 근대화 시기 급격히 변화하는 시대의 흐름을 빠르게 파악하고 일본이 나아갈 방안을 제시해 일본 역사에 크게 이름을 남겼습니다.

일본 근대 개혁의 받침돌이 된 사카모토 료마

1858년은 미국의 함포 외교로 일본이 개항된 해입니다. 당시 일본의 실권은 천황이 아닌 무신 정권이던 막부에 있었습니다. 따라서 개항도 막부의 우두머리인 쇼군이 결정했습니다.

사카모토 료마는 대정봉환을 주도해 실질적으로 일본 근대화를 이끌었다. 지금도 일본인들에게 최고의 정치 지도자로 존경받고 있다.

하지만 반막부 세력은 쇼군이 천황의 허락도 없이 개항을 했다고 비난하며 천황을 중심으로 서양 세력을 물리치자는 존왕양이 운동을 펼쳤습니다. 반막부 세력의 선두에는 사쓰마번과 조슈번이 있었습니다.

막부는 반막부 운동을 펼치는 사쓰마번과 조슈번의 힘을 약화시키기 위해 이간질을 했고, 이로 인해 조슈번과 사쓰마번의 동맹 관계는 틀어질 뻔했습니다. 이때 사카모토 료마가 중재해 두 번의 삿초 동맹(사쓰마와 조슈의 동맹)을 맺어 막부 타도에 성공했습니다.

삿초 동맹 이후 료마는 〈선중팔책〉이라는 글을 작성해 새롭게 건설될 나라가 해야 할 일을 제시했습니다.

첫째, 막부는 모든 권한을 내놓고 천황에게 권력을 이양해야 한다(대정봉환).

둘째, 새롭게 만들어진 조정은 서양의 의회와 같은 기관을 두어 각 지역 번의 대표와 백성들의 대변자가 나랏일에 참여하게 해야 한다.

셋째, 외국과 교류를 확대하고 불평등 조약을 개정하는 한편 근대적인 제도와 군사 제도를 확충해야 한다.

그의 주장은 새 나라를 이끌 국가 비전으로 설득력이 있었기에 메이지 유신 이후 새 정부 정책에 상당 부분 수용되었습니다. 이후 일본은 메이지 유신 성공을 바탕으로 서구 열강과 어깨를 나란히 할 정도로 성장했습니다.

사카모토 료마의 리더십을 배우자?

그런데 사카모토 료마는 정작 메이지 유신의 주역이 아닙니다. 그는 대정봉환에 불만을 품은 친막부 세력에 의해 1867년 교토에서 살해되었습니다. 그리고 그가 죽은 이듬해인 1868년에 메이지 유신이 단행되었습니다.

메이지 유신 이후 한국을 침략하자는 주장, 즉 '정한론征韓論'이 일본 정계에 본격적으로 등장했습니다. 메이지 유신의 주역들 대부분이 이 주장에 동조했기에 우리나라 사람들은 메이지 유신 주역들에 대한 반감이 큰 편입니다. 하지만 사카모토 료마는 정한론이 등장하기 전에 이미 죽었기에 그에 대한 평가는 우리나라에서도 좋은 편이고, 사카모토 료마의 리더십을 배우자는 주장이 국내에서도 심심치 않게 등장합니다. 그렇지만 그가 정한론을 주장했던 다른 일본 근대화론자와 얼마나 생각이 달랐는지는 따져 볼 필요가 있습니다. 그는 평소 강국을 만들기 위해서는 해외로 진출해야 한다고 주장했습니다. 그와 비슷한 생각을 가졌던 그의 동료들은 해외 진출을 빌미로 조선을 침공했고, 문명 국가라는 자부심에서 한국인을 야만인 취급했습니다.

일본 근대 발전을 이끈 개척자이자 풍운아인 사카모토 료마! 그는 분명 배울 점이 많은 매력적인 인물입니다. 하지만 성공을 위해서는 다른 사람이나 다른 나라의 희생을 당연시하는 자국 중심 리더십의 소유자는 아니었는지 의심할 필요가 있습니다.

러일 전쟁을 반대하는 일본인들이 있었다고요?

제국주의 국가들은 식민지를 차지하기 위해 정말 치열하게 싸웠더군요. 인도를 놓고 영국과 프랑스가 경쟁했고, 필리핀을 놓고 에스파냐와 미국이 경쟁했더라고요. 한반도를 차지한 일본은 중국, 러시아와 대규모 전쟁을 벌였고요. 전쟁을 하면 많은 국민의 희생이 따르잖아요. 죽기도 하고요. 그런데 전쟁을 반대한 사람은 전혀 없었나요?

왜 러시아는 거대하게 일본은 왜소하게 그렸을까?

청일 전쟁의 결과

1894년 조선 민중은 낡은 제도 개혁과 불합리한 세금을 개선하기 위해 동학 농민 운동을 일으켰습니다. 당시 조선 정부는 농민들의 봉기를 막을 힘이 없었기에 청나라에 군대 파병을 요청했습니다. 조선에 영향력을 행사하고 싶던 청나라로서는 매우 반가운 요청이었습니다. 그런데 일본도 조선에 영향력을 행사하기 위해 조선의 요청이 없었는데도 자발적으로 군대를 보냈습니다.

일본군의 진로
청군의 진로
청·일 전투지
일본 점유

러시아

평양 전투
(1894. 9.)

선양

조선

베이징

단둥

라오둥반도

원산

텐진

다롄

평양

동 해

웨이하이

황 해

한성

일본군의 점령
(1895. 2.)

성환

청

풍도 해전
(1894. 7.)

부산

히로시마

시모노세키

일본

시모노세키 조약(1895. 4.)
라오둥반도와 타이완 할양

타이완

청일 전쟁의 전개

조선에 진출한 두 나라 군대는 동학 농민군이 해산한 후에도 철수하지 않고 기 싸움을 벌였습니다.

청나라와 일본은 조선 땅에서 한판 대결을 벌였습니다. 이 전쟁은 풍도 앞바다(지금의 충청남도 아산만 근처)와 평양에서 청군이 패배하면서 일본의 승리로 끝이 났습니다. 이후 일본은 강화 회담을 통해 청나라가 조선을 포기하도록 했을 뿐만 아니라 라오둥반도에 대한 지배권도 얻어 냈습니다. 또한 청나라로부터 당시 일본 정부의 4년 치 예산에 해당하는 막대한 배상금도 받아 냈습니다.

청일 전쟁의 승리는 일본인을 흥분시켰습니다. 오랫동안 아시아의 종주국이었던 청나라를 굴복시켰다는 점에서 일본인은 일본 '국민'으로서 자부심을 가질 수 있었습니다. 또한 전쟁으로 벌어들인 막대한 배상금으로 서구화 정책을 빠르게 추진할 수 있었습니다.

러일 전쟁으로 한반도를 독점한 일본

한반도에서 청나라를 물리친 일본은 적극적으로 조선 내정에 간섭하려 했습니다. 하지만 조선을 노리는 또 다른 세력이 있어서 영향력 확대는 생각만큼 쉽지 않았습니다. 또 다른 세력은 어떤 세력이었냐고요? 북에서 남으로 세력을 확대하고 있던 러시아였습니다.

러시아는 삼국 간섭을 통해 일본이 차지하려던 라오둥반도를 청나라에 반환시켰고 조선에도 영향력을 확대했습니다. 위기감을 느낀 일본은 러시아 세력을 끌어들이려는 조선의 왕비 명성 황후까지 살해했지만 고종이 러시아 공사관으로 몸을 피신해 거주하게 되면서 한반도 주도권은 일본이 아닌 러시아가 차지했습니다.

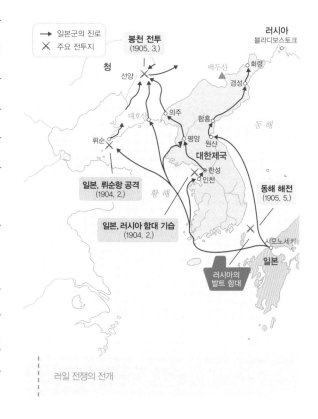

러일 전쟁의 전개

1904년 일본은 한반도 지배권을 놓고 러시아와 전쟁을 벌였습니다. 당시 대한 제국은 두 나라 전쟁에 휘말리고 싶지 않아 중립을 선언했습니다. 일본은 대한 제국의 중립 선언을 철저히 무시했습니다. 그들은 대한 제국 정부를 협박해 자국 군대의 한반도 내 주요 요충지 사용을 허용받았고, 조선인을 동원해 군수 물자를 나르게 했습니다.

러일 간에 본격적인 전쟁이 시작되자 러시아는 일본의 보급로를 길게 하려고 자꾸 퇴각하는 전술을 사용했습니다. 일본은 쓰시마섬 앞바다에서 러시아 함대를 격파했지만, 육지에서는 승패를 가를 수 없었습니다. 막대한 돈을 들여 전쟁을 시작한 일본은 시간이 자꾸 흐르자 초조해졌습니다. 결국 미국에 중재를 요청해 러시아와 협상을 맺으며 전쟁이 끝났습니다.

일본은 러시아와 협상에서 한반도에 대한 권리를 차지했습니다. 하지만 청일 전쟁 때와 달리 배상금은 한 푼도 받아 내지 못했습니다. 얻어 낸 영토도 사할린섬 반쪽에 불과했습니다. 결과가 이러하기에 일부 역사가는 러일 전쟁을 일본의 승리가 아닌, 무승부로 보기도 합니다.

일본 내에 형성된 반전 여론

러일 전쟁에 들어간 돈은 18억 엔 정도로 당시 일본 국민이 1년 동안 벌어들이는 총소득과 맞먹는 금액이었습니다. 이를 마련하기 위해 일본 국민은 각종 세금을 부담해야 했습니다. 그뿐만 아니라 전쟁 기간 동안 상품 유통이 원활하지 않아 물가가 크게 상승했으며, 농촌의 많은 농민이 군대에 소집되어 농업 생산에도 차질이 빚어졌습니다. 전쟁으로 인한 사망자는 8만 명이 넘었습니다. 이러한 부작용은 예상할 수 있었기에 일본에서는 러일 전쟁 초기부터 전쟁을 반대하는 반전 여론이 일었습니다.

아아 동생아, 싸움에서 그대여 죽지 말지어다.
지난 가을 아버님을 여의신 어머님은
한탄의 나날 속에서도 안타깝게
자식을 전쟁터에 내보내고 집을 지키신다
태평함을 들려주신다던 폐하의 다스림도
늘어 가는 어머니의 흰 머리는 이기지 못한다

위 시는 시인 요사노 아키코가 남동생이 징병되자 지은 〈님이여 죽지 말지어다〉의 일부입니다. 당시 일본 민중이 겪었던 고통과 반전 여론을 잘 보여줍니다. 당대 지식인이었던 우치무라 간조, 고토쿠 슈스이, 사카이 도시히코 등은 신문에 전쟁 반대론을 실어 반전 여론을 고조시켰습니다.

그런데도 강행되었던 전쟁의 결과는 일본 민중을 들끓게 했습니다. 러일 전쟁 당시 일본 정부는 일본이 러시아를 완전히 제압하고 있다고 홍보했는데, 배상금 한 푼도 받지 못한 강화 협상의 결과가 알려지자 사람들은 분노하지 않을 수 없었습니다. 화가 난 민중은 도쿄의 히비야 공원에 모여 협상 결과에 항의하는 시위를 벌였습니다. 시위는 당국이 계엄령을 선포할 정도로 도쿄 전역으로 확산되었습니다. 당시 전쟁으로 인한 일본 민중의 희생과 그로 인한 분노가 얼마나 컸는지 알 수 있습니다.

그럼 일본 정부는 이후에는 전쟁을 하지 않았을까요? 일본 정부는 러일 전쟁 전후 일어난 전쟁 반대 여론에 관심을 두지 않았습니다. 오히려 대외 확장에 더욱 열을 올렸습니다. 조선을 병합하기 위해 한반도에서는 의병과 전쟁을 벌였으며, 유럽에서 전개된 제1차 세계 대전(1914~1918)에도 뛰어들어 해외 영토 확장에 열을 올렸습니다. 전쟁으로 얻어지는 달콤한 결과물을 위해 만주 사변(1931)과 중일 전쟁(1937)을 연달아 일으켰으며, 제2차 세계 대전 때에는 최강대국 미국을 상대로 태평양 전쟁을 일으켰습니다. 하지만 결과는 비참했습니다. 광기 어린 전쟁은 일본 민중을 패전국 국민으로 만들었고, 국민들의 삶을 피폐하게 만들었습니다.

"장수는 끊임없이 전과를 올리지만 국민한테는 쌀 한 톨 생기지 않는다."

반전주의자이자 사회주의자인 고토쿠 슈스이가 했던 말입니다. 조선을 식민지로 삼으며 아시아 전체를 차지하기 위해 오랜 기간 전쟁을 지속했던 일본 군국주의자들이 이 말에 귀를 기울였다면 당시 일본 민중들은 훨씬 편안한 삶을 살았을 것입니다.

5

세계 대전과
사회 변동

제1차 세계 대전이 사라예보 총성 때문에 일어났다고요?

제1차 세계 대전은 상상을 초월할 정도로 많은 인명 피해를 가져온 전쟁이었다고 해요. 그런데 이 전쟁의 원인이 세르비아 청년이 쏜 몇 발의 총알 때문이라고 하더라고요. 도대체 그 청년은 왜 총을 쏘았을까요? 그리고 정말 한 청년이 쏜 총 때문에 세계가 전쟁에 휩쓸리게 되었을까요?

양대 진영으로 쪼개진 유럽

19세기 후반 유럽은 제국주의 국가 사이의 잦은 갈등으로 점점 긴장감이 높아졌습니다. 당시 독일은 경제 활동 영역을 넓히고자 베를린^{Berlin} – 비잔티움^{Byzantium} – 바그다드^{Bagdad}를 연결하는 3B 정책을 추진했습니다. 영국은 케이프타운$^{Cape\ Town}$ – 카이로^{Cairo} – 캘커타^{Calcutta}를 중심으로 식민지를 확대하기 위한 3C 정책을 실시했습니다. 독일의 3B 정책과 영국의 3C 정책은 서로 충돌할 수밖에 없었습니다. 한편 독일은 흑해에서 지중해로 진출을 꿈꾸는 러시아와도 충돌했습니다. 유럽 남동부의 발칸반도에서는 게르만 민족과 슬라브 민족 사이의 대립이 고조되었습니다. 이처럼 19세기 후반 유럽 국가들은 곳곳에서 충돌하며 불편한 동거를 이어 가고 있었습니다.

당시 유럽 국가 사이의 긴장이 고조된 주요 원인은 독일의 정책 변화 때문이었습니다. 독일은 프로이센의 재상 비스마르크의 활약으로 국토 통일을 이루고, 1871년 독일 제국을 선포했습니다. 비스마르크는 새롭게 만든 제국을 안정시키고자 유럽 국제 질서의 현상 유지와 라이벌 프랑스를 고립시키는 외교 정책을 펼쳤습니다. 특히 프랑스가 러시아와 손잡고 독일을 고립시키는 것을 경계해 러시아와 동맹을 유지하며 프랑스를 견제했습니다. 1882년에는 오스트리아-헝가리 제국, 이탈리아와 함께 3국 동맹을 결성해 제국의 안정을 도모했습니다. 그러나 비스마르크가 물러난 후 직접 국정 운영을 하게 된 황제 빌헬름 2세는 비스마르크와 전혀 다른 외교 정책을 펼쳤습니다. 이 젊은 황제는 러시아와 관계를 끊고 공격적인 외교 정책을 펼쳤습니다. 이를 경계한 영국, 프랑스, 러시아는 1907년 3국 협상을 체결해 독일의 세계 팽창 정책을 견제했습니다. 이제 유럽은 3국 동맹과 3국 협상, 양대 진영으로 나뉘어 더욱 긴장감이 높아졌습니다.

유럽의 화약고가 된 발칸반도

고대 그리스 땅이었던 발칸 지역은 14세기 후반부터 오스만 제국의 지배 아래 있었습니다. 19세기 후반부터 오스만 제국은 주변 강대국의 견제와 내부에서 발생한 혁명으로 세력이 약화되었습니다. 이 시기 발칸 지역의 여러 나라가 오스만 제국으로부터 독립했습니다.

하지만 발칸 지역의 주요 민족인 슬라브족에게 해방의 기쁨은 잠시였습니다. 1908년 오스트리아 - 헝가리 제국이 보스니아 - 헤르체고비나를 합병했기 때문입니다. 보스니아 - 헤르체고비나에는 세르비아계 민족이 많이 살았기 때문에 세르비아는 합병에 반발했습니다. 이 갈등은 독일과 오스트리아 - 헝가리 제국 중심의 범게르만주의와 러시아와 세르비아 중심의 범슬라브주의의 대결로 확대되었습니다.

그런 가운데 1914년 6월 28일 보스니아 사라예보에서 세계를 뒤흔든 총성이 울렸습니다. 세르비아 청년 가브릴로 프린치프가 사라예보를 방문한 오스트리아 황태자 프란츠 페르디난트 대공 부부를 암살한 것입니다. 그날 결혼 14주년 기념일을 맞이했던 황태자 부부는 가장 기뻐해야 할 날 죽음을 맞았습니다. 이를 '사라예보 사건'이라 합니다. 총을 쏜 가브릴로 프린치프는 세르비아 민족주의 단체 단원이었습니다. 그는 사라예보 출신으로 오스트리아의 슬라브족 영토 침략에 분개해 오스트리아 황태자를 암살한 것이었습니다.

오스트리아는 슬라브 민족 운동의 중심지인 세르비아에 공격을 개시했습니다. 전쟁이 터지자 유럽 국가들은 동맹 관계 또는 이해관계에 따라 싸움에 뛰어들었습니다. 독일이 오스트리아 편에 가담했습니다. 이를 보고 있던 러시아는 같은 슬라브족의 나라 세르비아를 건드리면 가만있지 않겠다며 으름장을 놓았습니다. 여기에 러시아와 동맹 관계에 있던 프랑스가 러시아 편을 들고 나섰습니다. 독일의 군사 팽창을 경계했던 영국은 독일이 중립국인 벨기에를 침공하자, 이를 비난하며 독일에 선전 포고를 날렸습니다. 오스만 제국은 최대한 자국의 이익을 따져 동맹국 편에 가담했습니다. 이탈리아는 본래 오스트리아 - 헝가리 제국과 관계가 좋았으나, 서로 사이가 벌어지며 협상국 쪽에 가담했습니다. 이렇게 사라예보에서 울린 몇 발의 총성은 언제 터질지 몰라 조마조마하던 발칸의 화약고를 폭발시키고 말았습니다.

제1차 세계 대전의 시작과 끝

1914년 제1차 세계 대전을 일으켰던 독일에는 전쟁 초기에 큰 고민이 하나 있었습니다. 서쪽에서 프랑스와 싸울 때, 동쪽 러시아도 견제해야 했습니다. 양면전을 펼쳐야 했던 독일군은 이 난관을 극복하기 위해 속전속결 전법을 사용했습니다. 서부 전선에서 빠르게 승리를 거둔 후 동부 전선으로 병력을 옮겨 러시아군을 제압하겠다는 작전이었습니다. 하지만 변수가 발생했습니다. 러시아 군대가 독일의 예상보다 빠르게 동부 전선으로 쳐들어왔습니다. 결국 독일군은 서부 전선 병력 일부를 동부 전선으로 보내야 했습니다. 이후 독일군은 마른^{Marne} 전투에서 프랑스와 영국군에 저지되면서 서부 전선

제1차 세계 대전 당시 유럽 형세도

은 교착 상태에 빠졌습니다.

1917년에는 동부 전선에서 러시아의 전쟁 수행 능력이 급격히 떨어졌습니다. 러시아에서 공산주의 혁명이 일어나면서 국내 정세가 불안정했기 때문입니다. 결국 레닌이 주도한 볼셰비키가 혁명에 성공하면서 러시아는 독일과 협정을 체결해 전쟁을 중단했습니다. 이제 독일은 서부 전선에 병력을 집중할 수 있게 되었습니다. 전쟁은 독일에 유리하게 전개될 것처럼 보였습니다.

하지만 이 전쟁의 승패를 가를 결정적인 사건이 발생했습니다. 독일이 영국 해군을 견제하기 위해 무제한 잠수함 작전을 펼쳤는데, 그 과정에서 미국 상선이 피해를 입고 말았습니다. 무제한 잠수함 작전이 뭐냐고요? 독일군은 지상전에서는 그런대로 우위에 있었습니다. 그런데 해전에서는 영국 해군에 밀려 상대적으로 열세였습니다. 당시 독일 해군은 'U-보트'라는 최신예 잠수함을 개발해 영국에 최대한 타격을 주려 했습니다. 이때 생각해 낸 작전이 U-보트를 활용해 영국으로 가는 협상국과 중립국 상선들을 눈에 띄는 대로 경고 없이 격침시키는 무차별 격파 작전이었습니다.

산업 혁명 성공으로 한창 경제가 성장하던 미국은 유럽 내전이라 할 수 있는 제1차 세계 대전에 뛰어들지 않고 협상국과 동맹국 사이에서 중립을 지키고 있었는데, 영국을 오가는 자국 상선이 U-보트의 공격으로 피해를 입자 독일을 달리 보기 시작했습니다. 그러던 중 1917년 1월 독일 외무 장관 치머만이 멕시코에 보낸 비밀 전보를 영국이 해독했습니다. 전보 내용은 멕시코가 미국을 공격한다면 독일이 미국-멕시코 전쟁(1846~1848)에서 멕시코가 잃은 땅을 되찾아 주겠다는 내용이었습니다. 이 전보의 해독은 미국이 제1차 세계 대전에 참전하는 결정적 계기가 되었습니다. 풍부한 경제력을 갖춘 미국의 참전은 엄청난 인력과 물자 소모로 지쳐버린 동맹국 측을 어려움에 빠뜨렸습니다.

1918년 동맹국은 위기를 맞이했습니다. 오스트리아-헝가리 제국과 오스만 제국은 붕괴 직전에 놓였고 독일은 수병들의 반란으로 내부적으로 어려움을 겪었습니다. 게다가 독일 육군은 서부 전선에서 대공세를 펼쳤지만 실패하고 말았습니다. 오스트리아-헝가리 제국과 오스만 제국은 결국 항복했습니다. 독일은 빌헬름 2세가 퇴위하면서 공화국 체제로 바뀌었습니다. 1918년 11월 11일 독일 공화국 정부가 협상국 측에 항복하면서 4년 남짓 이어진 제1차 세계 대전이 끝났습니다.

필라테스가 전쟁 때문에
탄생한 운동이라고요?

요즘 공부하느라 자세가 나빠져 필라테스를 시작했어요. 힘들지만 몸이 교정되는 기분이에요. 주말에는 가을에 입을 트렌치코트를 샀어요. 선생님께 이런 제 일상을 말씀드렸더니 "제1차 세계 대전이 떠오르네!"라고 말씀하셨어요. 필라테스와 트렌치코트가 제1차 세계 대전과 무슨 관련이 있을까요?

과학 기술이 인류를 죽음으로 몰아넣다

　제1차 세계 대전은 이전까지 전쟁과는 전혀 다른 전쟁이었습니다. 이전 전쟁은 일종의 규칙이 있었습니다. 전쟁 당사국들은 서로의 명예를 지키는 선까지만 싸우고 신사답게 승패를 갈랐습니다. 하지만 제1차 세계 대전은 신무기전, 장기전, 살육전, 총력전 등 여러 나라가 국력을 총동원해 서로 대적하다 보니, 매우 참혹한 전쟁이었습니다.

제1차 세계 대전에서는 수랭식 기관총, 탱크, 독가스, 전투기, 잠수함 등 수많은 신무기가 활용되었습니다. 각 나라가 축적한 과학 기술이 전쟁을 치르는 데 총동원되었습니다. 마른 전투(1914)에서 독일군은 수랭식 기관총을 사용했습니다. 연발 사격으로 뜨거워진 총구를 물로 식혀 가며 계속 사격할 수 있도록 한 무기입니다. 수많은 적군을 죽이는 것은 물론, 아군 진지를 방어하는 데도 효과적이었습니다. 솜 전투(1916)에서는 처음 탱크가 등장했습니다. 탱크는 과학자나 군인이 발명했을 것 같지만 어니스트 스윈튼이라는 영국 종군 기자가 발명했습니다. 전쟁터에 비가 내리면 도로가 진흙탕이 되어 병사들은 물론 차량도 이동이 힘들었습니다. 어니스트 스윈튼은 땅이 젖어 질퍽거리는 곳에서도 잘 굴러가는 농기계인 트랙터의 무한궤도식 바퀴를 떠올려 Mark-I 탱크를 탄생시켰습니다.

1915년에 독일군은 처음으로 염소 가스를 활용해서 독가스 공격을 펼쳤습니다. 파인애플 냄새가 났던 이 가스는 전쟁터 곳곳에서 병사들의 목숨을 앗아갔습니다. 독가스 살포는 1917년 방독면의 개발로 이어졌습니다. 한편 제1차 세계 대전에서는 최초로 전투기가 사용되었습니다. 그전까지는 육군과 해군만 있었는데, 공군이 탄생한 것이지요. 전투기는 참호에 숨어 있는 적들을 염탐하고 진지를 파악하는 정찰기로만 활용되었는데, 점차 활용 범위를 넓혀 적진에 포탄을 투하하는 폭격기로도 쓰였습니다. 해군에서도 신무기가 등장했습니다. 세계 최강 해군 국가인 영국이 바다를 통한 독일의 군수 물자 유입을 막자, 독일은 공격용 잠수함인 U-보트를 개발했습니다.

군인들이 입는 옷에도 변화가 생겼습니다. 전쟁이 길어지자 방어 시설인 참호 안에서 병사들은 지쳐 갔습니다. 비 오는 날에 참호는 무릎까지 물이 찼고, 병사들은 물에 젖은 생쥐 꼴이 되었습니다. 이때 개발된 군수 물자가 바로 방수 기능을 갖춘 트렌치코트입니다. '트렌치'는 '참호'라는 뜻인데, 어깨 견장에 장갑과 호루라기를 꽂고, 허리의 D링에는 수류탄을 매달았다고 합니다.

제1차 세계 대전은 많은 사람을 힘들게 했습니다. 약 2,000만 명이 사망했고, 부상자가 1,700만여 명에 달했습니다. 사라예보에서 울려 퍼진 몇 발의 총성이 가져온 결과는 너무나 처참했습니다. 1916년 프랑스 북동부 도시 베르됭에서 치러진 전투에서는 첫날에만 약 100만 발의 총탄이 소모되었으며 10개월 동안 독일군과 프랑스군이 70만 명 이상 죽었습니다. 베르됭 북쪽 솜강 유역에서 치러진 솜 전투에서는 초당 8명의 병사가 사망했다고도 합니다. 당시 참전국들은 경제력 증강 속에 진보한 과학 기술을 활용해 다양한 신무기를 개발했고, 그 신무기는 수많은 사람을 죽음에 이르게 했습니다.

아물지 않은 상처, 상처를 치유하기 위한 노력

전쟁은 결국 동맹국(독일, 오스트리아-헝가리, 오스만, 불가리아)의 패배로 끝났고, 프랑스 베르사유 궁전 거울의 방에서 강화 조약이 체결되었습니다. 독일을 비롯한 패전국들은 영토 반환, 병력 및 무기 제한, 천문학적인 배상금 지불 등 전쟁에 대한 혹독한 책임을 지게 되었습니다. 하지만 전쟁으로 인한 상처는 치유되지 않았습니다.

전쟁 피해가 컸던 베르됭에는 불발탄만 약 1,500만 발이 남겨졌습니다. 전쟁에 동원된 병사들은 부상 또는 외상 후 스트레스 장애(트라우마)에 시달렸고, 그들을 지켜보는 가족들도 고통을 겪었습니다. 당시 후유증을 겪는 병사들의 치유를 위해 등장한 것이 불안한 심리 상태를 안정시키기 위한 심리학, 부상을 치료하기 위한 성형 수술, 후유증 치료와 재활을 위한 필라테스입니다.

어떤 사람은 전쟁이 신기술 개발을 촉진하고 인구도 적정 수준으로 조절해 준다고 말합니다. 하지만 기술 발달과 인구 조절을 위해 전쟁을 해야 한다고 생각하는 사람은 없습니다. 지금까지 인간은 동물과 달리 이성적이고 합리적이라고 믿어 왔습니다. 과연 전쟁이 합리적인 선택일까요? 인간 이성과 기술 발달의 결과가 전쟁이라면 우리의 미래는 어떻게 될까요? 지구 곳곳에서 지금도 벌어지고 있는 전쟁의 비극을 막기 위한 전 인류의 지혜와 결단이 필요합니다.

곰팡이로 인류를 구할 수 있는 약을 발명했다고요?

선생님께서 곰팡이로 병을 고칠 수 있다고 말씀하셨어요. 너무 엉뚱한 말이라 믿기지 않아서 다시 여쭸더니 인류 최초의 항생제가 사실은 실험실에서 우연히 발견한 곰팡이였다는 거예요. 곰팡이가 어떻게 인류를 구하는 약이 되었을까요?

플레밍, 인류를 구할 곰팡이를 발견하다

인류는 지금까지 질병과 투쟁하며 살았습니다. 오랜 기간 인류는 천연두, 홍역, 말라리아, 콜레라, 이질, 폐렴, 패혈증 같은 질병의 원인을 알지 못했습니다.

영국의 의과 대학 교수 알렉산더 플레밍은 제1차 세계 대전 당시 속수무책으로 죽어 가는 군인들을 보며 병원균을 죽일 수 있는 약의 필요성을 절실히

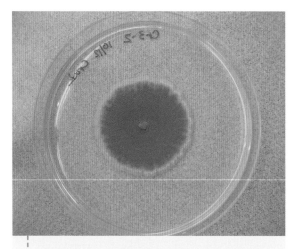

페니실린의 원료인 푸른곰팡이. 페니실린은 제2차 세계 대전 당시 부상당한 연합군 병사들의 생명을 구하고 전쟁을 승리로 이끄는 데 기여했다.

느꼈습니다. 1928년 어느 날이었습니다. 포도상 구균 연구를 진행하고 있던 플레밍은 깜빡 잊고 씻지 않은 세균 배양 접시에서 포도상 구균을 죽이는 푸른곰팡이를 발견했습니다. 이런 경우, 사람들은 보통 대수롭지 않게 생각하고 접시를 씻었겠지요. 하지만 플레밍은 꼼꼼하게 접시를 살폈습니다. 그 후 수차례 실험을 거듭해 마침내 푸른곰팡이가 병균을 죽이는 작용을 한다는 것과 생쥐에 주사해도 거의 해가 없다는 사실을 확인했습니다. 연구 결과에 확신을 가진 플레밍은 1929년 《영국 실험 병리학회지》에 논문을 발표하고 자신이 발견한 곰팡이에 '페니실린Penicillin'이라는 이름을 붙였습니다.

곰팡이로 병을 치료할 수 있다는 사실이 밝혀졌지만, 사람들은 선뜻 그 연구를 믿지 않았습니다. 또 곰팡이를 직접 인간에게 투입할 수는 없기 때문에 약품화해야 했는데, 이는 플레밍에게도 쉬운 일이 아니었습니다.

항생제의 발견은 영국에서, 개발은 미국에서

1939년 플레밍의 페니실린 논문에 흥미를 느낀 옥스퍼드 대학 병리학 교수 플로리는 생화학자 체인과 함께 본격적으로 페니실린을 정제하는 연구에 착수했습니다. 그들은 불순물을 없앤 정제된 페니실린 만드는 실험을 거듭해 1941년 인간에게 최초로 페니실린을 투여했습니다. 패혈증으로 회복 가능성이 전혀 없던 환자에게 페니실린을 투여했더니, 환자의 상태가 눈에 띄게 좋아졌습니다. 임상 시험 결과에 사람들은 기적이 일어났다고 생각했고, 페니실린의 효능은 세상에 널리 알려지게 되었습니다.

하지만 제2차 세계 대전으로 정신이 없던 영국은 페니실린 연구에 집중 투자를 할 수 없었습니다. 플로리는 미국으로 건너갔고, 화이자 등 대형 제약 회사의 지원을 받아 페니실린 대량 생산에 성공했습니다. 이후 페니실린으로 제2차 세계 대전 중 부상당한 연합군 병사 다수의 생명을 구할 수 있었고, 이는 전쟁을 연합국의 승리로 이끄는 데 중요한 역할을 했습니다. 페니실린은 1944년부터 일반인 치료에도 사용되어 수많은 감염병 환자의 목숨을 구할 수 있었습니다.

하지만 안타깝게도 우리 인류는 페니실린의 대량 생산 이후 무분별하게 항생제를 남용했습니다. 그 결과 어떤 항생제에도 죽지 않는 초강력 세균이 인류를 위협하고 있습니다. 의학 기술은 획기적으로 발전했지만, 질병 또한 더욱 강력해져 인류를 위협하고 있습니다. 곰팡이가 인류를 살리는 획기적인 약이 된 것처럼 우리 가까운 곳에는 인류를 구할 약이 또 있지 않을까요? 사소한 것도 놓치지 않고 잘 관찰한다면 여러분도 제2의 플레밍이 되어 인류의 미래를 혁신시킬지도 모릅니다.

코로나19 같은 전염병이 100년 전에도 있었다고요?

코로나19가 뭔지, 저는 학교도 못 가고 친구들과 만나 놀지도 못해 너무 속상했어요. 우연히 100년 전 흑백 사진을 보았는데, 다닥다닥 붙어 있는 환자용 침대와 마스크를 쓰고 촬영한 가족의 모습이 보이네요. 어쩐지 코로나19가 유행할 때와 상황이 비슷한 것 같은데, 100년 전 전염병이 유행했을 때 모습이라고 해요. 이때 유행했던 전염병은 무엇인가요?

100년 전에도 독감 때문에 ??

제1차 세계 대전 사망자 수보다 많았던 독감 희생자

제1차 세계 대전이 끝나가던 무렵, 미국의 군부대에서 이례적인 호흡기 질병이 발생했습니다. 5주 만에 군인 1,127명이 이 질병에 감염되었고, 그중 46명이 사망했습니다. 이후 이 부대에 소속되어 있던 미군들이 원정군에 합류해 유럽으로 이동했고, 정체를 알 수 없는 호흡기 질환은 유럽 전역으로 퍼졌습니다. 유럽에서는 수만 명이 목숨을 잃었지만 전쟁 중이었기에 신종 전염병의 유행에 신경 쓸 수가 없었습니다. 쥐도 새도 모르게 여러 지역으로 퍼져 나간 전염병은 감당하기 힘든 결과를 초래했습니다.

1918년 8월 독일의 항복으로 제1차 세계 대전이 끝났습니다. 유럽에서 싸우던 각국 병사들은 모두 자기 나라로 돌아갔습니다. 이 시기부터 신종 호흡기 질환은 두 번째 유행을 시작했습니다. 당시에는 치료법이 없었고 나라 간 긴밀한 협력이나 정보 공유도 없었기에 각 나라에서는 매일 수많은 사람이 제대로 치료받지 못하고 죽어 갔습니다. 사망자 대부분은 합병증, 특히 폐렴으로 사망했습니다. 감염자들은 폐에 고름이 차면서 숨을 헐떡였고 구토와 설사에 시달리다가 죽었습니다. 당시 영국의 한 의사는 호흡기 질환 감염 환자를 치료하면서 "평생 의사 생활 중에서 가장 처절한 경험"이라는 기록을 남겼습니다.

코로나19 팬데믹 시기에 각 나라 정치인이나 연예인이 감염되었던 것처럼 당시 사회 유명 인사들도 이 전염병을 피하지 못했습니다. 독일 황제 빌헬름 2세, 미국 대통령 윌슨과 영국 총리 로이드 조지, 간디, 디즈니는 감염되었다가 회복되었습니다. 하지만 화가 구스타프 클림트와 에곤 실레, 시인 기욤 아폴리네르는 이 전염병으로 목숨을 잃었습니다.

당시 일본의 식민지였던 우리나라도 전염병 때문에 어려움을 겪었습니다. 1918년 말부터 1919년 초반까지 기승을 부린 독감을 '무오년 독감'이라 했습니다. 인구 절반에 가까운 742만 명이 감염되었고, 그중 14만 명이 사망했습니다.

1918년 미국에서 대유행한 독감 예방을 위해 가족 전체가 마스크를 쓰고 있다.

1918년 여름부터 1919년 봄까지 대유행한 이 질병을 연합국에서는 '스페인 독감'이라 불렀습니다. 이 독감으로 미국에서만 67만 5,000여 명이 목숨을 잃었고, 프랑스에서 40만 명, 영국에서는 22만 8,000여 명의 사망자가 발생했습니다. 당시 피해가 가장 컸던 나라는 1,000만 명이 사망한 인도입니다. 전 세계적으로 스페인 독감의 대유행에 희생된 사망자 수는 최대 5,000만 명으로 추정되는데, 이는 제1차 세계 대전 사망자의 다섯 배에 해당합니다. 이처럼 많은 희생자를 낸 스페인 독감을 역사가들은 '흑사병보다 더 많은 희생자를 낸, 역사상 가장 큰 의학적 대학살'이라고 진단했습니다.

스페인 독감이라는 호칭이 억울한 에스파냐

그런데 왜 미국에서 시작해서 전 세계로 퍼진 호흡기 전염병을 '스페인 독감'이라고 했을까요? 질병 이름만 들으면, 에스파냐(스페인)에서 시작했거나 에스파냐에서 크게 유행했던 독감으로 오해하기 쉽습니다.

에스파냐로서는 굉장히 억울한 일입니다. 당시 에스파냐는 독감에 대한 정보를 세계 각국에 빠르게 전달하는 데 큰 역할을 했습니다. 전쟁 중인 나라들이 보도 검열로 독감 유행을 다루지 않을 때, 에스파냐는 세계에서 유일하게 보고서를 통해 독감 유행을 공개했습니다. 그래서 에스파냐에서는 1918년에 크게 유행한 호흡기 질환을 '스페인 독감'이라 하지 않고 '1918년 독감 범유행Pandemia de gripe de 1918'이나 '미국 독감', '시카고 독감'이라고 합니다.

스페인 독감, 100년 후의 세계

스페인 독감 유행 당시에는 바이러스를 분리, 보존하는 기술이 없어서 독감의 정확한 원인을 밝히지 못했습니다. 스페인 독감의 원인이 밝혀진 건 비교적 최근의 일입니다. 미국의 연구팀이 알래스카에서 독감에 걸려 숨진 후 영구 동토층에 묻혀 폐가 부패되지 않고 보존돼 있던 여성에게서 바이러스 물질을 추출했습니다. 이 바이러스는 인플루엔자 A형^{H1N1}으로 확인되었습니다. 2009년 발병해 기승을 부렸던 신종 플루와 같은 유형입니다. 어때요, 오싹하지 않은가요? 스페인 독감 바이러스가 더 강력한 모습으로 진화해 우리 인류에게 찾아온 것입니다.

지금은 제1차 세계 대전 때와 달리 하루 안에 세계 거의 모든 곳을 이동할 수 있는 지구촌 1일 생활권 시대입니다. 따라서 신종 전염병이 유행하면 코로나19 팬데믹 때처럼 한 국가가 아닌 전 세계가 몸살을 앓게 됩니다. 아마 앞으로도 각종 전염병은 더 센 형태로 진화를 거듭하며 인류를 위협하겠지요. 따라서 우리는 끊임없이 새로운 전염병과 투쟁하며 이를 퇴치할 기술력을 확보해야 합니다.

민주주의 반대말이 공산주의가 아니라고요?

저는 당연히 공산주의는 독재를 뜻하고, 민주주의의 반대 개념이라 생각했어요. 그런데 수업 시간에 선생님께서는 민주주의의 반대 개념은 공산주의가 아니라고 하네요. '자본주의', '공산주의', '민주주의' 용어가 너무 어려워요. 대체 뭐가 다른 거죠?

자본주의는?

TV를 보면 '자본주의'라는 말이 종종 나옵니다. 맛없는 것을 먹고도 웃고 있는 연예인을 보며 '자본주의 미소'라고도 하고, '돈이 된다면 나쁜 일도 할 수 있다'라는 말에 '천박한 자본주의'라며 비판하기도 합니다. 그렇지만 자본 주의가 뭐냐고 물어보면 막상 쉽게 답하지 못합니다.

사람이 사는 사회를 생산관계로 구분하면 '공산 사회', '봉건제 사회', '자본주의 사회'로 나누어 설명할 수 있습니다. 생산관계가 뭐냐고요? 인간이 어떤 물건을 생산할 때 생산의 내부에서 맺는 상호 관계를 뜻합니다. 인류 발전사를 살펴보면 사회는 집단원 전체가 공동으로 일을 하고 공동으로 분배했던 원시 공산제 사회, 노예가 생산을 담당했던 고대 노예제 사회, 영주와 농노로 상징되는 중세 봉건제 사회가 있었고, 중세 사회가 무너지고 산업 혁명으로 자본주의 사회가 등장했습니다.

그렇다면 자본주의 사회에서는 어떤 생산관계가 성립되었을까요? 시민 혁명과 산업 혁명으로 전통적인 신분층이 무너지며 새로운 계급이 나타났습니다. 사유 재산과 자본을 가진 사람들이 유산 계급인 부르주아가 되었습니다. 반면 자본이 없는 노동자 계층은 무산 계급인 프롤레타리아가 되었습니다. 땅과 돈을 가진 공장주나 큰 상점의 주인, 은행가 같은 사람이 자본가라 불리며 지배 계급으로 성장했고, 생산 활동을 담당했던 노동자는 자본가에게 고용되어 임금을 받고 생활했습니다.

사회주의와 공산주의는?

산업화가 진전되면서 경제 규모가 커지고 삶이 윤택해졌다고 하지만, 모든 사람이 혜택을 누린 것은 아닙니다. 자본주의 체제에서 경제 규모가 커질수록 빈부 격차와 노동 문제 등 다양한 사회 문제가 출현했습니다. 이러한 사회 문제가 확산되자 자본주의 체제를 비판하는 사회주의 사상이 나타났습니다. 초기 사회주의자로 생시몽, 푸리에, 오언이 있습니다. 다음은 오언이 했던 말입니다.

"저는 공장주와 노동자 모두에게 이익이 되는 노동 환경을 만들기 위해 아동 노동 금지, 교육과 주택 보급 등을 내세운 '뉴 라나크'라는 작업 공동체를 만들었습니다. 이렇게 자본가와 노동자가 서로 협동한다면 우리는 평등한 사회를 만들 수 있습니다."

오언은 자본가와 노동자의 협동을 통해 새로운 사회를 건설할 수 있다고 주장했습니다. 그런데 오언 같은 초기 사회주의자의 뒤를 이은 공산주의 사상가 마르크스는 초기 사회주의자의 생각과 주장을 비현실적이며 이상적이라고 비판했습니다.

"자본가들의 욕심 때문에 대다수의 노동자가 경제적 어려움에 빠지고 있습니다. 따라서 우리는 노동자 계급의 투쟁과 혁명을 통해 평등한 사회주의 사회를 건설해야 합니다. 이렇게 자본주의 사회가 무너지고 난 뒤 노동자들이 주인공인 사회가 건설될 것입니다."

오언의 뉴 라나크 구상도. 오언은 자본가와 노동자의 협동을 통해 새로운 사회를 건설할 수 있다고 주장했다.

마르크스는 전 세계의 노동자들이 '혁명'을 일으켜 자본주의를 무너뜨리고 모두가 평등한 사회를 건설해야 한다고 주장했습니다. 이러한 마르크스의 주장은 노동자와 지식인들의 호응을 얻었고 유럽 사회주의 운동에 영향을 주었습니다.

사회주의와 공산주의 차이점은?

사실 마르크스가 살았을 때에는 사회주의와 공산주의의 개념 구분이 모호했습니다. 마르크스도 자신을 사회주의자라고 했을 정도로 이념적으로 구분하기 힘들었습니다. 그렇지만 사회주의와 공산주의는 엄연히 다릅니다. 마르크스는 혁명만이 자본주의가 가진 모순을 해결할 수 있다고 보았습니다. 또한 그는 혁명은 폭력을 수반하며 노동자들이 무장해서 자본주의자들과 싸워야 한다고 했습니다. 즉, 피를 흘려야만 노동자가 주도하는 평등 세상이 올 수 있다고 생각한 것입니다. 이에 견주면 초기 사회주의자가 주장한 내용은 매우 온건합니다. 그들은 계급 투쟁보다는 자본가와 노동자의 타협을 통해 사회 문제와 노동 문제를 해결하려 했습니다.

한편 현대 사회에서는 '사회주의'와 '사회 민주주의'를 같은 개념으로 사용하며 공산주의와 구분하고 있습니다. 19세기에 사회주의와 공산주의가 구분 없이 사용되었다면, 20세기부터 사회주의는 복지 국가 의미를 더 띠고 있습니다. 이처럼 달라진 이유는 유럽 사회주의자들이 20세기로 접어들며 혁명을 포기하고 복지와 개혁에 집중했기 때문입니다. 스웨덴, 노르웨이, 덴마크 같은 북유럽 복지 국가들이 바로 그 결과물이라고 볼 수 있습니다.

민주주의의 반대 개념이 공산주의?

자본주의와 공산주의 개념이 조금은 이해가 되나요? 공산주의는 사유 재산 제도 없이 모든 국민이 평등하게 나눠 갖는 것에 목표를 둔 경제 체제입니다. 공산주의의 반대편에 있는 자본주의는 자신의 능력에 따라 재산을 모으고 사용할 수 있는 자유가 있는 경제 체제입니다.

그런데 우리는 공산주의를 민주주의에 대치되는 개념으로 생각하는 경우가 많습니다. 이는 잘못된 구분법입니다. 민주주의의 반대 개념이 '독재'일 수는 있어도 공산주의는 아닙니다. '공산주의와 자본주의'는 경제 운영에 따른 구분이고, '민주주의와 독재 체제'는 정치 체제에 따른 구분입니다.

여기서 궁금증이 하나 생깁니다. 그런데 우리는 왜 공산주의를 민주주의의 반대 개념으로 생각할까요? 아마도 공산주의 체제 나라 중에 독재를 하는 경우가 많았고, 우리 나라처럼 정치 체제가 다른 북한과 대치하고 있는 상황에서는 "공산주의=독재=나쁘다"로 인식하는 게 자연스러웠기 때문일 것입니다. 이제 공산주의가 민주주의의 반대 개념이 아니라는 것을 알았으니, 앞으로는 민주주의 체제와 자본주의 체제를 혼동하는 일이 없겠지요?

52

러시아에서 최초의
사회주의 혁명이 일어났다고요?

마르크스는 사회주의 국가가 등장하려면 자본주의 체제가 먼저 나타나야 한다고 했어요. 러시아는 서유럽보다 산업화도 늦고 20세기 초까지 황제 권력이 강해 자본주의 체제가 뒤처졌는데 어떻게 세계 최초의 사회주의 정권이 탄생했을까요?

19세기 제정 러시아

러시아는 크림 전쟁(1853~1856)에서 오스만 제국, 영국, 프랑스 연합군에게 패배했습니다. 강한 군사력에 자부심을 느끼던 러시아는 전쟁에서 패배한 후 개혁의 필요성을 느꼈습니다. 그결과 알렉산드르 2세는 농노 해방령(1861)을 선포하고 사회 개혁을 추진했습니다. 농노는 신분의 자유를 얻었으며 토지 소유도 가능해졌습니다. 하지만 농노들이 자기 소유 토지를 가지려면 많은 돈이 필요했습니다. 게다가 황제인 '차르'를 중심으로 한 봉건 정치 체제 유지로 러시아 민중의 삶은 여전히 나아지지 않았습니다.

이러한 사회 현실을 타개하기 위해 지식인들이 나섰습니다. '인민주의자' 라는 뜻의 '나로드니키'는 농민들을 깨우쳐 이들을 러시아 변화의 주요 세력 으로 성장시키기 위해 '브나로드(민중 속으로)' 운동을 전개했습니다. 하지만 당장 먹고사는 데만 집착했던 농민들의 정치 무관심으로 이 운동은 실패했 습니다.

한편 농노 해방령을 계기로 많은 농민이 도시로 이동했습니다. 이들은 도 시 노동자가 되어 러시아 산업화에 기여했습니다. 그러나 도시 노동자의 삶 도 고단했습니다. 노동자들은 열악한 작업 환경과 강도 높은 노동, 턱없이 적 은 임금 문제를 개선하려고 투쟁에 나섰습니다.

겨울 궁전 앞의 비극, 피의 일요일

19세기 러시아는 각 사회 계층의 불만이 쌓일 대로 쌓여 언제 터질지 모르 는 시한폭탄 같았습니다. 차르 정부는 국내 불만을 나라 밖으로 돌리고자 러 일 전쟁을 활용하려 했습니다. 그러나 러시아는 전쟁에서 졌으며, 전쟁 패배 는 러시아 노동자의 삶을 더욱 힘들게 했습니다. 1905년 1월 9일 일요일, 노 동자들은 차르가 머무는 겨울 궁전 앞에서 시위를 했습니다. 이들은 평화 시 위를 하며 차르에게 자신들의 요구 사항을 전달하고자 했습니다.

"폐하! 저희 상트페테르부르크의 노동자와 주민들, 저희 처자식과 늙은 부모 들은 정의와 보호를 구하러 당신께 갑니다. (…) 즉각 러시아의 모든 계급과 신 분의 대표자를 선출하고, 또 모든 사람에게 평등한 선거권을 부여하여 자유롭 게 선거하도록 배려해 주십시오."

노동자들이 공손하게 예의를 갖춰 요구 사항을 전달했는데도 불구하고 차르는 매우 잔혹하게 대응했습니다. 차르의 군대는 시위에 참가한 노동자들을 향해 총을 쏘았습니다. 순식간에 겨울 궁전 앞은 피로 물들었습니다. 이 사건을 '피의 일요일'이라 합니다. 러시아 민중은 분노했고 거리로 나와 변혁을 꿈꾸며 투쟁했습니다. 제1차 러시아 혁명이 시작되었습니다.

한편 현재 우크라이나 항구 도시 오데사에서는 1905년 6월 전함 포템킨에 탄 해군들이 조악한 음식의 질을 개선해 달라며 봉기했습니다. 러시아 사회 전반에서 차르 체제에 대한 불만이 거세게 표출되기 시작한 것입니다. 사태의 심각성을 깨달은 차르 니콜라이 2세는 10월 선언을 통해 두마(의회) 구성, 민중의 자유 보장 등 개혁을 약속했습니다. 하지만 약속은 지켜지지 않았고 구심점이 없었던 제1차 러시아 혁명은 지지부진하다가 흐지부지 끝나고 말았습니다.

최초의 사회주의 국가가 탄생하다

1차 혁명 이후 러시아 경제 사정은 더 어려워졌습니다. 차르는 제1차 세계 대전에서 승리를 거두어 영토를 넓히고 국민의 환심도 사면서 혁명 열기를 식히려 했습니다. 하지만 러시아 민중들은 전쟁으로 인해 더욱 고통받았습니다. 전방에 동원된 병사들은 지쳤고, 후방에 있는 사람들은 전쟁을 지원하느라 경제적으로 피폐해졌습니다. 민중 사이에서 "전제 정치를 무너뜨리자", "전쟁을 멈춰라"라는 목소리가 터져 나왔고 군인들이 정부를 향해 총을 겨누기 시작했습니다. 결국 니콜라이 2세는 차르 자리에서 물러났고 임시 정부가 수립되었습니다(3월 혁명, 1917).

그럼 이제 혁명은 성공한 것일까요? 그렇지 않았습니다. 새로 들어선 임시 정부는 토지 개혁을 미루고 전쟁을 지속하며 민중의 요구를 외면했습니다.

스위스 망명 생활을 마치고 귀국한 볼셰비키 지도자 레닌은 모든 권력은 노동자와 병사로 구성된 소비에트로 집중해야 한다고 열변을 토했다.

이때 러시아 사회 전체를 뒤흔들 인물이 등장했습니다. 볼셰비키 지도자 레닌이 스위스 망명 생활을 마치고 귀국했습니다. 그는 군중을 향해 전쟁 중지, 토지 국유화, 모든 권력은 노동자와 병사로 구성된 '평의회'인 소비에트로 집중해야 한다고 열변을 토했습니다. 레닌은 민중이 원하는 것을 정확히 알고 있었습니다. 대중은 레닌한테 열광했고 레닌은 민중을 앞세워 무장봉기를 통한 혁명을 시도했습니다. 레닌의 볼셰비키 세력이 이끈 무장봉기대가 임시 정부를 무너뜨렸습니다. 마침내 민중이 중심이 된 소비에트 공화국이 탄생했습니다(11월 혁명, 1917).

레닌은 어떻게 러시아 혁명에 성공할 수 있었나?

　제정 러시아가 무너지기까지 러시아에는 다양한 정치 세력이 존재했습니다. 그중 레닌이 이끈 볼셰비키는 사회 민주 노동당의 한 분파였습니다. 1903년 사회 민주 노동당은 당 조직과 투쟁 방식을 놓고 '볼셰비키'와 '멘셰비키'로 나뉘었습니다. 볼셰비키는 '다수파'를 뜻하고, 멘셰비키는 '소수파'를 뜻합니다. 그러나 용어의 뜻과는 달리 혁명 과정에서는 볼셰비키보다 멘셰비키 세력이 다수로 주류를 형성했습니다.

　그런데 왜 주류였던 멘셰비키가 아닌 소수파 볼셰비키가 혁명에 성공했을까요? 볼셰비키와 멘셰비키는 자본주의 체제를 이룬 후 사회주의 국가로 발전시킨다는 사회주의 체제 기본 원칙에는 모두 동의했습니다. 하지만 봉건 체제가 강했던 러시아 사회에 자본주의가 정착하려면 많은 시간이 필요했습니다. 멘셰비키는 원칙대로 자본주의 체제가 먼저 이루어져야 한다며 자본주의 체제로 이행을 주장했습니다. 그러다 보니 점차 민중의 현실적 요구를 등한시하게 되었습니다. 하지만 볼셰비키를 이끈 레닌은 이론적 원칙보다 현실 속 민중이 원하는 것에 더 집중했습니다. 그래서 당시 민중이 원했던 전쟁 중지, 토지 분배, 대중이 중심이 되는 사회를 주장하며 사람들을 이끌었습니다. 또한 당시 상황에 가장 맞는 혁명 전략이 무엇인지 고민하고 실천해서 마침내 새 정권을 창출했습니다.

레닌의 시신이 지금까지 보존되어 있다고요?

역사 수업 시간에 러시아 혁명을 이끈 레닌에 대해 알게 되었어요. 그런데 레닌의 시신이 지금도 미라처럼 방부 처리되어 모스크바에 있다고 하네요. 도대체 누가, 왜, 레닌을 미라로 만들어 놓았을까요?

무참히 짓밟힌 레닌의 소박한 꿈

레닌이 이끈 볼셰비키 혁명은 성공했지만 러시아에 평화를 정착시키기 위해서는 더 오랜 시간이 필요했습니다. 우선 레닌은 장기전으로 치러진 제1차 세계 대전으로 지친 군대와 국민을 위해 독일과 휴전 조약을 맺었습니다(브레스트리토프스크 조약). 하지만 이 조약은 일방적으로 독일에 유리한 불평등 조약이었습니다. 휴전 조약 체결로 러시아는 막대한 영토를 잃었습니다. 또한 레닌의 혁명에 반대하는 세력이 백군을 결성해 볼셰비키의 붉은 군대와 싸워 러시아 내전이 일어났습니다. 설상가상으로 미국, 영국, 일본 같은 열강이 백군에 힘을 보태 레닌에게는 절대적으로 불리한 상황이었습니다.

이러한 안팎의 위기를 레닌은 어떻게 극복했을까요? 그는 망가진 경제를 복구하기 위해 신경제 정책을 펼쳤습니다. 줄여서 NEP^{New Economic Policy}라 부르는 이 정책은 생산성 향상을 위해 시장 경제를 일부 인정했습니다. NEP의 효과로 경제가 살아나기 시작했고, 이에 힘입어 레닌은 혁명에 반대하는 세력을 진압하고 정권을 안정시켰습니다. 1922년에는 우리에게 '소련'이라는 명칭으로 더 익숙한 '소비에트 사회주의 공화국 연방'을 공식적으로 수립했습니다. 한편 레닌은 각 나라의 사회주의자들을 연결하는 국제 조직 코민테른을 만들어 혁명의 세계화에 나섰습니다.

러시아 혁명을 이끌어 공산주의가 전 세계로 확산되는 데 큰 영향을 미친 레닌은 1924년에 세상을 떠났습니다. 레닌은 죽기 직전까지 스탈린이 권력 잡는 것을 경계했습니다. 그가 보기에 스탈린은 성격이 난폭해 대국을 이끌 지도자감이 아니었습니다. 하지만 스탈린은 추종 세력이 많아 레닌 사후 공산당 서기장이 되어 소련 정권을 장악했습니다.

권력을 잡은 스탈린은 레닌의 시신을 방부 처리해 붉은 광장에 전시했습니다. 레닌 우상화를 통해 공산주의 체제를 선전하기 위해서였습니다. 레닌 본인은 어머니 곁의 작은 무덤에 묻히길 원했지만 후임자인 스탈린에 의해 소망은 이뤄지지 않았고, 지금까지도 어머니 곁으로 돌아가지 못하고 있습니다.

스탈린은 공산주의 체제 선전을 위해 방부 처리한 레닌의 시신을 붉은 광장 레닌 영묘에 전시했다.

스탈린 체제의 소련

정권을 장악한 스탈린은 레닌의 신경제 정책을 폐기하고 경제 개발 5개년 정책을 추진했습니다. 이를 통해 토지를 집단 농장화하고 중화학 공업을 육성하는 등 사회주의 경제 체제를 강화했습니다. 두 차례의 경제 개발 계획은 상당한 효과가 있었습니다. 자본주의 국가들이 대공황으로 휘청거릴 때도 소련의 공업 생산은 짧은 시간 동안 크게 증가했습니다. 당시 소련은 공업 생산량에서 미국에 이어 세계 2위를 차지했습니다.

하지만 스탈린은 재임 기간 내내 무자비한 숙청과 공포 정치로 독재 체제를 확립했습니다. 그는 정권을 장악한 지 얼마 되지 않아 정적인 트로츠키를 숙청했으며, 수용소를 건설해 반대파를 잡아넣었습니다. 더 나아가 자신을 신과 같은 존재로 선전하기도 했습니다.

이러한 스탈린 치하의 무자비함은 1934년에서 1938년까지 진행된 소위 '대숙청 시기'에 여실히 드러났습니다. 숙청은 '깨끗하게 청소한다'는 뜻입니다. 스탈린은 말 그대로 이 시기 동안 자신과 소련 정권에 반대하는 많은 사람을 죽였습니다. 그 수가 자그마치 70만여 명이었습니다.

한편 대숙청 기간에는 소련 각지에 살던 여러 소수 민족도 큰 피해를 당했습니다. 어느 소수 민족이든 혁명에 반대하는 세력으로 낙인찍히면 그 민족은 살기 힘든 척박한 땅으로 강제 이주당했습니다. 이러한 강제 이주는 일제 침탈을 피해 연해주에 살던 우리 민족에게도 영향을 미쳤습니다. 우리에게 봉오동 전투의 영웅으로 알려진 홍범도 장군도 이 시기에 강제로 이주되어 중앙아시아의 카자흐스탄 땅에서 생을 마감했습니다.

마르크스가 바라던 공산주의는 러시아에서 실현되었을까?

공산주의 사상을 체계화한 마르크스는 1848년에 발표한 〈공산당 선언〉에서 "만국의 노동자여, 단결하라!"고 외치며 공산주의의 필요성과 나아가야 할 방향을 제시했습니다. 그리고 마르크스가 세상을 떠난 지 반세기도 지나지 않아 지구상에 최초의 공산주의 국가가 세워졌습니다. 마르크스가 살아 있었다면 최초의 공산주의 국가인 소련을 어떻게 바라보았을까요?

조지 오웰이 쓴 《동물 농장》이라는 소설은 우리에게 많은 생각을 하게 합니다. 오웰은 제정 러시아의 몰락부터 공산 혁명의 진행 과정, 러시아 내전과 스탈린의 집권, 독재 체제와 대숙청 등 일련의 역사적 사건을 돼지 집단의 삶을 통해 적나라하게 비판했습니다. 특히 레닌을 메이저 영감으로, 스탈린을 나폴레옹으로 풍자해 스탈린 독재 체제를 비난했습니다.

소설 속에서 나폴레옹은 죽은 메이저 영감의 두개골을 동물 농장에 전시하며, 동물주의를 만든 그의 명성을 등에 업고 공포 정치를 실시합니다. 또한 나폴레옹은 처음에 메이저 영감이 구상한 7계명 중 "모든 동물은 평등하다"라는 문장을 교묘하게 수정합니다.

"모든 동물은 평등하다. 하지만 어떤 동물들은 다른 동물들보다 더 평등하다."

이러한 소설 속 묘사에서 레닌의 시신을 미라로 만들어 독재 체제를 강화하려는 스탈린의 모습이 보이는 건 기분 탓일까요? 어떤 역사적 사실은 소설보다 더 소설처럼 보이기도 합니다. 여러분은 어떻게 생각하나요? 과연 마르크스가 바라던 공산주의는 정말로 소련 땅에서 실현되었을까요?

베르사유 체제는 세계를 평화롭게 만들었을까요?

선생님께서 제1차 세계 대전 이후 평화를 위한 다양한 노력이 있었다고 말씀하셨어요. 그런데 인류는 제1차 세계 대전이 끝난 지 한 세대가 지나기도 전에 다시 최악의 전쟁을 겪었어요. 분명 평화를 위해 애썼다고 했는데, 무엇이 잘못되었기에 다시 전쟁이 일어났을까요?

프랑스와 독일의 뒤바뀐 운명

1919년 1월 18일 프랑스 파리에서 제1차 세계 대전 처리 문제를 논의하기 위한 강화 회의가 열렸습니다. 미국 대통령 윌슨은 회의에 참석하러 파리로 떠나기 전에 미국에서 〈14개조 평화 원칙〉을 전후 국제 질서의 핵심 원칙으로 제시했습니다. 그 주요 내용은 '비밀 외교 폐지, 군비 축소, 민족 자결주의, 국제 평화 기구 창설' 등 세계 평화를 위한 것이었습니다.

파리 강화 회의는 베르사유 궁전 거울의 방에서 연합국과 독일 사이에 베르사유 조약이 체결되며 마무리되었습니다. 수많은 취재진이 몰려든 가운데, 독일 대표단은 "독일을 패전국으로 인정하고, 모든 전쟁 책임을 독일이 진다"는 조약서에 서명했습니다.

독일이 항복 문서에 서명했다는 소식을 들은 프랑스 국민은 열광했습니다. 왜냐고요? 잠시 시계를 조약 체결 49년 전으로 돌려보겠습니다. 1870년 통일된 독일 제국을 만들기 위한 프로이센과 이를 견제하려는 프랑스 사이에 갈등이 고조되었습니다. 결국 프로이센 – 프랑스 전쟁이 일어났고, 이 전쟁에서 프로이센이 승리했습니다. 전쟁에서 패배한 프랑스는 베르사유 궁전 거울의 방에서 전쟁 패배를 인정하는 조약을 체결했습니다. 심지어 프로이센은 독일 제국 선포식과 첫 황제 빌헬름 1세의 대관식을 이곳 거울의 방에서 거행했습니다. 프랑스로서는 정말 굴욕적인 사건이었습니다. 그런 장소에서 독일 제국 패망을 선언하는 조약을 맺었으니, 프랑스 국민이 얼마나 통쾌했을까요?

독일을 수렁으로 빠트린 베르사유 조약

베르사유 조약은 조항이 무려 440개나 됩니다. 조약의 첫 부분을 장식한 내용은 국제 문제를 해결할 기구 창설이었고, 이 조항에 근거해 만들어진 국제기구가 '국제 연맹'입니다.

한편 제231조에는 독일이 제1차 세계 대전 패전국이며, 전쟁의 모든 책임은 독일에 있다고 명시되어 있습니다. 제235조에는 청구액이 확정되기 전에 우선적으로 1921년 4월까지 200억 마르크를 독일이 연합국 측에 배상해야 한다고 규정해 놓았습니다. 그 밖에도 독일의 식민지와 경제적 이권에 대한 권리 포기, 영토 재조정, 군사력 축소 등의 내용이 담겨 있습니다. 이렇듯 베르사유 조약 대부분은 독일을 패전국으로 규정하고, 이에 대한 독일의 책임을 요구하는 내용으로 가득했습니다.

베르사유 체제의 불안한 평화

파리 강화 회의와 베르사유 조약 내용에 따라 형성된 전후 국제 질서를 '베르사유 체제'라고 합니다. 사람들은 이 체제와 함께 출범한 국제 연맹이 세계 평화를 위한 핵심 기구 역할을 하리라 기대했습니다. 실제로 제1차 세계 대전에 참전했던 국가 사이에 평화를 되찾기 위한 협정이 유럽 곳곳에서 이어졌고, 군사력을 축소하자는 움직임도 전개되면서 세계는 평화를 향해 달려가는 것처럼 보였습니다.

제1차 세계 대전 처리 문제를 논의하기 위해 모인 대표단들이 베르사유 궁전 거울의 방에서 조약을 체결하고 있다.

하지만 베르사유 체제의 속을 깊게 들여다보면, 겉으로 보이는 것과 달리 문제가 많았습니다. 우선 윌슨의 〈14개조 평화 원칙〉이 제대로 반영되지 않았습니다. 군비 축소 회의 는 실질적 평화를 위한 것이 아닌 주변 경쟁국의 군사력 견 제를 위한 목적 속에 진행되었습니다. 식민지 국가에 희망 을 주었던 "민족의 운명은 그 민족이 스스로 결정한다"는 민족 자결주의 원칙은 패전국 식민지에만 해당되었습니다. 그것만이 아닙니다. 더 큰 문제는 전후 세계 평화를 위해 야 심차게 출발한 국제 연맹에 당시 최강국이자 창설을 주도했 던 미국이 불참했습니다. 미국 의회 다수를 차지하고 있던 공화당 의원들이 미국의 국제 연맹 가입을 강하게 반대했기 때문입니다. 왜냐고요? 당시 미국의 외교 기본 원칙인 '고립

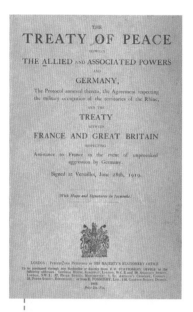

베르사유 조약 협정문

주의'에 위배된다는 것이었습니다. 게다가 국제 연맹은 세계 평화를 위협하 는 세력을 무력으로 제재할 군사 수단을 갖지 못했습니다.

한편 독일에 최종 부과된 1,320억 마르크라는 천문학적인 배상금도 베르 사유 체제의 문제점을 여실히 보여 줍니다. 독일 국민은 전쟁이 끝난 후 패배 했다는 사실을 선뜻 받아들이지 못했습니다. 그도 그럴 것이 1918년 11월, 전쟁이 끝났을 때 독일 공화국 정부와 연합국 사이에는 정전 협정이 맺어졌 습니다. 말 그대로 전쟁 중지였지, 승전국과 패전국을 나눈 협정은 아니었습 니다. 게다가 독일은 동부 전선에서는 소련과 전쟁에서 승리했고, 서부 전선 에서도 프랑스, 영국군과 대등하게 싸우고 있었습니다. 그런데도 모든 전쟁 의 책임을 독일이 떠안고 경제적 고통을 감수해야 했으니 독일 국민은 새로 운 전쟁 유혹에 쉽게 휩쓸릴 수밖에 없었습니다.

결국 제1차 세계 대전 이후 형성된 베르사유 체제는 협상국 중심의 세계

질서 재편이었고 독일에 대한 벌주기였음을 부정할 수 없습니다. 물론 그렇다고 해서 '베르사유 체제가 아주 무의미했느냐?'하면, 그건 아닙니다. 베르사유 체제 이전까지 평화를 위한 국가 간 대화는 거의 없었습니다. 베르사유 체제는 여러 나라가 서로 연대해 전쟁 문제를 해결하려 한 첫 번째 시도였습니다. 세계가 하나의 운명 공동체라는 인식 아래 첫 국제기구를 탄생시킨 회의이기도 합니다. 베르사유 체제의 불완전함 때문에 지구촌은 제2차 세계 대전을 겪게 되었지만, 베르사유 체제는 평화를 위한 세계 공동체 연대의 출발과 세계 평화를 위한 기초를 놓았다는 점에서 큰 의의를 지니고 있습니다.

제1차 세계 대전이
동아시아에도 영향을 미쳤다고요?

제1차 세계 대전은 유럽 제국주의 국가들의 전쟁이라는 인상이 강해요. 그런데 아시아 국가들도 이 전쟁에 참전했다고 해요. 지구 반대편 유럽 열강의 힘겨루기에 동아시아 국가들이 왜 참여했고, 그 영향은 어땠는지 알고 싶어요.

제1차 세계 대전이 동아시아에 가져온 나비 효과

4년간 치러진 제1차 세계 대전은 전쟁의 개념과 방식을 크게 바꾸었고 전쟁 후 국제 관계와 사회 변화에 영향을 끼쳤습니다. 이 큰 전쟁에 아시아 각국은 저마다 이유를 가지고 참전했습니다. 일본은 영국과 맺은 영일 동맹의 의무를 다한다는 구실로 전쟁에 뛰어들어 세력 확대를 도모했습니다. 중국은 독일에 빼앗긴 이권과 영토를 되찾고 국제 사회에서 발언권을 확보하고

자 참전했습니다. 인도는 영국의 자치권 보장 약속을 믿고 적극 뛰어들었습니다.

제1차 세계 대전 전까지 서구 제국주의 국가들은 동아시아 지역을 '공동지배'라는 형태로 식민 지배하며 절묘하게 세력 균형을 유지하고 있었습니다. 거대한 중국에 유럽 열강들은 기회 균등을 외치며 최혜국 조항에 근거해 동등하게 경제적 이득을 얻고자 했습니다. 동아시아 진출의 후발 주자였던 미국은 일본과 조약을 체결하며 조금씩 발을 들여놓았습니다. 일본은 메이지 유신 후 대한 제국을 강제로 식민지 삼고 한반도를 독점 지배하며 만주까지 세력을 넓혔습니다.

하지만 1914년 제1차 세계 대전이 일어나며 동아시아 국제 질서는 크게 달라졌습니다. 전쟁으로 서구 열강의 관심이 온통 유럽에 쏠려 있을 때 일본은 별다른 견제를 받지 않고 동아시아 지역에 경제 침략과 정치 지배를 확대했습니다. 신해혁명으로 공화국이 된 중국은 제1차 세계 대전에 휘말리지 않기 위해 국외 중립을 선언했지만, 일본군은 독일의 군사 기지가 있는 칭다오와 남양 군도를 점령했습니다. 이에 중국 정부는 칭다오가 있는 산둥반도에서 물러날 것을 일본에 요구했습니다. 그러나 일본은 오히려 중국 내에서 자국의 이권 보장이 담긴 21개조 요구 사항을 내밀며 승인을 강요했고, 당시 중국을 이끌던 총통 위안스카이는 일본에 굴복하고 말았습니다.

동아시아 국제 질서를 정리한 워싱턴 회의

위안스카이가 죽은 후 군벌들이 이끌던 중국 베이징 정부는 제1차 세계 대전 막바지에 연합군 편으로 참전을 선언했습니다. 중국이 전후 처리 과정에 참석할 근거를 마련하고 잃어버린 권리를 되찾기 위한 방편이었습니다.

제1차 세계 대전을 마무리하는 파리 강화 회의가 열리자 중국 정부는 대

5·4 운동의 성격
* 일본 제국주의 반대
* 반봉건주의

운동이 일어났던 지역
● 운동이 일어났던 도시
🚩 노동자 파업이 일어났던 지점
1921~1923년
▨ 일본이 독일로부터 넘겨받은
권익 지역

5·4 운동 발생 당시 중국 정세

표단을 파견해 자국의 이익을 최대한 확보하려 했습니다. 하지만 일본의 방해가 심했습니다. 일본은 독일이 빌려 쓰고 있던 산둥반도 지역을 자기들이 차지하겠다며 강하게 주장했고, 만약 요구가 받아들여지지 않으면 국제 연맹 규약을 승인하지 않겠다는 강경한 태도를 보였습니다. 파리 강화 회의는 중국보다는 일본의 주장이 반영되는 쪽으로 흘러갔습니다. 이 소식을 들은 중국에서는 5·4 운동이 일어나 베이징 정부를 압박했고 베르사유 조약을 거부하기에 이르렀습니다. 결국 중국 문제에 관해서는 새로운 합의가 필요했습니다.

중국을 비롯한 동아시아와 태평양 지역에 대한 열강들의 이해관계를 조정하기 위해 1921년 워싱턴에서 새 회의가 열렸습니다(워싱턴 회의). 열강들의 이익을 보장하고 상호 협력 체제를 구축하기 위한 회의의 핵심 주제는 '군비 제한'이었습니다. 해군 군비 제한에 대해 미국·영국·프랑스·이탈리아·일본 5개국의 해군 군축 협정이 체결되었습니다. 중국에 관해서는, 일본이 독일 대신 차지하려 한 산둥반도 이권을 포기하게 만들어 산둥반도를 중국에 반환하게 했습니다. 영국과 일본 사이의 동맹 협정도 폐기되었습니다.

워싱턴 회의 이후 중국 국내 상황은 크게 달라졌습니다. 쑨원의 국민당은 소련의 지원을 받아 중국 공산당과 연합해 국공 합작을 성립시켰습니다. 북벌을 통한 군벌 타도와 반제국주의 투쟁을 외친 국민당 정부 수립은 워싱턴 체제를 위협했습니다. 한편 1929년 시작된 세계 대공황 후 군국주의의 길을 걷게 된 일본은 워싱턴 체제의 세력 균형을 깨는 새로운 전쟁을 시작했습니다.

워싱턴 체제는 열강들의 상호 협조로 동아시아의 안정을 추구하는 것이 주요 목표 중 하나였으나 중국을 비롯한 동아시아 국가들의 주체적인 의지가 반영되지는 못했습니다. 또한 동아시아와 지리적으로 가깝지만 당시 혁명의 혼란 속에 있던 소련도 배제되었습니다. 따라서 중국 국내의 상황 변화와 소련의 세력 확대, 일제의 군국주의 세력 팽창이라는 요인 속에서 한계가 드러날 수밖에 없었습니다.

사막에 '카지노의 도시' 라스베이거스가 생긴 이유는 무엇일까요?

뉴스를 보면 경제가 어려울 때마다 '대공황'이라는 말이 자주 나와요. 대공황은 100여 년 전에 발생해 전 세계에 큰 충격을 주었더군요. 카지노로 유명한 라스베이거스도 대공황 때문에 생긴 도시라던데, 대공황과 세계 최대의 도박 도시 라스베이거스가 어떤 관련이 있을까요?

경제 침체기로 접어든 미국

미국은 제1차 세계 대전 이후 세계에서 가장 부유하고 강한 나라가 되었습니다. 1920년대 미국 도시 곳곳에는 초대형 건물이 세워졌고 거리는 흥청거렸습니다. 미국인들은 앞다퉈 주식을 사들였고 기업가들은 엄청난 호황 속에 더 많은 돈을 벌고자 문어발처럼 공장을 늘렸습니다.

하지만 기하급수적으로 증가된 생산량은 오히려 미국 경제를 위축시켰습니다. 기업가들은 재고를 처리하기 위해 물건값을 낮추는 동시에 이윤을 남기기 위해 인건비를 줄였습니다. 이로 인해 많은 노동자가 공장에서 해고되었습니다. 그런데 이는 사회적으로 큰 불행을 가져왔습니다. 노동자들은 공장에서는 생산자였지만, 그들은 본질적으로 소비자였습니다. 직장을 잃은 노동자들이 가정에서 소비를 줄이자 시장 경제가 위축되기 시작했습니다. 소비가 감소하니 기업가들은 다시 인건비를 줄였고, 경제 자체가 얼어붙는 악순환에 빠졌습니다. 경제학에서 말하는 '생산과 소비의 불균형'이 발생한 것입니다.

'검은 목요일', 미국을 뒤흔들다

1929년 10월 24일 목요일, 미국 뉴욕 증권 시장에서 엄청난 일이 일어났습니다. 아침부터 주식 값이 급격히 떨어지자 손해를 감수해서라도 가지고 있는 주식을 팔려는 사람들이 몰려들어 아비규환이 벌어졌습니다. 훗날 미국 사람들은 악몽 같았던 이날의 혼란을 '검은 목요일'이라 불렀습니다.

하지만 '검은 목요일'은 시작에 불과했습니다. 주식값은 더 떨어졌고, 결국 아무 값어치도 없는 휴지 조각이 되어 버렸습니다. 주식회사 체제로 운영되던 회사들이 경영 악화로 하나둘 문을 닫으며 많은 사람이 일자리를 잃었습니다. 돈을 빌려준 회사가 부도가 나자 은행도 큰 타격을 입고 문을 닫아야 했습니다. 돈을 맡겨 놓았던 사람들은 서둘러 은행으로 달려갔지만 빈손으로 발걸음을 돌려야 했습니다.

1,000만 명이 넘는 미국 사람이 실업자가 되었고, 절망에 빠진 사람 중에는 빌딩 꼭대기에서 몸을 던지는 사람도 있었습니다. 당시 신문에는 매일같이 스스로 목숨을 끊은 사람들의 이야기가 실렸고 살아남은 사람들도 당장 끼니를 걱정해야 하는 처지가 되었습니다. 경제 대공황이 시작된 것입니다.

대공황 당시 실업자들에게 무료로 도넛과 커피를 나눠 주는 곳에서 사람들이 줄을 서서 기다리고 있다.

대공황이 한창이던 1933년 미국의 실업률은 약 25퍼센트였습니다. 이는 일을 할 수 있는 사람 4명 중 1명은 일자리가 없었다는 것을 뜻합니다. 당시 미국 거리에는 정장 차림으로 목에 채용 희망 팻말을 걸고 있는 사람들이 넘쳐났습니다. 우리나라가 겪은 1997년 외환 위기 당시 실업률이 7퍼센트 정도였음을 감안한다면, 대공황 당시 미국의 실업률이 얼마나 공포스러웠을지 짐작하고도 남습니다.

대공황 당시 미국 사람들은 한 푼이라도 돈을 아끼기 위해 밀가루 포대로 옷을 만들어 입기도 했습니다. 그래서 일부 밀가루 회사는 다양한 패턴과 색감이 있는 포대를 만들어 팔기도 했습니다. '슈퍼마켓Super Market'이라는 생필품 할인점도 이 시절에 등장했습니다. 왜 슈퍼마켓이라고 했냐고요? 일반 상점은 손님이 찾는 물건을 직원이 진열대에서 빼내 건네주었지만, 슈퍼마켓에서는 선반에 다양한 물건을 진열해 두고 손님이 직접 골라 담은 후 계산대로 가져오게 했습니다. 물건값은 직원이 갖다 주는 점포보다 약간 쌌습니다. 대공황기에 슈퍼마켓이 등장한 근본 요인은 직원을 줄여 인건비를 절감하기 위해서였지요.

뉴딜 정책, 자본주의 판을 새로 짜다

1933년 미국 제32대 대통령으로 당선된 프랭클린 루스벨트의 취임 연설은 사람들의 마음에 희망의 불을 지폈습니다.

"우리가 오직 두려워해야 할 것은 두려움 그 자체일 뿐입니다."

루스벨트는 대공황을 극복하기 위해 '뉴딜New Deal 정책'을 실시했습니다. 그는 은행 파산을 막기 위해 은행 휴업을 선포하면서 개혁을 시작했습니다. 그가 주도한 뉴딜 정책의 핵심은 정부가 앞장서서 대규모 공공 근로 사업을 벌여 다양한 일자리를 만드는 것이었습니다. 대표적인 사례는 길이 1,000킬로미터가 넘는 테네시강에 26개의 댐과 수력발전소를 만드는 공사였습니다. 이중 지금도 관광지로 유명한 곳이 서부 지역 주요 상수원인 후버 댐입니다.

한편 후버 댐을 짓기 위해 몰려든 수만 명의 노동자들은 세계 최대 카지노 도시 라스베이거스를 탄생시켰습니다. 이게 무슨 말이냐고요? 미국 서부 네바다주 사막 한가운데 세워진 도시 라스베이거스는 동부에서 서해안으로 가는 길목의 오아시스 도시로 출발했습니다. 1931년에 후버 댐 공사를 시작하면서 본격적으로 카지노와 휴식 시설을 갖춘 위락 도시로 변화했고 오늘날에는 유흥의 도시로 명성을 떨치고 있습니다.

미국은 대통령 루스벨트를 선봉으로 정부 주도의 대형 공사를 통해 대공황을 극복해 나갔습니다. 물론 뉴딜 정책만으로 미국이 대공황을 완전히 극복한 것은 아닙니다. 대공황 탈출에 큰 도움을 준 것은 아이러니하게도 전쟁이었습니다. 1939년에 유럽에서 일어난 제2차 세계 대전으로 미국은 무기나 탄약을 만드는 군수 산업이 크게 발전했습니다. 이는 경제 성장을 촉진시켰고 미국을 다시 일으켜 세우는 원동력이 되었습니다.

후버 댐은 뉴딜 정책의 대표 사업으로 1,000km가 넘는 테네시강에 26개의 댐과 수력 발전소를 만드는 공사였다.

재미있는 사실은 미국인은 대공황 시기를 '좋았던 옛 시절Good Old Days'로 기억한다는 것입니다. 사상 최악의 경제 위기였던 시기를 왜 그렇게 기억할까요? 모두 똑같이 힘들었던 시절이었기에, 오히려 가족이 뭉치고 이웃과 서로 도우며 함께 고난을 극복할 수 있었기 때문입니다. 코로나19 팬데믹과 세계적인 경제 위기로 힘든 시기를 겪고 있는 오늘날의 지구촌! 어쩌면 대공황 당시를 추억하는 미국 사람들처럼 우리도 전염병으로 힘들었던 시기를 "그때가 좋았지"라고 이야기할지도 모르겠습니다.

정부가 경제 문제에 손을 떼야 한다고요?

뉴스를 보면 물가가 어떻고, 부동산과 금리는 어떻다는 경제 분야 뉴스가 가장 많이 나오는 것 같아요. 다양한 경제 뉴스의 마지막엔 '정부가 대책을 마련하고 있다'로 끝나는 경우가 많고요. 그런데 정부가 경제 문제에 개입하면 안 된다는 경제 이론도 있다던데, 이건 또 무슨 말이에요?

'보이지 않는 손'의 등장

자본주의 경제 체제는 16세기 이후 유럽에서 등장했습니다. 그런데 처음 경험하는 체제였던 만큼 물가 상승이나 노동력 착취 같은 사회 문제가 발생해 많은 사람이 고통을 겪었습니다. 이에 문제점을 해소하고 사회를 더 나은 방향으로 이끌어 가고자 새 학설을 제시하는 경제학자들이 나타났습니다. 가장 대표적인 학자가 스코틀랜드 출신 애덤 스미스였습니다.

그는 '경제는 인간의 이기심에 의해 발전한다'고 보았습니다. 이게 무슨 뜻이냐고요? 사람들이 각자 자신을 위해 노력하고 경쟁하다 보면 경제는 자연스럽게 발전한다는 말입니다. 또한 그는 개인의 이기심이 모여 돈이 돌고 도는 과정에 정부가 인위적으로 개입해서는 안 된다고 주장했습니다. 왜냐하면 '보이지 않는 손'인 '시장'이 자율적으로 공급과 수요의 수준을 잘 조율해서 상품의 적절한 가격을 결정해 주기 때문입니다. 그럼 정부는 국가 경제에 손을 놓고 있어도 되냐고요? 애덤 스미스는 정부는 '보이지 않는 손'인 시장이 마음 놓고 수요와 공급을 조절할 수 있도록 체제 정비 같은 보조만 적절히 잘해 주면 된다고 했습니다.

경제는 정부가 주도해야 한다

애덤 스미스는 '보이지 않는 손'의 역할을 강조했다.

제1차 세계 대전 중 미국은 유럽 땅에 전쟁 물자를 공급하며 큰돈을 벌었을 뿐 아니라 본토가 피해 입지 않아 전쟁 후 경제 호황기를 맞았습니다. 1929년 3월 미국 대통령에 당선된 후버는 취임 연설에서 "나는 우리나라의 미래에 대해 두려움이 전혀 없습니다. 오직 희망에 찬 밝은 미래만 있을 뿐입니다"라고 자신 있게 말했을 정도로 미국 경제는 호황의 연속이었습니다. 하지만 영원할 것 같던 미국 경제 활황은 대통령 취임 1년도 채 지나지 않아 '대공황'을 맞으며 침체되고 말았습니다.

이처럼 갑자기 들이닥친 황당한 상황에 애덤 스미스의 경제 이론을 적용해 볼까요? 미국 경제가 차갑게 얼어붙을 동안 애덤 스미스가 말한 '보이지 않는 손'은 왜 가만히 있었을까요? 애덤 스미스의

존 메이너드 케인스는 정부가 시장에 적극 개입해야 한다고 주장했다.

주장대로라면, 공장에서 물건을 쏟아 내고 풍요로운 생활이 지속되는 상황에서도 '보이지 않는 손'이 제대로 작동한다면 경제는 안정적으로 유지됩니다. 그런데 그게 아니었습니다. 1929년에 발생한 세계 경제 대공황은 '보이지 않는 손'의 문제점을 만천하에 드러냈습니다.

이에 세계 유수의 경제학자들은 새로운 학설을 만들어 제시했는데, 그중에서 영국 경제학자 존 메이너드 케인스의 이론이 경제 공황 탈출에 도움을 주었습니다. 케인스는 '국가 경제를 보이지 않는 손에게 자율적으로 맡겨서는 죽도 밥도 안 된다'고 판단했습니다. 왜냐하면 시장은 완전하지도, 호락호락하지도 않기 때문입니다. 그는 수요와 공급의 차이 발생은 필연적이며 이를 해결하기 위해서는 정부가 시장에 적극적으로 개입해야 한다고 주장했습니다. 기업은 소비자가 물건을 사 주어야 돈을 법니다. 너무나 당연한 말이지만, '소비자에게 항상 물건을 살 돈이 충분한가?'라는 질문에는 답하기 어렵습니다. 케인스는 실제 구매력이 있는 소비자가 물건을 구입하고자 하는 욕구를 '유효 수요'라 정의하고, 유효 수요 창출에 국가가 적극 개입해야 한다고 강조했습니다. 쉽게 말해 국가가 일자리를 책임지고 경제 전반에 개입해야 한다는 것입니다.

케인스의 신경제 이론은 대공황 탈출의 임무를 띠고 취임한 미국 대통령 루스벨트가 시행한 '뉴딜 정책'의 이론적 토대가 되었습니다. 루스벨트는 정부가 적극 개입해 공공사업을 대규모로 일으키는 '뉴딜 정책'을 추진해 미국

경제를 회생시키는 데 기여했고, 케인스와 그를 따르는 학자들이 주장한 '수정 자본주의'는 1970년대까지 세계 경제를 주도했습니다.

수정된 '보이지 않는 손'

다시 애덤 스미스 이야기로 돌아가겠습니다. 임금은 최소한으로 낮추고, 노동 시간은 최대한으로 늘려 더 많은 돈을 벌려는 사장을 애덤 스미스는 어떻게 봤을까요? 그 또한 경제 발전의 주요 수단이니 인정해 주어야 한다고 했을까요? 그건 아닙니다. 애덤 스미스는 개인의 이익 추구는 타인의 이익을 침해하지 않으려는 도덕성 안에서만 자유롭다고 강조했습니다. 이기주의에 따른 무한 경쟁을 옹호한 것이 아니라 도덕적이고 건전한 경쟁 사회를 추구했던 것입니다.

1970년대 석유 파동을 겪은 후 세계 경제는 다시 국가의 시장 개입을 줄이자는 신자유주의로 나아갔습니다. 이렇게 경제 정책은 시대에 따라 계속 바뀝니다. 실체가 없는 가상 화폐로 부자가 되기도 하고, 큰맘 먹고 대출받아 장만한 아파트값이 폭락해 낙담하는 사람도 있습니다. 현대 사회에서 자본주의는 어떻게 진화해야 할까요? 어떤 방향으로 향하든 그 중심에는 돈이 아닌 사람이 있어야겠습니다.

빵 하나 사려고
돈을 수레에 싣고 갔다고요?

얼마 전 외식하러 갔는데 엄마가 요즘 물가가 올라도 너무 올랐다고 한숨을 쉬셨어요. 엄마가 학생일 때는 짜장면이 1,000원이었는데. 요즘은 7,000원이나 한다고요. 1,000원으로 외식할 수 있었다는 게 더 놀라워요. 그런데 100년 전 독일에서는 며칠 만에 물가가 엄청나게 올랐다던데 사실인가요?

독일 바이마르 공화국의 성립과 종전

제1차 세계 대전이 길어지자, 독일에서는 전쟁을 그만 끝내자는 분위기가 형성되었습니다. 독일은 전쟁을 시작할 때 속전속결로 마무리할 생각이었습니다. 그래서 전쟁 물자를 넉넉히 준비하지 않았습니다. 하지만 전쟁은 예상 밖으로 길어졌으며, 시간이 갈수록 독일 국민은 극심한 물자 부족에 시달렸습니다.

독일 킬 군항의 수병들은 항만 노동자들과 함께 "빵과 자유를 달라!"는 구호를 외치며 시위를 벌였고, 이 반란은 다른 지역의 대중 봉기를 촉발하며 순식간에 전국으로 퍼졌습니다. 시위는 독일 제국의 황제 빌헬름 2세를 퇴위시켰고 이후 독일 제국 대신 바이마르 공화국이 탄생해 전쟁을 멈추기 위한 휴전 협정에 들어갔습니다. 그러나 협상국 측은 휴전이 아닌 항복을 요구했고, 가혹한 조건들을 내밀었습니다. 바이마르 공화국은 전쟁을 멈추기 위해 항복 조건을 받아들여야 했습니다.

전후 독일의 혼란과 인플레이션

제1차 세계 대전 승전국들은 파리로 패전국 대표들을 불러 모아 전쟁 이후 대책을 논의했습니다. 그 결과 베르사유 조약이 체결되어 패전국 독일은 자국 영토 일부와 식민지를 상실했고 군대 보유도 제한되었습니다. 배상금도 어마어마했습니다. 현재 가치로 따지면 약 205조 원이나 되는 1,320억 마르크를 독일에 부과했습니다.

독일 정부는 이 돈을 배상할 자신이 없었지만, 전쟁에서 졌기에 수용할 수밖에 없었습니다. 하지만 약속한 기간에 돈을 제대로 갚을 수 없었습니다. 프랑스는 채무 불이행을 근거로 군대를 동원해 독일 서부 최대 공업 지역인 루르를 침공했고, 2년 남짓 강제 점령했습니다. 갚아야 할 빚은 많은데 국내 최대의 공업 지역까지 빼앗겨 버렸으니 독일 사람들의 삶은 더욱 힘들어졌고 인플레이션은 하늘이라도 찌를 듯 높아졌습니다.

인플레이션이 뭐냐고요? 물가가 지나치게 빠르게 상승하는 현상을 말합니다. 역사상 가장 심각했던 인플레이션이 1920년대 독일 인플레이션입니다. 2년 남짓한 기간 동안 독일의 물가는 무려 10억 배가량 상승했습니다. 빠른 물가 상승률 때문에 상점의 물건 가격표가 시간 단위로 바뀌기도 했습니다.

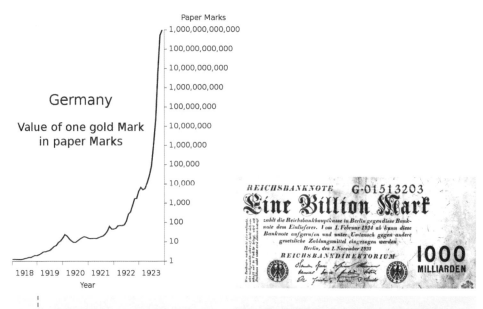

제1차 세계 대전 이후 독일 물가 그래프(왼쪽)와 10억 마르크 화폐(오른쪽). 2년 남짓한 기간 동안 독일의 물가는 10억 배 가량 상승했다.

1918년 0.5마르크였던 빵 1파운드가 1923년 11월 1일에는 30억 마르크로 올라 빵 한 덩어리를 사기 위해 수레에 돈을 가득 싣고 가야 할 정도였습니다. 웃을 수도 없는 이 황당한 상황은 모두 실제 상황이었고, 독일 화폐 '마르크'는 가치를 상실한 종잇조각에 불과했습니다. 이러한 독일의 경제 혼란은 다수의 실업자를 만들어 냈고 중산층의 몰락을 가져왔습니다.

경제 대공황이 가져온 국제 정세 변화

제1차 세계 대전 중 미국은 무기를 만들어 수출했고, 전후 복구 과정에서 유럽에 자금을 빌려주기도 하며 세계 경제 시장을 주도했습니다. 그러나 1929년 미국에서 시작된 경제 대공황의 충격은 세계 경제를 크게 뒤흔들었고 각국의 대응은 세계 정치 구도의 변화를 가져왔습니다.

미국은 뉴딜 정책으로 대공황을 극복했습니다. 영국과 프랑스는 해외 식민지를 통해 대공황에 대응했습니다. 당시 영국과 프랑스의 경제 정책을 '블록 경제'라 합니다. 세계 곳곳에 있던 자국 식민지들과 블록을 형성해 블록 안에서는 관세를 줄여 교류를 촉진하고, 블록 밖 국가에서 수입하는 상품에는 높은 관세를 부과해 자국의 산업을 철저히 보호했습니다. 이 방법은 영국과 프랑스가 많은 식민지를 확보하고 있었기 때문에 가능했던 대공황 탈출법이었습니다.

한편 식민지가 적고 사회, 경제 기반이 취약했던 독일, 이탈리아, 일본은 영국, 프랑스와는 다른 길을 걸었습니다. 그들은 경제 침체로 혼란스러운 사회를 강하게 다잡아 결집시키기 위해 전체주의를 실시했습니다. 전체주의가 뭐냐고요? 개인의 모든 활동은 오로지 전체, 즉 민족이나 국가의 존립과 발전을 위해 존재한다는 이념 아래 국가 발전이라는 목적 속에 개인의 자유를 억압하는 사상 및 체제를 말합니다. 독일의 나치즘, 일본의 군국주의, 소련의 스탈린 체제가 전형적인 전체주의 체제입니다. 이러한 전체주의로 무장한 나라들은 통제 경제로 자국민이 가진 불만의 화살을 외부로 돌리며 영국, 프랑스의 블록 경제 체제에 도전장을 내밀었습니다. 그런데 문제는 각국의 이런 대공황 탈출 작전은 베르사유 체제와 워싱턴 체제로 대표되는 제1차 세계 대전 이후의 세계 질서를 교란시켰습니다. 세계는 다시 초대형 전쟁에 빠져들었습니다.

히틀러를 독일 국민이
열광적으로 지지했다고요?

제2차 세계 대전 중 600만 명이 넘는 사람이 홀로코스트로 희생되었어요. 이것을 명령한 히틀러와 나치 당원들은 씻을 수 없는 범죄를 저지른 범죄자 아닌가요? 그런데 히틀러의 나치당은 쿠데타가 아니라 독일 국민이 치른 선거를 통해 합법적으로 제1당이 됐다고 하네요. 독일 국민은 무엇 때문에 히틀러를 지지했을까요?

대중의 지지로 권력을 잡은 히틀러

아돌프 히틀러는 1889년 오스트리아 – 헝가리 제국에서 태어났습니다. 화가를 꿈꾸며 광고 간판을 그리는 등 상업 미술가로 활동하던 히틀러는 제1차 세계 대전이 발발하자 자진해서 독일 제국 군대에 입대했습니다.

전쟁 패배 후 히틀러는 독일 육군 정보국에서 일했는데, 본인이 감시하던 '독일 노동당'의 강력한 민족주의와 반유대주의·반공산주의 기조가 마음에

들었습니다. 노동당에 입당한 히틀러는 집회에서 마치 연극배우처럼 극적인 표정과 선동적인 문구, 격앙된 목소리, 과장된 몸짓으로 연설해 사람들의 주목을 받으며 당을 이끄는 지도자가 되었습니다. 그는 당명을 '국가 사회주의 독일 노동자당(NSDAP, 일명 나치스)'으로 바꾸고 본격적인 정치 활동에 나섰습니다.

히틀러는 1923년 11월 9일 권력을 잡기 위해 뮌헨 맥주홀에서 폭동을 일으켰으나 실패했습니다. 1년 남짓 감옥에 갇혀 있다가 나온 후 그는 선동을 통해 권력을 장악했습니다. 무엇으로 재기했냐고요? 경제 대공황이 히틀러에게 엄청난 기회를 제공했습니다. 당시 독일 정부는 대규모 실업과 경기 침체를 해결하지 못했습니다. 과격 정당들이 우후죽순 생겨났고 이들은 무능한 정부의 퇴진을 요구했습니다. 정부에 대한 국민의 불신이 높아가는 가운데 "이게 다 유대인과 공산주의자들 때문이니 버림받은 서민이 힘을 합쳐 그들과 그들을 비호하는 현 정부를 때려 부수자!"라는 히틀러의 선동은 시일이 지날수록 힘을 받았습니다. 불과 2년 전 총선에서 12석을 차지했던 나치당은 1930년 총선에서 107석을 따내며 독일 의회에서 제2당 자리를 꿰찼습니다. 1931년 나치당의 당원 수는 1929년의 세 배가 넘는 39만 명에 이르렀습니다. 1932년에는 공산당 세력이 늘어나는 것을 두려워한 자본가와 보수 정치인마저 나치당을 지지했습니다. 히틀러의 인기가 날이 갈수록 올라가자, 대통령 힌덴부르크는 1933년 히틀러를 수상으로 지명해 내각을 맡겼습니다. 젊은 시절 화가를 꿈꾸던 히틀러는 이제 독일을 이끄는 최고 지도자가 되었습니다.

국민의 눈을 가린 선전과 선동 정치

국가 권력을 잡은 히틀러는 친위대[SS]와 비밀경찰 게슈타포를 동원해 반대

연극배우처럼 극적인 표정과 과장된 몸짓으로 선전과 선동에 탁월했던 히틀러를 독일 국민들은 맹목적으로 지지했고 나치당은 불과 2년 만에 독일 제2당으로 성장했다.

파를 엄격하게 감시하고 억압하는 체제를 만들었습니다. 1934년 힌덴부르크 대통령이 사망하자, 히틀러는 대중의 인기를 바탕으로 대통령과 수상을 겸하는 총통이 되었습니다. 총통직은 임기 제한을 두지 않고 연임할 수 있어서 히틀러는 누구도 막을 수 없는 독재자가 되었습니다.

여기서 질문을 하나 할까요? 독일인들은 왜 독재자로 변질한 히틀러에 저항하지 않고 오히려 강렬한 지지를 보냈을까요? 히틀러는 선전과 선동의 귀재였습니다. 그는 영화, TV, 라디오 방송 등 대중매체를 적극 활용해 자신과 나치당을 선전했습니다. 온갖 감언이설과 독일인의 자부심을 북돋는 선전 선동에 독일인들은 열광했습니다. 한편 히틀러가 집권하던 시절에 시행된 아우토반 건설 등 대규모 토목 공사는 미국의 뉴딜 정책과 비슷한 효과를 냈고 실업률이 눈에 띄게 줄었습니다. 경기 회복에 이어 사회 안정까지 이루자 독일 국민은 히틀러와 나치당을 더욱 신뢰했고, 유대인 학살을 묵인하거나 동조했습니다. 이후 나치 독일은 국제 연맹에서 탈퇴하고 광범위한 재무장을 통해 독일 국민의 무조건적 지지를 등에 업고 전쟁의 포화 속으로 불나방처럼 뛰어들었습니다.

전체주의 동맹이 낳은 전쟁의 결말은?

세계 대공황의 참담한 경제 위기에서 벗어나기 위해 독일과 이탈리아, 일본은 다른 나라를 침략하는 정책을 선택했습니다. 이들 국가는 대규모 전쟁을 일으키기 위해 민족주의와 전체주의를 내세웠습니다. 독일의 히틀러는 '독일 민족이 최고'라는 인종주의를 내걸고 광적인 민족주의와 대중 선동, 나치 주의를 강조했습니다. 이탈리아 무솔리니는 '국가 위에는 아무것도 존재하지 않는다'는 파시즘(전체주의)을 강조했습니다. 한편 일본은 국가 전체를 거대한 군대로 만드는 군국주의 체제를 구축했습니다.

전체주의라는 비슷한 길을 걸은 독일, 이탈리아, 일본 세 나라는 서로 의기투합하며 동맹 체제를 형성했습니다. 1936년 독일은 이탈리아와 추축 관계를 맺었고, 다음 해에는 일본까지 가세해 3국 방공 협정이 맺어졌습니다. 그리고 이 전체주의 연대는 제2차 세계 대전을 일으켰습니다.

하지만 독일이 주도해 추축국 측이 일으킨 제2차 세계 대전은 전체주의 연대가 아닌 연합군의 승리로 끝났습니다. 이탈리아는 1943년 전쟁에서 이탈했고, 독일은 1945년 5월 7일, 일본은 같은 해 8월 15일 항복했습니다. 히틀러는 베를린 함락 직전 지하 벙커에서 자살했습니다. 전쟁은 끝났지만 무수히 많은 사람이 죽었고 삶의 터전이 파괴되었습니다. 살아남은 사람들은 감당하기 어려운 후유증을 감내해야 했습니다.

전쟁은 누구를 위한 것인지, 평화가 깨지면 어떤 일이 벌어지는지, 또 평화는 왜 깨지는지, 우리는 곰곰이 생각해 봐야 합니다. 제1차 세계 대전 이후 심각한 경제난과 사회 혼란으로 상처받은 독일 국민에게 증오가 번지며 전쟁과 홀로코스트 같은 끔찍한 일이 발생했습니다. 히틀러는 '타인에 대한 증오와 강력한 무리에 속하고 싶은 욕구'라는 인간의 본성을 통치 수단으로 사용했습니다.

안타깝게도 현재 한국 사회에서도 독버섯처럼 증오 현상이 번지고 있습니다. 비정상적인 증오 현상이 한국 사회의 전반적인 흐름이 되지 않도록 경계해야 합니다. 여러분은 누구 또는 무언가를 증오하고 있지는 않나요? 증오와 혐오의 메시지를 경계하지 않으면 우리 역시 나치 독일처럼 전쟁 범죄자를 리더로 선택하고 이 사회의 평화를 깨는 결과를 가져올지 모릅니다. 이러한 현상이 나타나지 않도록 늘 깨어 있어야 합니다.

에스파냐 내전에 세계 각국 사람들이 참여한 이유는 뭔가요?

미술 시간에 피카소의 작품 〈게르니카〉를 감상했어요. 독일 전투기 폭격으로 희생된 사람들 모습을 그린 그림이에요. 피카소의 조국인 에스파냐에서 일어난 내전을 그렸다고 하네요. 에스파냐 내전에 왜 독일 비행기가 등장하죠? 게다가 조지 오웰이나 헤밍웨이 같은 유명 작가들이 에스파냐 내전에 참전했다는데, 이들은 왜 다른 나라의 싸움에 뛰어들었을까요?

에스파냐 제2 공화정과 인민 전선 정부

20세기 에스파냐는 더 이상 전 세계를 호령하는 거대 제국이 아니었습니다. 에스파냐는 19세기에 아메리카 식민지들의 독립으로 세력이 크게 약해졌습니다. 그뿐만 아니라 시민 혁명과 산업 혁명을 통해 제국주의 열강의 길을 걸었던 이웃 나라 프랑스나 영국과 다르게 '구체제'라고 불리는 중세 봉건 체제의 잔재가 강하게 남아 있었습니다.

에스파냐에서 구체제를 주도한 세력은 절대 왕정 체제를 신봉했던 왕실과 가톨릭 교회였습니다. 이슬람 세력과 오랜 투쟁 과정에서 에스파냐 왕국이 세워졌기에 에스파냐에서는 가톨릭 교회 세력이 매우 강했습니다. 교회는 경작 가능한 농토의 3분의 1가량을 차지하고 있었으며, 지주로서의 특권을 가지고 절대 왕정을 지지하며 기득권 체제를 유지하려 했습니다.

에스파냐에서도 왕정이 붕괴되었습니다. 19세기에 왕실의 무능과 국력 쇠퇴를 틈타 혁명이 일어났고 공화국 정부가 들어섰습니다. 하지만 제1공화정 정부는 민중의 개혁 요구에 제대로 부응하지 못했으며, 결국 군부가 쿠데타를 일으켰습니다. 에스파냐는 구체제로 회귀했고, 추방되었던 옛 왕실이 다시 권력을 잡았습니다. 이후 에스파냐는 왕실과 교회, 지주, 군부 세력이 결탁해 지배 권력을 유지했고, 의회 역시 보수적인 양당(보수당, 자유당)이 장악해 사회 개혁을 가로막았습니다.

다른 유럽 나라들보다 산업 발전이 늦어 경제적으로 어려움을 겪던 에스파냐는 국내 문제에 집중하기 위해 제1차 세계 대전에 참전하지 않고 협상국과 동맹국 사이에서 중립을 지켰습니다. 그런데 이게 성장의 기회가 되었습니다. 치열하게 전쟁 중이던 양대 세력이 모두 중립국인 에스파냐에서 군수 물자를 구입했습니다. 이 시절 에스파냐는 경제가 크게 좋아졌습니다.

그럼 국민 모두 잘살았겠네요? 아뇨! 그렇지 않았습니다. 경제 이득의 대부분은 보수 기득권이 누렸고 생산 활동에 직접 참여했던 노동자, 농민들에게는 거의 혜택이 돌아가지 않았습니다. 빈부 격차는 갈수록 심해졌고, 독감 유행으로 민중들의 삶은 피폐해졌으며, 엎친 데 덮친 격으로 1929년부터는 미국에서 넘어온 경제 대공황의 여파까지 밀려들어 하층민들은 살기가 매우 어려웠습니다. 결국 1931년 성난 민중 세력을 등에 업은 공화주의자들이 정권을 잡고 두 번째 공화국 시대를 열었습니다.

에스파냐에 제2 공화국이 들어설 시기에 유럽은 전체주의 확산에 따른 위기감이 커지고 있었습니다. 독일 히틀러가 대중 선동을 통해 합법적으로 정권을 잡는 것을 보고 유럽 각 나라 사회주의자들은 전체주의 세력이 권력 잡는 것을 막기 위해 연대했습니다. 이를 '인민 전선' 운동이라고 합니다. 공산당, 노동당, 사회당 같은 좌익 세력부터 공화당 같은 일부 우익 부르주아 세력까지 함께 모여 전체주의 극우 정당의 집권을 막고자 했습니다. 이러한 노력 속에 1936년 프랑스에서는 인민 전선 정부가 출범했고, 에스파냐에서도 인민 전선 정부가 권력을 잡았습니다. 그러나 구체제의 영향력이 강했던 에스파냐에서 새롭게 출범한 인민 전선 정부는 정권 초기부터 반대 세력의 강한 도전에 직면했습니다. 에스파냐 내전의 시작이었습니다.

에스파냐 내전에 드리운 전체주의 그림자

프랑코를 비롯한 극우 성향 장군들은 인민 전선 정부를 몰아내려 1936년 7월 쿠데타를 일으켰습니다. 쿠데타에 동조하는 전국 각 지역의 군인들이 일제히 봉기를 일으켜 쿠데타가 성공하는 듯했습니다. 하지만 반란군은 수도 마드리드를 비롯한 빌바오, 바르셀로나, 발렌시아 등 대도시에서 공화국군의 강한 저항에 부딪혔습니다. 특히 산업이 발달해 노동자 세력이 강했던 동북부 카탈루냐 지역(바르셀로나 일대)에서는 무정부주의자들을 중심으로 시민들이 스스로 무장해 군인 봉기를 진압했고, 수도 마드리드를 지키기 위해 전국에서 자원병들이 몰려들었습니다. 인민 전선 정부를 지키기 위한 시민들의 참여와 저항으로 공화국군과 반란군이 서로 비등비등한 상태에서 내전은 3년간 이어졌습니다.

민중들의 저항 때문에 실패로 끝날 것 같았던 군부 쿠데타가 장기간의 내전으로 확대된 것은 독일과 이탈리아 등 전체주의 국가의 지원 때문이었습니다. 국제 연맹은 에스파냐에서의 충돌이 국제전으로 확대되는 것을 막기 위해 불간섭 원칙을 고수했고, 영국과 프랑스가 주도한 이 원칙에 독일, 이탈리아, 소련도 찬성했습니다. 하지만 독일 히틀러와 이탈리아 무솔리니는 암암리에 군사 지원을 통해 반군을 이끌던 프랑코 장군을 도왔습니다. 독일군 전투기는 에스파냐 국경을 넘어와 쉴 새 없이 폭탄을 퍼부었고, 그 과정에서 평화로웠던 작은 마을 게르니카는 불바다가 되었습니다. 이탈리아는 8만여 명의 지원군과 막대한 전쟁 자금을 보내 프랑코 측에 힘을 보탰습니다. 병력과 보급에서 우위를 차지한 반란군은 세력을 확대하며 공화국 세력을 점점 궁지로 몰아넣었습니다.

한편 프랑코 장군 중심의 극우 연합 '국민 전선'은 가톨릭 교회의 든든한 지원을 바탕으로 내전의 명분을 차근차근 쌓아갔습니다. 그들은 인민 전선

토르토사에 집결한 국제 여단 의용군들. 에스파냐 내전 당시 인민 전선 정부를 지원하기 위해 전 세계 50여 개 국가에서 4만여 명의 시민 의용군이 참전했다.

정부에 맞선 자신들의 행위를 '십자군 전쟁'이라고 미화했고, 사회 질서 회복을 위한 위대한 국민의 전쟁이라고 주장했습니다. 이에 인민 전선 정부는 극우 전체주의 세력의 침입에 맞서 싸우는 공화국 인민들의 독립 투쟁을 명분으로 내세우며 국제 사회에 도움을 요청했습니다.

에스파냐 인민 전선 정부를 도운 나라는 소련이었습니다. 사회주의 혁명으로 공산주의 국가들의 종주국이 된 소련은 에스파냐를 지원하기 위해 비밀리에 무기, 석유 등 전쟁 물자와 군사 전문가를 보냈고, 전투 병력은 국제 공산당 조직인 코민테른을 통해 지원했습니다. 한편 에스파냐 인민 전선 정부와 코민테른의 요청으로 전 세계 50여 개 국가에서 4만여 명의 시민 의용군이 몰려와 '국제 여단'을 조직해 전투에 참전했습니다. 에스파냐 인민 전선의 승리는 세계 반反전체주의 세력의 승리라는 신념으로 수많은 지식인들이 전쟁에 뛰어든 것입니다.

내전에서 국제전으로

에스파냐 내전은 시작 당시에는 노선을 달리하는 세력 간에 벌어진 전쟁이었습니다. 그러나 전쟁이 장기화될수록 전체주의 세력과 이에 맞선 반전체주의 세력의 국제전으로 변모했습니다. 이러한 과정은 어찌 보면 6·25 전쟁과 비슷합니다. 한반도에서 벌어진 6·25 전쟁도 초기에는 내전이었지만, 미국 주도로 국제 연합UN군이 결성되어 남한을 돕고, 소련과 중국은 북한군을 지원하며 국제전이 되었습니다.

에스파냐 인민 전선 정부를 돕기 위해 세계 각지에서 몰려든 의용군의 참전에도 불구하고 전세는 프랑코 장군이 이끄는 국민 전선 쪽이 우세했습니다. 가톨릭 교회의 전폭적인 지지와 확고한 프랑코 1인 지배에 전체주의 국가들의 전폭적 지원까지 더해져 국민 전선은 시간이 흐를수록 싸움을 주도

국민 전선의 주 공격로
인민 전선의 주 공격로
'국제 여단' 기지
1936년 7월 국민 전선 지배 지역
1937년 10월 국민 전선 지배 지역
1938년 7월 국민 전선 지배 지역
1939년 2월 국민 전선 지배 지역
1939년 2월 인민 전선 지배 지역

히혼
빌바오
게르니카
프랑스
바야돌리드
에브로강
두에로강
바르셀로나
오포르토
마드리드
마요르카
포르투갈
에스파냐
발렌시아
팔마
1939년 3월 28일 항복
과디아나강
리스본
알리칸테
지중해
코르도바
과달키비르강
세비야
그라나다
말라가
유럽
탕헤르
아프리카
에스파냐령 모로코

에스파냐 내전의 전개

했습니다. 이에 견주어 인민 전선의 결속력은 날이 갈수록 약화되었습니다. 공산주의, 무정부주의, 공화주의 등 다양한 이념을 지닌 구성원의 분열이 발목을 잡았습니다. 결국 1939년 바르셀로나에 이어 수도인 마드리드까지 함락되며 인민 전선 정부는 무너졌고, 에스파냐의 권력을 장악한 프랑코는

1975년 그가 죽을 때까지 독재 권력을 유지했습니다.

한편 에스파냐 내전은 제2차 세계 대전에도 영향을 주었습니다. 히틀러와 무솔리니 두 사람은 굳건한 전체주의 동맹을 맺었고, 에스파냐 내전에서 다양한 신무기를 사용하며 전투 감각을 익혔습니다. 또한 자신들의 군사 행동에 무기력하게 대응한 영국과 프랑스를 보며 베르사유 체제를 무너뜨리고 유럽을 장악할 수 있겠다는 자신감을 얻었습니다. 히틀러는 승리를 자신하며 제2차 세계 대전을 일으켰습니다. 에스파냐 내전은 제2차 세계 대전의 전초전이었습니다.

제2차 세계 대전 때 소련의 인명 피해가 가장 컸다고요?

수업 시간에 제2차 세계 대전에 대해 배웠어요. 정말 많은 나라가 전쟁에 참여했더군요. 이렇게 많은 나라가 다투었으니, 피해도 엄청 컸을 것 같아요. 그런데 전쟁 패전국인 독일보다 소련의 인명 피해가 더 컸다네요. 도대체 왜 그랬을까요?

사이 좋던 독일과 소련은 왜 전쟁을 하게 되었을까?

WONDER HOW LONG THE HONEYMOON WILL LAST?

순식간에 서유럽을 장악한 독일

정확한 통계는 없지만 제2차 세계 대전으로 사망한 사람은 5,000만 명이 넘는 것으로 추정합니다. 무기를 들고 전투에 나선 군인뿐만 아니라 전쟁 중에 많은 민간인이 사망했습니다. 전쟁이 끝난 후에는 승리한 나라와 패전한 나라 모두 전쟁 피해로 인한 후유증을 혹독하게 앓았습니다. 그중에서도 독일과 소련은 그 어느 나라보다 막대한 인명 피해를 입었습니다. 왜냐고요?

독일의 소련 영토 침입으로 일어난 독소 전쟁 때문입니다. 이 전쟁은 '인류 최악의 전쟁'이라 불릴 정도로 처참했습니다.

　제2차 세계 대전을 일으킨 히틀러는 전쟁 개시 전에 소련과 서로의 영토를 침범하지 않는다는 불가침 조약을 맺었습니다. 후방을 튼튼히 한 상태에서 서쪽에 있던 프랑스, 영국 등을 공격할 목적이었습니다. 히틀러의 전략은 성공적이었습니다. 독일의 군대는 허를 찌르는 빠른 공격으로 폴란드, 덴마크까지 진격했고 단숨에 프랑스 수도 파리를 점령했습니다. 또한 영국을 봉쇄해 압박했습니다. 이제 독일의 서유럽 점령은 시간문제일 것 같았습니다. 그런데 1941년 6월 히틀러는 갑자기 불가침 조약을 깨고 소련을 공격하기 시작했습니다. 그가 왜 갑자기 소련을 침략했냐고요? 전쟁사를 연구하는 학자들은 히틀러가 끝까지 저항하는 영국의 의지를 꺾기 위해 소련을 제압할 필요가 있었다고도 하고, 장기전을 대비해 소련의 천연자원 확보가 필요했기 때문이라고도 추정합니다.

　당시 많은 사람은 이 전쟁에서 독일의 승리를 예측했습니다. 히틀러 역시 빠르게 소련의 수도 모스크바를 점령한다면 충분히 승리할 수 있다고 예상했습니다. 독소 전쟁 초반 독일의 기습적인 공격에 소련군은 속수무책으로 당했습니다.

소련의 끈질긴 저항

　독일군은 기세를 몰아 소련의 수도 모스크바를 단숨에 점령하려 했습니다. 하지만 소련군은 수도를 뺏기지 않으려고 격렬하게 저항했습니다. 지도자였던 스탈린 역시 모스크바에서 시민들을 격려하며 독일군의 공격을 막아냈습니다. 그러는 사이 모스크바에는 본격적인 겨울이 찾아왔습니다. 모스크바의 겨울은 한낮에도 영하 20도 밑으로 내려갈 만큼 춥습니다. 그런데 당

모스크바 점령에 실패한 독일군은 물자 이동의 요충 지대인 스탈린그라드를 공격했다. 총력전이라 불릴 정도로 치열했던 두 나라의 전투는 소련의 승리로 끝났다.

시 독일군은 단기간에 전쟁을 끝내겠다는 생각에 방한용품을 챙기지 않았습니다. 겨울 기온이 영하 40도를 넘나드는 소련 땅에서 독일군은 가을옷을 입고 전투를 했습니다. 그에 견주어 소련군은 추위에 익숙했고 두꺼운 겨울옷도 갖춰 입고 있었습니다. 결국 사기가 떨어진 독일군은 모스크바 점령에 실패했습니다. 이때 얼어 죽거나 동상에 걸린 독일군이 10만 명이 넘었다고 하니, 추위는 소련군의 또 다른 무기였던 셈입니다.

모스크바 점령에 실패한 독일군은 봄이 되자 다시 공격의 기회를 노렸습니다. 이번에는 모스크바를 직접 공격하지 않고 수도로 가는 물자 이동의 요충 지대인 스탈린그라드(지금의 볼고그라드)를 공격했습니다. 수도 모스크바로 들어가는 보급품을 막아 소련군의 저항을 무력화하려는 목적이었습니다. 이에 소련도 모든 병력을 동원해 스탈린그라드를 지키려 했습니다. 두 나라는 끊임없이 스탈린그라드에 병력을 보충하며 밀고 밀리는 싸움을 했습니다. 총력전이라고 불릴 만큼 치열했던 두 나라의 스탈린그라드 전투는 소련의 승리로 끝났습니다.

상처뿐인 영광, 소련의 제2차 세계 대전

소련이 승리할 수 있었던 요인은 보급에서 앞섰기 때문입니다. 소련은 군수 공장을 사전에 동쪽으로 옮겨 놓았기에 전투를 치르는 동안 독일군보다 안정적으로 군수 물자를 보급받을 수 있었습니다. 반면에 독일은 전선이 길어지면서 본국으로부터의 보급품 조달에 어려움을 겪었습니다. 하지만 무엇보다 소련 승리에 이바지했던 것은 자국민들의 희생이었습니다. 스탈린은 국민을 총동원해 전쟁을 치렀습니다. 남성은 물론 여성들까지 적극 전쟁에 나서게 했습니다. 당시 소련 여성들은 후방 지원뿐만 아니라 전방에서 직접 총을 들고 싸웠습니다. 그 결과 소련은 승리했고 독일이 우세했던 제2차 세계 대전은 판도가 뒤집혀 연합국 측이 최종 승리했습니다.

그러나 제2차 세계 대전은 패전한 독일은 물론 승전한 소련에도 큰 상처를 남겼습니다. 이 전쟁으로 2,000만 명이 넘는 소련 국민이 사망했습니다. 제2차 세계 대전으로 인한 사망자가 모두 5,000만 명 정도로 추정되고, 패전국 독일 사망자가 400여만 명인데, 소련의 피해는 상상을 초월합니다.

2021년 6월 독일의 메르켈 총리는 독소 전쟁 80주기를 맞아 소련을 침략했던 과거 역사를 사과했습니다. 총리는 "독일인들은 인정사정없이 침공했고 그로 인해 끔찍한 일들이 있었다는 사실에 수치심을 느낀다"라고 말했습니다. 과연 우리는 독소 전쟁에서 어떤 교훈을 얻을 수 있을까요? 죽은 사람에게 전쟁 승리로 얻어지는 국가의 영광은 아무 의미가 없습니다. 무리한 전쟁은 무엇으로도 보상받을 수 없는 소중한 목숨을 앗아갔을 뿐입니다. 전쟁은 전투 현장에서 직접 싸우는 군인은 물론이고, 후방에서 일상생활을 하는 민간인과 사회적 약자인 어린이, 노인, 여자에게 참혹한 상처를 남깁니다. 국가 간에 불협화음이 생긴다고 꼭 전쟁을 할 필요가 있을까요? 이성적으로 판단해야 할 문제입니다.

일본은 왜 압도적으로 더 강한 미국을 공격했을까요?

일본군이 하와이 진주만의 미군 기지를 공격하는 영상을 본 적이 있어요. 당시 미국은 일본보다 국력과 군사력에서 비교할 수 없을 정도로 압도적 우위에 있었다고 해요. 그런데 일본은 성공 확률이 낮다는 걸 알면서도 진주만을 공격했어요. 왜 그랬을까요?

진주만 기습 공격이 성공적으로 이루어졌다!

일본 군국주의 등장

1931년 일어난 만주 사변은 일본 군국주의의 등장을 알리는 신호탄이었습니다. 남만주 철도 부설을 둘러싼 중국의 반일 운동과 세계 경제 대공황은 일본에 위기감을 느끼게 했고, 일본 군부는 이 문제를 무력으로 해결하려 했습니다. 만주에 주둔하고 있던 일본 관동군은 중국인의 철도 폭파 사건을 구실로 만주를 점령하고 괴뢰 국가 만주국을 세워 실질적인 지배권을 행사했습니다. 국제 연맹은 만주에서의 일본군 철수를 권고했으나 일본은 이를 거부하고 국제 연맹도 탈퇴했습니다. 이후 일본은 본격적인 군국주의 체제로 전환하고, 중일 전쟁과 태평양 전쟁을 일으켰습니다.

중국 대륙을 침략한 일본군

1937년 일본은 중국 대륙으로 세력을 확대하고자 중일 전쟁을 일으켰습니다. 일본은 단기간에 중국군을 섬멸하고 중국 전체를 점유할 수 있다고 판단했습니다. 그러나 일본의 예상은 빗나갔습니다.

중국 정부는 수도를 옮겨가며 일본에 항전을 계속했습니다. 일본은 최대한 군사력을 쏟아부었음에도 중국 몇 개 도시와 철도 주변만을 겨우 점령할 수 있었습니다. 당시 일본의 군사력으로 중국 전체를 장악한다는 것은 분명 한계가 있었습니다. 그런데도 일본 군부는 전쟁을 멈추지 않았습니다. 국가 재정에서 군사비 지출 비중은 점점 늘어났고, 국가 총동원법과 국민 징용령을 통해 국민들을 계속 전쟁터로 내보냈습니다. 식민지 상태였던 우리나라에서도 많은 사람이 전쟁에 동원되었습니다.

제2차 세계 대전 초기에 독일이 연승을 거두자 더욱 고무된 일본 군부는 중일 전쟁 승리를 확신하며 전선을 확대해 나갔습니다. 당시 일본은 전쟁 확대 명분으로 '대동아 공영권'을 내걸었습니다. 이게 뭐냐고요? 아시아 민족이 일본을 중심으로 뭉쳐서 아시아 땅에서 서양 세력을 몰아내야 한다는 것이었습니다. 그러나 실제 일본은 자기들이 점령한 아시아 여러 지역에서 주요 자원과 노동력을 수탈했고, 점령지의 독립운동을 가혹하게 탄압했습니다. 따라서 대동아 공영권은 아시아가 아닌 자기 나라 이익만을 위한 침략 정책에 불과했습니다.

미국 진주만을 기습 공격한 일본군

1941년 12월 7일 일요일 아침, 일본은 하와이 진주만을 기습 공격했습니다. 공격 목표는 진주만에 있는 미국 태평양 함대였습니다. 이 공격으로 12척의 미 해군 함선이 침몰하거나 파손되었고, 188대의 비행기가 격추되거나 손상을 입었으며, 2,335명의 군인과 다수의 민간인이 사망했습니다.

일본의 진주만 공격을 계기로 미국은 본격적으로 제2차 세계 대전에 참전했습니다. 일본의 도발로 태평양을 사이에 두고 치러진 미국과 일본의 전쟁을 '태평양 전쟁'이라고 합니다. 미국은 일본에 견주어 국력과 군사력에서 압도적 우위에 있었습니다. 이런 나라를 상대로 일본은 과감하게 선제공격을 한 것입니다. 일본군 지휘부조차 성공 확률을 50퍼센트 정도로 생각했기에 어찌 보면 진주만 공격은 자살 행위에 가까운 무모한 작전이라 할 수 있었습니다.

실패 확률이 높다고 판단했는데도 일본 군부는 왜 미국을 상대로 전쟁을 벌였냐고요? 그것은 중일 전쟁 이후 일본과 미국의 관계가 나빠졌기 때문이었습니다. 미국은 일본에 무기 제조에 필요한 고철 수출을 금지했으며, 석유 수출 금지, 미국 내 일본 재산 동결, 일본 선박의 파나마 운하 통과 거부 등 일본의 군사 행동을 위축시키고자 했습니다. 특히 석유 봉쇄는 석유 대부분을 미국에서 수입하던 일본에 치명적이었습니다. 그래서 일본은 동남아시아를 침략해 유전을 획득하고자 했습니다. 당시 동남아시아에 식민지를 두고 지배하고 있던 유럽 국가들은 유럽 땅에서 제2차 세계 대전을 치르느라 아시아 식민지로 눈을 돌릴 여력이 없었습니다. 일본은 말레이시아, 싱가포르, 필리핀, 미얀마를 잇달아 공략해 나갔습니다.

일본의 미국 침략을 열어젖힌 진주만 공격은 군부의 우려에도 불구하고 매우 성공적이었습니다. 갑작스러운 공습에 속수무책으로 당한 미국은 태평양 함대와 육군 항공대 전력에 큰 타격을 받았습니다. 미국이 태평양 함대를 재건하는 데는 약 6개월이 소요되었는데 이 틈을 타서 일본은 말레이반도, 필리핀, 미얀마, 네덜란드령 동인도 제도를 점령하며 동남아시아는 물론 태평양에서 최강자 행세를 했습니다.

진주만을 공격해 미국 태평양 함대를 무력화시키면 제한된 시간 내에 동남아시아 일대를 쉽게 장악하고 강화 협상도 유리한 입장에서 참여할 수 있겠다는 일본의 계산대로 상황은 순조롭게 흘러가는 것 같았습니다. 하지만 일본이 미처 몰랐던 부분이 있었습니다. 민주주의 국가인 미국 사회에서 '여론'이 가진 가공할만한 힘을 파악하지 못했던 것이지요. 미국 국민은 일본의 진주만 공격을 배신 행위로 보고, "진주만을 기억하자!Remember Pearl harbor!"라는 구호를 외치며 일본에 대항하기 위해 단결했습니다. 일본의 진주만 기습 전까지 전쟁 반대 여론이 다수였던 미국 사회 내에서 전쟁을 하자는 쪽의 의견이 훨씬 많아졌습니다. 미국 정부는 무기를 대량으로 생산하기 위한 대규모 산업 기반을 만들어 반격에 돌입했습니다. 결국 하와이 제도 북서쪽 끝에 위치한 미드웨이에서 미국 군함과 전투기가 일본 해군을 초토화시키며 전쟁은 미국 우세로 돌아섰습니다. 이후 미국은 일본 본토 공습까지 개시해 대도시, 공업 지대를 집중적으로 폭격했습니다. 일본은 공업 원료와 석유 수입이 힘든 상태에서 청년 노동력 부족, 급격한 인플레이션, 미군기의 공습 피해 가중 등으로 경제 체제가 붕괴되며 생필품과 식량 부족에 직면했습니다.

전쟁의 끝, 원자 폭탄 투하

유럽에서 치러진 제2차 세계 대전이 1945년 5월 초에 독일의 무조건 항복으로 연합군 측의 승리로 끝났습니다. 하지만 일본은 위기 상황에서도 끈질기게 버텼습니다. 연합국 정상들은 포츠담 선언을 통해 일본 정부에 무조

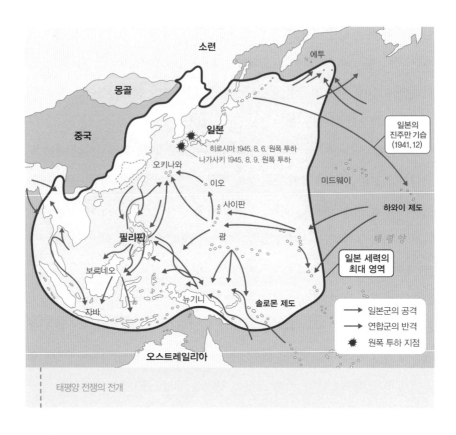

태평양 전쟁의 전개

건 항복할 것을 요구했습니다. 일본은 이 선언을 무시하고 전쟁을 지속했습니다. 일본이 미국을 비롯한 연합군을 상대로 전쟁을 계속할 여력이 있었냐고요? 당시 일본은 전쟁을 지속할 명분도 여력도 없었습니다. 그러나 천황제 유지가 불투명한 상황에서 연합군 측의 항복 요구를 받아들일 수는 없었습니다. 이러한 일본의 태도에 미국은 하루라도 빨리 전쟁을 끝내기 위해 일본 본토에 원자 폭탄 투하를 결정했습니다. 미국은 일본이 항복하려면 국가 존속이 위협받을 정도의 위기 상황에 놓여야 한다고 판단했습니다. 또한 공산주의 국가인 소련이 대일본전에 참전함으로써 동북아시아에 영향력을 미치기 전에 전쟁을 종결시키고 싶었습니다.

1945년 8월 6일, 일본 히로시마에 원자 폭탄이 투하되었습니다. 시민들이

1945년 8월 6일 히로시마에, 8월 9일 나가사키에 원자 폭탄이 투하되었다. 두 도시가 지옥으로 변하자 일본 정부는 천황의 무조건 항복 선언으로 전쟁을 끝냈다.

평화롭게 일상생활을 하던 히로시마는 순식간에 지옥으로 변했습니다. 이 폭탄 투하로 히로시마에서는 약 14만 명이 사망했습니다. 그런데도 일본은 항복하지 않았습니다. 미국은 두 번째 핵폭탄을 8월 9일 나가사키에 투하했습니다. 4만여 명이 즉사했습니다. 이렇게 히로시마, 나가사키 두 도시가 지옥으로 변하자 그제야 일본 정부는 전쟁을 끝냈습니다. 1945년 8월 15일 일본천황은 라디오 방송을 통해 무조건 항복을 선언했습니다. 일본 제국이 끝까지 포기하지 않으려던 대동아 공영권의 야망은 무수히 많은 희생을 치르고 패전과 함께 사라졌습니다. 36년간 일제 치하에 살았던 우리 민족에게도 광복의 햇살이 비추었습니다.

유대인 시체 처리반이 나치가 세운 강제 수용소 안에 있었다고요?

얼마 전에 〈사울의 아들〉이라는 영화를 봤어요. 주인공 사울은 나치가 만든 수용소에서 유대인 동족의 시체를 처리하는 일을 했어요. 같은 유대인인데 어떻게 그럴 수 있지요? 너무 잔인하지 않나요?

아우슈비츠 강제 수용소의 비극

폴란드 남부에 있는 아우슈비츠 강제 수용소는 나치가 세운 수용소 중 최대 규모입니다. 독일은 폴란드를 강제 병합한 후 아우슈비츠에 포로수용소를 만들었습니다.

아우슈비츠 수용소가 악명이 높은 이유는 가스실이 딸린 시체 소각장 때문이었습니다. 이곳에서 약 400만 명이 살해된 것으로 추정되는데, 나치가 세운 수용소 중에서 희생자 수가 가장 많았습니다. 그래서 아우슈비츠 수용소는 '살인 공장'으로 불렸습니다.

수용소에서 처형은 처음에는 총살이 많았습니다. 하지만 많은 사람을 짧은 시간에 죽이기 위해 독가스에 질식시키는 방법이 도입되었습니다. 1941년부터 1944년까지 독가스로 사람을 죽이는 끔찍한 일이 무수히 발생했습니다. 처형 대상은 반항하는 폴란드인을 포함해 다양했는데, 그중에서 가장 많이 처형된 사람은 유대인이었습니다. 기차에 실려 유럽 각지에서 끌려온 유대인이 이 수용소에 들어오면 성별과 나이에 따라 줄을 섰습니다. 이중 노약자, 환자, 장애인, 어린이는 샤워를 해야 한다며 곧바로 가스실로 보냈습니다. 가스실 내부 공간은 샤워장처럼 생겼지만 사람이 들어가고 출입문이 닫히면 통풍구에서 독가스가 분사되었습니다. 사람들은 고통에 몸부림치다 독가스에 중독되어 모두 죽었습니다.

지금도 지하 가스실 벽에 남아 있는 손톱자국들은 그때의 참상을 알려 줍니다. 학살 피해자들의 시체는 소각장으로 옮겨져 불태워졌습니다. 하루에 1,500~2,000구의 시체가 소각되었다고 합니다. 희생자의 유품은 재활용품으로 사용되었고, 장신구와 금니 등은 금괴로 만들어졌습니다. 독가스실로 끌려가지 않은 수용자들도 잠시 죽음이 유보되었을 뿐, 그들도 머지않아 죽었습니다. 그들은 죽을 때까지 전쟁 용품 생산 등에 투입되었고 체력이 달려 일을 할 수 없게 되면 죽임을 당했습니다.

소련군이 독일군을 몰아내고 아우슈비츠에 도착했을 때 수용소에는 몹시 야윈 수용자 7,000여 명이 겨우 살아 있었습니다. 나치 독일군은 떠나기 직전까지 수용자들을 무자비하게 살해했고, 수용소 안의 창고, 가스실, 소각로를 폭파했습니다.

1945년 1월 27일은 국제 홀로코스트 추모의 날입니다. 이 날은 소련군이 아우슈비츠 수용소를 해방시킨 날입니다. 한편 아우슈비츠 수용소는 현재 유네스코 세계유산으로 등재되어 나치 독일의 만행을 증언하고 있습니다.

나치에게 협조해야만 했던 유대인들

수용소에서 시체 처리는 독일인들도 하기 싫어하는 최악의 업무였습니다. 그러나 누군가는 이 일을 해야 했습니다. 나치는 유대인 수용자들에게 살해 대상과 노동 대상을 분류하는 작업과 시체 처리하는 일을 맡겼습니다. 이들 유대인 시체 처리반을 독일어로 '존더코만도'라고 합니다. 우리말로 번역하면 '특별특공대'입니다.

유대인들은 처음 수용소에 입소할 때 유대인의 안내를 받기 때문에 설마 같은 유대인이 우리를 죽이겠냐고 안심했다고 합니다. 하지만 존더코만도는 안심하고 있는 유대인들을 가스실로 안내하고 이들이 죽으면 시체를 끌어 내 소각장으로 보내는 일을 했습니다. 간혹 시체 처리를 하다가 가족이나 지인을 발견하기도 하고 탈의실에서 살아 있는 지인을 만나기도 했습니다. 영화 〈사울의 아들〉에서 존더코만도인 사울이 아들의 시신을 발견한 것처럼요. 하지만 존더코만도는 하던 일을 그만둘 수도, 소란을 일으킬 수도 없었습니다. 동족이라고 애석한 표정을 지으면 본인도 가스실로 직행해야 했으니까요.

나치에 협조한 존더코만도들은 수용소에서 끝까지 살아남았을까요? 그렇지 않습니다. 나치의 살해 시기가 조금 늦춰졌을 뿐이지 그들 역시 살해당했습니다. 나치의 대량 학살을 직접 목격한 사람들이었기에 나치는 증거 인멸을 위해서 3개월에서 최대 1년 단위로 기존의 존더코만도를 죽이고 새로 들어온 수용자들로 그 자리를 채웠습니다. 물론 소수의 존더코만도가 기적적으로 살아남은 경우도 있었습니다. 하지만 그들은 나치에 협력했던 경력 때문에 유대인 사회에서 멸시받았으며, 학살을 도왔다는 죄책감 때문에 평생 심한 자책 속에서 살았습니다.

수용자들을 관리하는 '카포'라고 불리던 유대인도 있었습니다. 이들은 나치가 포로들에게 강제 노동을 시키거나 행정 사무를 처리하는 데 협조했습니다. 카포는 속된 말로 '앞잡이'를 의미하는데, 나치 친위대는 수감자 중에서 범죄 경력이 있는 자를 골라 카포를 맡겼습니다. 이들은 다른 포로들을 굶기거나 구타할 수 있는 특권이 있었고, 나치의 밀정 노릇을 했습니다. 카포들은 독일인보다 더 악랄하게 유대인을 구타하고 죽이며 추악하게 살았습니다. 마치 일제 강점기 한국인 친일 경찰들이 일본인 경찰보다 더 악랄했던 것과 비슷했습니다.

독일이 제2차 세계 대전에서 패배한 후 카포는 유대인의 적이 되었고, 신분이 드러난 카포는 폭행을 당하거나 살해당하는 등의 대가를 치렀습니다. 또한 1950년 이스라엘은 나치와 나치 협조자들을 처벌하는 법률을 만들었는데, 이 법에 의거해 기소된 사람은 대부분 카포였습니다.

이처럼 자신의 목숨을 보존하기 위해 동족 유대인 살해를 묵인하고 협조했던 일부 유대인들이 있었습니다. 이러한 일이 발생한 것은 비상식이 상식이 되어 불의에 저항할 힘을 잃어버린 채 오직 본인의 욕망에만 충실했기 때문입니다. 비상식이 상식이 되는 끔찍한 일이 세계 역사에서 다시는 반복되지 말아야겠습니다.

생각하지 않은 것이 죄가
될 수 있다고요?

사람은 하루 동안 평균 5만 가지 생각을 한대요. '생각은 감정과 행동을 지배한다'는 말이 있는 것처럼 생각은 인생을 바꿀 수도 있습니다. 그런데 제2차 세계 대전 전범 재판을 지켜본 어떤 철학자는 생각하지 않은 것이 죄가 될 수 있다고 주장했습니다. 왜 생각하지 않은 것이 죄가 될까요?

전쟁 범죄자 아돌프 아이히만의 변명

1960년 한 독일인 남성이 아르헨티나에서 체포되었습니다. 이 사람의 이름은 아돌프 아이히만입니다. 왜 체포되었냐고요? 그는 제2차 세계 대전 당시 유대인을 대량 학살한 전쟁 범죄자입니다.

나치 독일은 유대인을 '다른 인종에 빌붙어 사는 암적인 존재'로 규정하고, 보이는 족족 잡아서 수용소에 보내 학살했습니다. 아이히만은 나치 친위대 장교로 유럽 각지에 있는 유대인을 체포해 수용소로 강제 이주시키는 일을 맡아 실행했습니다. 그는 독일 패망 후 아르헨티나로 도주해 15년 동안 '리카르도 클레멘트'라는 가명으로 숨어 지내다 이스라엘 정보기관 모사드MOSSAD에 발각되어 이스라엘로 압송되었습니다.

철도를 통해 수용소로 수송되는 유대인들. 나치 독일은 유대인을 보이는 족족 잡아서 수용소로 보내 학살했다.

1961년 전쟁 범죄와 인류에 대한 범죄 등 열다섯 가지 항목으로 기소된 아이히만은 약 600만 명의 유대인을 학살한 혐의로 재판을 받게 되었습니다. 지구촌 사람들은 이 재판을 관심 있게 지켜봤습니다. 그런데 놀랍게도 그는 재판정에서 자신의 무죄를 주장했습니다. 홀로코스트가 인류 역사에서 가장 큰 범죄 중 하나라는 것은 인정하지만 유대인을 죽이는 일에 자신은 아무런 관여도 하지 않았다고 말했습니다. 본인은 그저 국가의 명령을 충실하게 따랐을 뿐이라고 주장했습니다. 또한 그는 자신이 맡은 역할을 제대로 수행하지 않았다면 그것이 자신에게 양심의 가책을 느끼게 했을 것이라고 말했습니다. 더 놀라웠던 점은 아이히만의 정신 감정 결과, 그가 유대인에 대한 극도의 혐오가 있거나 반사회적 인격 장애가 있을 것이라는 예상과 달리, 그의 정신 상태는 지극히 정상이었습니다.

아이히만은 기소된 열다섯 가지 항목이 모두 인정되어 사형을 선고받았습니다. 하지만 그는 죽기 직전까지도 자신의 죄를 인정하지 않았습니다.

한나 아렌트가 제시한 '악의 평범성'

아이히만의 재판 과정을 이스라엘 예루살렘 법정에서 직접 지켜보고 보고서를 쓴 사람이 있습니다. 아이히만과 같은 나이의 철학자 한나 아렌트입니다. 그녀는 독일에서 태어나 제2차 세계 대전 당시 나치의 박해를 피해 미국으로 망명한 유대인입니다. 한나 아렌트는 미국 잡지《뉴요커》의 특파원 자격으로 재판을 참관했습니다. 우리 주변 어디서나 볼 수 있는 인상 좋은 중년 남성 아이히만이 "나는 국가의 명령을 충실히 따랐을 뿐"이라며, 수백만의 죄 없는 사람을 살육한 것을 자신의 책임과 연결 짓지 못한 채 웃으면서 재판에 임하는 모습을 보며, 그녀는 '악의 평범성'이라는 개념을 이끌어 냈습니다. 이게 뭐냐고요? 모든 사람이 당연하게 여기고 평범하게 행하는 일이 악이 될 수 있다는 뜻입니다.

자신은 맡겨진 일에 충실했을 뿐이라며 무죄를 주장한 아이히만(왼쪽 부스 안에 있는 사람)은 재판부로부터 사형을 선고받았다.

한나 아렌트는 성실하고 평범한 아이히만이 저지른 끔찍한 잘못은 "생각하지 않은 것"이라고 했습니다. 자신의 행동이 다른 사람의 삶에 미칠 영향을 생각하지 않고, 주어진 명령에 무비판적으로 복종했다는 것이지요. 아렌트는 인간됨의 조건으로 '생각의 중요성'을 강조했습니다.

생각하지 않는 삶은 죽은 삶이며, 불의에 침묵하면 악에 협조하는 것과 다름없습니다. 인간의 삶에서 '생각'은 해도 되고 안 해도 되는 선택 사항이 아니라, 인간이라면 반드시 해야 하는 의무이자 필수입니다. 악의 평범성을 보여 준 아이히만 이야기는 현대 사회를 살아가는 우리에게 많은 교훈을 줍니다. 우리는 '생각하는 사람'인가요? 여러분의 생각은 우리 사회와 환경에 어떤 영향을 미칠까요?

일본군 '위안부'를 부정하는 사람들은 왜 그럴까요?

학교에 작은 '평화의 소녀상'을 세웠어요. '위안부' 피해 할머니께 응원 메시지를 남기고, 일본 정부에 사죄를 요구하는 글도 쓰면서 일본군 '위안부'에 더 관심이 생겼어요. 그런데 우리나라에도 일본군 '위안부'를 부정하는 사람들이 있다는 걸 알았어요. 그들은 왜 역사 진실인 일본군 '위안부'를 부정할까요?

일본군 '위안부'에 담긴 뜻은?

1991년 8월, 김학순 할머니의 용기 있는 증언으로 일본군 '위안부' 문제가 국제 사회에 알려졌습니다. 그동안 일본군 '위안부'에 대한 연구가 진행되는 과정에서 피해자를 지칭하는 용어들이 다양하게 사용되었습니다. 초기에는 주로 '정신대'라고 했습니다. 그래서 당시에 만들어진 '위안부' 피해 지원 단체 이름도 '한국 정신대 문제 대책 협의회(정대협)'입니다. 일제가 우리 땅에서 '위안부'를 끌고 갈 때 '정신대'라고 표현한 데서 나온 명칭입니다. 그러나 정신대는 스스로 앞장서 나가는 무리, 즉 일제를 위해 스스로 몸을 바친 부대라는 의미가 있기에 적절한 표현이 아닙니다. 그래서 나온 명칭이 '종군 위안부'입니다. 하지만 '종군'이라는 단어에는 '자신의 의지로 군대를 따라다니다'라는 뜻이 있습니다. 이 용어도 적절한 표현은 아니지요. 그래서 최근에는 "일본군 '위안부'"라는 용어를 주로 사용합니다.

그런데 특이한 점은 일본군 다음에 오는 위안부라는 말에 반드시 작은따옴표를 붙입니다. 왜 그러냐고요? '위안'이라는 말은 가해자의 관점이 담긴 표현으로, 피해자가 자발적으로 참여했다는 뜻이 담기게 됩니다. 따라서 따옴표를 붙이지 않으면 성폭력을 당한 피해자 입장이 드러나지 않습니다. 이에 일본군이 직접 성범죄를 저질렀다는 명백한 역사적 사실을 나타내고, 자발적 참여가 아닌 강제로 동원되었다는 뜻을 담기 위해 위안부라는 말에 특별히 작은따옴표를 붙이고 있습니다.

한편 국제 연합을 비롯한 국제 사회에서는 태평양 전쟁 당시 일본군에 끌려갔던 '위안부'들을 '일본군 성노예'라고 표현합니다. 최근 우리나라에서도 이 용어를 사용하자는 움직임이 있기도 했고요. 왜냐하면 '일본군 성노예'라는 말이 당시 상황을 가장 적절하게 표현하는 명칭이기 때문입니다. 하지만 피해 할머니들이 살아 계신 현실에서 '성노예'라는 표현은 거부감을 줄 수 있기에 우리나라에서는 "일본군 '위안부'"라는 표현을 사용하고 있습니다.

상처 입은 할머니들에게 또다시 가해지는 폭력들

최근 일본군 '위안부' 피해 할머니들의 상처에 폭력을 가하는 세력이 있습니다. 혹시 일본이냐고요? 일본 극우 세력도 그러하지만, 우리나라 일부 극우파도 일본 극우 세력의 주장에 동조하고 있습니다. 그들은 '반일 종족주의론'으로 일본군 '위안부' 실체를 부정하고 있습니다. 반일 종족주의가 뭐냐고요? 일제 강점기에 우리 경제가 발전했다고 주장하는 일부 경제학자를 중심으로 극우파들이 내세우는 이론인데, 이들은 '우리 사회가 친일은 악이고 반일은 선이며, 이웃 나라 일본을 악의 종족으로 인식한다'면서 이러한 사회 현상을 '반일 종족주의'라고 이름 붙였습니다. 하지만 그들은 자기들 입맛에 따라 선정한 자료와 왜곡된 통계를 가지고 다양한 채널을 동원해 역사적 진실이나 실체와는 거리가 먼 주장을 하며 우리 사회를 어지럽히고 있습니다. 그들이 일본군 '위안부' 피해를 부정하는 논리와 그에 대한 반박 근거를 살펴보겠습니다.

첫째, "강제 동원은 없었다"고 주장하는데 일제가 남긴 자료를 근거로 하

독일 베를린에 세워진 '평화의 소녀상'을 철거해야 한다는 일본군 '위안부' 부정 세력의 베를린 원정 시위에 맞서 독일의 시민과 단체들은 소녀상 지킴이 시위를 개최했다.

더라도 '위안부'로 끌려간 사람들 다수가 취업 사기로 '위안부'가 되었으며, 심지어 유괴된 사례도 있는데, '강제 동원은 없었다'고 주장하는 것은 사실과 맞지 않습니다.

둘째, "위안부는 개인의 영업 활동이었다"고 하면서 일본군 '위안부'들은 성노예가 아니라 자발적으로 돈을 벌려고 했던 매춘부라고 주장합니다. 하지만 당시 '위안부'로 끌려간 다수는 본인의 의사와는 상관없이 자유가 주어지지 않은 상태에서 성 착취를 당했기에, '성노예'라고 할 수 있습니다.

이처럼 일제 강점기 '위안부'의 존재를 전면 부정하고 싶은 극우 세력은 자신들의 입맛에 맞게 자료를 편집해 역사를 부정하고 여론을 조작하고 있습니다. 하지만 진실은 절대 덮이지 않습니다. 우리는 그들이 하는 거짓 주장의 문제점을 인식하고 일본군 '위안부' 피해 할머니들이 더 이상 피해를 입지 않도록 힘써야 합니다.

중국 난징에서 사람을 죽이는 시합이 벌어졌다고요?

우연히 '난징 대학살' 다큐멘터리를 봤어요. 어린 나이에 사건을 겪었던 한 할머니가 당시를 증언하시면서 눈물을 흘리시는데 저까지 울컥해지더라고요. 그런데 할머니의 증언에 따르면, 난징 대학살 당시 일본군은 사람을 죽이는 시합까지 벌였대요. 이게 진짜 있었던 일일까요?

일본군의 학살에 피로 물든 난징

한반도를 식민지로 삼고 호시탐탐 중국 대륙으로 진출을 노리던 일본은 1937년 중일 전쟁을 일으켰습니다. 세계 경제 대공황 이후 찾아온 자국의 경제 위기를 중국 침략을 통해 극복하겠다는 속셈이었습니다. 상하이를 점령하고 난징에 쳐들어온 일본군은 중국 정부에 "항복하지 않으면 양쯔강을 피로 물들이겠다"는 최후통첩을 보냈습니다. 난징의 중국인들은 투항을 거부한 채 최선을 다해 싸웠지만 일본의 전면 공세를 막아 내지 못했고, 결국 도시는 함락되었습니다.

일본군은 "여성과 어린이를 막론하고 중국인은 모두 살해하고 건물은 불지른다"는 방침에 따라 수십만 명의 중국인을 학살하고 건물들을 불태웠습니다. 패잔병을 색출한다는 명목으로 젊은 남자들을 일렬로 세워 놓고 기관총을 난사하는 한편, 산 채로 묻거나 몽둥이로 때려죽이기까지 했습니다. 심지어 일본 군인들은 중국인 포로를 전쟁터에서 사람을 죽이는 연습 상대로 삼기도 했습니다. 아래의 글은 난징에서 겨우 살아남은 생존자가 당시를 회상한 말입니다.

"도망을 가는데 주위에 온통 죽은 사람들이었다. 큰길, 작은 길 모두 시체였다. 일본군들은 길을 따라가면서 기관총을 쐈다. 어떤 사람인지 상관하지 않고 무조건 사람만 보면 그냥 총을 쐈다."

끔찍한 광기에 사로잡힌 일본 군인들에게 중국인 살해는 그저 오락거리에 불과했습니다. 당시 난징의 자금산 기슭에서는 일본군 소위 두 사람이 기상천외한 내기를 했습니다. 이들은 누가 더 많은 중국인의 목을 베는지 내기를 하고 이기기 위해 경쟁했습니다. 더욱 기막힌 일은 일본 언론이 이 사실을 스포츠 경기 보도하듯 신문 기사로 실었다는 것입니다.

난징 대학살 당시 일본 신문은 두 명의 일본군 소위가 벌인 목베기 내기에 관한 기사를 실었다. 이미 106명과 105명의 목을 베었으나 연장전을 하기로 했다는 내용이 실려 있다.

난징 학살의 진실을 세계에 알린 독일인 욘 라베

약 두 달여에 걸친 대학살로 난징은 아비규환 지옥이 되었습니다. 그러나 참혹한 어둠 속에서도 자기 목숨을 담보로 중국 사람들을 구한 사람이 있었습니다. '난징의 쉰들러'로 알려진 욘 라베입니다.

중국에 있는 회사에 발령받아 온 독일인 욘 라베는 난징에서 벌어지고 있는 참상을 목격하고 큰 충격을 받았습니다. 이에 그는 일본의 난징 점령을 규탄하며 안전 지대인 자신의 거주지로 중국 사람들을 불러 모았습니다. 일본은 1936년에 독일과 방공 협정을 맺었기 때문에 동맹국 국민인 욘 라베를 함부로 체포할 수 없었습니다. 그는 중국인들에게 음식과 피난처를 제공하는 한편, 자신의 사유지를 개방해 약 25만 명의 중국인이 생명을 지킬 수 있도록 도왔습니다.

중국에 발령받아 온 독일인 욘 라베는 자신의 사유지를 개방하여 중국인들에게 피난처로 제공했다. 그는 공중 폭격의 위험을 피하고자 정원에 나치 문양을 펼쳐 놓았다.

고국으로 돌아가서도 그의 노력은 계속되었습니다. 난징 대학살 당시 상황을 담은 영상과 사진을 공개해 세계 여러 나라에 진실을 알리고 히틀러에게 중국인 지원을 요청하는 편지를 보냈습니다. 그러나 편지는 히틀러에게 전해지지 않았고, 그는 오히려 동맹국 일본을 비난하며 중국을 도왔다는 혐의로 경찰에 체포되었습니다. 이후 그의 삶은 순탄하지 못했습니다. 경제적으로도 어려워진 욘 라베는 1950년 예순일곱의 나이로 세상을 떠났습니다. 1997년 중국 정부는 그의 용기와 헌신을 기리기 위해 난징 학살 기념지 안에 욘 라베의 묘비를 세웠습니다.

전사불망 후사지사

난징 대학살 희생자를 추모하는 기념관 벽에는 '전사불망 후사지사前事不忘後事之師'라는 글귀가 쓰여 있습니다. '과거를 기억해 미래의 스승으로 삼자'는 뜻입니다. 이 문장은 우리가 역사를 배우는 이유와 일맥상통합니다. 우리는 난징 대학살에서 어떤 교훈을 얻을 수 있을까요? 다음은 한 일본군이 남긴 증언의 일부입니다.

"착한 아들, 훌륭한 아버지, 다정한 오빠였던 사람들이 전장에 나와서는 아무 가책 없이 다른 사람들을 죽였다. 살인마로 변해 가는 것이다. 모든 사람이 석 달 만에 악마로 변해 버렸다."

난징 대학살이 주는 메시지는 명확합니다. '전쟁의 참혹함과 평화의 소중함'입니다. 무질서 속에서 나타난 집단 광기는 누군가에게 씻을 수 없는 상처로 남습니다. 지나간 일은 빨리 잊는 게 좋다고 주장하는 사람도 있습니다. 불편하고 아픈 기억에 머물러 있는 건 좋지 않다고 하면서 말이지요. 하지만 과거 역사가 없는 현재는 없습니다. 미래 또한 마찬가지고요. 동아시아 역사 화해와 통합을 위해서는 인간의 존엄, 자유, 평등 같은 인류의 보편적 가치에 따라 역사적 사실을 객관적으로 파악할 수 있어야 합니다. 자국의 관점이나 이해관계에 따라 사실을 축소하고 역사를 부정하는 행동은 동아시아의 미래에 결코 좋지 않습니다.

독일인들이 길바닥에 동판을 설치한 이유는 뭔가요?

독일 베를린 여행 중이었어요. 무언가 발에 걸려서 내려다보니 글씨가 새겨진 조그만 동판이었어요. 처음에는 그냥 지나쳤는데, 얼마 가지 않아 또 다른 동판이 보였어요. 걸려 넘어지기라도 하면 어떻게 하라고 길바닥에 이런 동판들을 박아 놓았을까요?

홀로코스트

'홀로코스트'는 그리스어로 '희생물을 불로 태우는 제사 의식'을 뜻합니다. 하지만 지금은 제2차 세계 대전 중 나치 독일이 유대인에게 했던 집단 학살을 가리키는 말로 사용되고 있습니다. 홀로코스트라는 말 대신 히브리어로 '대재앙'을 뜻하는 '쇼아'라는 말을 사용하기도 합니다.

유대인에 대한 혐오와 탄압은 고대 로마 시대부터 유럽 사회에 뿌리 깊게 있었습니다. 독일에서는 제1차 세계 대전 이후 겪게 된 정치·경제적 혼란의 원인을 유대인에게 돌리면서 정도가 심해졌습니다.

나치 독일의 수장 히틀러는 적극적으로 반유대주의 정책을 실행하며 독일 국민을 선동했습니다. 제2차 세계 대전 시작 전부터 나치는 유대인에 대한 차별과 추방, 학살을 저질렀습니다. 그러던 중 나치 고위 관리들이 1942년 1월 베를린 근처 반제 별장에서 회의를 열었고 이 회의에서 유대인 문제에 대한 최종 방안을 결정했습니다. 놀랍게도 '유대인을 단 한 명도 살려 두지 않는다'는 결정이었습니다. 나치는 실제로 반제 회의 이후 약 600만 명에 이르는 유대인을 학살하는 반인륜적 범죄를 저질렀습니다.

나치의 유대인 학살 방법은 너무나도 잔혹했습니다. 유럽 곳곳에 강제 수용소를 만들고 독가스 살포, 강제 노동, 생체 실험 등 잔혹한 방법으로 유대인을 학살했습니다. 희생당한 유대인의 머리카락과 금니를 재활용하고, 시체를 태운 후 나온 재는 농작물을 키우는 비료로 사용했습니다.

세계 곳곳에서 자행된 민간인 학살

1948년 12월 9일 유엔 총회에서 집단 학살이 범죄임을 분명히 하고 이를 저지른 자를 처벌하기로 한 '제노사이드(집단 학살) 협약'이 체결되었습니다. 하지만 이후에도 나치의 유대인 학살과 유사한 사례는 세계 곳곳에서 일어났습니다.

캄보디아에서는 공산주의 정권 크메르루주가 민간인 200만 명을 학살한 이른바 '킬링필드(1975~1979)' 사건이 있었습니다. 여러 민족과 종교가 뒤섞여 있던 유고 연방의 보스니아에서는 연방으로부터 분리 독립을 원한 보스니아계, 크로아티아계와 연방에 남길 원하는 세르비아계 사이에 내전이 발생했습니다(1992~1995). 이 내전에서 '인종 청소'라 불리는 대학살이 일어났습니다. 나치의 유대인 학살 이후 유럽 최악의 민간인 학살로 기억되는 이 사건으로 약 20만 명의 희생자와 230만 명의 난민이 발생했습니다. 아프리카 르완다에서는 후투족과 투치족 사이 갈등이 내전으로 번지면서 100일 동안 100만 명이 넘는 사람이 학살되었습니다.

20세기는 인권 향상을 위한 수많은 노력과 실천이 있었던 시대입니다. 하지만 모순되게도 참혹한 전쟁 속에 대규모 학살이 빈번하게 일어난 시대이기도 했습니다.

전범국에서 과거사 문제 해결의 모범국이 된 독일

1970년 12월 7일에 찍힌 한 장의 사진에 전 세계 사람들이 놀랐습니다. 사진에는 한 남성이 무릎을 꿇고 제단을 향해 묵념하는 모습이 찍혀 있었습니다. 사진 속 남성은 서독 총리 빌리 브란트이고, 그가 무릎을 꿇은 곳은 폴란드 수도 바르샤바에 있는 유대인 위령탑 앞이었습니다.

브란트는 왜 이웃 나라에 가서 무릎을 꿇었을까요? 폴란드는 제2차 세계대전 당시 독일의 침공을 받아 큰 피해를 입었습니다. 폴란드 유대인 300만 명이 나치에 의해 목숨을 잃었습니다. 유대인 위령탑 앞에 선 브란트는 과거 나치 독일이 폴란드 국민에게 준 상처를 생각하면 단순히 머리 숙여 사죄하는 것만으로는 부족하다고 생각했습니다. 그래서 무릎을 꿇고 진심으로 희생자를 추모했습니다. 브란트의 진정성 있는 사과에 그의 방문을 달가워하지 않았던 폴란드 사람들의 마음도 조금씩 열리기 시작했습니다.

당시로서 매우 파격적이었던 브란트의 행동이 서독에서는 그다지 환영받지 못했습니다. 너무 과하다고 생각하는 사람들이 많았습니다. 하지만 브란트의 용기 있는 행동은 전범국 독일을 바라보는 세계인의 시각을 바꾸었습니다. 브란트가 추진하던 '동방 정책'도 그 진정성을 인정받았습니다. 이 사죄로 서독은 동유럽 국가들과 관계를 회복했고, 냉전 체제 완화에 기여했으며, 독일 통일(1990)까지 이루어 냈습니다.

지금도 독일은 정치 지도자가 꾸준히 전쟁 피해국을 방문해 사죄하고 있습니다. 또한 역사 교과서에도 나치 독일의 잘못된 행동을 분명하게 밝히고, 그러한 행동이 어떤 영향을 미쳤는지 가르치고 있습니다. 잘못에 대한 책임을 인정하고, 그 잘못을 기록해 기억하려는 정부와 국민 모두의 진솔한 노력이 있기에 독일은 과거사 문제 해결의 모범국이 될 수 있었습니다.

슈톨퍼슈타인에 담긴 뜻

독일이 과거 역사에 책임을 다하는 모습은 과거사 문제에서 자유롭지 못한 여러 국가에 좋은 본보기가 되고 있습니다. 지구촌 곳곳에는 아직도 해결되지 못한 과거사 문제가 많습니다. 지나간 역사 문제를 제대로 매듭짓지 못한다면 인류는 또다시 대규모 학살 같은 반인륜적 범죄 행위에 빠져들지 모릅니다.

과거사 문제 해결의 진정한 출발은 가해자 측의 시인과 사죄입니다. 부끄

'걸려 넘어지게 하는 돌'이라는 뜻의 '슈톨퍼슈타인'에는 나치에 희생된 사람의 이름과 생년월일 등이 적혀 있다. 보도블록 사이에 놓인 슈톨퍼슈타인은 역사를 기억하는 노력의 하나이다.

러운 과거를 숨기지 않고 잘못을 인정하고 조건 없이 사죄해야 합니다. 관련 국가 사이의 활발한 소통을 통해 철저한 진상 규명과 피해 보상도 이루어져야 합니다. 그리고 무엇보다 중요한 것은 역사적 잘못을 일상에서 기억하려는 노력이 있어야 합니다. 어떤 일이든 기억하지 못하면 그 일에 대한 생각이 무뎌져 같은 잘못을 반복할 수 있기 때문입니다.

독일에는 독특한 기억 문화가 있습니다. '걸려 넘어지게 하는 돌'이라는 뜻의 작은 동판으로 만들어진 '슈톨퍼슈타인Stolperstein'이 나치에 의해 희생된 사람들을 추모하기 위해 거리 곳곳에 설치되어 있습니다. 슈톨퍼슈타인에는 나치에 희생당한 사람의 이름, 생년월일, 추방당하거나 사망한 시기가 새겨져 있습니다. 사람들은 평범한 일상 속에서 문득문득 슈톨퍼슈타인을 보며 희생자를 기리고, 부끄러웠던 자신들의 역사와 마주하며 성찰합니다. 과거 역사에 대한 일상에서의 기억 문화 조성은 사람들에게 과거 잘못에 대한 책임과 평화의 중요성을 깨닫게 합니다.

투표를 하기 위해 달리는 말에 뛰어든 여성이 있었다고요?

TV에서 '여성의 날'을 기념해 시민들에게 빵과 장미를 나눠 주는 행사를 본 적이 있어요. 남성의 날은 없는데 왜 굳이 '여성의 날'만 기념일로 만들어 행사를 진행할까요? 또 여성의 날에 빵과 장미는 왜 나눠 주는 걸까요?

가장 나중에 주어진 여성 투표권

매년 3월 8일은 '여성의 날'입니다. 우리나라에서 여성의 날을 법정 기념일로 정한 것은 2018년으로 그리 오래되지 않았습니다. 하지만 서양에서는 이미 1910년대부터 여성의 날을 기념해 왔고, 국제 연합도 1977년부터 공식적으로 3월 8일을 '세계 여성의 날'로 지정했습니다. 왜 3월 8일이냐고요? 1908년 3월 8일 미국 여성 노동자들이 근로 여건 개선과 참정권을 요구하며 시위했던 것을 기념하기 위해서입니다. 당시 여성들은 생존권을 의미하는 빵과 참정권을 의미하는 장미를 들고 시위에 나섰습니다.

물론 남성도 근로 여건 개선과 참정권을 요구하는 시위를 했습니다. 하지만 여성은 남성의 처우가 나아지고 나서도 한참 지난 후에야 자신들의 권리를 인정받을 수 있었습니다. 여성은 남성보다 능력이 떨어지니 권리를 줄 수 없다는 편견이 작용한 결과였습니다. 결국 여성이라는 이유로 사회적 소수자가 되었던 많은 여성들이 불합리한 현실에 맞서 스스로 투쟁해 자신에게 부여된 권리를 획득해 나갔습니다.

서양에서 근대를 규정하는 주요 특징 중 하나는 시민의 성장입니다. 18세기 후반 근대로 가는 길목의 대표적 사건이었던 프랑스 혁명은 시민이 주체가 되어 왕을 몰아내고, 투표를 통해 대표자를 정하는 체제를 만든 일대 사건이었습니다. 그런데 투표는 오직 일부 남성만 할 수 있었습니다. 혁명에 참여했던 사람들은 '모든 시민은 태어날 때부터 기본적인 권리를 누릴 수 있다'고 외쳤지만, 그 시민에 여성은 없었습니다.

19세기 들어 참정권을 누릴 수 있는 남성의 수는 더욱 확대되었습니다. 영국은 물론 독일, 오스트리아, 벨기에 등 유럽 각국에서 남성의 참정권이 확대되었습니다. 미국 역시 남북 전쟁이 끝나고 만든 헌법에 일반 남성은 물론 일시적이었지만 노예였던 흑인 남성에게도 선거권을 부여했습니다. 하지만 여성에게는 여전히 투표할 권리를 주지 않았습니다. 여성은 남성을 통해서만 권리를 주장할 수 있다는 뿌리 깊은 편견이 있었기 때문입니다.

말보다 행동으로 나선 여성들

수많은 여성이 주어진 현실에 안주하지 않고 자신의 권리를 획득하기 위해 노력했습니다. 19세기 미국의 여성 운동가 수전 B. 앤서니는 여성 참정권을 요구하는 서명 운동을 벌이는 한편, 여성에게 금지된 미국 대통령 선거 투표에 참여했습니다. 그녀는 벌금형을 받았지만 이를 거부하고 여성의 정치 참여 필요성을 강하게 주장했습니다. 영국의 여성들도 여성 참정권 위원회를 결성해 참정권 확대를 위해 활발히 움직였습니다.

하지만 여성에 대한 편견으로 가득찼던 당시 사회는 그들의 목소리를 제대로 들어주지 않았습니다. 결국 여성들은 말보다 행동으로 주장을 관철해야 했습니다. 1910년대 미국의 앨리스 폴은 많은 여성과 함께 7개월 가까이 백악관 앞에서 시위를 벌였습니다. 이 일로 '도로 교통법 위반' 혐의로 투옥되자 감옥에서 단식 투쟁을 하며 저항했습니다.

수전 B. 앤서니는 여성 참정권을 요구하는 서명 운동을 하고 여성에게 금지된 미국 대통령 선거 투표에 참여했다.

자기 목숨을 담보로 투쟁한 여성도 있었습니다. 1913년 영국의 여성 운동가 에밀리 데이비슨은 경마 경주에 국왕의 말이 출전하자 "여성에게 투표권을!"이라고 외치며 달리는 말 앞으로 몸을 던졌습니다. 그녀는 그 자리에서 사망했지만, 당시 언론은 국왕의 말이 다친 것에 더 관심이 많았습니다. 이에 많은 이들이 분노하며 여성 참정권 획득 운동에 관심을 가지게 되었습니다. 이후에도 여성 참정권 획득 운동은 평화로운 시위는 물론 납세 거부, 방화, 기물 파괴 등의 다양한 방법으로 진행되었습니다.

보통 선거제의 확립

끈질기게 전개되던 여성 참정권 운동은 제1차 세계 대전이 일어나자 잠시 소강상태에 빠졌습니다. 여성의 권리 확대보다는 국가가 전쟁에서 승리하는 것이 더 중요한 관심사였기 때문입니다. 그런데 전쟁은 여성의 참정권 확대

에밀리 데이비슨은 경마 경주에 국왕의 말이 출전하자 "여성에게 투표권을"이라고 외치며 달리는 말에 뛰어들었다.

기회가 되기도 했습니다. 남성 대부분이 군인으로 전쟁터에 나갔기 때문에 빈자리를 채우기 위해 여성들이 대규모로 사회 활동에 참여했습니다. 전쟁 기간 중 여성은 각종 사무직에 종사하거나 군수 공장에서 일하며 전쟁을 승리로 이끄는 데 큰 기여를 했습니다. 자연스럽게 여성의 권리 확대 목소리에도 힘이 실리게 되었습니다.

전쟁이 끝난 후 영국과 독일에서는 여성에게도 참정권을 부여했습니다. 스웨덴, 노르웨이 등은 물론 미국에서도 여성 참정권이 인정되었습니다. 여성도 이제 남성과 동등한 시민의 일원이 되었습니다. 물론 여성에게 참정권이 부여되었다고 차별이 사라진 것은 아니었습니다. 여전히 여성은 남성에 비해 낮은 임금과 고정된 사회적 역할을 강요받았습니다. 이를 개선하기 위한 여성 운동은 지금도 진행 중입니다. 매년 3월 8일은 여성의 날입니다. 이날 주위 사람들에게 빵과 장미를 건네며 여성의 날이 제정된 진정한 의미를 되새겨 보면 어떨까요?

하루 16시간 노동이 당연했던 때가 있었다고요?

고등학생인 저는 아침부터 오후까지 수업을 받고 난 후 학원과 독서실에 가서 또 공부해요. 집에 와서는 잠만 잘 뿐 가족과 대화할 시간조차 없어요. 마치 공부하는 기계가 된 것 같아요. 종일 앉아서 공부하기도 이렇게 힘든데, 예전에는 하루에 육체노동을 16시간 넘게 했던 사람들이 있었다면서요?

아침부터 밤까지 학교에 학원에 독서실까지! 지친다, 지쳐!

비참했던 영국 노동자의 하루

18세기 후반에서 19세기에 영국에는 동력으로 움직이는 기계가 널리 보급되었습니다. 기계 보급은 생산량을 크게 늘렸고, 곳곳에 대량 생산을 위한 공장이 들어섰습니다. 수많은 사람이 공장에서 일하고 임금을 받는 노동자가 되었습니다. 자본가는 노동자를 고용해 상품을 만들어 이익을 얻고, 노동자는 일한 대가를 받는 자본주의 경제 체제는 이상적으로 보였습니다.

하지만 시간이 갈수록 문제가 발생했습니다. 공장을 소유하고 있던 자본가들이 노동자의 희생을 발판 삼아 최대한 이익을 얻으려 했기 때문입니다. 자본가들은 노동자에게 임금은 적게 주면서 오랜 시간 동안 일하기를 바랐습니다. 권력도 자본가 편이었습니다. 노동자가 힘을 합쳐 불합리에 저항하는 것은 법으로 금지되어 있었습니다. 노동자의 삶은 점점 피폐해질 수밖에 없었습니다. 19세기 영국의 노동자는 평균 12시간에서 16시간 동안 일해야 했습니다. 게다가 주말에도 공장에 나가 일해야 했습니다. 이렇게 긴 시간 동안 노동을 하는데도 임금은 터무니없이 적어 노동자 가정은 아내는 물론 어린 자녀까지 공장에서 일을 해야 겨우 먹고살 수 있었습니다.

8시간 노동을 주장한 오언

사회주의는 이러한 산업 체제를 비판하며 등장한 사상입니다. 사회주의 사상가들은 노동자의 권익 향상을 위해 힘썼습니다. 그들은 궁극적으로 공동 생산, 공동 분배를 통해 모두 함께 사람답게 사는 세상을 꿈꿨습니다. 초기 사회주의 사상가 로버트 오언은 노동자의 열악한 일상생활에 관심을 가져 1817년 노동자에게 8시간 노동, 8시간 재충전, 8시간 휴식이 필요하다고 주장했습니다. 당시 노동자들의 평균 노동 시간을 생각하면 매우 파격적인 제안이었습니다. 그의 제안은 동시대 사람들에게 이상적이고 현실성 없는 주장으로 여겨졌고, 자본가들은 오언을 망상가라며 비웃었습니다.

노동자들의 노동 시간 단축은 매우 더디게 이루어졌습니다. 1840년대에 와서야 영국과 프랑스에서 노동자들의 거센 요구에 노동 시간이 1일 12시간으로 줄었습니다. 1850년대에는 호주의 일부 산업에서 1일 8시간 노동이 받아들여졌습니다. 하지만 1950년대까지만 해도 대부분 나라에서 1일 8시간 노동은 꿈나라 이야기였습니다. 마르크스 같은 사회주의자들은 국제 노동자

협회를 조직해 1일 8시간 노동을 끈질기게 요구했습니다. 노동자들도 세계 곳곳에서 8시간 노동제를 위해 투쟁했습니다.

그 결과 1917년 드디어 1일 8시간 노동을 국가 차원에서 실시한 곳이 등장했습니다. 사회주의 혁명을 통해 세워진 나라 소련이었습니다. 국제 노동 기구ILO도 1919년에 1일 8시간, 1주일 48시간으로 노동 시간을 제한하는 협약을 체결했습니다. 사회주의 국가가 아니었던 미국, 영국, 프랑스 등도 노동자들의 요구를 무시한 채 계속 기존 체제를 유지할 수는 없다고 판단해 얼마 지나지 않아 1일 8시간 노동제를 받아들였습니다. 오언이 8시간 노동을 주장한 지 100여 년 만에 이루어진 기적 아닌 기적이었습니다.

이 원칙은 이후 건국된 대한민국 사회에도 적용되었습니다. 수많은 회사가 9시 출근 6시 퇴근을 기본 근무 형태로 삼는 것도 이 원칙 때문입니다. 점심 시간 1시간을 빼면 8시간 노동을 하게 됩니다.

5월 1일이 노동자의 날인 이유

해마다 5월 1일은 노동자의 날로 회사나 공장에 일하는 노동자들의 휴일입니다. 왜 수많은 날 중에 5월 1일을 노동자를 위한 기념일로 삼았을까요? 19세기 후반 미국 노동자들은 1일 8시간 노동을 위해 오랫 동안 투쟁했습니다. 1886년 5월 1일 수십만 명의 노동자가 시카고 헤이마켓 광장에 모여 8시간 노동을 주장하는 시위를 벌였습니다. 대규모 시위는 경찰의 발포로 사상자가 발생하며 해산되었습니다. 많은 노동 운동 지도자가 경찰에 검거되어 벌을 받았습니다. 하지만 미국 노동자들은 4년 후인 1890년 5월 1일에 다시 모여 대규모 투쟁을 하며 1일 8시간 노동을 요구했습니다. 미국 노동자들의 끈질긴 투쟁에 국제 노동자 협회는 5월 1일을 각 나라에서 시위를 전개하는 날로 정하며 힘을 보탰습니다. 이를 계기로 5월 1일이 노동자의 날이 되었

1886년 5월 1일 수십만 명의 노동자가 시카고 헤이마켓 광장에 모여 8시간 노동을 주장한 이후, 해마다 5월 1일 각 나라에서 노동자들이 시위를 하면서 '메이데이'가 제정되었다.

으며, 우리나라에서는 예전에 '노동절'이라고 했다가, 요즘은 '근로자의 날'로 부르고 있습니다.

1일 8시간 노동은 전 세계의 수많은 노동자가 오랜 시간 투쟁해서 얻어 낸 결과입니다. 그런데 이 기준이 현재 대한민국 학생들에게는 적용되지 않고 있습니다. 많은 학생이 입시 준비를 하느라 19세기 영국 노동자가 일한 시간보다 더 오랜 시간 공부에 시달리고 있습니다. 어쩌면 우리는 희생이 있어도 성과를 극대화하려고 했던 19세기 자본가 같은 생각 속에 학창 시절을 보내고 있지는 않은지요. 한번쯤 되돌아볼 필요가 있습니다.

70 국제 연합^{UN}은 어떻게 만들어졌나요?

세계 뉴스를 보면 '국제 연합^{UN}'이라는 이름이 자주 나와요. 그래서 찾아보니 인류의 발전과 평화를 위해 만든 국제기구더라고요. 이런 단체는 언제, 왜 만들어졌나요?

국제 연맹의 시행착오를 딛고 창설된 국제 연합^{UN}

세계 평화를 위한 국제기구가 만들어진 배경에는 두 차례의 세계 대전이 있습니다. 사람들은 국제 평화와 안전의 중요성을 크게 느꼈습니다. 이를 위해 제1차 세계 대전이 끝나고 여러 나라가 함께 참여해 국제 연맹을 결성했습니다. 하지만 첫술에 배부를 수는 없었습니다. 국제 연맹에 강대국 미국이 빠지면서 빈틈이 생겼고, 결정적으로 국제 연맹은 평화를 유지할 수 있는 군사 수단이 없었습니다. 결국 국제 연맹은 독일과 이탈리아, 일본의 군사 행동을 막지 못했고, 제2차 세계 대전이라는 아주 값비싼 시행착오를 겪었습니다.

제2차 세계 대전 도중에 국제 연맹 실패 경험을 바탕으로 더 많은 국가들이 적극적으로 참여하는 범세계적인 기구를 만들기 위한 움직임이 일어났습니다. 미국의 루스벨트 대통령과 영국의 처칠 수상은 1941년 8월 〈대서양 헌장〉을 통해 전쟁 이후 세계 평화 정착을 이야기했습니다. 이 헌장에는 영토 불확대, 불침략, 민족의 자결권, 무역과 자원 기회 균등, 세계 경제 협력, 공포와 결핍으로부터 해방, 해양 자유, 군비 축소와 집단 안전 보장 체제 확립 등 8개 조항이 들어 있었습니다.

〈대서양 헌장〉에는 영토 불확대, 민족 자결권, 세계 경제 협력, 군비 축소와 집단 안전 보장 체제 확립 등 8개 조항이 들어 있다.

1942년 1월 독일·이탈리아·일본에 맞서 싸운 연합국 대표들이 미국 워싱턴에 모여 '연합국 선언'에 서명하며 〈대서양 헌장〉의 목적과 원칙에 따른 국제기구 창설을 합의했습니다. 이때 미국 루스벨트 대통령이 제시한 '국제 연합United Nations'이라는 명칭이 처음 공개되었습니다. 이후 1945년 4월에 미국 샌프란시스코에서 개최된 '국제기구에 관한 연합국 회의'에 참석한 50개 연합국 대표는 미국, 영국, 중국, 소련 등 4개국 대표들이 합의한 초안을 기초로 유엔 헌장을 작성했고, 나중에 폴란드가 추가 서명하며 모두 51개국의 참여로 1945년 10월 24일 국제 연합이 공식 출범했습니다.

국제 연합 본부는 현재 미국 뉴욕에 있으며 2023년 기준으로 가맹국은 모두 193개 국가입니다. 국제 연합의 최고 책임자는 사무총장으로 추천을 받아 총회에서 인준됩니다. 2007년에는 우리나라 외교통상부 장관을 지낸 반기문이 제8대 국제 연합 사무총장에 취임했습니다.

세계 평화와 국제 협력을 위한 기구

국제 연합은 전쟁을 방지하고 평화를 유지하며, 정치·경제·사회·문화 등 모든 분야에서 국제 협력을 활성화하는 국제기구입니다. 국제 평화와 안전을 유지하며 각 민족들의 평등권 및 자결 원칙에 기초해 국가 간의 우호 관계를 발전시키는 것을 설립 목적으로 하고 있습니다.

국제 연합은 국제 협력을 목표로 하는 만큼 회원국들의 역할이 중요합니다. 회원국은 유엔 헌장의 의무를 다할 능력과 의사가 있는 평화를 사랑하는 국가라면 어느 나라든 가입할 수 있습니다. 회원국 가입은 안전 보장 이사회(안보리)의 권고에 따라 총회에서 결정됩니다.

국제 연합이 하는 일은 크게 평화 유지 활동, 군비 축소 활동, 국제 협력 활동으로 나뉩니다. 세계 각지에서 국제 평화와 안전을 유지하고 군비 축소, 경제적·사회적·문화적 교류와 협력, 국제법 개발 등을 위한 활동을 벌이고 있습니다. 특히 세계 대전 같은 대규모 전쟁을 방지하고, 실제로 각 지역의 전쟁에 개입해 분쟁을 조정하고 있습니다.

평화 유지를 위해 무력을 사용할 수 있는 국제 연합

국제 연맹과 국제 연합의 가장 큰 차이점은 군대 조직 유무입니다. 국제 연맹에는 군사력이 없었기에 나치 독일의 폭주를 제지할 수 없었습니다. 이런 문제점을 해소하기 위해 국제 연합은 처음 조직할 때부터 군사력을 사용할

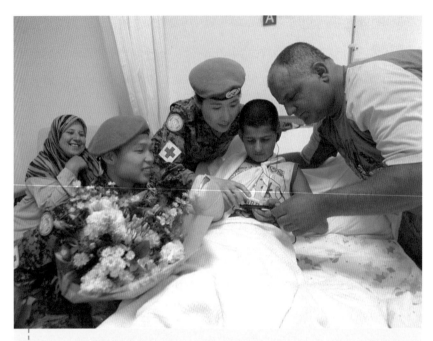

레바논 남부 지역에서 유엔 평화 유지군으로 활동하고 있는 우리 군의 지원으로 수술받고 회복 중인 난치병 어린이가 선물을 받고 사용법을 듣고 있다.

수 있는 조직체로 갖추었습니다. 국제 연합은 분쟁 지역의 평화 유지 또는 회복을 돕기 위해 관계 당사국의 동의를 얻어 다국적군으로 편성된 유엔 평화 유지군이나 정전 감시단을 파견할 수 있습니다. 평화 유지군Peace Keeping Forces 은 정찰·수색·통제 임무를 수행하며 개인 화기, 장갑차 등으로 경무장한 대규모 파견군입니다. 정전 감시단은 전쟁을 멈출 수 있도록 감시 감독하기 위해 분쟁 지역에 파견되며 정전을 위반하는 행위가 일어나면 이를 즉시 안보리에 보고하는 것이 주요 임무입니다. 무기는 휴대하지 않습니다.

직접 전투에 참여할 수 있는 평화 유지군을 파견할 수 있는 권한은 유엔 안보리에 있습니다. 안보리는 유엔 헌장에 근거해 국제 분쟁에 대한 일차적 책임을 지고 세계 분쟁 지역에 평화 유지군을 파견하고 있습니다. '푸른 헬

멧'으로 상징되는 평화 유지군은 1990년대 초 냉전 체제가 끝나면서 활동 지역이 급속히 확대되었고, 현재 9만여 명이 12개 평화 유지 활동 지역에서 분쟁 종식을 위해 노력하고 있습니다.

6

현대 세계의
전개와 과제

냉전과 열전,
전쟁에도 온도가 있나요?

현대 역사를 공부하다 보면, '냉전'이라는 말이 종종 나옵니다. '냉전'은 '차가운 전쟁'이라는 뜻이잖아요. 전쟁은 전쟁일 뿐인데 차가운 전쟁은 뭐죠? 차가운 전쟁이 있다면 뜨거운 전쟁도 있나요? 이런 말은 어떻게 생겨난 걸까요?

냉전의 시작

실제로 싸우지는 않지만 싸우고 있는 것 같은 긴장감이 감도는 상황을 겪어 본 적이 있나요? 사람들 관계에서도 힘든 이러한 상황이 제2차 세계 대전이 끝난 후 세계 여러 국가 사이에서 벌어졌습니다. 전 인류를 휩쓸고 간 큰 전쟁이 끝나자마자 세계는 미국 중심의 자본주의 세력과 소련 중심의 공산주의 세력으로 나뉘어 대립했습니다.

미국이 프랑스를 비롯한 서유럽 국가들을 중심으로 '북대서양 조약 기구NATO'라는 군사 조직을 만들었습니다. 그러자 소련은 동유럽 공산주의 국가들과 함께 '바르샤바 조약 기구WTO'를 결성했습니다. 또한 미국이 시장 경제 체제를 채택하는 유럽 국가들의 경제 재건을 지원하겠다는 '마셜 플랜'을 실행하자, 소련은 공산주의 국가 정보국인 '코민포름'과 경제 협력 기구인 '코메콘'을 조직해 미국의 세력 확장에 대응했습니다. 미국과 소련은 제2차 세계 대전 이후 무력을 사용해 직접 싸우지는 않았지만, 경제·외교·정보 등 각 분야에서 차갑게 대립했고, 이를 우리는 '냉전 체제'라고 합니다.

유럽 냉전의 최전선, 독일

제2차 세계 대전은 서로 다른 이념과 체제를 택한 미국과 소련이 연합했다는 특이점을 가지고 있었습니다. 서로 다른 생각을 가진 국가끼리 연합을 해서 그런지 전쟁이 끝나면서 동맹 관계는 곧바로 깨졌습니다. 제2차 세계 대전이 끝나고 연합국은 패전국 독일을 어떻게 처리해야 하는지를 두고 고민이 많았습니다. 제1차 세계 대전 후 독일에 부과한 막대한 배상금은 인플레이션, 대공황과 겹치면서 독일이 제2차 세계 대전을 일으키는 원인으로 작용했습니다. 그래서 이번에는 전쟁으로 폐허가 된 독일이 자력으로 일어설 수 있도록 최대한 도울 생각이었습니다. 자본주의 국가인 미국·영국·프랑스는 독일을 자본주의 나라로, 소련은 공산주의 나라로 만들려고 했습니다. 양측이 팽팽하게 맞서다 결국 독일을 동독과 서독으로 나누어 관리하기로 결론 내렸습니다.

미국은 자기들 관할 구역인 서독 지역에 화폐 개혁을 단행하면서 기존에 유통되던 화폐를 폐지했습니다. 그러자 서독에서는 휴지 조각이 되어 버린 옛 독일의 화폐가 동독으로 대량 유입되었고, 이는 큰 혼란을 야기했습니다.

소련은 독일을 자본주의 국가로 만들지 말라며 베를린에서 서독의 각 지역으로 연결된 철도와 도로를 모두 막아 버렸습니다. 이를 '베를린 봉쇄'라고 합니다. 당시 독일의 수도 베를린은 동과 서로 나누어 소련과 미국 측이 각각 관할했는데 소련의 베를린 봉쇄 후 미국과 영국은 비행기를 이용해 서베를린 쪽에 필요한 물

소련이 서베를린으로 이어진 철도와 수로를 봉쇄하자, 미국과 영국은 비행기를 이용해 필요한 물건들을 수송해 공급했다.

건들을 보급하는 '베를린 공수'로 대응했습니다. 결국 소련이 1년 만에 봉쇄를 풀면서 대립은 끝났습니다. 하지만 이후 독일은 동독과 서독으로 나뉘어 냉전 시기 최전선에서 극단적인 이념 대립을 벌였습니다.

동아시아 열전과 세계 대전 위기

자본주의 세력과 공산주의 세력이 유럽에서 동과 서로 나뉘어 대립하던 냉전 시대에 동아시아는 '뜨거운 전쟁'을 치렀습니다. 중국 대륙에서는 중일 전쟁 기간 동안 함께 힘을 합쳐 일제에 대항했던 국민당과 공산당이 내전을 벌였고, 남북으로 분단된 우리나라에서는 북한의 남침으로 6·25 전쟁이 벌어졌습니다. 베트남은 식민 지배를 연장하려는 프랑스를 상대로 치열하게 싸웠고 프랑스가 물러간 뒤로 북쪽은 공산주의 세력이, 남쪽은 자본주의 세력이 자리를 잡아 서로 대립했습니다.

제2차 세계 대전 이후 세계 질서를 일반적으로 '냉전 체제'라 하는데, 동아시아에서는 '열전'이 벌어졌다니, 참 이상하지요? 제국주의 침략과 식민 지

배 과정에서 쌓여 왔던 각국의 사회·경제적 모순이 세계 대전 이후 독립과 함께 터져 나오기 시작했습니다. 결국 이것이 이념 대립과 결합해 열전으로 이어지고 말았습니다.

다만 동아시아의 열전은 제2차 세계 대전의 끔찍한 상처가 아직 생생하던 시기에 치러졌기 때문에 더 큰 전쟁으로 확대되지 않고 국지전에서 끝났습니다. 특히 당시 막 개발된 핵무기가 인류를 멸종시킬 수 있다는 두려움을 각인시켰기에 미국과 소련은 동아시아의 열전에 개입하더라도 세계 대전으로 확산되는 것을 경계했습니다.

스탈린이 미국 《타임》 '올해의 인물'에 선정되었다고요?

해마다 연말이 되면 미국의 영향력 있는 잡지 《타임》은 '올해의 인물'을 선정합니다. 미국 잡지라 그런지 미국 사람이 많이 뽑힙니다. 그런데 1939년과 1942년에는 소련 지도자 스탈린이 '올해의 인물'로 선정되었습니다. 스탈린은 무슨 일을 했기에 '올해의 인물'에 선정되었나요? 그것도 두 번씩이나요.

제2차 세계 대전 당시까지 우호적이었던 두 나라

냉전 시대에 미국과 소련이 서로 경쟁했다는 것은 많은 사람이 상식처럼 알고 있습니다. 그런데 이 두 나라가 원래부터 사이가 나빴던 것은 아닙니다. 오히려 서로 힘을 합친 적도 있었습니다. 그게 언제냐고요? 바로 제2차 세계 대전 때입니다. 당시는 히틀러가 이끄는 나치 독일과 전체주의 국가들이 세계를 장악하려 했고, 이에 맞서 소련과 미국은 연합국 측에서 함께 힘을 합쳐

스탈린의 얼굴이 등장한 1939년 《타임》(왼쪽)과 1942년 《타임》. 같은 인물이지만 다르게 묘사했다.

열심히 싸웠습니다.

이때 소련의 최고 지도자가 스탈린이었습니다. 당시 미국인들은 스탈린을 매우 좋게 생각했습니다. 이를 증명하는 것으로 미국의 유력 잡지 《타임》이 해마다 12월에 선정하는 '올해의 인물'에 스탈린이 뽑힌 것을 들 수 있습니다.

스탈린은 외국인으로는 드물게 두 번이나 《타임》의 '올해의 인물'에 뽑혔습니다. 제2차 세계 대전 초인 1939년에는 조롱과 멸시의 의미로 올해의 인물에 선정됩니다. 하지만 1942년에는 동부 전선에서 독일의 대대적인 공격을 막아 내는 등의 활약을 하며, 3년 전의 멸시를 뒤집고 긍정적인 평가를 받으며 올해의 인물로 선정되었습니다. 1942년 《타임》 표지에 실린 스탈린은 꽤나 잘생겨 보일 뿐만 아니라, 강직하면서도 인자한 인상을 줍니다. 이는 나치 독일을 물리친 세계 지도자로서 적절한 이미지로, 당시 미국 국민이 스탈린을 바라보는 시선을 반영하고 있습니다.

'철의 장막'이 드리워지다

제2차 세계 대전이 끝난 후, 혼란한 세계 질서를 어떻게 복구할 것인지에 관해 미국과 소련은 생각이 달랐습니다. 특히 소련은 독일과 동유럽 지역에 공산주의 국가가 들어서도록 정책을 펼쳤습니다. 동유럽에는 루마니아, 폴란드, 헝가리, 유고슬라비아, 체코슬로바키아 같은 공산주의 정권이 들어섰습니다.

소련의 동유럽 공산화에 미국과 영국은 불안했습니다. 이 시기에 제2차 세계 대전 당시 영국 수상이었던 윈스턴 처칠이 미국 웨스트민스터 대학에서 유명한 연설을 합니다. 연설의 주요 골자는 유럽 대륙을 가로질러 '철의 장막'이 드리워져 있고, 공산주의 확대라는 소련의 야욕을 막기 위해 여러 나라가 단결해야 한다는 것이었습니다. 이에 대해 스탈린은 처칠을 평화를 파괴한 히틀러에 비유하면서 맹렬히 비난했습니다.

이후 소련과 서유럽 자본주의 국가의 관계는 급속도로 나빠졌습니다. 더욱이 그리스에서 자본주의를 지향하는 정부군과 공산주의자들 사이에 내전이 일어나자, 당시 미국 대통령 트루먼은 그리스에 공산주의가 퍼지는 것을 저지한다는 선언을 발표했습니다. 1947년에 발표된 '트루먼 독트린'으로, 이 선언 이후 미국은 적극적으로 소련에 맞섰습니다. 미국은 비슷한 시기에 '마셜 플랜'도 발표했습니다. 미국의 국무 장관 조지 마셜이 주도한 이 계획은 전쟁으로 피폐해진 유럽 경제를 회복시킨다는 취지로 실시되었지만, 실제로는 공산주의의 확대를 막기 위해 서유럽에 엄청난 재정 지원을 하는 경제 원조 정책이었습니다.

미국의 조치에 소련도 가만있지 않았습니다. '코민포름', 즉 공산주의 협의체를 조직해 공산주의 진영을 하나로 묶었습니다. 또 '코메콘'이라는 이름의 동유럽 경제 상호 원조 회의를 구상해 미국의 마셜 플랜에 대항했습니다.

한편 소련은 미국·영국·프랑스가 관할하고 있던 서베를린에서 자본주의 체제가 확고해지자, 1948년에 서베를린으로 향하는 철도와 도로, 수도 등을 모두 끊어 버렸습니다. 이에 미국과 서유럽 자본주의 국가들은 비행기로 생필품을 실어 나르면서 소련의 봉쇄 작전에 맞섰습니다. 세계 여론은 미국 편이었습니다. 나빠진 세계 여론을 의식한 소련은 1949년 베를린 봉쇄를 풀 수밖에 없었습니다. 하지만 결국 독일은 자본주의 진영의 서독과 공산주의 진영의 동독, 2개의 독일로 나뉘었습니다. 베를린도 분할되었습니다. 우리나라 휴전선처럼 베를린에도 동서를 경계로 콘크리트 담장이 설치되었는데, 사람들은 이를 '베를린 장벽'이라 불렀습니다.

이외에도 미국과 서유럽 국가들은 '북대서양 조약 기구'를 만들어 강력한 방어 체제를 구축했습니다. 이에 대응해 소련과 동유럽 국가들은 '바르샤바 조약 기구'를 조직했습니다. 본격적으로 미국과 소련 두 강대국을 중심으로 하는 '냉전 시대'가 시작된 것입니다.

전 세계를 얼려 버린 소리 없는 총성

미국과 소련은 서로 자신의 체제가 우월하다는 것을 증명하려고 부단히 애썼습니다. 무엇보다 군사적으로 상대를 압도하기 위해 핵무기 개발에 열을 올렸습니다. 원자 폭탄은 1945년 미국이 처음 만들었지만, 1949년 소련도 개발에 성공했습니다. 이후 원자 폭탄보다 훨씬 강력한 수소 폭탄이 개발되었고, 대륙 간 탄도 미사일도 만들어졌습니다.

이처럼 신무기 개발 경쟁이 치열했던 시기에 '쿠바 미사일 위기'가 터져 세계를 긴장시켰습니다. 1962년 소련이 미국 턱밑에 있는 쿠바에 미사일 기지를 만들 예정이었습니다. 쿠바에 소련 미사일이 설치된다는 소식은 미국과 소련을 전쟁 직전까지 가게 했습니다. 다행히 소련이 한발 물러나 미사일 기지 설치를 유보하며 양국의 긴장 관계는 해소되었습니다.

미국과 소련은 1950년대부터 30여 년간 우주 개발 분야에서도 치열하게 경쟁했습니다. 1957년에 소련이 '스푸트니크'라는 세계 최초의 인공위성을 발사했습니다. 또 최초로 생명체를 태워 우주로 보내기도 했으며, 1961년에는 유리 가가린이 인류 최초로 지구 밖을 탐사했습니다. 자존심에 상처 입은 미국은 각고의 노력 끝에 1969년 아폴로 11호를 쏘아 올려 달에 사람을 보냈습니다. 이처럼 미국과 소련은 한 치 양보도 없이 정치·경제·과학 등 여러 분야에서 치열하게 경쟁했습니다.

왜 중국 사람들은 TV에
타이완 국기가 나오면 화를 낼까요?

최근 한 TV 예능 프로그램에 타이완 국기가 나오자 중국 네티즌들이 해당 프로그램 안 보기 운동을 벌였어요. 또 몇 해 전에는 타이완 출신 연예인이 한국에서 타이완 국기를 흔들었다고 해서 중국 네티즌들로부터 큰 비난을 받았어요. 타이완은 중국과 엄연히 다른 나라인데, 왜 중국 사람들은 이처럼 민감하게 반응할까요?

하나의 중국

중국의 정식 이름은 '중화 인민 공화국'이고, 타이완은 '중화민국'입니다. 두 나라는 정치 체제가 다릅니다. 중국은 공산당이 일당 지배하는 공산주의 체제지만, 타이완은 자본주의 체제입니다. 이런 설명을 들으면 두 나라가 엄연히 다른 나라 같지 않나요? 그런데 두 나라는 상대방을 공식 국가로 인정하고 있지 않습니다. 바로 '하나의 중국'이라는 원칙 때문입니다. 이게 무슨 뜻이냐고요? 중국은 하나이고 하나의 국가만 인정한다는 것입니다. 다시 말해, 서로 자기 나라가 유일한 중국이라고 주장한다는 것입니다.

최근 타이완에서는 하나의 중국을 고집하지 말고 대륙의 중국과는 별개의 독립 국가로 살아가자는 의견이 힘을 얻고 있습니다. 하지만 중국은 여전히 '하나의 중국' 원칙을 포기하지 않고 있습니다. 그래서 타이완이 정식 국가임을 나타내는 국기를 내걸면 중국 정치인들은 매우 예민한 반응을 보입니다. 외국의 방송 프로그램이나 올림픽 같은 국제 무대에 타이완 국기가 보이면 중국 사람들이 격렬하게 반발하는 것도 같은 이유 때문입니다. 그런데 두 나라는 왜 상대 국가의 존재를 인정하지 않는 걸까요?

국민당과 공산당의 대결

1911년 중국은 신해혁명이 일어나 황제 국가 청나라가 멸망하고 군주가 없는 공화정 국가 중화민국이 들어섰습니다. 혁명을 이끈 쑨원은 국민당을 조직해 새로운 국가를 꾸렸습니다. 당시 중국은 여러 나라의 침략을 받아 위기에 빠진 상태였습니다. 더구나 대륙의 각 지역에는 군인 정권인 군벌이 난립하고 있어서 통일 정부 구성도 힘들었습니다. 국민당은 군벌을 없애고 통일된 힘으로 외세의 침략에 대응해야 했습니다. 하지만 쑨원의 국민당 힘만으로는 난국을 타개할 수 없었습니다. 이때 국민당의 협력 대상으로 떠오른 세력이 중국 공산당입니다. 공산당과 국민당은 만들고자 하는 국가상은 달랐지만 중국 통일을 위해 힘을 합칩니다. 이를 '제1차 국공 합작'이라고 합니다.

힘을 합친 두 세력은 각 지역에 자리 잡은 군벌을 하나둘 없애 나갔습니다. 이 시기 국민당의 지도자 쑨원이 죽고 장제스가 뒤를 이었습니다. 군벌 문제가 점차 해결되자 장제스는 통합된 중국의 주도권이 공산당에 넘어갈까 걱정했습니다. 이에 공산당을 공격했고, 제1차 국공 합작은 깨졌습니다. 이후 두 세력은 서로를 원수처럼 여기며 기나긴 싸움을 이어갔습니다.

1931년 일본이 중국 땅인 만주를 점령하며 대륙 침략을 본격화했습니다. 그런데도 장제스는 공산당과 싸움에서 이기는 것이 먼저라고 생각했습니다. 당시 마오쩌둥이 이끄는 공산당은 국민당군의 끈질긴 공격에 15,000킬로미터나 되는 거리를 도망 다니며 저항했습니다. 국민당과 공산당이 힘을 합쳐 일본에 맞서도 이길까 말까 한 상황에서 내전에 열을 올리자 중국인들의 불만은 커졌습니다. 당시 국민당의 이인자 격이었던 장쉐량마저 장제스에 반발해 시안에 시찰 나온 장제스를 감금하며 국공 합작을 종용했습니다. 여론에 밀린 장제스는 일본과 싸우기 위해 다시 한번 공산당과 힘을 합쳤습니다. 이를 '제2차 국공 합작'이라고 합니다.

일본이 1937년 중일 전쟁을 일으켜 중국 본토를 압박하자, 국민당군과 공산당군은 힘을 합쳐 일본에 맞섰습니다. 1945년 일본이 패망할 때까지 국공 합작은 유지되었습니다. 그런데 공동의 적이 사라지자 공산당과 국민당은 다시 대립했습니다. 이번에는 전쟁 과정에서 힘을 키우고 토지 개혁으로 농민의 마음을 얻었던 공산당이 우세했습니다. 공산당은 중국 각지를 점령하며 국민당을 압박해 나갔습니다. 결국 장제스가 이끈 국민당은 중국 본토에서 밀려나 남쪽 섬 타이완에 자리 잡았습니다. 이때 장제스는 비록 섬으로 밀려났지만 언젠가는 본토를 되찾겠다고 작심했습니다. 반면 중국 본토를 장악한 마오쩌둥의 공산당은 중화 인민 공화국을 세우고 언젠가는 타이완을 흡수 통합하겠다고 다짐했습니다. 그런데 두 세력의 대결이 단기간에 끝나지 않았습니다. 당시 소련의 공산주의 세력과 세계 패권을 두고 대립하던 미국이 타이완을 적극 지원하며 보호했기 때문입니다.

현재의 양안 관계

지금도 중국과 타이완 두 나라는 타이완 해협을 사이에 두고 대립하고 있습니다. 이를 '양안 관계'라고 합니다. '양안'은 '바다를 사이에 두고 서로 마주보고 있는 땅'이라는 뜻입니다. 우리는 흔히 한국을 '세계 유일의 분단 국가'라고 표현합니다. 하지만 내전 이후 서로 다른 체제를 유지하고 있는 중국과 타이완도 우리와 별반 다르지 않습니다. 심지어 중국과 타이완 두 나라는 전쟁이 끝난 후에도 20년 가까이 포탄을 쏘아 대며 극심하게 대립했습니다.

그런데 2000년대로 들어서며 중국과 타이완은 매우 활발하게 교류하고 있습니다. 코로나19가 유행하기 직전까지 두 나라를 오가는 비행기만 하루에 550편이 넘었을 정도로 사람들의 왕래도 활발했습니다. 북한 여행은커녕 이산 가족 상봉조차 정기적으로 하지 못하는 우리로서는 부러울 따름입니다. 이는 중국과 타이완이 정치적 대립과 경제 교류는 분리한다는 원칙을 고수하기 때문입니다. 두 나라는 군사적 긴장 관계가 고조되었을 때도 민간 부분

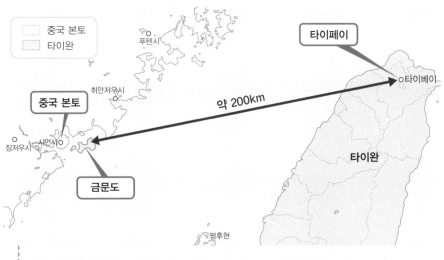

국공 내전이 끝난 후에도 중국은 타이완 땅인 금문도를 겨냥하여 대포를 쏘며 긴장 관계를 유지했었다.

의 경제·문화 교류는 멈추지 않았습니다. 남한과 북한의 정치적 긴장 관계에 따라 금강산 관광, 개성 공단 운영, 이산가족 상봉이 좌지우지되는 우리로서는 주목해야 할 부분입니다. 2023년 현재도 양안 관계는 미국과 중국의 대결 구도 속에 매우 복잡하게 전개되고 있지만, 2000년대 이후 서로 소통하기 위해 노력을 지속하고 있다는 점에서 남북 관계보다 통일을 위한 노력이 앞선 것은 분명해 보입니다.

74, 튀르키예가 형제의 나라로 불리는 이유는 뭔가요?

근래에 들어와 K-POP이 세계적으로 대단한 인기입니다. 유럽에서는 특히 튀르키예 사람들이 한류에 관심이 많습니다. 신기해서 '튀르키예'를 검색해 봤더니, 우리와 '형제의 나라'로 불리고 있습니다. 튀르키예는 우리나라와 엄청 멀리 떨어져 있습니다. 그런데도 왜 '형제의 나라'라 할까요?

6·25 전쟁에 참전한 튀르키예

튀르키예와 우리나라는 서로를 '형제의 나라'라 부르는 친밀한 사이입니다. 그 이유를 일부 사람들은 1,500여 년 전 고구려와 돌궐의 관계에서 찾기도 합니다. 당시 세계 최강이었던 고구려는 수나라와 당나라를 막기 위해 돌궐과 동맹을 맺었습니다. 그 돌궐이 나중에 서쪽으로 이동하면서 '튀르크'라고 불렸고, 오스만 튀르크를 거쳐, 오랜 기간 '터키'라는 나라 이름으로 불리다가 2022년 6월 이후 '튀르키예Turkiye'가 되었습니다.

그런데 고구려와 돌궐 사이를 가지고 '형제의 나라' 운운하기에는 어딘가 억지스럽습니다. 너무 오래 전인 1,500여 년 전의 일이니까요. 그렇다면 튀르키예는 언제부터 우리에게 형제의 나라로 여겨졌을까요? 아마 6·25 전쟁 이후일 것입니다. 1950년 6월 25일 북한의 기습적인 남침으로 대한민국은 혼비백산이 되었습니다. 이 어려운 시기에 세계 여러 나라는 한국에 전투 부대를 파견해 도움을 주었습니다. 튀르키예는 6·25 전쟁 당시 16개 파병국 중 하나로, 미국 다음으로 빨리 파병을 확정했습니다. 2만여 명이 넘는 튀르키예 젊은이가 한 달이 넘는 기간 동안 배를 타고 이역만리 한반도에 와서 싸워 주었습니다.

물론 튀르키예가 평화를 사랑하는 마음만으로 우리를 도와준 것은 아닙니다. 튀르키예가 아시아 대륙 동쪽 끝에 있는 남의 나라 전쟁에 참전했던 까닭은 당시 냉전 상황과 관련이 있습니다. 미국은 소련과 대립이 심해지자, 서유럽을 중심으로 '북대서양 조약 기구'라는 강력한 방어 체제를 만들었습니다. 또 미국은 이들 '북대서양 조약 기구' 회원국이 소련의 유혹에 넘어가 공산화되지 않도록 엄청난 재정 지원을 했습니다. 당시 튀르키예는 북대서양 조약 기구에 가입하기 위해 많은 노력을 기울였습니다. 하지만 튀르키예가 북대서양 조약 기구에 가입하기 위해서는 몇 가지 해결해야 할 과제가 있었습니다. 우선 튀르키예는 다른 회원국과는 달리 이슬람 국가였으며, 소아시아에 있습니다. 북대서양 조약 기구 회원국 대다수는 서유럽 국가였고, 그들은 미국이 제공하는 엄청난 경제 지원을 멀리 떨어진 다른 나라와 나눌 생각이 없었습니다. 이런 상황에서 6·25 전쟁이 터지자, 튀르키예는 그야말로 빛의 속도로 참전을 결정했습니다. 수많은 전사자가 발생했지만 미국 등 국제 사회는 튀르키예의 용맹함에 감탄했고, 동지로 인정했습니다. 그 결과 튀르키예는 그토록 갈망하던 북대서양 조약 기구에 가입할 수 있었습니다. 그렇다고 6·25 전쟁 당시 튀르키예 군인들이 우리 땅에서 흘린 피를 폄하할 필요는 없습니다. 그들의 헌신적인 도움이 있었기에 우리는 북한군을 물리치고 현재의 대한민국을 건설할 수 있었습니다.

달을 닮은 소녀, 아일라 이야기

2017년 튀르키예에서는 〈아일라〉라는 영화가 개봉되어 엄청난 인기를 얻었습니다. 500만 명이 넘는 사람들이 영화를 관람해 튀르키예 영화사상 역대 5위의 관객 수를 기록했습니다. 한편 이 영화의 주인공을 연기한 어린이는 튀르키예에서 '국민 동생' 대접을 받으며 대통령을 만날 정도였다고 합니다.

〈아일라〉는 6·25 전쟁에 참전한 어느 튀르키예 군인의 경험을 담은 영화로, '슐레이만'이라는 군인의 실화에 바탕을 두고 있습니다. 슐레이만은 튀르키예 사람입니다. 양복을 입고 자전거를 타는 낭만파 젊은이였던 그는 주위의 걱정을 뒤로하고 머나먼 한반도에 파병됩니다. 슐레이만은 폐허가 된 전쟁터에서 어둠 속에 남겨진 5세 소녀를 발견합니다. 그는 부대에 소녀를 데려와 튀르

한국 전쟁 당시 튀르키예인 병사와 한국인 고아 소녀의 우정을 담은 영화 〈아일라〉는 튀르키예에서 500만 명이 넘는 관객이 관람했다.

키예어로 '달'이라는 뜻의 '아일라'라는 이름을 지어 줍니다. 슐레이만과 아일라는 전쟁터에서 서로 의지하며 마치 아버지와 딸처럼 소중한 관계가 됩니다. 하지만 종전과 함께 슐레이만은 귀국 명령을 받습니다. 그는 아일라와

함께 고향으로 가기 위해 여러 모로 애썼지만 방법을 찾지 못하고 결국 혼자 튀르키예로 돌아갔습니다. 그로부터 60년간 슐레이만은 아일라를 잊지 않고 기억했습니다. 튀르키예에 돌아온 후에도 계속 한국에 연락해 아일라를 찾았지만 생사 여부를 알 수 없었습니다. 그러다 한국의 방송국에서 돕겠다는 연락이 왔고, 슐레이만과 아일라는 기적적으로 재회의 기쁨을 누립니다. 5세 어린 꼬마였던 아일라는 65세의 노인이 되어 있었습니다. 아일라가 슐레이만을 알아보고 품에 안겨 감격의 눈물을 흘리는 모습은 많은 사람을 감동시켰습니다.

베트남 전쟁이 우리에게도
후유증을 남겼다고요?

베트남 전쟁은 미국이 주도해 치른 전쟁으로 알고 있어요. 그런데 그 전쟁에 우리 군인들도
참여했다면서요? 한국 군인들은 왜 남의 나라 전쟁에 참여했을까요? 또한 베트남 사람들은
우리 국군을 어떻게 기억하고 있을까요?

베트남 전쟁이 우리에게 남긴 것

1955년부터 1975년까지 무려 20여 년 간 장기전으로 치러진 베트남 전쟁에 미국은 55만여 명의 군인을 파병하고 1백만 톤이 넘는 폭탄을 쏟아부었습니다. 그뿐만 아니라 한국, 오스트레일리아, 뉴질랜드, 태국, 필리핀 등여러 나라가 미국의 요청으로 자국 군대를 전쟁에 투입했습니다.

우리나라는 미국 다음으로 많은 병력을 베트남 전쟁에 파병했습니다.

1964년 9월 비전투 부대 파병을 시작으로 1973년까지 무려 32만여 명의 국군이 베트남에 가서 베트남 인민군을 상대로 전투를 치렀습니다.

한국군의 대규모 파병은 우리와 미국 양측의 이해관계가 맞아떨어진 결과였습니다. 당시 우리 정부는 베트남 전쟁 때문에 한반도 안에 주둔하고 있는 미군이 축소되는 것을 막기 위해 군대를 보냈습니다. 또한 파병을 통해 한·미 동맹을 강화시킬 수 있었고 미국에게 받을 원조의 확대도 기대할 수 있었습니다. 한편 미국은 베트남의 자유와 평화를 위해 여러 나라가 함께 치르는 전쟁이라는 명분을 가질 수 있었으며, 군사적으로도 도움을 받을 수 있었습니다.

이처럼 두 나라의 이해관계가 맞아 떨어진 상태에서 한국군의 베트남 파병에 대한 미국의 군사 원조 및 경제 지원을 약속한 '브라운 각서'가 만들어졌습니다. 각서 내용은 크게 두 가지로 요약할 수 있습니다. 첫째, 미국은 한국군의 현대화를 위해 다양한 군수 물자를 제공하고 베트남 파병 관련 비용을 부담했습니다. 또한 베트남으로 파병된 한국군의 해외 근무 수당을 제공했으며 전사자나 부상자에 대한 보상금도 지불했습니다. 둘째는 한국 경제를 적극 지원했습니다. 파병된 한국군 부대에 필요한 물자와 장비를 미국이 한국에서 구매하고, 미군과 베트남군을 위한 물자도 한국에서 사와 한국 경제가 성장하는 데 도움을 주기로 했습니다. 여기에 한국의 수출 역량을 키우기 위해 미국이 기술 원조를 강화하고 이미 약속했던 1억 5,000만 달러 외에 추가 차관을 제공해 주기로 했습니다.

한국군의 베트남 파병은 우리 군의 현대화와 경제 발전에 도움을 주었습니다. 한국 건설업체의 베트남 진출과 인력 수출 그리고 참전 군인들이 미국으로부터 받은 월급인 달러가 들어와 우리나라는 한동안 '베트남 특수'를 누렸습니다.

우리가 베트남에 남긴 것, 꼭 기억해야 할 역사

그런데 한국군의 베트남 참전은 우리나라에 경제적 이득만 가져다주었을까요? 그건 아닙니다. 빛이 강하면 그림자도 짙은 법입니다. 한국군의 베트남 참전은 경제적으로 큰 이득을 가져왔지만 우리나라의 많은 젊은이들이 머나먼 베트남에서 전사했으며, 국제적인 비난을 감수해야 했습니다. 한국은 맹호 부대와 청룡 부대, 백마 부대 등 30만 명이 넘는 전투 병력을 베트남에 파병했습니다. 그 과정에서 1만 6,000여 명의 사상자가 발생했습니다. 또한 많은 참전 군인들이 고엽제 피해 등으로 지금도 후유증에 시달리고 있습니다.

한편 우리 군도 베트남에 상처를 남겼습니다. 라이따이한 문제가 아직 해결해야 할 과제로 남아 있습니다. 라이따이한은 베트남 전쟁 당시 한국인 남성과 현지 베트남 여성 사이에서 태어난 자녀를 말합니다. 전쟁 당시 태어난 라이따이한은 1만 5,000명에서 3만 명 정도로 추정됩니다. 이들은 전쟁 후 베트남 땅에 남겨졌고 '적군의 핏줄'이라는 이유로 사회적 멸시와 가난, 폭력에 시달렸습니다. 학교 교육을 제대로 받지 못해 문맹이 된 사람도 많았습니다.

또한 전쟁터였던 베트남에서는 전투 과정에서 수많은 민간인 사상자가 발생했습니다. 베트남 사람들은 한국군이 주둔했던 여러 곳에서 참혹한 민간인 학살이 있었다고 증언합니다. 한국군의 전쟁 범죄 문제는

영화 〈기억의 전쟁〉은 베트남에서 벌어진 한국군의 민간인 학살을 증언한다.

2000년대 이후 우리나라에서도 주목하고 있습니다. 영화 〈기억의 전쟁〉은 베트남에서 벌어진 한국군의 민간인 학살에 관한 증언을 담고 있습니다. 영화 속에서 피해자들은 학살을 자행한 군인들에게 왜 그랬냐고 묻고 사과받고 싶어 합니다. 학살이 벌어진 마을의 생존자들은 2021년 한국 법원에 피해 보상 소송을 청구했습니다. 당시 파병된 군인이 법정에서 민간인 학살이 있었다는 증언도 했습니다.

한베 평화 재단을 비롯한 여러 시민 단체들이 피해 입은 베트남 사람을 지원하며 전쟁의 고통을 치유하기 위해 노력하고 있습니다. 이들 시민 단체와 일부 국회 의원을 중심으로 '베트남 전쟁 민간인 피해 사건 조사에 관한 특별법' 제정을 위한 논의가 진행 중이기도 합니다. 또한 2018년에는 문재인 대통령이 김대중, 노무현 대통령에 이어 베트남 전쟁 당시 민간인 학살 관련해 유감의 뜻을 나타냈습니다. 하지만 우리 정부의 공식 사과는 아직 이루어지지 않고 있습니다. 우리가 일본 정부에 식민 지배에 따른 한국인의 피해에 대해 진실한 사과를 요구하는 것처럼, 우리도 하루라도 빨리 베트남에 진정한 사과를 해야 합니다. 그래야 우리 대한민국과 베트남의 유대 관계가 더 깊어지고 두 나라의 앞날이 더 밝아질 것입니다.

제3 세계는
어디를 말할까요?

아시아, 아프리카, 아메리카도 아니고 '제3 세계'라니 처음 들어 봐요. 민족이나 지리적인 기준으로 분류한 것도 아닌 것 같은데, 제3 세계는 도대체 어디를 말하는 걸까요? 제3 세계가 있다면 제1 세계, 제2 세계도 있나요? 거긴 어디인가요?

냉전 체제 속에서 형성된 제3 세계

제2차 세계 대전 이후 세계는 점점 미국 중심의 자본주의 세력과 소련 중심의 공산주의 세력으로 나뉘어 대치했습니다. 냉전이 격화되던 시대에 미국을 중심으로 하는 서유럽 국가들을 제1 세계, 소련을 중심으로 하는 동유럽 공산권을 제2 세계라 했습니다. 그리고 그 어느 쪽에도 속하지 않으며 독자적 길을 걸으려 했던 아시아, 아프리카, 라틴아메리카의 개발 도상국 들을

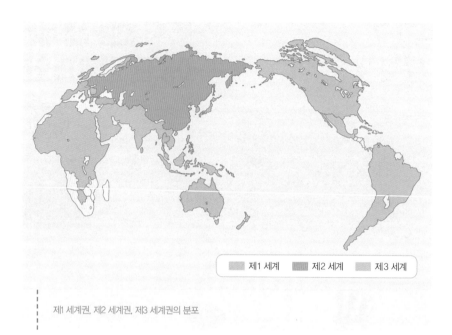

제1 세계   제2 세계   제3 세계

제1 세계권, 제2 세계권, 제3 세계권의 분포

'제3 세계'라 했습니다.

미국과 소련에서는 제3 세계의 신생국들이 자기편에 서 주기를 원했습니다. 그러나 신생국들은 제1 세계와 제2 세계의 패권 싸움에 개입하고 싶지 않았습니다. 제3 세계 국가들은 냉전 체제를 비판하며 자본주의도 공산주의도 아닌 새로운 길, '제3의 길'을 개척하려 했습니다.

중립의 길을 걸으려 했던 제3 세계권

그러나 개별 국가 체제로는 힘이 약했습니다. 그래서 신생국들은 하나의 그룹으로 연대해 이데올로기 대립으로부터 거리를 두는 '비동맹주의' 전략을 선택했습니다. 그러면서 제1 세계, 제2 세계와 구분되는 제3 세계 국가가 등장하게 되었습니다.

1955년에 아시아와 아프리카의 여러 국가들이 참여한 인도네시아 반둥

회의는 본격적인 제3 세계 국가 연대의 시작점입니다. 이 회의는 냉전 속에서 중립을 지키고 아시아와 아프리카 국가 사이에 긴밀한 유대 관계를 형성하기 위해 개최되었습니다. 회의를 주도한 나라는 인도였습니다.

제3 세계 체제는 1960년을 전후로 아프리카 국가들이 대거 독립해 체제 내에 들어오면서 유엔 회원국 중 다수를 차지하게 되었고 점차 존재감이 커졌습니다. 제3 세계는 국제 연합이나 유네스코 같은 전문 기구에서 미국, 소련 같은 강대국이나 선진국에 대항해 자신들의 뜻을 관철하기 위해 힘을 모으기도 했습니다. 영화 〈모가디슈〉에는 우리나라와 북한이 유엔 가입을 위해 회원국이었던 아프리카 소말리아의 수도 모가디슈에서 외교 활동을 펼치던 1991년 모습이 나옵니다. 영화를 보면 당시 제3 세계가 가지고 있던 유엔 내 발언권과 영향력을 어느 정도 가늠해 볼 수 있습니다.

오늘날 제3 세계

제2차 세계 대전 이후 1960년까지 아시아에서는 16개국, 아프리카에서는 23개국이 독립했습니다. 하지만 서구 제국주의가 남겨 놓은 비정상적인 정치, 경제, 사회 구조를 정상화시키는 과정 속에서 많은 진통들이 생겨났습니다.

제2차 세계 대전 이후 서구 식민지 아래 있던 제3 세계권에서는 반서방 민족주의 목소리가 높았습니다. 제3 세계 입장에서 서구 민주주의는 다른 나라를 약탈해서 부유해진 물질적 토대 위에서 벌이는 그들만의 축제로 보였습니다. 그렇기에 사회주의를 지향하는 형태의 혁명적 민주주의가 등장했습니다. 개인의 자유나 결정보다는 국가 권력이 경제와 사회 정책을 통제해야 한다는 것이 당시 제3 세계권 혁명가들의 생각이었고, 이것은 독재의 형태로 나타났습니다.

강대국은 자국의 이익을 위해 사실상 독재를 묵인했습니다. 미국은 '제3 세계 어떤 독재라도 반미나 공산 독재보다는 낫다'는 태도를 보이기도 했습니다. 하지만 사회주의 국가들이 붕괴된 이후 강대국들은 제3 세계의 독재에 비판의 목소리를 높이고 있습니다. 여기에 독재에 지친 제3 세계의 국민들도 군부 독재에 저항하며 민주화를 이루기 위한 노력을 멈추지 않고 있습니다. 제3 세계는 독재에서 벗어나 진정한 민주주의를 이루기 위해 조금씩 나아가고 있습니다.

1960년을 '아프리카의 해'라고 한다면서요?

2020년 벨기에 필리프 국왕이 콩고 민주 공화국 대통령에게 사과 편지를 보냈습니다. 과거 벨기에가 콩고를 가혹하게 식민 지배한 적이 있기 때문입니다. 아프리카 국가 대부분은 과거 유럽 열강의 식민지였습니다. 이들 아프리카 국가들은 언제부터 식민 지배에서 해방되어 자유를 되찾게 되었을까요?

독립에 나서는 아프리카 국가들

유럽 열강의 수탈에 시달리던 아프리카는 두 차례의 세계 대전이 끝난 후에도 오랫동안 식민지로 남아 있었습니다. 제1차 세계 대전 직후 파리 강화 회의에서 등장했던 민족 자결주의는 영국, 프랑스 등 승전국의 식민지에는 적용되지 않았고, 제2차 세계 대전 이후에도 열강들은 자신들의 돈줄이던 아프리카를 포기하지 않았습니다. 금, 고무 등 천연자원에 대한 경제적 지배는

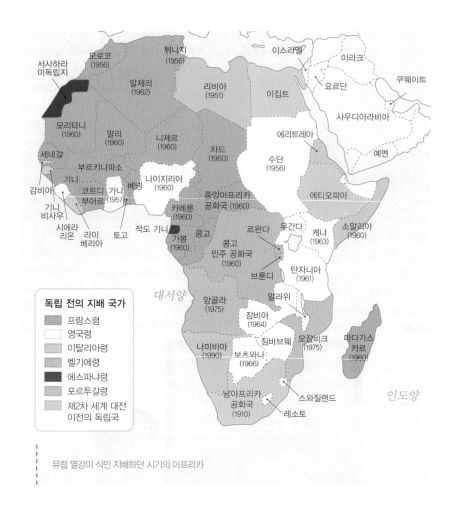

독립 전의 지배 국가
- 프랑스령
- 영국령
- 이탈리아령
- 벨기에령
- 에스파냐령
- 포르투갈령
- 제2차 세계 대전 이전의 독립국

유럽 열강이 식민 지배하던 시기의 아프리카

신식민주의라는 형태로 계속되었고, 식민지에서 벗어나려는 아프리카인들의 열망은 아프리카에 대한 지배를 강화하려는 열강들의 속셈과 충돌하며 갈등을 빚었습니다.

그러나 아프리카는 두 차례의 세계 대전을 겪으며 민족주의가 성장했고, 아랍인이 다수였던 리비아는 1951년 독립을 쟁취했습니다. 1954년 프랑스 식민지였던 알제리의 투쟁을 시작으로 민족주의 운동은 더욱 확산되었습니다. 그러던 중 1955년 인도네시아 반둥에서 아시아 – 아프리카 회의가 개최되었습니다. 인종과 국가 간의 평등, 주권과 영토 보전 등을 내세운 '평화 10원칙'은 독립을 바라는 아프리카인의 마음에 불을 붙였습니다. 1956년에는 모로코와 튀니지가 독립하면서 북아프리카에는 여러 독립국이 들어섰습니다.

1960, '아프리카의 해'

북아프리카 지역을 제외한 사하라 사막 이남 지역에서 가장 먼저 독립한 나라는 영국 식민지였던 가나(옛 영국령 골드 코스트)였습니다. 가나의 독립운동가 은크루마는 제2차 세계 대전이 끝난 1945년부터 꾸준히 범아프리카주의를 주장하며 아프리카 독립을 이끌었습니다. 그는 반영 민족주의 운동을 벌이다가 투옥되었지만, 1952년 감옥에서 총리로 당선되었고 1957년 가나 독립을 쟁취했습니다.

가나의 독립에 용기를 얻은 아프리카인들이 하나둘 목소리를 높였습니다. 1960년에는 카메룬을 비롯해 소말리아, 나이지리아 등 17개국이 독립했습니다. 이 해에 많은 나라들이 독립국이 되었기에 사람들은 1960년을 '아프리카의 해'라 했습니다.

식민지 독립 후 아프리카 현실을 극명하게 보여 준 콩고 내전

벨기에의 가혹한 지배를 받던 콩고는 1960년 민족주의 운동가 루뭄바의 지도 아래 독립을 맞았습니다. 그러나 콩고는 또 다른 시련을 겪어야 했습니다. 카탕가 지역의 분리 독립이 문제였습니다. 카탕가 지역 광산은 콩고 국가 수입의 절반 이상을 차지하는 노른자 중의 노른자 땅이었습니다. 콩고에 대한 경제 이권을 포기하고 싶지 않았던 열강들은 카탕가를 콩고로부터 분리하기 위해 치밀하게 개입해 내란을 부추겼습니다. 카탕가의 분리 독립을 반대하던 루뭄바는 피살되었고, 콩고는 5년 동안 내전을 치르며 수만 명의 사상자를 냈습니다. 이후 콩고에서는 모부투 독재 정권이 들어서 32년 동안 국민의 자유를 억압했습니다. 1996년 내전이 발생해 1997년 모부투 정권이 붕괴되었지만, 종족 간의 대립으로 1998년부터 2003년까지 제2차 콩고 내전이 발생해 400만 명 이상이 죽고, 2,500만 명이 난민이 되어 세계 각지를 떠돌고 있습니다. 또한 코로나19로 세계 각국이 문을 닫고 있던 2021년에도 콩고에서는 반군과 정부군 간의 총격전으로 100명 이상이 죽었습니다.

78 중국이 스스로 전통문화를 파괴했던 적이 있다고요?

얼마 전 유교식 의례인 종묘 제례악 중 일부 춤이 유교가 만들어진 중국에는 없고 오직 우리 나라에서만 전승되고 있다는 사실을 알게 되었어요. 또 세계에서 유일하게 남아 있는 원나 라 법전이 우리나라에 있다는 소식도 들었어요. 둘 다 중국이 원조인데 왜 우리나라에만 남 아 있는 걸까요?

중국인들은 왜 자신들의 문화를 파괴한 거에요?

대약진 운동의 실패

마오쩌둥이 이끄는 공산당은 국민당 세력을 타이완으로 쫓아내고 대륙 전 체를 장악한 후 중화 인민 공화국을 수립했습니다. 신중국 정부는 오랜 전쟁 으로 폐허가 된 나라를 다시 세우기 위한 작업에 돌입했습니다. 대지주의 토 지를 몰수해 농민에게 나눠 주는 등 토지 개혁을 통해 농촌 사회를 안정시키 려 했으며, 산업화에도 박차를 가해 본격적인 사회주의 체제 확립을 위한 계획 경제를 시행했습니다.

마오쩌둥은 사회주의 체제를 구축했으니 이제는 공산주의 사회 실현을 앞당겨야겠다고 생각했습니다. 소련의 스탈린이 죽은 후 소련과 대립으로 중국은 '사회주의의 원조' 소련의 발전 모델을 접고 독자적이면서 더욱 빠른 중국만의 공산주의 노선을 채택했습니다. 당시 마오쩌둥은 야심찬 목표를 달성하는 기적을 이루기 위해 '대약진 운동'을 시작했습니다.

이게 무슨 운동이냐고요? 대약진 운동은 '제사해 운동'과 '토법고로'로 상징됩니다. 제사해 운동除四害運動은 네 가지 해로운 것을 없애자는 운동으로, 인간에게 해롭다고 생각되는 쥐, 파리, 모기, 참새를 제거하는 것을 목표로 했습니다. 농촌에 현장 지도를 나갔던 마오쩌둥은 벼 이삭을 쪼아 먹는 참새를 발견하고 농업

제사해 운동 포스터. 제사해 운동은 인간에게 해롭다고 생각되는 쥐, 파리, 모기, 참새를 제거하는 것을 목표로 삼았다.

생산량이 저조한 까닭이 '참새' 때문이라 생각해 박멸을 지시했습니다. 그런데 이 운동으로 중국에서 참새는 멸종 위기종이 되었고, 생태계의 균형이 무너지면서 해충이 번성해 농사를 그르쳤습니다. 그 결과 3년간 대기근이 이어져 4,000만 명 이상의 인민이 굶어 죽자 중국 공산당은 부랴부랴 소련에서 참새를 수입해 와야 했습니다.

토법고로土法高爐는 소규모로 만든 작은 용광로에서 농민들이 직접 철강을 생산하자는 운동입니다. 대약진 운동 당시 중공업 중심의 산업화가 추진되었기 때문에 철강 생산은 매우 중요했습니다. 다량의 철을 생산하기 위해서는 근대적 기술 혁신이 필요했지만, 당시 중국 상황에서 기술 혁신을 통한 대량 철 생산은 꿈 같은 일이었습니다. 마오쩌둥은 "더 많이, 더 빠르게, 더 잘,

그리고 더 경제적으로"라는 구호를 내세우며 각 마을별로 농민들이 직접 소규모 용광로를 만들어 철을 생산하자고 부추겼습니다. 하지만 이 운동의 성과는 변변치 않았습니다. 각 마을에서는 당의 명령에 따르기 위해 철로 된 물건은 무엇이든 긁어모아 자체적으로 제작한 용광로에 넣어 철을 생산했지만, 그 철의 품질은 조악하기 그지없었습니다.

스스로 힘을 다해 강대국이 되고자 했지만, 대약진 운동의 결과는 매우 비참했습니다. 대약진 운동 과정에서 수많은 사람이 굶주림 속에 죽었습니다. 결국 이 운동은 1962년 중단되었고 마오쩌둥은 실패에 책임을 지고 중국 주석 자리에서 물러났습니다.

옛것은 모조리 없애자

마오쩌둥이 주석 자리를 사임한 후 실용주의자 류샤오치가 중국을 이끌었습니다. 그는 대약진 운동의 실패를 반성하며 대책을 논의하기 위해 회의를 열었습니다. 이 자리에서 류사오치는 공산당을 대표해 "3푼이 천재天災, 7푼이 인화人禍"라며 당 정책의 잘못이 컸음을 솔직히 인정했습니다. 마오쩌둥도 당 중앙의 잘못은 전적으로 자신의 책임이라 말했습니다. 이러한 자아비판이 마오쩌둥에게는 참기 힘든 모욕이었습니다.

대약진 운동의 실패로 정치적 입지가 좁아진 마오쩌둥은 중국의 현실이 진정한 사회주의에서 벗어나고 있다고 주장하며 극단적인 사회주의 운동을 전개했습니다. 그는 류사오치를 비롯한 공산당 내 실용주의 노선을 추구하는 사람들을 비판하며 이들의 숙청 없이 혁명 과업을 달성할 수 없다고 주장했습니다. "자본주의와 전근대적인 문화를 몰아내자", "새로운 사회주의를 실천하자"는 구호 아래 '문화 대혁명'이 시작되었습니다.

문화 대혁명은 또 뭐냐고요? 1966년부터 1976년까지 10년간 중국 최고

문화 대혁명 시기 청소년으로 구성된 홍위병은 악습이라고 비난받은 전통 문물과 문화재를 파괴하고, 마오쩌둥과 뜻을 달리하는 사람을 처단하는 데 앞장섰다.

지도자 마오쩌둥에 의해 주도된 극단적인 사회주의 운동입니다. 간단히 말해 공산주의 체제 정착에 도움이 되지 않는 전근대적인 문화와 자본주의를 타파하자는 운동입니다. 마오쩌둥은 1950년대 말 대약진 운동의 실패로 좁아진 자신의 정치적 입지를 문화 대혁명을 통해 재정립하고 반대파를 몰아낼 계획이었습니다. 그는 부르주아 세력을 몰아내고 자본주의를 타도해야 한다고 주장했고, 이를 실현하기 위해 청소년들이 나서야 한다고 강조했습니다. 마오쩌둥의 발언에 전국의 학생들이 벌 떼처럼 움직였습니다. 그들은 홍위병이라는 조직을 만들어 함께 몰려다니며 악습이라고 비난받은 전통 문물을 파괴하고 마오쩌둥과 행동을 달리했던 류사오치 같은 실용주의자를 공산주의 체제를 혼란에 빠트리는 수정주의자로 몰며 한순간에 중국 대륙 전체를 얼어붙게 했습니다.

'홍위병'은 또 뭐냐고요? '마오를 지키는 붉은 병사'라는 뜻으로 "기존의 낡은 것은 쓸어버리고 체제와 권위에 대항하라"는 마오의 말에 학생들이 폭발적으로 호응하며 학교마다 만들어진 조직입니다. 그들은 마오쩌둥과 뜻을 같이 하지 않는 교수나 교사를 대자보를 통해 비판하고 전통문화를 낡은 것이라 주장하며 파괴하는 데 앞장섰습니다. 이 시기에 공자묘가 파헤쳐졌고 중국 최대 도교 유적지인 노자 강경대가 훼손되는 등 각종 문화재와 예술품이 봉건적인 잔재로 규정되어 파괴되고 불태워졌습니다.

한편 문화 대혁명 시기의 광기는 인권 유린으로도 이어졌습니다. '반혁명 인사'로 지목되기만 하면 홍위병이 개최한 집회에 끌려 나와 자아비판을 해야 했습니다. 많은 관리와 지식인, 학자가 자아비판과 모욕을 견디지 못하고 학대 끝에 목숨을 잃거나 자살로 생을 마감하는 경우가 많았습니다. 문화 대혁명은 마오쩌둥이 죽으면서 끝났습니다. 이 운동으로 300여만 명의 중국 공산당원이 숙청되었고, 경제는 이전보다 더 피폐해졌으며 사회 혼란은 격심했습니다. 1981년 6월 중국 공산당은 '문화 대혁명은 당과 국가, 인민에게 심한 좌절을 가져다준 사건'으로 마오쩌둥의 책임이라고 발표했습니다.

옛날 것은 모두 버려야 할 것일까?

문화 대혁명 시기에 파괴된 대표적인 문화재로 공자묘가 있습니다. 홍위병은 공자를 봉건사상의 상징으로 여겨 그의 묘를 파헤치고 파괴했습니다. 이러한 전통 파괴는 현대 사회로 전통 문화가 전승되며 발전하는 것을 단절시켜 한·중 수교 이후 중국은 우리나라 문묘에 전통 제례 방법을 배우러 와야 했습니다.

중국은 문화 대혁명으로 사회가 전체적으로 파괴되면서 인문·사회·예술 등 모든 분야에서 계승되지 못하고 사라진 전통 문화가 많습니다. 옛날 것은 모두 안 좋은 걸까요? 과거 없이 오늘이 있을 수 없고, 과거가 모여 현재와 미래를 이룹니다. 지나간 것이라고 낡은 것, 오래된 것으로 취급하며 하찮게 생각할 게 아닙니다. 전통을 기반으로 현재를 인식해야 더 나은 미래로 나아갈 수 있습니다.

자본주의와 사회주의가 공존할 수 있을까요?

얼마 전 TV에서 〈붉은 자본주의〉라는 다큐멘터리를 봤어요. 중국 공산당 100년 기획으로 만들었다고 해요. 그런데 아무리 생각해도 제목이 이상해요. 붉은색은 보통 사회주의를 상징하고, 자본주의는 사회주의와 반대잖아요. 이 두 가지가 과연 섞일 수 있는 건가요? 중국은 대체 어떤 나라죠?

미국 대통령 닉슨이 중국에 가다

'붉은 자본주의'라는 말이 아무리 생각해도 이상하지요? 하지만 조금만 깊게 생각해 보면, 이 둘의 조합이 그렇게 모순되지 않는다는 것을 알 수 있습니다. 중국은 현재 자본주의 체제를 도입해서 경제 발전을 도모하고 있습니다. 단지 시장 경제를 보이지 않는 손에 맡기지 않고, 중국 공산당의 지도와 통제로 작동하는 자본주의를 추구하고 있을 뿐입니다. 그렇다면 중국은 과연 언제부터 이런 경제 실험에 나섰을까요?

1960년대 중국은 위기에 봉착했습니다. 공산주의 국가의 맏형 격이었던 소련과 사이가 벌어져 급기야 중·소 국경에서 크고 작은 분쟁이 일어났습니다. 여기에 문화 대혁명의 영향으로 경제는 최악의 상황이었습니다. 이에 중국은 미국과 우호적인 관계를 만들어 고립에서 벗어나고 경제도 살리려 했습니다.

이러한 배경 속에 중국과 미국의 관계를 급속도로 가까워지게 한 것은 스포츠였습니다. 두 나라 탁구 선수단이 상호 방문 경기를 가지며 양국의 분위기를 크게 호전시켰습니다. 탁구가 가져다준 따뜻한 봄, 이른바 '핑퐁 외교'였습니다. 이후 양국 관계는 조금씩 냉기가 풀리며 급기야 1972년 2월에는 미국 대통령 닉슨이 직접 중국의 수도 베이징을 방문해 마오쩌둥을 만났습니다. 사상 최초로 미국 대통령이 중국 땅에 발을 디딘 것입니다. 마오쩌둥과 닉슨은 정상 회담을 통해 서로의 마음을 열었으며, 이후 미국과 중국의 외교 관계는 급격히 진전되어 1973년에는 두 나라 사이에 연락 사무소가 개설되었고, 1979년에는 정식 수교가 이루어졌습니다.

검은 고양이든 흰 고양이든 쥐만 잘 잡으면 된다

1976년 9월에 마오쩌둥이 세상을 떠나자, 뒤를 이어 덩샤오핑이 중화 인민 공화국을 이끌었습니다. 철저한 실용주의자였던 그는 우선 마오쩌둥에 대해 '공칠과삼功七過三', 즉 "잘한 것이 7이고 잘못한 것은 3이다"라고 평가했습니다. "마오쩌둥이 말년에는 잘못을 했지만, 전 생애를 통해 볼 때 중국 공산당 혁명의 아버지로, 잘한 것이 잘못한 것보다 훨씬 많다"며 과거 역사를 매듭지었던 것입니다. 덩샤오핑의 이러한 입장 표명은 정치적으로는 마오쩌둥이 제창한 사회주의를 계승하면서 경제적으로는 시장 경제를 받아들인다는 실용과 조화를 표방했다고 말할 수 있습니다.

덩샤오핑의 경제 정책은 이른바 '흑묘백묘론'으로 요약됩니다. 우리말로 바꾸면 '검은 고양이든 흰 고양이든 고양이는 쥐만 잘 잡으면 된다'는 뜻입니다. 중국 경제 발전에 도움이 된다면 자본주의 경제 노선인 시장 경제 정책을 도입해서라도 적극적인 개혁을 추진하겠다는 단호한 표현입니다.

덩샤오핑의 개방 정책 선언에 따라 중국 경제는 빠르게 성장했습니다. 우선 그는 홍콩과 가까웠던 광둥성의 선전을 경제 특별 구역으로 지정했습니다. 작은 어촌 마을에 불과했던 선전은 외국의 기술과 자본을 받아들이며 엄청난 경제 성장을 이루었습니다. 이후 덩샤오핑은 선전의 실험을 표본 삼아 상하이를 비롯한 여러 지역을 경제 특구로 지정하며 개방 정책을 더욱 확대했습니다.

경제는 발전했지만, 정치는 멈춰서다

개방 정책을 통해 중국은 상당히 풍요로워졌습니다. 생활이 풍족하니 사람들의 의식과 수준도 함께 높아졌습니다. 중국인들은 그동안 관심을 가지지 않았던 자유와 평등에 눈을 돌렸습니다. 그들이 보기에 중국은 아직도 부패에 찌든 관리들이 판을 치고 있었고, 사상과 표현의 자유는 주어지지 않았습니다.

한편 중국의 경제는 나날이 성장함에도 불구하고, 빈부 격차는 해소되지 않고 해가 지날수록 격차가 심해졌습니다. 이러한 상황에 많은 사람이 분개했습니다. 부의 분배가 제대로 이루어지지 않고 소수 사람만 잘살았기 때문입니다. 사람들은 불만을 터뜨렸습니다.

"중국은 더 빠른 속도로 부자가 될 것이라고 말한다. 하지만 민중의 주머니는

1989년 5월 베이징 톈안먼 광장에서 일어난 민주화 시위를 진압하기 위해 다가오는 전차를 한 시민이 막고 있다.

불어나지 않았고, 검은 고양이와 흰 고양이는 더 뚱뚱해졌다. (…) 새로운 호텔들이 지어지면서 도시의 얼굴이 변했지만, 인민들이 살 만한 집은 아직도 부족하다."

1989년 5월 베이징 톈안먼 광장에서는 엄청난 수의 사람이 모여 정치 개혁과 중국의 민주화를 요구하는 시위를 벌였습니다. 시위를 저지하고 치안을 유지해야 하는 공안(경찰)들 일부도 이 운동을 지지했습니다. 대학생들은 미국 민주주의의 상징인 '자유의 여신상'을 본떠 '민주주의의 여신상'이라는 조형물을 만들어 톈안먼 광장에 세워진 마오쩌둥 초상화와 정면으로 마주 보게 하는 등 매우 적극적으로 시위에 나섰습니다.

중국 공산당 정부는 이 시위를 총칼로 무장한 군인들과 전차 부대를 동원해 무력으로 진압했습니다. 그 과정에서 혼자서 전차를 막아선 젊은이가 세계적으로 유명해지기도 했습니다. 무시무시한 권력의 폭력 앞에 맨몸으로 맞섰던 그의 용기는 지금까지도 그를 '탱크맨'이라는 별명으로 기억되게 할 만큼 사람들의 뇌리에 깊이 박혔습니다.

민주화 요구에 경제 개발로 답하다

톈안먼 사건으로 인해 정치적 입지가 흔들리자 덩샤오핑은 중국 남부인 선전, 상하이 등 경제 특구를 직접 순시했습니다. 이를 '남순강화'라 하는데, 위기일수록 개방을 확대해야 한다는 것을 보여 주기 위한 의도에서 치러진 개방 지구 시찰이었습니다. 당시 중국에서는 자신들이 가야 할 길이 사회주의인지, 자본주의인지에 대해 논쟁이 뜨거웠습니다. 덩샤오핑은 "자본주의에도 계획이 있으며, 사회주의에도 시장이 있다"는 말로 논쟁에 마침표를 찍었습니다.

덩샤오핑의 개방 정책 이후 중국은 지속적으로 팽창하고 있습니다. 2008년 베이징 올림픽을 개최했으며, 2010년에는 국내 총생산^{GDP}이 미국에 이어 세계 2위인 경제 대국이 되었습니다. 이러한 중국의 성장과 발전에는 덩샤오핑의 개방 정책이 분명히 영향을 미쳤습니다. 하지만 날로 성장하고 있는 경제와 달리 정치와 사회 부문은 톈안먼 사건 이후 오히려 경직된 측면이 있습니다. 앞으로 중국은 과연 어떤 길을 걸어갈까요? 자못 궁금해집니다.

사회주의 본산지 모스크바에 맥도날드 매장이 있다고요?

우리에게도 유명한 맥도날드 햄버거는 단순한 햄버거 상표가 아닙니다. 미국 자본주의를 대표하는 브랜드입니다. 그런 맥도날드가 공산주의 체제의 본산지 모스크바에도 매장을 열었습니다. 그것도 미국과 소련이 대립하던 냉전 시대에 말이죠. 어떻게 이런 놀라운 일이 생겼을까요?

암울했던 소련

여러분은 맥도날드 하면 뭐가 떠오르나요? 빨간 바탕에 노란 M 자 로고? 패스트푸드의 대명사? 다 맞는 말입니다. '맥도날드'는 전 세계에서 가장 유명한 브랜드 중의 하나로 코카콜라와 함께 미국 자본주의를 상징합니다. 경제 교과서에도 등장하는 각 나라의 물가 수준을 비교하기 위한 '빅맥 지수'가 맥도날드 대표 메뉴인 '빅맥' 가격을 기준으로 매기는 것을 보면 그 위상을 짐작할 수 있습니다. 이런 맥도날드가 소련에서도 점포를 열었다니 참으로 놀라운 일입니다. 그것도 냉전 체제 시대에 말입니다.

과연 맥도날드는 어떤 배경에서 소련의 수도 모스크바에 입점하게 되었을까요? 냉전 시대에 소련은 겉보기에는 풍요로웠으나 안에서는 곪고 있었습니다. 1964년부터 1982년까지 소련을 이끌었던 브레즈네프는 집권 기간 내내 개혁 없이 안정만을 추구해 소련 집권층의 노령화를 초래했고 사회 전체가 활기를 잃었습니다. 이 시기에 대외적으로 소련은 휘청거렸습니다.

1968년 소련의 영향권 아래 있던 동유럽의 체코슬로바키아에서 민주화를 요구하는 시위가 일어났습니다. 브레즈네프는 '프라하의 봄'이라고 불리는 이 민주화 운동을 진압하기 위해 군대를 보냈습니다. 군대 파견과 무력 진압을 정당화하기 위해 '브레즈네프 독트린'을 내놓고 '사회주의 전체 이익을 위해 한 국가의 주권과 이익은 제한될 수 있다'고 주장했지만, 결과적으로 이는 동유럽 사회주의 국가들의 자유를 억압했습니다. 그 밖에도 중국과 사이가 벌어지며 국경 분쟁이 있었고, 식량 봉쇄를 시작으로 본격적인 미국의 압박 정책이 등장하는 등 1960년대에서 70년대로 접어드는 냉전 체제 시대에 소련은 크고 작은 시련을 겪었습니다.

젊은 정치가 고르바초프의 등장과 개혁

1980년대에 들어서면서 소련 체제는 완전히 한계에 도달했습니다. 경제 성장률은 0퍼센트대에 머물렀고, 사람들은 극심한 생필품 부족에 시달렸습니다. 소련은 빠르게 변해 가는 세계에 적응하지 못했습니다. 이러한 상황에서 브레즈네프의 뒤를 이어 고르바초프가 소련 최고 지도자인 서기장에 올랐습니다. 당시 소련의 원로원 격이었던 국가 최고 위원회는 평균 연령 70세 이상인 위원들이 장악했을 정도로 고령화되어 있었습니다. 이런 시기에 고르바초프는 이전 지도자들에 견주어 상대적으로 젊은 나이에 소련 최고 지도자가 되었고, 그는 소련 개혁에 적극 나섰습니다.

'페레스트로이카'로 불리는 개혁 정책, '글라스노스트'로 대표되는 개방 정책은 젊은 지도자 고르바초프의 개혁, 개방 의지를 고스란히 보여 줍니다. 그는 개혁 정책을 통해 시장 경제 원리를 도입하고 기업의 이윤 추구를 보장했습니다. 또한 개방 정책을 통해 정치 민주화를 추구하며 언론 통제를 완화했고, 대외적으로는 동유럽 국가들에 더는 간섭하지 않겠다는 선언을 발표해 브레즈네프 독트린을 전면 폐기했습니다. 그 밖에도 베이징을 방문해 중국과 화해하는 등 소련 앞에 놓인 난관을 개혁, 개방 정책을 통해 하나씩 해결하려 했습니다.

자본주의 체제인 미국과 서유럽 국가들은 고르바초프의 개혁에 환호했습니다. 서방 세계는 냉전 시대를 끝낼 위대한 지도자가 나왔다면서 그를 추켜세웠고, 그동안 볼 수 없었던 평화적 분위기가 조성되었습니다. 고르바초프는 '냉전 체제 종식과 동·서 양 진영 화해에 크게 기여한 공로'를 인정받아 1990년 노벨 평화상을 수상했습니다. 공산권 정치 지도자로서는 최초였습니다.

소련, 역사 속으로 사라지다

하지만 소련의 정세는 예상치 못한 방향으로 흘러갔습니다. '글라스노스트' 정책으로 언론과 사상의 자유가 확대되자, 소련을 유지하고 있던 여러 위성국에서 자치권의 확대를 요구하는 목소리가 나왔습니다. 그중 일부는 분리 독립을 요구하기도 했습니다. 또한 시장 경제 도입을 중점으로 하는 '페레스트로이카' 정책은 소련 경제에 엄청난 혼란을 가져왔습니다. 물가는 하루가 다르게 높아만 갔고, 암시장은 급속도로 팽창했습니다. 급기야 1990년에는 제2차 세계 대전 이후 최초로 경제 성장률이 마이너스를 기록했습니다. 하지만 고르바초프는 아랑곳하지 않고 정치 개혁을 추진했습니다. 서기장의 권한을 축소하고자 대통령직을 새로 만들었고, 1991년 3월 국민 투표를 통해 70퍼센트가 넘는 지지로 대통령에 당선되었습니다.

1990년 1월 모스크바에 맥도널드 매장이 문을 열자 3만 명이 넘는 인파가 몰려들었다.

그런데 이게 문제였습니다. 그해 8월에 쿠데타가 일어났습니다. 고르바초프의 개혁, 개방 정책에 반대하는 사람들은 고르바초프를 감금하고 기존의 소련 체제 유지를 도모했습니다. 미국 등 서방 국가들은 쿠데타 세력을 연일 비판했고, 소련 국민들도 지지하지 않았습니다. 쿠데타는 실패로 돌아갔습니다. 하지만 고르바초프의 권위는 이미 땅에 떨어져 버렸고, 1990년대 초반 소련 내 연방들이 하나둘 독립하며 인류 최초의 공산주의 국가였던 소련은 해체되었습니다.

소련이 이렇게 급속도로 붕괴할 것이라고 예상한 사람은 거의 없었습니다. 그런데 어떤 사람들은 미국 자본주의의 상징인 맥도날드가 1990년 1월 30일 소련의 심장부인 모스크바 한복판 푸시킨 광장에 점포를 열던 날, 하루 사이에 무려 3만 명이 넘는 인파가 몰려드는 장면을 보며 소련 붕괴를 예상했다고 합니다. 왜냐고요? 미국 자본주의 체제의 상징인 맥도날드 햄버거에 열광하는 소련 국민을 직접 목격했기 때문입니다.

소련 해체 이후 소련에 속해 있던 공산주의 국가들은 어떻게 되었나요?

2022년 러시아와 우크라이나 사이에 전쟁이 일어났어요. 소련이 있던 시대에 두 나라는 소비에트 연방에 함께 속해 있었는데 지금은 왜 전쟁을 하는 사이가 되었을까요? 옛 소비에트 연방이었던 다른 국가들은 독립 후 어떻게 되었나요?

소련 해체 이후 독립한 국가들

소련은 원래 러시아 연방, 우크라이나, 우즈베키스탄, 벨라루스, 카자흐스탄 등 15개 공화국과 다수의 자치 공화국으로 구성된 다민족 연맹체 국가였습니다. 고르바초프의 개혁이 진행되면서 그동안 강제로 소련에 소속되어 있던 각 민족들의 독립 요구가 커져 갔습니다. 고르바초프는 각 공화국의 주권을 강화한 신연방 조약으로 소수 민족의 분리 독립 요구를 잠재우고자 했지만 역부족이었습니다. 발트해 연안의 리투아니아, 라트비아, 에스토니아의 독립을 시작으로 1991년 12월 소련을 구성하고 있던 여러 연방들이 '독립 국가 연합^{CIS}'이라는 국가 연합체를 만들었고, 이듬해 소련은 해체되었습니다. 소비에트 혁명 이후 70여 년간 유지되어 온 소련은 이제 역사 속으로 사라졌습니다.

중앙아시아의 옛 소련 5개 공화국(카자흐스탄, 키르기스스탄, 타지키스탄, 투르크메니스탄, 우즈베키스탄)도 공산당 지도자들이 대통령 자리를 차지하면서 분리 독립했습니다. 이들 각 나라의 독립은 충분한 논의나 준비를 거치지 않고 갑작스럽게 이루어졌습니다. 따라서 이들 나라는 정치와 경제를 비롯한 여러 분야에서 난관에 부딪혔고 현재도 어려움을 겪고 있습니다.

소련 해체 이후 독립한 국가들

소련 해체 이후의 동유럽 상황

1980년대 동유럽 공산 국가들은 위기를 맞았습니다. 사회주의 경제 체제가 파산에 직면하며 동유럽 국가들의 혼란이 심해졌는데, 공산주의 종주국인 소련의 고르바초프는 동유럽에 어떤 일이 벌어지더라도 무력 개입을 하지 않겠다고 선언했습니다. 소련의 개입 없이는 정권 유지가 어려웠던 동유럽 공산 정권은 빠른 속도로 무너졌습니다. 동유럽 공산 국가들이 붕괴하며 자본주의 체제로 변신한 것을 '1989년 동유럽 혁명'이라고 부릅니다.

폴란드 총선거에서 바웬사가 이끄는 자유 노조가 압승을 거둔 것을 시작으로, 헝가리는 다당제와 의회 민주주의를 도입했습니다. 체코슬로바키아에서는 하벨이 이끄는 '시민 광장'을 중심으로 한 민주화 운동이 일어나 하벨이 대통령에 당선되었습니다. 루마니아에서는 민주화 요구를 탄압한 독재자 차우셰스쿠가 처형되었고, 불가리아와 알바니아에서도 공산주의 정권이 붕괴되었습니다. 다민족 국가였던 유고슬라비아와 체코슬로바키아는 각 민족의 분리 독립 요구로 나라가 해체되었습니다. 제1차 세계 대전 당시 화약고였던 발칸 반도의 유고 연방은 티토 대통령의 균형 잡힌 중재 역할로 연방이 유지되었지만, 그가 사망하자 연방 안의 각 공화국에서 민족주의 열기가 분출했습니다. 1991년 크로아티아와 슬로베니아가 독립했고, 이듬해에는 보스니아 헤르체고비나가 독립했습니다. 나중에 몬테네그로까지 독립함으로써 유고 연방은 산산이 해체되었습니다. 해체 당시 유고 연방은 급속한 물가 상승과 높은 실업률, 저성장으로 경제 위기를 겪었습니다. 각 공화국 지도자들은 경제 위기의 원인을 다른 공화국이나 민족에게 돌려 책임을 회피하려 했고, 이 때문에 민족 간 갈등의 골이 깊어졌습니다. 연방 정부의 핵심 국가인 세르비아는 다른 연방 국가의 탈퇴를 막으려고 내전을 치르는 도중에 민간인을 잔혹하게 학살하는 '민족 청소'를 벌였습니다. 특히 보스니아에서 벌어진 학살은 '제2차 세계 대전 이후 최악의 민족 청소'라 불리며 국제 사회에 커다란 충격을 주었습니다. 유고슬라비아 내전은 1995년 평화 협정으로 종식되었지만, 크고 작은 민족과 여러 종교가 혼재해 있는 이 지역은 지금도 여전히 분쟁의 불씨를 안고 있습니다.

현재 동유럽에는 공산주의 붕괴 당시 꿈꾸었던 자본주의와 민주주의 유토피아는 아직 오지 않은 게 분명합니다. 기존 체제 문제점은 해결되지 않았고, 권력 유지만 급급한 세력들로 인해 개혁은 더디기만 합니다. 국민들은 시장 경제와 민주주의의 도입으로 '더 나은 삶'을 기대했지만, 실제로 이들에게 닥친 현실은 '더 빈곤한 삶'이었습니다. 많은 사람이 직장에서 쫓겨났고, 월급이 줄어들었으며, 각종 복지 혜택이 축소되거나 폐지되었습니다. 사회주의 시절보다 빈곤층은 두세 배 증가했고, 경제적 불평등 문제도 심해졌습니다. 만연한 빈곤은 증오를 만들어 냈고, 증오는 민족주의와 인종주의의 싹을 틔워 우파 포퓰리즘과 종족 민족주의를 앞세운 극우 정당 및 정치인이 득세하게 했습니다.

러시아가 우크라이나를 침략한 이유

2022년에 러시아가 우크라이나를 침략한 것은 유럽 연합과 러시아 사이에 끼어 있는 우크라이나의 지정학적 위치 때문입니다. 러시아는 우크라이나가 친유럽·반러 성향을 보이며 군사기구인 북대서양 조약 기구에 가입하려 하자 이를 빌미로 침공을 감행했습니다. 우크라이나 이전에도 소련 해체 이후 탄생한 신생 국가들의 잇따른 북대서양 조약 기구 가입과 이에 따른 북대서양 조약 기구의 동진은 러시아에 상당한 위협이 되었습니다. 북대서양 조약 기구는 회원국의 자격을 동유럽까지 확장하면 유럽의 평화가 보장되고 러시아의 힘을 약화시킬 수 있을 것이라 생각했습니다. 하지만 북대서

2022년 4월 우크라이나의 남부 도시 마리우폴에 쳐들어온 러시아군의
탱크 옆으로 시민들이 지나가고 있다.

양 조약 기구의 동진은 러시아를 자극했습니다. 러시아는 옛 소련 연방 국가들에 본때를 보여 주고 소련 시절처럼 영향력을 행사하려 했습니다. 2008년 캅카스 지역의 조지아를, 2014년에는 크림반도를, 2022년에는 우크라이나를 침략했습니다.

러시아-우크라이나 전쟁은 두 나라만의 문제로 단순화해서 보기는 어렵습니다. 이 전쟁을 21세기 신냉전 구도가 시작된 것으로 보는 사람도 있습니다. 이는 세계를 미국과 유럽 연합 대 중국과 러시아라는 양 진영의 대립 구도로 보는 관점입니다. 이러한 신냉전 구도가 강화된다면 구 냉전 체제에서 전쟁을 겪고 아직 이를 청산하지 못한 우리나라는 더욱 어렵고 힘든 상황에 직면할 수 있습니다. 따라서 우리는 러시아-우크라이나 전쟁을 강 건너 불 구경하듯이 보고 있을 수만은 없습니다. 그 어느 때보다 다양한 외교 활동과 안보 전략을 펼쳐 나가야 할 때입니다.

82, 잘못 전달한 말 한마디가
베를린 장벽을 무너뜨렸다고요?

요즘 가짜 뉴스 때문에 발생하는 문제가 너무 심각하다는 얘기를 많이 들어요. 뉴스는 사실 전달이 가장 중요하잖아요. 국민은 사실을 알 권리가 있고요. 그런데 독일은 가짜 뉴스 때문에 통일을 이루었대요. 오랫동안 동과 서로 나뉘어 있던 독일에 도대체 어떤 가짜 뉴스가 있었기에 이런 대단한 결과를 만들어 냈을까요?

통일 국가를 만들기 위한 서독의 노력들

제2차 세계 대전 후 동독과 서독으로 분리된 독일에서 통일의 첫 번째 단추를 끼운 것은 서독 총리 아데나워의 '서방 정책'입니다. 서독 정부가 들어선 직후인 1940년대 말부터 추진된 이 정책의 핵심은 제2차 세계 대전 당시 적대국이었던 프랑스와 화해를 통해 서유럽 국가들의 경계심과 적개심을 해소하고, 이를 바탕으로 '힘에 의한 국내 통일'을 추진하는 것이었습니다. 이러한 통일 정책의 밑바탕에는 서방 세계가 독일에 대해 갖고 있는 불안감 해소를 통해 정치·경제·군사적으로 힘을 합치면 언젠가는 동독이 서독에 흡수될 것이라는 기대가 있었습니다. 이런 의도가 있었기에 서독 정부는 프랑스와 엘리제 조약(1963)을 맺어 지속적으로 동맹 관계를 다졌습니다.

독일 통일의 두 번째 단추는 1969년 서독 총리가 된 빌리 브란트의 '동방 정책'입니다. 서독은 통일 문제를 다른 나라에 의존하지 않는다는 원칙에 따라 동독과 '접촉을 통한 변화'를 시도했습니다. 그리고 '소련과 무력 사용 포기 협정', '폴란드와 국경선 문제 해결', '동독의 불안 해소를 통한 긴장 완화'라는 3대 과제를 설정했습니다. 운 좋게도 당시 세계는 화해의 바람이 불고 있었습니다. 닉슨 독트린(1969) 발표로 미국과 중국 사이에 화해 분위기가 일었으며, 중국과 갈등을 빚던 소련은 이를 위기로 느껴 서독, 미국과 관계 개선에 적극적으로 나섰습니다. 서독이 무력 사용 포기를 중심으로 한 모스크바 조약(1970) 체결로 공산권의 중심인 소련과 관계를 풀자, 동유럽과 관계도 자연스레 풀렸습니다. 폴란드와 국경선 문제를 해결하는 바르샤바 조약(1970)도 이 시기에 체결되었습니다.

한편 빌리 브란트 총리는 베를린 문제 해결 없이는 여러 조약이 실효성을 가질 수 없다고 선언했습니다. 냉전 시대를 뛰어넘는 화해 분위기를 이어가고 싶던 4개국(미국, 영국, 프랑스, 소련)은 4국 협정(1971)을 통해 이 문제를 해결하고자 했습니다. 마침내 동·서독 관계 정상화를 담은 '동·서독 기본 조약(1972)'과 그 부속 문서 교환으로 양국 간의 정상적인 관계 유지와 통일의 물꼬가 터졌습니다.

독일 통일의 세 번째 단추는 동유럽의 시민 혁명입니다. 알바니아를 제외한 전 유럽 국가와 미국 등 35개국이 평화 체제를 논의해 냉전 종식의 발판이 된 헬싱키 협정(1975)에 서명했습니다. 이후 유럽 내에 군비 축소 등 평화 정착이 본격화되었기에 이 협정 이후 평화 정착 과정을 '헬싱키 프로세스'라 부릅니다. 이 헬싱키 프로세스의 큰 특징은 세 가지 공감대를 가지고 불편한 상대방에게 접근하는 것인데, '상대의 여건과 입장에 대한 이해(공감)', '상대의 존재 인정 및 신뢰 조성(공존)', '미래 지향적인 자세로 협력 전개(공영)'가 바로 그것입니다.

이러한 정책이 유럽 내 국가 간에 꾸준히 추진되었고, 1980년대 후반에는 동유럽 사회에 민주화 열풍이 불기 시작했습니다. 동유럽에 시민 혁명의 움직임이 들불처럼 번져 나가고 있었지만, 공산주의 종주국인 소련은 자국 문제에 대처하느라 미처 손을 쓸 수 없었습니다. 이 틈을 타서 서독 정부는 독일 통일을 차근차근 진행시켰습니다.

오보가 동독을 붕괴시키다

그런데 독일 통일은 아주 우연한 사건이 계기가 되었습니다. 동독의 정치인 귄터 샤보프스키는 동독인의 서독 방문 제한을 완화한 개정 여행법(1989.11)을 정확히 알지 못한 채 기자들 앞에서 동독 정부를 대표해 발표했습니다. 이탈리아 기자가 "언제부터 국경 개방이 시행되나요?"라고 질문하자, 그는 "즉시!"라고 답했습니다. 기자들은 이를 '베를린 장벽 철거'로 이해해 속보로 내보냈고, 수많은 동·서독 사람이 베를린 장벽으로 몰려와 국경을 넘어가며 장벽을 부쉈습니다. 한 사람의 기자회견 실수가 몇십 년 동안 굳건했던 베를린 장벽을 무너뜨리고 독일 통일을 앞당긴 것입니다.

이 시기에 독일 통일에 결정적 영향을 미친 네 번째 단추가 끼워집니다. 1990년대에 독일 총리를 지낸 헬무트 콜의 '통일 외교'가 바로 그것입니다. 오보로 인한 베를린 장벽 붕괴의 기쁨도 잠시, 유럽 여러 나라가 독일 통일을 탐탁지 않게 여긴다는 것을 감지한 콜 총리는 초국가적인 통일 외교를 시

1989년 11월 가짜 뉴스에서 비롯된 "베를린 장벽 철거" 소식을 들은 동독과 서독의 시민들이 베를린 장벽으로 몰려들었다.

작했습니다. 그는 우선 동·서독 통일 조약(1990.8)을 통해 양국 간 통일 합의를 합니다. 이어서 그동안 동·서독을 관리하던 미국과 소련, 영국, 프랑스와 협의를 거쳐 그들의 동의(2+4조약, 1990.9)도 받아 냅니다. 이처럼 통일 당사국 전부의 동의를 받아 낸 상태에서 1990년 10월 3일 동·서독은 드디어 통일의 축포를 쏘아 올렸습니다.

독일 통일의 진행 과정을 살펴보면, 통일이 결코 한순간의 노력으로 이루어지는 것은 아니라는 것을 알 수 있습니다. 독일 통일은 긴 시간 동안 서독 정치인과 국민이 꾸준히 추진해 이루어 냈습니다. 또한 나라 대 나라 간의 통일은 당사국끼리 합의한다고 해서 이루어지는 것이 아니라는 것도 알 수 있습니다. 주변국의 절대적 지지가 함께 갖춰질 때 비로소 이루어질 수 있습니다.

통일 후 남은 장벽들

'오씨(동독 것들)!', '베씨(서독 것들)!'라는 경멸의 호칭과 '오스탈기(동독 시기의 향수)'라는 옛 동독인의 상대적 박탈감이 담긴 단어가 여전히 독일 내에 만연합니다. 이는 동독 체제 청산 과정에서 발생한 동·서독 간 격차에서 비롯되었습니다. 통일 직전 화폐 통합으로 인한 동독 지역의 물가 및 임금 상승, 동독 권력 엘리트들의 무성의와 방관, 해체나 다름없는 동독 인민군 재조정, 동독 국유 기업의 82퍼센트를 서독 기업이 인수한 것과 그로 인한 구조 조정으로 서독과 동독 간에 경제 격차가 크게 발생했습니다.

현재는 경제 재건과 환경 개선, 복지 확대 등으로 동·서독 간 격차가 많이 줄었지만, 그래도 동독 경제는 여전히 서독의 3분의 2 수준에 머물러 있습니다. 또한 메르켈 전 총리 같은 동독 출신 고위급 정치인이 배출되었지만, 아직도 동독 출신은 사회 진출에서 은근하게 차별받고 있습니다. 이러한 원인이 쌓여 있기에 베를린 장벽은 무너졌지만, 마음속 장벽은 아직 완전히 허물어지지 않았다고 말합니다.

1989년 10월 26일 빌리 브란트는 한국에서 정치인 김대중과 면담을 했습니다. 이때 한 기자가 "독일 통일이 언제쯤 이뤄질 거 같나요?"라고 질문을 했습니다. 브란트는 "먼 훗날"이라고 답했습니다. 그런데 이 말이 끝나자마자 베를린 장벽이 무너졌다는 소식이 전해졌습니다. 어쩌면 이 장면은 통일의 바통이 우리나라로 넘어오는 순간이라고도 할 수 있습니다. 독일 통일을 달성한 후 브란트 총리는 김대중 대통령에게 이렇게 조언했습니다.

"우리는 급하게 흡수 통일을 했지만, 한국은 평화적이고 단계적인 통일을 하세요. 베를린 장벽은 무너졌지만 마음속 장벽은 무너지지 않고 있습니다."

독일 통일 과정과 방식은 아직도 분단 국가인 우리에게 많은 교훈을 줍니다. 우리는 언제쯤 분단 지대 철조망을 걷고 한반도 땅에 평화 체제를 정착시키며 통일의 길을 걸을 수 있을까요? 그날이 빨리 왔으면 좋겠습니다.

미국은 어떻게 해서 세계 최강국이 되었나요?

영화 속에서 지구를 지키는 영웅들은 대부분 미국인이에요. 그들은 우주까지 넘나들며 지구 지킴이 역할을 자처하고 있어요. 영화가 아닌 현실에서도 미국은 막강한 힘을 가졌어요. 미국은 언제부터 세계 최강국이 되었을까요?

미국의 고립주의 전통과 두 차례의 세계 대전

오늘날 세계를 주름잡고 있는 미국이 세계 최강국이 된 것은 그리 오래된 일이 아닙니다. 1776년 영국으로부터 독립을 선언한 미국은 처음에는 유럽 세계와 일정 거리를 두는 고립주의 정책을 폈습니다. 왜 그랬냐고요? 18세기에 영국과 프랑스는 치열한 제국주의 경쟁을 벌이고 있었는데 이제 막 독립한 신생국 미국이 자칫 유럽 세계 갈등에 휩쓸렸다가는 나라를 온전히 보전하지 못할까 걱정했기 때문입니다.

19세기 중남아메리카에서 독립 열풍이 불었을 때도 미국 먼로 대통령은 고립주의 정책을 고수하며 간섭에 나선 유럽 국가들을 비난했습니다. 그는 "미국이 유럽 세계에 관여하지 않을 테니, 유럽 나라들도 아메리카 대륙 일에 나서지 말라"고 말했습니다. 왜 그랬냐고요? 중남아메리카 지역에 유럽 식민지의 확산을 막고 미국의 영향력을 확대하기 위해서였습니다.

이러한 미국의 외교 정책을 '고립주의'라 하며, 이 외교 원칙은 꾸준히 이어져 제1차 세계 대전 때까지 지속되었습니다. 하지만 제1차 세계 대전 당시 독일의 무제한 잠수함 작전으로 대서양을 오가던 미국 상선들이 피해를 입자 미국은 전격적으로 유럽 전쟁에 개입하며 고립주의 원칙을 폐기했습니다. 이후 윌슨 대통령은 세계 평화를 위한 국제 연맹 창설을 제안하는 등 적극적으로 전후 처리 과정에 참여했습니다. 그런데 윌슨의 새 외교 정책은 의회의 반발에 부딪혔습니다. 미국은 국제 연맹에 불참했고 고립주의 전통을 계속 이어 갔습니다.

미국의 오랜 외교 정책인 고립주의는 제2차 세계 대전이 발발하면서 변화를 맞았습니다. 일본의 진주만 공격으로 전쟁에 휘말린 미국은 유럽에서 태평양까지 전 세계 전선을 진두지휘하면서 강력한 국력을 과시했습니다. '해가 지지 않는 제국'을 이끌던 영국은 독일과 대치한 유럽 전선을 책임지는데도 힘이 벅찼습니다. 영국이 아시아 전선까지 책임지기에는 힘든 상황에서 미국의 전쟁 참가는 연합국 측에 큰 힘이 되었습니다.

제2차 세계 대전을 기점으로 미국과 유럽 국가들의 국력 차이는 더 벌어졌고, 전쟁 이후 새로운 국제 질서를 예고했습니다. 거듭된 세계 대전으로 유럽 국가들의 성장은 정체되었고, 미국이 전후 처리와 복구 사업을 주도하면서 유럽 제국주의 패권은 더 이상 유지될 수 없었습니다. 바야흐로 미국 패권 시대가 열렸습니다.

냉전 승리와 초강대국 미국의 시대

하지만 제2차 세계 대전 이후 무난히 열릴 것 같았던 미국 패권은 소련을 중심으로 하는 공산주의권의 강한 도전에 직면했습니다. 냉전이 시작된 것입니다. 미국은 세계 주도권을 놓고 소련과 패권 다툼에 들어갔습니다. 서유럽과 일본을 중심으로 여러 국가와 군사 동맹을 맺으며 반공산주의 전선을 형성했고 세계 곳곳에 미군을 주둔시켰습니다. 당시 미국은 소련의 패권 확장과 공산당 독재를 비난하면서 자유의 수호자를 자처했습니다.

그런데 의문점이 하나 있습니다. 미국은 진정한 자유의 수호자였을까요? 그건 아닌 것 같습니다. 미국 역시 자국의 패권을 유지하기 위해 서슴없이 군사 개입을 하고 독재를 지원했습니다. 베트남에서는 직접 전쟁을 일으켰습니다. 민주화를 요구한 우리나라와 사회주의 개혁 목소리가 표출된 중남아메리카에서는 군부 쿠데타와 독재를 묵인하거나 지원했습니다.

할리우드 영화 속 미국인 영웅들의 활약을 보며 사람들은 미국 주도 세계 질서에 익숙해졌다.

20세기 말에 접어들며 소련과 동유럽 공산 정권이 붕괴되었습니다. 갈 길을 잃은 중국을 비롯한 공산당 체제를 유지한 나라들은 개혁 개방을 통해 미국 주도의 자본주의 질서를 수용했습니다. 이제 미국이 세계 초강대국이라는 사실은 누구도 부정할 수 없었습니다. 미국 중심 질서에 반발하거나 미국 이익을 침해하는 세력은 강력한 응징을 받았습니다. 석유 이권이 걸린 서아시아 지역에서 미국은 쿠웨이트를 침공한 이라크를 상대로 걸프 전쟁을 일으키며 압도적인 군사력을 과시했습니다. 미국은 군사력뿐만 아니라 막강한 경제력을 바탕으로 세계화를 주도했습니다. 이 시기에 미국 대중문화도 전 세계로 퍼져 나갔습니다. 미국 할리우드 영화가 대표적 사례입니다. 할리우드 영화 속 미국인들은 전 세계를 수호하고 외계인으로부터 오는 위협까지 지켜 냅니다. 이러한 영화를 보며 사람들은 미국이 주도하는 세계 질서에 자연스럽게 스며들고 익숙해졌습니다.

미국 패권에 대한 도전과 신냉전 위기

그런데 최근 미국이 주도하는 세계 질서에 균열이 생기고 있습니다. 미국이 2001년부터 20년간 서아시아에서 이슬람 극단주의자들을 상대로 '테러와의 전쟁'에 몰두해 있는 동안 중국이 가파르게 성장했습니다. 미국과 중국은 1979년 수교를 맺은 이후 오랜 기간 좋은 관계를 유지했습니다. 이처럼 사이가 좋았기에 미국은 2001년 '세계 시장'으로 주목받던 중국의 세계 무역 기구^{WTO} 가입을 도와주기도 했습니다. 중국이 개발 도상국 지위로 가입하는 혜택을 볼 수 있도록 배려까지 하면서 말이에요.

하지만 2010년 중국이 일본을 밀어내며 세계 2위의 경제 대국으로 성장

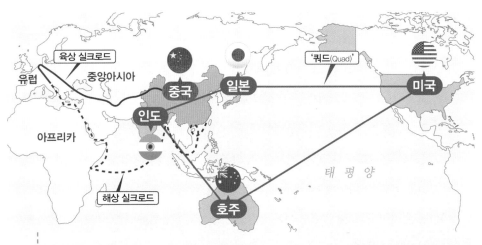

중국—중앙아시아—유럽을 연결하는 육상·해상 실크로드 '일대일로'와 미국, 일본, 호주, 인도가 꾸린 4개국 협의체 '쿼드'.

하고, 2013년 취임한 시진핑 국가 주석이 '대국으로 우뚝 선다'는 포부를 밝히자 양국 사이에 긴장이 감돌기 시작했습니다. 중국은 '일대일로一帶一路'라는 대외 정책을 발표하며 과거 육지와 바다의 실크 로드를 통해 교류했던 중앙아시아, 서아시아, 동남아시아, 아프리카, 유럽 주요 국가들에 대한 영향력 확대에 주력했습니다.

미국은 중국의 대외 확대 정책을 견제하기 시작했습니다. '미국 우선주의'를 내세우며 당선된 트럼프 대통령은 경제 대국 중국이 여전히 세계 무역 기구에서 개발 도상국 지위를 포기하지 않고 관세 혜택을 받고 있다며 비난했습니다. 결국 미국은 2018년 중국 수입품에 높은 관세를 부과했고 중국도 경제 보복에 나서며 경제 주도권을 둘러싼 무역 전쟁이 벌어졌습니다. 또한 미국은 인도−태평양 지역의 핵심 국가인 일본, 호주, 인도와 연합체 '쿼드Quad'를 강화하며 중국에 대한 국제적 압박에 나섰습니다.

세계 1, 2위 경제 대국이 벌이는 무역 전쟁은 지금도 여전히 진행 중이며, 국제 사회는 '신냉전'의 위기가 올까 우려하고 있습니다. 기존 '냉전'은 자본주의와 공산주의 체제로 대립하는 두 진영이 뚜렷이 구분되어 서로 경쟁했습니다. 하지만 '신냉전'은 대립하는 두 나라가 경제적으로 매우 긴밀하게 연결되어 있다는 점에서 더 복잡한 양상을 띠고 있습니다. 따라서 미국과 중국은 아직 전면 대립은 피하고 있으며 국제 사회의 지지를 얻기 위해 여러 나라에 협조를 요청하고 있는 상태입니다.

이러한 복잡다단한 국제 정세는 우리나라에 좋지 않은 영향을 미치고 있습니다. 우리는 미국과 중국 두 나라 모두에 국익이 걸려 있습니다. 따라서 '신냉전'이라는 고래 싸움에서 우리의 '등'을 지키기 위해서는 그 어느 때보다 현명하고 유연한 외교 능력이 필요한 때입니다.

세계화는 어떻게 가능해졌나요?

국내 유명 회사에서 만든 스마트폰이 택배로 도착했어요. 그런데 제조국이 베트남이네요. 속았다며 뾰로통해 있는 저에게 부모님께서는 '세계화 시대'라서 우리나라 기업들도 세계 여러 나라에 공장을 두고 있다고 하시네요. 국경을 넘어 여러 나라에서 물건을 만들거나 사고파는 시대는 어떻게 가능해졌나요?

세계 경제 체제를 설계한 미국

제2차 세계 대전이 끝나가던 1944년, 44개 연합국 대표들은 전쟁으로 무너진 세계 경제를 복구하기 위해 미국의 작은 마을 브레튼우즈에 모였습니다. 마운트 워싱턴 호텔에서 3주간 열린 이 회의를 통해 미국은 세계 경제 체제를 새롭게 설계했습니다.

미국은 세계 금융의 안정적인 운영을 가장 중요하게 생각했습니다. 특히 세계 각국이 무역할 때 사용하는 화폐 가치를 일정하게 유지할 필요가 있었습니다. 이에 전통적으로 국제 무역에 사용했던 금을 미국 화폐인 달러와 연동시켰습니다.

이제 세계 각 나라는 달러를 기준으로 무역을 하게 되었습니다. 미국은 자국 화폐의 신뢰성을 높이기 위해 언제든지 달러를 금으로 교환해 주었습니다. '금 1온스=35달러'로 가치 기준을 설정하고 세계 각국 화폐 환율을 달러에 연동시켰습니다. 이로써 달러는 세계 무역에 사용되는 기준 화폐, 즉 '기축 통화'가 되었습니다. 또한 미국은 세계 금융 체제를 감독하고 자금을 지원하기 위해 국제 통화 기금IMF과 국제 부흥 개발 은행IBRD을 설립했고, 이들 국제기구를 자국 영향력 아래 두었습니다.

그런데 1950~1960년대 경제 호황으로 유럽과 일본이 급성장하고 무역량이 증가하면서 브레튼우즈 체제는 흔들리기 시작했습니다. 달러 유통이 증가하자 화폐 가치는 하락했고 이익을 노린 투기 세력들은 달러를 팔아 금으로 교환했습니다. 결국 금 보유량이 급격히 줄어든 미국은 1971년 달러와 금 교환을 포기했습니다. 1973년에는 고정 환율 제도마저 폐지했습니다. 하지만 그렇다고 달러의 위상이 급격히 떨어진 것은 아닙니다. 위기에도 불구하고 미국은 변동 환율 제도를 기반으로 브레튼우즈 체제를 변형시켰고 달러는 오늘날까지 기축 통화 지위를 유지하고 있습니다.

한편 브레튼우즈 회의의 또 다른 의제는 자유로운 세계 무역이었습니다. 회의를 통해 자유 무역 원칙에 합의한 세계 각국은 이후 이를 담당할 국제기구를 설립하기 위해 노력했습니다. 그러나 협상에 참여한 나라들의 이해관계가 엇갈려 국제 무역 기구 출범은 무산되었고, 관세를 낮춰 점차 자유 무역을 확대해 가자는 '관세 및 무역에 관한 협정GATT'을 발표하는 데 그쳤습니다.

'정부 실패'로 대두된 신자유주의

1929년에 발생한 경제 대공황 극복 과정에서 수정 자본주의는 세계 경제계의 주류가 되었고 제2차 세계 대전 이후에도 경제 호황을 주도했습니다. 수정 자본주의가 뭐냐고요? 영국의 경제학자 케인스가 제시한 이론으로 경제 운영에 정부가 적극 개입해 시장 질서를 유지해야 한다는 학설이자 정책입니다. 시장의 자유를 전적으로 믿었던 경제 대공황 이전의 자본주의와 다르게 정부의 개입이 시장의 자유보다 중시되며 국민 복지에 재정 지출이 확대되었습니다.

그런데 1970년대로 접어들며 수정 자본주의 체제가 곳곳에서 문제점을 드러냈습니다. 서아시아에서 아랍 국가들과 이스라엘 간에 전쟁이 터지며 전 세계 석유 공급에 차질이 빚어졌습니다. '석유 파동'이라 불리는 이 사태로 인해 세계 경제는 휘청거렸고, 각국 정부는 수정 자본주의 논리에 따라 시

영국 총리 마거릿 대처(왼쪽)와 미국 대통령 로널드 레이건(오른쪽)은 1980년대 신자유주의 정책을 주도했다.

장에 적극 개입했습니다. 그러나 과감한 정부 재정 투입을 통해 소득과 수요를 만들어 공급 과잉 및 수요 침체 문제를 해결했던 대공황 시기와는 상황이 달랐습니다. 석유 파동은 수요가 아닌 공급 부족이 문제의 핵심이었기에 재정을 투입해도 쉽게 해결되지 않았습니다. 정부가 펼친 정책이 효과를 발휘하지 못하자, 정부의 시장 개입이 오히려 비효율적이라며 '정부 실패'를 지적하는 목소리가 높아졌습니다. 정부는 시장 개입을 최소화하고 다시 자유로운 시장 경제 원리로 돌아가야 한다는 주장이 대세를 이루었습니다. 이러한 주장을 과거 고전 자본주의 시대 자유주의와 구분해 '신자유주의'라고 불렀습니다. 1980년대 미국 대통령 레이건과 영국 총리 대처가 이 경제 이론을 적극 수용해 정부 정책에 반영하며 세계 경제는 다시 한번 변화를 맞이했습니다.

'작은 정부'를 표방한 신자유주의는 공기업 민영화, 정부 재정과 복지 축소, 세금 감면, 규제 완화 정책을 내세우며 기업이 자유롭게 이윤 추구를 할수 있는 조건을 만드는 데 주력했습니다. 또한 기업 활동이 국경을 넘어 여러 국가에서 활발하게 전개될 수 있도록 세계 금융 시장 개방에 박차를 가했습니다. 이 일에 앞장섰던 기구가 국제 통화 기금과 국제 부흥 개발 은행입니다. 미국을 비롯한 선진국들은 이들 국제기구를 활용해 외환 위기에 빠진 개발도상국들을 지원하는 대신 강력한 신자유주의 구조 조정을 강요했습니다. 1980년대 남아메리카, 1990년대 동아시아 국가들이 이러한 구조 조정을 거쳐 금융 시장을 개방하고 신자유주의를 받아들였습니다.

탈냉전 후 빠르게 진행된 세계화

금융 시장 개방으로 세계 자본 이동의 걸림돌은 제거했지만, 여전히 보호 무역과 관세 장벽은 높았습니다. 특히 냉전으로 세계가 갈라져 있는 동안 국가 간 교류가 제한적이었기 때문에 세계화 진행은 더디기만 했습니다.

1990년대 초 소련과 동유럽의 붕괴로 탈냉전 시대가 열리자 기존 공산주의권 국가로 세계 자본과 기업이 진출하면서 세계화는 매우 빠르게 진행되었습니다. 교통·통신 기술의 발달로 세계를 잇는 물리적 거리가 가까워지고 신자유주의 확산으로 국가 간 무역과 금융 규제 장벽이 해체되었습니다. 특히 1995년 출범한 세계 무역 기구는 자유 무역 질서를 기반으로 관세 장벽을 낮춰 가며 세계화를 주도했습니다. 이를 통해 세계 상품이 국경을 넘어 자유롭게 이동할 수 있게 되었습니다.

여러 나라가 모인 국제기구 특성상 세계 무역 기구에서 합의점을 도출하

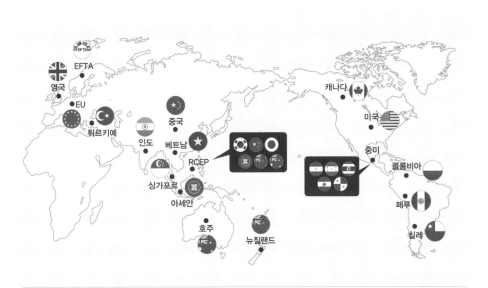

EFTA 4개국	아세안 10개국	EU 27개국	중미 5개국	RCEP 15개국
스위스, 노르웨이, 아이슬란드, 리히텐슈타인	말레이시아, 싱가포르, 베트남, 미얀마, 인도네시아, 필리핀, 브루나이, 라오스, 캄보디아, 태국	오스트리아, 벨기에, 체코, 키프로스, 덴마크, 에스토니아, 핀란드, 프랑스, 독일, 그리스, 헝가리, 아일랜드, 이탈리아, 라트비아, 리투아니아, 룩셈부르크, 몰타, 네덜란드, 폴란드, 포르투갈, 슬로바키아, 슬로베니아, 에스파냐, 스웨덴, 불가리아, 루마니아, 크로아티아	니카라과, 코스타리카, 온두라스, 엘살바도르, 파나마	(역내포괄적경제동반자협정) 아세안 10개국, 한국, 중국, 일본, 호주, 뉴질랜드

한국과 FTA를 체결한 국가들(2022년 2월 기준)

기 어려운 사항은 해당 국가들이 직접 교섭을 통해 해결했습니다. 이를 자유 무역 협정FTA이라고 합니다. 우리나라는 2004년 칠레와 최초로 자유 무역 협정을 맺은 후 2022년까지 58개국과 모두 18개의 자유 무역 협정을 체결하며 시장을 개방하고 해외로 적극 진출했습니다.

한편 미국이 주도하는 신자유주의 질서는 '글로벌 스탠더드'라고 불리며 전 세계에 표준화되었고, 규제 완화를 통해 생산과 판매의 국경을 없애고자 했습니다. 이를 통해 한 국가 안에서만 이루어지던 분업이 국경을 초월해 이루어지게 되었고 '다국적 기업'이 크게 성장했습니다. 이들 기업은 해외 곳곳에 있는 연결망을 통해 상품을 생산하고 전체 기업 이윤을 극대화하고 있습니다. 우리나라의 삼성이나 현대, 엘지도 외국에 공장을 지으며 다국적 기업으로 성장했습니다.

자유 무역의 확대와 다국적 기업의 활동으로 전 세계 생산량은 폭발적으로 증가했습니다. 풍요로운 경제 성장을 바탕으로 상품이 자유롭게 거래되면서 세계인의 일상에 많은 변화를 가져왔습니다. 이제 우리 주변에서도 얼마든지 외국 상품과 외국 음식을 접할 수 있는 시대가 되었습니다. 이처럼 세계화는 여러 나라를 긴밀하게 연결해 서로 영향을 주고받는 지구촌 생활권 시대를 만들었습니다.

미국 시민들이 월가 _{Wall Street}를 점령한 이유는 뭔가요?

인터넷으로 미국에서 벌어진 시위 영상을 봤어요. 시민들이 '월가'에 모여 시위를 했어요. 이 거리 시위가 왜 화제가 되는지 살폈더니 월가는 세계 유명 금융 기관과 기업들이 모여 있는 곳이었어요. 세계화로 돈도 가장 많이 번 경제 대국 미국에서 이런 시위가 왜 일어났을까요? 세계화가 되면 풍요롭고 행복하게 잘사는 것 아닌가요?

풍요 속의 빈곤, 신자유주의의 함정

세계 각국에서 추진한 신자유주의 정책은 '풍요로운 생산'과 '세계화'라는 열매를 가져왔습니다. 그런데 세계 경제 성장으로 발생한 엄청난 부의 대부분은 소수에게 돌아갔습니다. 세계 불평등 연구소^{WIL}가 2021년에 발표한 보고서에 따르면, 세계 상위 1퍼센트 부자들은 세계화가 본격화된 1995년 이후부터 쌓인 부의 3분의 1 이상을 가져갔습니다. 하위 50퍼센트의 서민에게는 2퍼센트만 분배되었습니다. 모든 사람이 열심히 일했는데 왜 부자와 가난한 사람의 격차는 더욱 커졌을까요? 도대체 어디서부터 잘못된 걸까요?

신자유주의는 정부의 개입보다는 시장의 자율성을 중시했습니다. 이에 정부는 복지를 통해 구축했던 사회 안전망과 각종 규제를 줄였습니다. 그러다 보니 그 피해는 고스란히 저소득층에 돌아갔습니다. 게다가 공공의 이익을 위한 정부 개입이 사라지자 시장을 독점한 기업과 자본의 이익 추구가 극에 달했습니다. 그들에게 서민층의 삶과 사회적 안전은 관심 밖의 일이었습니다. 기업은 안정적인 일자리를 줄이면서 필요한 기간만 쉽고 싸게 노동력을 활용하려 했습니다. 정규직보다는 비정규직 노동자를 많이 고용했고, 이로 인해 노동자들은 늘 고용 불안과 실업 문제에 노출되었습니다. 환경 오염도 큰 문제였습니다. 기업은 비용을 아낀다는 명분으로 오염 물질을 불법으로 방류하거나 폐기하고 각종 규제를 피해 개발 도상국으로 공장을 옮기며 각 나라에서 환경 문제를 일으키고 있습니다.

한편 신자유주의는 세계화 과정에서 자유 무역이 모두에게 이익을 줄 것이라며 각 나라에 시장 개방을 강요했지만 그 혜택은 주로 선진국, 그중에서도 다국적 기업에 돌아갔습니다. 결국 모두가 자유롭게 무역하고 경쟁하는 것이 겉으로는 공정해 보여도 국가 또는 기업 간에 힘의 격차가 명백히 존재하는 한 공정한 결과를 기대하는 것은 불가능한 일이었습니다. 다국적 기업은 국경을 넘나들며 이윤 추구를 극대화했고 그것은 어느 나라 정부도 쉽게 막을 수 없었습니다. 신자유주의는 기업과 자본의 끝없는 이익 추구를 자유라는 이름으로 정당화했으며 이들의 독점을 견제하고 소득을 재분배할 정부의 기능은 약화시켰습니다.

금융 위기로 드러난 금융 자본의 민낯

세계화 과정에서 가장 왕성하게 활동한 것은 금융 자본이었습니다. 금융이 뭐냐고요? 금전의 융통, 그러니까 돈이 오가는 흐름을 의미합니다. 돈이 넉넉한 사람들은 수익을 얻기 위해 투자할 곳을 찾고 돈이 필요한 사람들은 돈 빌릴 곳을 찾습니다. 은행 같은 금융 회사는 이자 수익을 얻기 위해 이들을 만나게 해 주었습니다. 결국 이자라는 개념의 등장은 돈이 돈을 벌 수 있게 하는 근거가 되었고 자본은 수익을 찾아 끊임없이 이동했습니다. 세계화가 진행되면서 각 나라의 금융 시장이 개방되고 자본은 국경을 넘어 전 세계로 움직였습니다.

1990년대 미국 증시가 가파르게 오르고 세계 자본은 투자할 곳을 찾아 나섰습니다. 당시 금융 자본의 눈에 들어온 것이 부동산이었습니다. 2000년대 미국 부동산 가격이 급격히 상승했고 이익을 노린 투기 자본이 몰려들었습니다. 너도나도 빚을 내어 집을 사기 시작했고 은행들은 뒤늦게 뛰어든 저소득층에게도 주택을 담보로 돈을 빌려주었습니다. 은행들이 제시한 파격적인 주택 담보 대출로 사람들은 손쉽게 거액의 주택을 구입할 수 있었습니다. 자기가 가진 돈보다 부채의 비율이 훨씬 높았는데도 말이지요. 사람들은 집값이 계속 오르기 때문에 미래에 집을 팔아서 얻을 이익을 생각하면 충분히 빚을 감당할 수 있다고 생각했습니다. 게다가 금융 회사들은 주택 담보 대출과 연계된 펀드, 보험 등 다양한 금융 상품을 판매했고 수익을 노린 투자자들이 대거 몰려들었습니다. 은행에서 빌린 돈이 돌고 돌면서 경제는 성장했지만, 그것은 언제든지 무너질 수 있는 모래성이었습니다. 영원히 오르는 주식과 부동산은 없기 때문입니다. 결국 부동산 가격이 하락하고 시장이 침체기로 접어들자 저소득층은 과도한 대출 원금과 이자를 감당하지 못했고 돈을 돌려받지 못한 은행은 파산 위기에 놓였습니다. 대출과 연계된 상품을 판매했던 금융 회사, 여기에 투자했던 전 세계 기업들이 모두 큰 손실을 겪으며 세계 주식은 곤두박질쳤습니다. 거품처럼 부풀어 올랐던 경제가 한풀 꺾이자 금융에서 시작된 위기는 기업의 고용 감소와 생산 위축, 경기 침체라는 연쇄 작용을 불러와 전 세계에 충격을 주었습니다. 세계 경제에 불황이 찾아온 것입니다.

세계 경제 현실이 이러했음에도 금융 자본은 모순된 태도를 보였습니다. 경제 호황기에는 신자유주의 논리를 내세워 정부의 금융 감독과 규제를 거부하며 이익을 독점하려 해 놓고서는 불황과 위기가 닥쳐오자 정부에 도움을 요청했습니다. 결국 경제 충격이 국민에게 미칠 영향을 고려한 정부는 금융 자본과 기업에 막대한 세금을 투입하며 그들이 다시 살아날 수 있도록 도울 수밖에 없었습니다. 이익은 사적으로 차지하고 손실은 사회가 공동으로 부담하게 하는 모순적 태도에 분노한 미국 시민들은 금융 중심지인 월가를 점령하며 금융 자본의 민낯을 비판하기 시작했습니다.

경제 위기가 몰고 온 민주주의 위기

세계화의 구조적 양극화와 금융 자본의 모순적 태도라는 문제는 세상에 쉽사리 모습을 드러내지 않았습니다. 경제 위기로 생활이 불안해진 사람들을 대상으로 정치적 이익을 얻고자 하는 자들이 있기 때문입니다. 일부 정치인들은 혐오와 배제의 언어로 언론을 장악하며 사람들을 갈라놓았습니다. 그들은 경제 문제로 향했던 시선을 정치로 돌리면서 사람들이 다른 나라와 인종을 탓하거나 난민, 소수자들을 탓하거나, 남녀가 서로를 탓하도록 유도했습니다. 세계화와 신자유주의 질서 속에서 힘들게 살아가고 있는 사람들끼리 서로를 향해 손가락질하도록 한 것이지요. 이 과정에서 견제받지 않는 자본의 탐욕과 극심한 양극화라는 본질은 흐려졌습니다. 안타깝게도 서로를 비난하는 자극적인 정치 메시지는 사람들의 표를 강력하게 모았고 혐오와 배제를 일삼는 정치인들이 권력을 잡게 했습니다. 대표적인 사례가 트럼프의 미국 대통령 당선입니다. 트럼프 대통령은 '미국 우선주의'를 내세우며 주변국과 갈등을 키워 국제 정세를 불안하게 했습니다. 인종 차별적인 발언을 서슴지 않았고 경제 위기로 몰락한 백인 노동자층에 혐오 정서를 부추겨 지지율을 끌어

2021년 1월 6일 대선 결과에 불복한 트럼프 지지자들이 국회 의사당 건물을 공격했다.

올리며 미국 사회를 극심하게 분열시켰습니다. 경제 위기가 정치에 영향을 주면서 민주주의의 위기로 이어진 것입니다.

우리에게는 사람들을 갈라놓는 정치인이 아니라 자본의 횡포를 막고 정부를 제대로 이끌어 양극화 문제를 해결할 정치인이 필요합니다. 경제 문제 해결을 정치에서부터 시작해야 하는 이유입니다.

이제 신자유주의는 한계에 봉착했습니다. 자본주의 체제에 새로운 변화가 필요합니다. 시장 자유와 정부 통제의 적절한 조화, 지속 가능한 성장과 인간 존엄, 그리고 생태 환경이 공존하는 세상은 세계 각국의 건강한 민주주의를 통해 만들 수 있습니다.

영국은 왜 유럽 연합을 탈퇴했나요?

유럽에 있는 대부분의 나라들은 '유럽 연합'에 가입되어 있어요. 그래서 유럽 연합에 가입한 나라의 국민은 여권 없이도 자유롭게 여행할 수 있고, 화폐도 '유로'라는 단일 화폐를 사용해서 일일이 환전하지 않아도 돼요. 그런데 영국은 왜 이처럼 편리한 유럽 연합 체제에서 탈퇴했을까요?

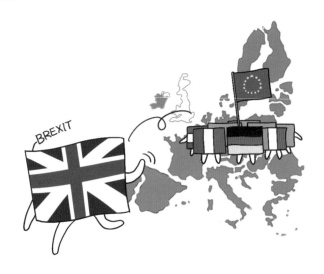

유럽 연합^{EU}의 형성

100여 년 전만 하더라도 유럽을 하나로 통합한다는 것은 실현하기 어려운 상상일 뿐이었습니다. 그도 그럴 것이 프랑스와 독일은 원수지간이었고, 영국은 유럽 대륙 통합이 자국에 불이익을 줄까 봐 걱정했습니다. 그런데 두 차례의 세계 대전을 거치며 세계 주도권이 미국에 넘어가자 유럽 국가들의 자존심은 무너졌고 동유럽 나라들이 공산화된 상태에서 대응책이 필요했습니다.

소련이 동유럽을 장악하고 있는 상황에서 유럽 통합에 적극적으로 나선 나라는 프랑스였습니다. 프랑스는 서유럽 전후 복구를 위한 '마셜 플랜'과 안보를 위한 '북대서양 조약 기구'의 필요성에 공감하면서도 이를 주도하는 미국의 영향력을 경계했습니다. 마침내 프랑스는 오랫동안 적이었던 독일(서독)에게 파격적으로 손을 내밀었고, 독일도 이에 응답하면서 역사적인 유럽 통합의 출발을 알렸습니다. 1951년 프랑스와 독일 주도로 6개국이 참가한 유럽 석탄 철강 공동체ECSC가 출범했고, 1957년에는 유럽 경제 공동체EEC와 유럽 원자력 공동체Euratom가 출범하면서 경제 분야의 통합된 유럽 공동 시장을 만들었습니다. 이 세 기구는 1967년 유럽 공동체EC로 통합되며 역할이 더욱 커졌습니다.

유럽 연합 회원국(2023년 현재 27개국)

영국은 유럽 대륙 국가들과 거리를 둔 채 통합에 참여하지 않았습니다. 영국은 유럽보다는 영국 연방과 식민지들을 활용해 국제 사회에서 영향력을 행사하고자 했습니다. 하지만 이러한 영국의 통합 정책은 1956년 수에즈에서 무너졌습니다. 이집트 대통령 나세르가 수에즈 운하 국유화를 선언하자 영국과 프랑스는 운하 통제권을 회복하기 위해 군사 개입을 선언했습니다. 그러나 유엔과 미국, 소련의 압박이 들어오며 영국과 프랑스는 굴욕적으로 철수해야 했습니다. 국제 사회에서 입지가 좁아진 영국은 유럽 통합에 동참했고 1973년 유럽 공동체의 정식 회원국이 되었습니다.

1990년대 탈냉전 시대가 열리면서 유럽은 경제 통합을 넘어 정치 통합까지 꿈꿨습니다. 마스트리흐트 조약에 의해 1993년 유럽 연합^{EU}이 출범했고 회원국 국민에게 '유럽 시민권'을 부여하며 국가 통합을 이루어 냈습니다. 1999년에는 통합 화폐인 '유로^{EURO}'를 탄생시켜 국가 간 경계를 더욱 희석시켰습니다. 또한 2000년대부터는 동유럽 국가들을 대거 가입시켜 2022년 기준으로 모두 27개 국가가 유럽 연합에 가입했습니다. 이러한 유럽 연합은 집행 위원회, 의회, 사법 재판소 등의 조직을 두고 정치·경제 연합체를 이루어 국제 사회에서 단일 국가처럼 한 목소리를 내고 있습니다.

유럽 연합의 위기와 영국의 탈퇴

유럽 연합의 통합 효과는 경제 면에서 가장 두드러졌습니다. 유로화가 통용되는 국가, 즉 유로존 내에는 환율 장벽이 없어 자본이 활발하게 이동할 수 있었습니다. 현재 유럽 연합 회원국 중 19개국이 유로를 자국의 공식 화폐로 사용하고 있습니다.

유로존은 가입 회원국이 유로라는 단일 화폐를 사용하지만 재정은 개별 국가가 독자 운영했습니다. 국가 주권이 발달한 유럽 전통의 영향으로 정치 통합을 느슨하게 할 수밖에 없었기 때문입니다. 그런데 경제 규모와 재정 정책이 다른 여러 나라가 단일 화폐를 사용하다 보니 이는 필연적으로 국가 간 무역 불균형을 초래했습니다. 예를 들어 산업이 발달한 독일은 관세가 없는 유럽 연합 안에서 수출을 통해 흑자를 기록하지만, 산업 경쟁력이 떨어지는 동유럽이나 남유럽 국가들은 독일이 수출한 물건을 사들이기 때문에 적자를 기록할 수밖에 없습니다. 이러한 무역 불균형 구조는 외부 경제 변동에 취약할 수밖에 없었고, 결국 2008년 세계 금융 위기가 유럽을 덮치자 유로존도 위기를 맞았습니다. 특히 무역 적자 누적으로 재정이 부실했던 남유럽 국가들의 위기가 심각했습니다. 2010년 그리스를 시작으로 포르투갈, 아일랜드, 에스파냐, 이탈리아가 파산 위기에 놓였습니다. 유럽 경제를 주도하던 독일은 자금을 지원하면서도 남유럽 국가들의 강력한 국가 재정 감축을 요구했습니다. 그런데 정부가 재정을 줄이자 공공 부문에 종사하던 중산층이 큰 타격을 받았고 이는 다시 경제 침체로 이어졌습니다.

영국에서 브렉시트 찬성(오른쪽)과 반대(왼쪽) 논쟁은 세대 갈등과 지역 갈등을 두드러지게 했다. 기성 세대는 브렉시트를 찬성했고 청년 세대는 브렉시트를 반대했으며, 잉글랜드는 과반수가 찬성했고 스코틀랜드와 북아일랜드는 과반수가 반대했다.

결국 경제 위기는 유럽 연합 통합에 위기를 가져왔습니다. 유럽 통합이 가져올 풍요로운 삶에 대한 기대가 사라지자 유럽 각지에서 민족주의와 인종주의가 힘을 얻으며 유럽 연합에 대한 반감이 높아졌습니다. 게다가 이슬람 극단주의자들의 테러와 시리아 난민 유입으로 유럽 내 외국인 혐오가 높아져 국가주의 경향은 더욱 심해졌습니다. 이런 와중에 아무도 예상하지 못한 변수가 터졌습니다. 바로 영국의 유럽 연합 탈퇴, '브렉시트Brexit' 선언입니다.

2016년 영국에서는 유럽 연합 탈퇴를 묻는 국민 투표가 실시되었고, 영국 국민 51.9퍼센트의 찬성으로 유럽 연합 탈퇴가 가결되었습니다. 투표 성향을 분석해 보니 주로 잉글랜드 지역의 노년층, 하층 노동 계급, 가난한 백인층이 찬성표를 던졌습니다. 결국 신자유주의 세계화 시대에 빈부 격차의 희생자가 되었던 사람들이 인종주의와 외국인 혐오를 바탕으로 영국 우월 의식을 자극하는 정치 구호에 호응했던 것입니다. 그들은 난민 구호를 위해 유럽 연합에 지출할 돈을 차라리 영국 국민 복지에 쓰라고 주장했습니다. 결국 브렉시트 찬성은 같은 해 미국에서 있었던 트럼프 대통령 당선과도 비슷한 현상이었습니다. 브렉시트 찬성의 후폭풍 속에 기나긴 탈퇴 협상을 거쳐 영국은 2021년 공식적으로 유럽 연합을 떠났습니다. 우여곡절 끝에 성사된 유럽 통합은 유로존의 불안한 경제 상황과 유럽 연합에 대한 반감, 탈퇴한 영국과의 관계 등 앞으로 해결해야 할 많은 갈등과 과제를 가진 채 불안한 길을 걷고 있습니다.

프랑스 국립 대학교 이름에 숫자가 붙여진 이유는 뭔가요?

이번에 우리 학교에 외부에서 강사님이 특강을 하러 왔어요. 강사님 소개란을 보았더니 파리 1대학에서 공부를 하셨더라고요. 파리 1대학? 그럼 2대학, 3대학도 있나? 검색해 보니 프랑스는 국립 대학교 이름이 숫자로 되어 있더라고요. 프랑스는 왜 학교 이름을 숫자로 지었을까요?

프랑스 파리에서 시작된 '68 혁명'

프랑스 국립 대학교 이름에 숫자가 붙은 건 '68 혁명'과 관련이 있습니다. 미국의 사회학자 월러스틴은 "세계 혁명은 1848년 혁명과 1968년 혁명, 단 둘뿐이다"라고 말했습니다. 68 혁명 이후 권위주의가 완화되고, 불합리한 것들에 대한 문제 제기가 가능해졌기 때문입니다.

'68 혁명'이 뭐냐고요? 1968년 5월 프랑스에서 미국의 베트남전 참전에

1968년 5월 "금지를 금지한다!"를 외치며 기성 체제에 저항한 대학생들의 시위는 노동자의 연대 파업으로 확산되며 대규모 사회 변혁 운동으로 전환되었다.

항의하며 일어난 대학생들의 시위가 노동자의 연대 파업으로 확산되며 전개된 대규모 사회 변혁 운동입니다. 당시 프랑스는 유례없는 경제 호황 속에 세대 갈등이 심화되고 있었습니다. 기성세대는 가파르게 치솟는 경제 성장을 바탕으로 안정을 추구했지만, 젊은 세대는 물질 만능 주의를 비판하며 권위주의 타파와 정신적 자유를 갈망했습니다. 그리고 젊은 세대들은 대학의 질적 저하를 비판했습니다. 예전보다 대학생 수는 몇 배나 증가했지만, 이를 뒷받침해야 할 교원은 부족했고 암기와 주입식 교육, 교수들의 권위주의 등 여러 문제가 잠재되어 있었습니다. 또한 당시 프랑스 대통령이었던 드골 정부의 과도한 중앙 집권적 권위주의 정치도 불만 대상이었습니다.

젊은 세대들은 "금지를 금지한다!"는 구호를 외치며 기성 체제에 저항했습니다. 이러한 대항 문화를 바탕으로 한 저항 운동이 사회 운동으로 확대된 기폭제는 반전 운동이었습니다. 미국이 적극적으로 개입한 베트남 전쟁의 잔혹함이 알려지면서 전 세계 젊은 세대들 사이에 반전 운동이 불타올랐습니다. 1968년 3월 20일 파리에서는 '베트남 전국 연합' 학생들이 베트남 전쟁 반대를 외치며 미국의 베트남 전쟁 개입에 항의해 미국 국기인 성조기를 불태웠습니다. 이 시위에 가담한 학생 전원이 경찰에 체포되었는데, 이러한 조치는 대학생들을 더욱 자극했습니다. 분노한 학생들은 다니엘 콘벤디트를 중심으로 베트남 전쟁 반대, 질 낮은 대학 교육 개선, 권위주의 타파 등이 담긴 선언문을 발표했습니다. 하지만 대학교 내에 무장 경찰이 투입되며 이 시위도 진압되었습니다. 파리 대학생들은 점점 더 많이 모여들었고 항의 시위를 확대했습니다. 무장 경찰은 최루탄을 발사했고 학생들은 맞대응해 돌을 던졌습니다. '68 혁명'의 불길이 더 커졌습니다. 프랑스 언론들은 무장 경찰의 폭력 장면을 생중계하며 경찰을 비난했고, 학생들이 구타당하는 모습에 충격받은 시민들도 학생들을 지지하며 봉기에 가담했습니다. 작은 규모의 학생 시위가 대규모 대중 운동으로 확산되었습니다. 파리 시민들은 1871년 프랑스 대혁명에 이어 다시 파리 시가지에 바리케이드를 쳤습니다.

바리케이드로 열고자 한 길은

파리 거리의 바리케이드를 본 기성세대는 "이렇게 먹고살 만한데 뭘 더 원하냐?"라고 물었습니다. 반면에 바리케이드를 친 젊은 세대는 "우리가 원하는 건 물질이 아니라 억압으로부터의 자유"라고 답했습니다.

바리케이드를 친 젊은 세대가 생각한 억압은 무엇을 말할까요? 그것은 암기 위주의 주입식 교육, 불합리한 시험 제도, 불안정한 고용 제도, 사회에 만연한 권위주의였습니다. 기성세대들에게 이것들은 사회 체제 유지를 위해 당연히 필요한 것들이었습니다. 하지만 젊은 세대들에게는 반드시 바뀌어야 할 구태의연한 악습들이었습니다.

젊은 세대의 열망은 노동자들이 가담하면서 그들의 강력한 조직력과 결합해 프랑스 전체를 뒤흔들었습니다. 그런데 이들의 시위는 여기까지였습니다. 계속된 사회 혼란으로 여론은 서서히 등을 돌렸고, 학생과 노동자 연대도 분열되기 시작했습니다. 프랑스 국회 의원을 뽑는 총선에서 유권자들은 변화 대신 안정을 선택했습니다. 기득권자들인 드골 대통령 세력이 70퍼센트에 가까운 의석을 차지했습니다.

혁명의 영향으로 인권 선진국으로 발돋움한 프랑스

그렇다면 '68 혁명'은 실패한 것일까요? 그건 아닙니다. 이 혁명은 프랑스 사회가 좀 더 진보 쪽으로 이동하는 신호탄이 되어 주었습니다. 68 혁명의 원인 중 하나가 대학의 질적 저하였기 때문에 대학 개혁이 신속하게 이루어졌습니다. 다양한 전공의 도입, 시설 개선, 대규모 교수 충원, 국립 대학교 평준화를 위한 대학의 체제 개편 등이 단행되었습니다. 당시 프랑스 대학들은 소르본 대학을 비롯해 각 대학이 우리나라처럼 고유 이름이 있었는데, 대학 평준화를 위해서 고유 이름을 없애고 숫자를 붙였습니다. 그래서 지금도 파리에 있는 대학교는 제1 대학부터 제13 대학으로 불리고 있습니다. 혁명의 영향으로 프랑스 사회는 '성적이 최고가 아닌 세상', '성·인종·직업·학력 차별이 없는 세상', '소수의 목소리에도 귀 기울일 줄 아는 세상'을 다른 나라보다 일찍 수용했습니다.

27년간 옥살이한 죄수가 대통령이 되었다고요?

집에 배송 온 선거 공보물을 부모님과 함께 살펴봤어요. 후보자 인적 사항부터 병역, 납세 그리고 전과 기록까지 확인할 수 있었어요. 음주 운전, 사기, 폭행 등 좋지 않은 이력을 가진 후보들도 있더라고요. 그런데 남아프리카 공화국에서는 종신형을 선고받고 27년 동안 옥살이한 죄수가 대통령이 되기도 했대요. 그게 정말일까요?

백인과 흑인을 분리하라!

1488년 포르투갈 탐험가 바르톨로메우 디아스가 남아프리카 희망봉에 도착한 이후, 수백 년에 걸쳐 유럽 백인들이 남아프리카로 이주해 왔습니다. 다이아몬드와 금이 대량 매장된 남아프리카는 열강의 이권 다툼을 불러왔고, 수년간의 전쟁 끝에 1910년 영연방 소속의 남아프리카 연방(남아연방)이 성립되었습니다. 1961년에는 남아연방이 영연방을 탈퇴해 공화국이 되었고,

정식으로 남아프리카 공화국(남아공)이 수립되었습니다.

그러나 이 나라는 유럽에서 이주해 온 백인 후예들과 토착민 사이의 갈등이 오랜 기간 이어졌습니다. 남아프리카 전역에서 인종주의에 기반한 백인 우월주의가 만연했고, 10퍼센트가 채 되지 않은 소수 백인이 정치와 사회 전반에서 특권을 누리면서 90퍼센트의 흑인과 유색 인종을 차별했습니다. 흑인은 법적으로 정치적 권리를 행사할 수 없었고, 백인 거주 구역에 출입할 수 없었습니다. 또한 흑인은 다른 인종과 결혼도 할 수 없었습니다. 이러한 남아프리카 공화국의 흑백 차별 정책을 '아파르트헤이트Apartheid'라 합니다.

죄수 번호 46664

1918년 남아프리카 연방의 음타타에서 한 아이가 태어났습니다. 이름이 '장난꾸러기'라는 뜻을 지닌 '롤리흘라흘라'였습니다. 아이는 아버지를 일찍 여의고 부족장이었던 후견인 욘긴타바의 보살핌 아래 자랐습니다. 어린 시절부터 백인 중심 사회에 의문을 품고 자란 그는 법학을 공부해 변호사가 되었고 아파르트헤이트 정책에 저항하는 운동에 뛰어들었습니다. 그의 영어 이름은 넬슨 만델라, 훗날 남아공의 대통령이 되는 청년이었습니다.

백인 중심 사회에서 흑인 변호사로 활동했던 만델라는 아프리카 민족 회의ANC에 가입해 활동했습니다. 아프리카 민족 회의는 남아프리카 공화국 백인 정권의 인종 차별 정책에 대항해 온 흑인 해방 운동 조직입니다. 넬슨 만델라는 이 기구에서 활동하며 간디의 비폭력 저항 정신에 따라 평화롭고 합법적인 투쟁을 전개했습니다. 그런데 흑인과 백인의 거주지가 분리되고 흑인의 공공시설 이용이 제한되는 등 백인 정부의 인종 차별 정책은 날로 심해졌습니다. 흑인들이 이에 맞서 시위를 벌이면 경찰은 무자비하게 진압했습니다. 만델라는 무장 투쟁의 필요를 느꼈습니다. 그는 무력을 사용해 정부의 불합리한 정책에 저항하다가 체포되어 종신형을 선고받았습니다.

1963년, 수형 번호 '46664'를 부여받고 로벤섬 감옥에 투옥된 그는 27년이라는 장기간의 수감 생활 속에서도 희망의 끈을 놓지 않고 인권 운동을 이어 나갔습니다. 오랜 수감 생활 중에도 그는 남아공 사회에 만연한 뿌리 깊은 차별을 어떻게 하면 없앨 수 있을지 고민했습니다. 옥중에서도 공부를 게을리 하지 않았고, 수감자들과 아프리카의 미래에 대해 열띤 토론을 벌였습니다. 이러한 그의 소식이 감옥 밖으로 알려지면서 국제 사회는 인권 활동가들을 중심으로 만델라 석방을 촉구하는 운동을 벌였습니다.

만델라가 석방되면 여러 면에서 골치 아프다고 생각한 백인 강경 세력은 그의 사면을 강력하게 반대했습니다. 하지만 국제 여론이 들끓자 1990년 남아프리카 공화국 정부는 만델라를 석방했습니다. 이후 백인 정부와 아프리카

한국을 방문한 남아프리카 공화국 넬슨 만델라 대통령과 우리나라 김대중 대통령이 악수하고 있다. 두 사람 모두 조국의 민주화를 위해 애쓰다가 고초를 겪었고 민주화된 나라의 대통령이 되었으며 노벨 평화상을 수상했다.

민족 회의 간의 기나긴 협상 끝에 아파르트헤이트는 철폐되었고, 1994년 치러진 총선에서 만델라는 남아공 최초의 흑인 대통령으로 선출되었습니다.

우분투 정신을 실천한 만델라 대통령

넬슨 만델라가 대통령으로 당선되었을 때 백인들은 어떤 생각이 들었을까요? 보복에 대한 불안감이 꽤나 컸겠지요. 아파르트헤이트 시절 흑인에 가한 폭력과 탄압, 당연하다고 여겼던 차별들이 백인에 대한 분노로 바뀌어 흑인들이 자기들을 공격할 것으로 생각했습니다. 그래서 해외로 망명을 떠나는 백인도 있었습니다.

그러나 정권을 잡은 만델라는 백인들을 탄압하지 않았습니다. 그는 '진실과 화해 위원회TRC'를 통해 과거사를 청산하고자 했습니다. 만델라가 생각한 과거사 청산은 복수나 보복이 아니었습니다. 그는 흑백 갈등을 해결하기 위해서는 무엇보다도 서로를 이해하고 협력하는 것이 중요하다고 생각했습니다. 아파르트헤이트 시절 행해진 인권 침해 사실에 대한 철저한 진상 규명을 하고, "용서는 하되, 잊지 않는다"는 원칙 아래 흑백 간 협력을 강조했습니다. 이러한 만델라의 관용적 태도는 아프리카 전통 사상인 '우분투'에 기초합니다. 우분투는 '당신이 있기에 내가 있다'는 뜻의 아프리카어입니다.

 ## 여성스러움은 타고나는 것이 아니라
만들어지는 것이라고요?

지금도 종종 어른들은 과격한 운동을 좋아하거나 거침없이 행동하는 여성을 보면 '여성스럽지 못하다'고 핀잔을 주시곤 해요. 남자건 여자건 자기 취향대로 살면 되는데 왜 성별마다 어울리는 행동이 있다고 생각하시는지 모르겠어요. 정말로 여성스러운 행동과 남성스러운 행동은 오래전부터 따로 정해져 있는 걸까요?

시대마다 달랐던 여성의 역할

세계 보건 기구^{WHO}는 남성·여성으로 구별되는 생물학적 성별 대신 사회적 특성을 강조한 용어로 '젠더'를 사용하고 있습니다. 젠더는 '남성과 여성에게 적합하다고 여겨지는 사회적으로 구성된 역할, 행동, 활동, 속성' 등을 뜻합니다. 조금 쉽게 설명하면, '섹스^{sex}'가 생물학적인 의미의 성을 뜻한다면 '젠더^{gender}'는 사회나 문화를 함축하는 사회학적 의미의 성을 뜻합니다. '여성스러운 행동', '남성다운 행동' 같은 것들은 여성이나 남성이 태어날 때부터 부여된 것이 아니라 사회적으로 만들어졌다는 것입니다. '젠더'는 인위적으로 만들어졌기 때문에 언제든지 바뀔 수 있습니다. 실제 역사 속에서도 시대마다 여성에게 기대하는 역할이 변화해 왔습니다. 특히 전 세계가 전쟁에 휩싸였던 1, 2차 세계 대전 전후에는 짧은 기간 동안 여성의 역할이 여러 차례 바뀌었습니다. 대규모 전쟁의 발생은 여성 일과 남성 일의 구분을 흐릿하게 만들었습니다. 젊은 남자들이 전쟁터에 나갔기 때문에 사회 유지를 위해 필요한 대부분의 역할과 활동을 여성이 했습니다. 제1차 세계 대전 중 여성들은 이전과 달리 적극적으로 사회에 진출해 은행원, 교사, 철도원은 물론 철강, 군수 공장 노동자로 사회 활동에 참여했습니다. 이 시기 여성들에게 요구된 '올바른' 역할은 '국가의 필요에 맞춰 능동적으로 생산 활동에 참여'하는 것이었습니다.

리벳공 로지 포스터. 제2차 세계 대전이 일어나 남자들이 전쟁터에 싸우러 나가자 여자는 그동안 남자가 했던 역할을 요구받았다. 리벳공은 군수 공장에서 금속 볼트를 다루는 노동자를 말한다.

이러한 여성의 역할은 제1차 세계 대전이 끝나자 달라졌습니다. 국가는 여성들에게 다시 집으로 돌아가 가정을 지키는 역할을 요구했습니다. 전쟁을 끝내고 돌아온 남성에게 여성이 수행하던 일자리를 주어야 했기 때문입니다. 이제 여성의 '올바른' 역할은 '출산하고 가정을 충실히 돌보는 주부'라는 사회 분위기가 만들어졌습니다. 하지만 제2차 세계 대전이 발생하자 각국은 다시 한번 여성들에게 능동적으로 사회에 나갈 것을 요구했습니다. 왼쪽 포스터에 나온 인물은 1940년 유행했던 리벳공 로지라는 여성 캐릭터입니다. 리벳공은 금속 볼트를 다루는 노동자입니다. 로지처럼 씩씩하게 사회가 요구하는 일을 해 나가는 여성을 찬양하는 분위기가 다시 형성되었습니다.

이렇게 씩씩하고 당찬 여성의 역할은 제2차 세계 대전이 끝난 후에도 유지되었을까요? 아니었습니다. 여성들은 다시 가정으로 돌아가 출산하고 가족을 돌보는 역할을 할 때 가장 아름답고 가치 있다는 분위기가 형성되었습니다. 한편 남성이 함께 살고 싶도록 '여성답게' 꾸밀 줄 알아야 한다는 분위기도 조성되었습니다.

여자로 태어나는 것이 아니라 길러지는 것

사회 체제 안정의 기반이 되는 가정을 돌보는 일은 꼭 필요한 일입니다. 하지만 그 일을 여성이 하는 것이 당연하다고 생각하며 강요하고, 사회생활은 남성이 해야 한다는 인식은 분명 문제가 있습니다.

1940년대 활동했던 여성 철학자 보부아르는 자신의 책《제2의 성》에서 '여성적'이라는 것이 마치 태어날 때부터 주어진 것인 양 강요되는 사회 현실을 강하게 비판했습니다. 그녀는 '여자로 태어나는 것이 아니라 길러지는 것'이라 주장하며 여자도 자유롭게 사회 활동, 출산, 결혼 등을 선택할 수 있어야 한다고 강조했습니다. 1960년대에는 사회 운동가 베티 프리던이《여성의 신비》라는 책을 통해 결혼과 어머니 역할이 중요하지만 그것이 여성 삶의 전부는 아니라며 여성의 활발한 사회 진출을 강조했습니다. 이들의 주장은 많은 여성에게 자신에게 강요되었던 역할이 당연한 것이 아니라는 것을 깨닫게 했습니다.

1970년대 들어서 여성들은 일방적 가사 노동과 육아, 가정 폭력 등 각종 일상 속 문제를 제기하며 활발하게 활동했습니다. 또 출산을 사회적으로 강요하지 말고 본인 스스로 결정할 수 있게 하자는 '신체적 자기 결정권'을 내세웠습니다. 여성 운동은 이후 점차 다양한 분야로 발전해 지금까지 이어지고 있습니다.

2017년 한국에서는 결혼한 여성이 경험하는 일을 소재로 만든 웹툰 〈며느라기〉가 크게 유행했습니다. 이 작품은 2018년 '성평등 문화상'을 받았고 2022년에는 드라마로 제작되기도 했습니다. 남편과 똑같이 직장 생활을 하는데도 여성이라는 이유로 요리, 청소 등 집안일을 당연하게 더 해야 한다는 사회의 인식을 잘 표현해 많은 사람에게 공감을 불러일으켰기 때문입니다. 여러분은 어떤가요? '그래도 요리는 여자가 해야지', '아무래도 세심하게 집안을 챙기는 건 여자가 잘해', '돈은 남자가 벌어야지' 같은 생각을 하고 있지는 않나요? 그런 생각이 들 때마다 보부아르의 말을 떠올려 봅시다. '여자로 태어나는 것이 아니라 길러지는 것'이라고. 물론 남자도 마찬가지입니다.

얼굴을 검게 칠하는 분장이 왜 인종 차별인가요?

어떤 고등학교에서 학생들이 얼굴을 검게 칠한 흑인 분장을 하고 졸업 사진을 찍어 인종 차별 논란이 일어난 적이 있어요. 흑인을 비하한 것도 아니고 유쾌한 흑인의 춤을 패러디하기 위해 분장한 것뿐인데 이것도 인종 차별인가요? 비하할 의도가 전혀 없는 퍼포먼스도 차별이라니, 너무 이해가 안 되고 당황스러워요.

노예제 폐지 이후에도 이어진 인종 차별

흑인 분장의 의미를 이해하기 위해서는 흑인 차별의 역사를 살펴볼 필요가 있습니다. 아프리카 대륙 말고 흑인이 가장 많이 살고 있는 나라는 미국입니다. 지금도 미국 인구의 10퍼센트 이상이 흑인이라고 합니다. 널리 알려진 것처럼 흑인은 아프리카에서 노예로 끌려왔다가 남북 전쟁 결과 노예제가 폐지되면서 자유의 몸이 되었습니다. 하지만 남북 전쟁(1861~1865) 당시는

20세기 전반기 미국에서 활개 친 KKK단 단원들의 집회 모습. 그들은 자신들이 남북 전쟁 중 사망한 남부 병사의 유령이라고 주장했다.

법적으로만 노예제가 폐지되었을 뿐 흑인에 대한 차별은 여전했습니다. 노예제 폐지를 반대했던 미국 남부 지역에서는 1866년 KKK단이라는 폭력 단체가 조직되어 흑인에게 테러를 가했습니다. KKK단은 뾰족한 흰 두건에 하얀색 옷을 입고 돌아다녔는데 자신들이 전쟁 중에 사망한 남부 지역 병사들의 유령이라며 그들의 억울함을 풀어 준다는 명목으로 수많은 흑인에게 폭력을 행사했습니다.

흑백 차별은 점차 심해졌습니다. 흑인에게는 각종 조건을 만들어 투표에 참여할 수 없게 했으며 상점, 화장실 심지어는 해수욕장까지 백인용과 흑인용을 구분해 놓았습니다. 흑인들이 이용할 수 있는 시설은 대부분 불편하거나 낙후된 것이었습니다. 흑인이 실수로라도 백인들이 이용하는 시설이나 장소에 들어가면 그들은 폭행을 당하거나 모욕적인 욕설을 들어야 했습니다.

흑인들이 투표권을 얻기까지

인종 차별을 부당하게 생각한 시민이 점차 늘어났습니다. 이들은 흑인에게 백인과 동등한 권리를 주어야 한다고 주장하는 운동을 전개하며 세상을 바꿔 나갔습니다. 그중 대표적인 사건이 1955년에 시작된 '몽고메리 버스 보이콧' 운동입니다. 미국 남부 도시인 몽고메리에서는 버스 안에서 백인이 요구하면 흑인은 자리를 양보해야 했습니다. 당시 승객이었던 흑인 로자 파크스가 백인의 자리 양보 요구에 "No"라고 단호하게 거부하자 기사는 경찰을 불렸고, 경찰은 로자 파크스가 흑백 분리 규칙을 어겼다며 현장에서 체포했습니다. 버스에서 자리를 양보하지 않았다는 이유로 체포되었다니 지금 기준으로 보면 참 어처구니없는 일입니다. 분노한 흑인들은 몽고메리에서 운행되는 버스를 타지 않는 일종의 불매 운동을 벌이며 이 문제를 법정에 호소했습니다. 결국 법원은 버스에서 흑백 분리는 위헌이라는 판결을 내렸습니다.

이 사건 이후로도 사회 곳곳의 흑백 차별은 여전했습니다. 1960년대 차별을 반대하는 시민들은 길고 지루한 싸움을 이어 나갔습니다. 흑인들은 온갖 모욕을 받아가며 백인 전용 식당에 자리 잡고 버티기, 흑인 이용을 막는 백인 전용 수영장에 들어가 버티기 등 힘겨운 싸움을 꾸준히 전개했습니다.

로자 파크스는 버스에서 백인에게 자리를 양보하지 않았다는 이유로 체포되었다.

"나에게는 꿈이 있습니다. 나의 네 아이들이 피부색이 아니라 인격에 따라 평가받는 그런 나라에 살게 되는 날이 오리라는 꿈입니다."

이 말은 1960년대 흑인 민권 운동을 이끌었던 마틴 루터 킹의 유명한 연설 〈나에게는 꿈이 있습니다 I Have A Dream〉 중 일부입니다. 마틴 루터 킹 같은 사람들의 노력이 쌓이고 쌓여 흑인과 백인을 분리하는 법은 차례로 폐지되었고, 1965년 흑인에게도 정당한 투표권을 부여하는 법이 통과되었습니다.

현재 진행형인 인종 차별

그럼 1965년 이후에는 더 이상 인종 차별이 없었을까요? 그렇지 않습니다. 법적인 차별은 폐지되었지만 사회 곳곳에서는 은연중에 흑인을 차별했습니다. 특히 경찰은 흑인을 단속할 때 온갖 트집을 잡아 수갑을 채우고 총기를 사용하는 등 과잉 진압을 했습니다. 안타깝게도 2020년에도 미국에서 대낮에 경찰이 흑인이라는 이유로 시민을 과잉 진압해 사망하게 한 사건이 발생했습니다. 흑인은 범죄자일 확률이 높고 함부로 대해도 된다는 편견이 작용한 탓이었습니다. 지금도 미국에서는 많은 시민이 "흑인 목숨도 소중하다 Black lives matter"라는 구호를 외치며 엄연히 존재하는 차별에 반대하는 운동을 벌이고 있습니다.

그런데 우리나라도 인종 차별 문제에서 자유롭지 못합니다. 몇 해 전《지하철에서 옆자리에 흑인이 앉았다》라는 책이 나왔습니다. 아프리카 가나에서 온 남자 친구와 함께 다니면서 겪은 인종 차별 경험을 풀어 낸 책입니다. 이 책을 읽다 보면 우리 사회에 만연한 차별 의식을 새삼 깨닫게 됩니다.

'블랙 페이스 black face', 얼굴을 검게 칠한 흑인 분장은 많은 나라에서 인종 차별을 표현하는 대표적 행위로 인식됩니다. 인종 차별이 심했던 시기 백인들이 나쁜 행동을 할 때 얼굴을 검게 칠하고 흑인으로 분장해 흑인에 대한 부정적인 이미지를 강화했던 역사가 있기 때문입니다. 흑인에게 블랙 페이스는 과거 인종 차별이 합법적으로 이루어지던 시기의 역사를 떠올리게 하는 행위입니다. 졸업 사진을 찍은 학생들은 분명 인종 비하 의도가 없었겠지만 의도와 다르게 상처받는 사람이 있다면 하지 말아야 하는 행동입니다. 비록 우리 사회에서는 두드러진 문제가 아니더라도 세계 보편적 기준에 어긋난다면 다시 한번 우리 행동을 되돌아봐야 합니다.

91, 팔레스타인 분쟁의 씨앗을 뿌린 나라가 영국이라고요?

미국의 한 유명 아이스크림 브랜드가 이스라엘에서 아이스크림을 판매하지 않겠다고 선언했다는 뉴스가 보도되었어요. 화가 난 이스라엘 경제 장관은 SNS에 해당 회사 아이스크림을 쓰레기통에 버리는 영상을 올리기도 했고요. 이스라엘과 팔레스타인 갈등 때문에 생긴 사건이었어요. 그런데 두 나라 사이 분쟁의 씨앗은 영국이 뿌렸다네요. 어찌된 일일까요?

팔레스타인과 유대인

'가나안'이라고도 하는 팔레스타인 지방은 《성서》에서 '젖과 꿀이 흐르는 땅'으로 묘사됩니다. 아브라함이 하나님으로부터 받기로 한 '약속의 땅'이기도 하고요. 《구약 성서》를 보면, 가나안 땅에 도착한 유대인은 얼마 지나지 않아 극심한 가뭄을 만나 이집트로 떠납니다. 그런데 그들은 이집트에서 포로로 잡혀 오랫동안 노예 생활을 했습니다. 그 후 우여곡절 끝에 다시 고향으로 돌아왔지만, 그곳에는 이미 다른 민족이 살고 있었습니다. 유대인들은 가나안 땅에 거주하고 있던 이민족과 오랜 다툼 끝에 예루살렘을 수도로 삼고 이스라엘 왕국을 세웠습니다. 다윗과 솔로몬을 거치면서 이스라엘은 잠시 번성했지만 내분으로 멸망했고, 이후 가나안 지역은 아시리아, 바빌로니아 등을 거쳐 로마가 지배했습니다.

자기들만이 하나님한테 선택받은 민족이라는 유대인의 선민의식은 로마인의 반감을 사기에 충분했습니다. 물론 로마 사람들의 유대인 저주는 예수를 죽게 만든 계기를 제공한 것이 유대인이었다는 것도 한몫했습니다. 로마는 유대인을 탄압했고, 유대인들은 이를 피해 고향을 떠나 유럽 각지로 흩어지며 유대인의 이산離散, 즉 '디아스포라Diaspora'가 시작되었습니다.

유대 국가를 건설하라!

19세기를 전후해 유럽 각지에서는 민족주의 운동이 활발하게 전개되었습니다. 이는 유대인들을 힘들게 했습니다. 특히 1894년 프랑스의 드레퓌스 대위가 아무 증거도 없이 유대인이라는 이유로 간첩 혐의를 받고 체포되었던 사건은 전 세계에 흩어져 온갖 멸시를 견디고 살던 유대인들의 마음을 무겁게 했습니다. 그들은 자기들만의 국가 건설 필요성을 강하게 느꼈습니다.

유대인들은 자신들의 상징인 시온산이 있는 예루살렘에 국가를 세우기 위해 민족주의 운동을 벌였습니다. 이를 '시오니즘Zionism'이라 합니다. 1897년 스위스 바젤에서 시오니스트 회의가 처음 개최된 후 유대인들은 팔레스타인으로 이주하기 시작했습니다. 그러나 문제는 팔레스타인 지역에는 아랍인인 팔레스타인 사람들이 이미 오래전부터 살고 있었다는 것입니다.

영국의 이중 약속

이스라엘 – 팔레스타인 분쟁 역사는 제1차 세계 대전으로 거슬러 올라갑니다. 당시 영국은 전쟁을 승리로 이끌기 위해 수단과 방법을 가리지 않았습니다. 영국은 오스만 제국에 지배받던 아랍인들의 반란을 지원하고, 아랍 독립 국가 건설을 지지한다는 '맥마흔 선언(1915)'을 발표해 아랍인들로부터 전쟁 협조를 받았습니다. 동시에 유대인들에게는 예루살렘에 유대인 국가를 건설할 수 있도록 돕겠다는 '밸푸어 선언(1917)'을 발표해 지지를 얻었습니다.

영국의 이러한 모순된 외교 정책은 팔레스타인 지역의 갈등을 촉발했습니다. 유대인들은 밸푸어 선언에 따라 곧 유대인 국가가 건설된다고 믿고 팔레스타인으로 이주해 왔습니다. 한편 아랍인들은 맥마흔 선언에 따라 팔레스타인에 아랍인 독립 국가가 건설된다고 굳게 믿었습니다. 그런데 정작 분쟁의

이스라엘의 공습으로 팔레스타인 사람들의 도시 가자 지구가 파괴되었다. 어린이를 포함한 시민들이 다치고 삶의 터전을 잃었다.

씨앗을 뿌린 영국은 아랍과 유대인 영토 분쟁에 나 몰라라 했습니다. 전쟁이 끝나자 영국은 팔레스타인 문제 해결을 국제 연합에 넘겨 버렸고, 국제 연합은 팔레스타인을 아랍 지구와 유대 지구로 분할해 관리하기로 결정했습니다. 자기들만의 새 국가 건설을 기대했던 유대인들은 이 결정을 받아들일 수 없었습니다. 그들은 팔레스타인 땅에서 아랍인을 몰아내고 유대인만으로 이루어진 유대 국가를 건설하려 했습니다.

1948년 이스라엘이 독립을 선언했습니다. 그러자 시리아와 레바논 같은 주변의 아랍 국가들이 일제히 반발하며 이스라엘에 전쟁을 선포했습니다. 제1차 중동 전쟁이 발발했습니다. 이후 양 세력은 네 차례나 크게 싸웠지만, 지금도 팔레스타인 땅을 놓고 팽팽하게 대립하고 있습니다.

평화의 도시

유대인들이 마주칠 때마다 건네는 인사인 '샬롬Shalom'은 '평화'를 뜻합니다. 이슬람교 신자를 말하는 이슬람Islam은 '평화와 순종'이라는 의미를 갖고 있습니다. 유대교 성지이자 이슬람교 성지인 '예루살렘'은 '평화의 도시'라는 뜻입니다.

그러나 지금 이 시간에도 이스라엘과 팔레스타인 대치 상황은 여전합니다. 이스라엘과 이에 저항하는 팔레스타인 무장 단체인 하마스가 벌이는 무차별 공습 때문에 난민이 발생하고 있으며, 사람들은 삶의 터전을 잃고 일상적인 삶마저 빼앗겨 신음하고 있습니다. 평화의 도시라는 이름에 맞게 평화를 되찾기 위해서는 '분쟁을 야기한 국가'의 책임 있는 행동이 필요합니다.

'테러와의 전쟁'이 끝나고 평화가 찾아왔나요?

미국이 20년 만에 아프가니스탄에서 철수한다는 뉴스를 봤어요. 20년 동안이나 '테러와의 전쟁'을 했다니 정말 힘들었겠어요. 미국이 오랫동안 지속해 온 전쟁을 끝냈으니, 이제 테러는 사라지고 평화가 찾아오겠죠?

강대국의 간섭과 서아시아의 저항

20세기 석유 발견은 서아시아 비극의 시작이었습니다. 석유로 인한 엄청난 경제 수익은 강대국들의 시선을 끌기에 충분했습니다. 영국과 프랑스는 제1차 세계 대전이 끝나자 오스만 제국을 해체해 이권을 나눠 가졌고, 새로 등장한 아랍 국가들의 국경을 밀실에서 독단적으로 결정했습니다. 그런데 제2차 세계 대전 이후 유럽 패권이 약해지자 식민 통치에 대한 저항이 거세게 일어났습니다. 이집트 수상 나세르는 수에즈 운하를 국유화해 영국과 프랑스의 간섭을 물리치고 아랍 민족주의 운동을 주도했습니다.

나세르를 중심으로 기세등등하던 아랍 민족주의는 이스라엘과 전쟁에서 이집트가 처참히 패배하며 한풀 꺾였습니다. 한편 1979년 성직자 호메이니가 이슬람 근본주의를 내세우며 이란의 이슬람 혁명을 성공시켰습니다. 이 혁명은 서아시아 민족 운동의 흐름 자체를 바꾸었습니다. 이슬람 근본주의자인 호메이니 세력은 세속적인 서구 근대화를 비판하며 정통 이슬람 체제로 돌아가자고 주장했습니다. 아랍 국가들의 빈부 격차와 부정부패에 불만을 가졌던 사람들은 호메이니의 주장에 크게 호응했습니다.

아랍 세계의 이슬람화를 서구 강대국들은 가만 놔두지 않았습니다. 미국은 자국에 우호적이던 이란의 팔레비 왕조가 무너지자 이웃 나라인 이라크를 통해 견제했습니다. 이란 혁명이 확산될 것을 우려한 소련은 아프가니스탄을 침공했습니다. 그러자 많은 무슬림이 아프가니스탄 의용군으로 참여했고, 성스러운 전쟁 '지하드'에 참여한 그들을 전사라는 뜻의 '무자헤딘'이라 불렀습니다. 미국은 무자헤딘에게 무기를 지원하며 소련을 견제했습니다. 결국 1989년 소련이 물러났고, 아프가니스탄은 '이슬람 근본주의를 배운 학생들'이라는 뜻을 가진 무장 단체 '탈레반'이 통치했습니다.

한편 8년 동안 이어진 이란–이라크 전쟁으로 많은 빚을 지게 된 이라크는 경제적 이익을 위해 1990년 쿠웨이트를 침공했습니다. 냉전이 끝나고 세계 최강대국이 된 미국은 이라크 후세인의 세력 확대를 두고 보지 않았습니다. 즉시 쿠웨이트로 군대를 파견했습니다(걸프 전쟁). 다국적군을 주도한 미군은 압도적인 군사력을 과시하며 전쟁을 승리로 이끌었습니다. 그런데 당시 미군이 이슬람 성지 메카가 있는 사우디아라비아에 주둔하고 있었는데, 이 상황이 이슬람 근본주의자들의 분노를 부추겼습니다. 미국에 저항하는 목소리가 높아지면서 과격해졌습니다. 그중에서 오사마 빈 라덴이 이끄는 급진 이슬람주의 단체인 알 카에다는 미국에 지하드를 선포했습니다. 그들은 탈레반이 정권을 장악한 아프가니스탄을 거점으로 미국 공습을 준비했습니다.

9·11 테러로 시작된 '테러와의 전쟁'

2001년 9월 11일, 무슬림 테러범들에게 납치된 네 대의 민간 항공기는 각각 미국 주요 시설을 향해 돌진했습니다. 두 대는 뉴욕의 세계 무역 센터 빌딩에 충돌했고 또 다른 한 대는 미국 국방부인 펜타곤으로 향했으며, 나머지 한 대는 승객들의 저항 속에 결국 추락했습니다. 안타깝게도 납치된 승객과 승무원이 모두 사망해 수많은 인명 피해를 낳았습니다.

미국 부시 대통령은 오사마 빈 라덴을 테러 주범으로 지목하고 '테러와의 전쟁'을 선포하며 강력한 응징을 예고했습니다. 2001년 10월 7일에 미군이 아프가니스탄에 투입되며 본격적인 전쟁이 시작되었습니다. 미군은 압도적인 군사력을 바탕으로 오사마 빈 라덴을 추적했습니다. 도피 생활을 이어가던 그는 결국 2011년 파키스탄 은신처에서 미군에 의해 죽었습니다. 2001년 아프가니스탄을 접수한 미국은 이라크로 전쟁을 확대했습니다. 명분은 이라크의 대량 살상 무기를 찾고 후세인의 인권 탄압을 저지한다는 것이었지만 세계 여론은 그리 좋지 않았습니다. 미국이 베트남 전쟁에 이어 또 무리한 전쟁을 벌이는 게 아니냐는 우려도 많았습니다. 하지만 미국은 이에 굴하지 않고 이라크와 전쟁을 벌여 당시 이라크 지도자 후세인을 체포한 후 처형하면서 손쉽게 전쟁을 끝냈습니다. 그러나 미국의 고민은 이제부터 시작이었습니다. 탈레반과 후세인을 몰아내고 아프가니스탄과 이라크를 장악했지만, 두 나라를 어떻게 재건할지에 대한 계획이 명확하지 않았습니다. 탈레반은 무장 투쟁을 계속 이어 갔고, 이라크는 새로 세워진 시아파 정부가 후세인 집권

걸프전에 투입된 미 공군 전투기 편대가 불타는 유전 위를 날고 있다.

시절 기득권 세력이던 수니파를 탄압하면서 극심한 내전에 빠졌습니다. 자살 폭탄 테러가 끊임없이 이어졌고 사회 안정과 경제 재건을 위해 엄청난 돈을 쏟아부었지만 효과가 없었습니다. 미국이 아무리 많이 후원해도 새로 세워진 정권은 부패하고 무능하기만 했습니다. 결국 더 이상 버티지 못한 미군이 2021년 아프가니스탄에서 공식 철수하면서 테러와의 전쟁은 20년 만에 막을 내렸습니다.

'테러와의 전쟁' 이후

20년간 세계 최강대국 미국이 펼친 '테러와의 전쟁'은 분쟁으로 가득한 서아시아에 평화를 가져왔을까요? 많은 사람이 미국이 펼친 대대적인 전쟁의 성과에 의문을 던집니다. 탈레반을 몰아내기 위해 시작한 아프가니스탄 전쟁은 탈레반의 재집권으로 끝났습니다. 탈레반이 수도 카불로 진입한다는 소식

9·11 테러 공격을 받은 세계 무역 센터 쌍둥이 빌딩에 연기가 솟아오르고 있다.

에 공항은 마비되었고, 황급히 아프가니스탄을 떠나는 미군의 모습은 전쟁 승리와는 거리가 멀어 보였습니다.

내전에 빠진 이라크에서는 극단적인 이슬람주의 무장 단체 '이슬람 국가^{IS}' 가 탄생했습니다. IS가 펼치는 무자비한 테러와 만행에 전 세계는 충격에 빠 졌습니다. 강대국의 간섭과 탐욕 그리고 이에 대한 저항에서 시작된 서아시 아 분쟁은 이제 해결책이 보이지 않을 정도로 복잡해졌습니다.

한편 '테러와의 전쟁'을 거치며 이슬람교와 무슬림에 대한 우리의 편견도 심해졌습니다. 폭력적인 이미지를 강조하며 무슬림을 겨냥한 미국의 여론 공 세에 서아시아의 극단적인 무장 단체들은 이슬람교 교리를 내세워 테러를 정당화하며 무슬림의 지하드 참여를 선동했습니다. 결국 미국이 주도한 '테 러와의 전쟁'에서 남은 것은 더 큰 증오와 테러였습니다. 이제는 서아시아 지 역의 오랜 분쟁을 해결하기 위한 평화적인 방법을 모색해야 할 때입니다.

인도에도 이산가족이 있다고요?

우리나라는 세계에서 유일한 분단국이에요. 가족과 헤어진 이산가족의 마음을 생각하면 너무 슬퍼요. 언제쯤 남북이 자유롭게 오갈 수 있을까요. 그런데 인도에서 75년 만에 극적으로 이산가족이 상봉했다는 뉴스를 봤어요. 인도도 분단 국가였나요?

첨예한 종교 갈등과 인도 분리 독립

인도 대륙에서 힌두교도와 무슬림은 오랜 시간 함께 지냈습니다. 인도 국민 대다수가 힌두교도지만, 무굴 제국 시기 왕실과 지배층이 이슬람교를 믿었기에 무슬림도 많이 있습니다. 영국 식민 통치 시기 근대 정치 제도의 도입 속에 두 종교 공동체는 정치적으로 다른 견해를 갖게 되며 갈등을 빚었습니다.

인도의 반영 운동은 주로 힌두교도 중심으로 전개되었고, 그 중심에는 간디와 네루가 이끄는 인도 국민 회의가 있었습니다. 그런데 이 단체가 힌두교도 통합을 위해 종교적 감정을 강조할수록 이슬람 단체인 무슬림 연맹은 거북스러웠습니다. 영국에 맞선다는 공동 목표 아래 아슬아슬하게 공존하고 있던 두 종교의 관계는 제2차 세계 대전이 끝난 후 최악으로 치달았습니다.

1946년 영국 사절단이 인도에 도착하자 인도 국민 회의와 무슬림 연맹 대표들은 협상을 시작했습니다. 양측 모두 독립을 환영했지만 새로운 나라 건설에 대한 생각은 달랐습니다. 다수인 힌두교도들은 하나의 인도를, 소수인

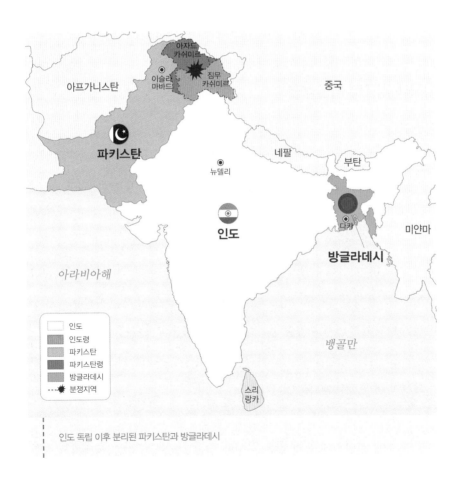

인도 독립 이후 분리된 파키스탄과 방글라데시

무슬림은 자신들만의 나라를 원했습니다. 무슬림에게 하나의 인도란, 영국 지배가 힌두교도 지배로 바뀌는 것이라고 생각했기 때문입니다.

1947년 8월 15일 인도가 독립했습니다. 이때 두 종교는 각각 다른 나라를 세웠습니다. 힌두교도는 '인도 연방 공화국'을, 무슬림은 '신성한 땅'이라는 뜻의 '파키스탄'을 인도 북쪽 지대에 세웠습니다. 이후 파키스탄 내에서 또 한 나라가 분리 독립했습니다. 파키스탄 안에서도 서쪽 펀자브 지역과 동쪽 벵골 지역은 상당히 달랐습니다. 언어도 다르고 이슬람교를 받아들이는 태도도 달랐습니다. 한편 모든 국가 핵심 시설이 서파키스탄에 있다 보니 동파키스탄은 열등 지역 취급을 받았습니다. 이런 불만들이 폭발하며 1971년 동파키스탄은 '벵골의 나라'라는 뜻의 '방글라데시'로 독립했습니다.

한국과 인도의 동병상련

"비가 내리더군요. 허기는 지고 옷은 완전히 젖다 보니 우리는 두려움에 휩싸였습니다. 이제 우리는 어디로 가야 하나? 서러움이 북받쳐 올랐습니다. (…) 군인들이 트럭 두 대에 식량을 가득 싣고 왔습니다. 우리는 부지런히 배를 채웠지요. 군인들은 정말로 우리를 많이 도와주었습니다. (…) 행렬 안에서 슬픈 일을 당하지 않은 사람이 없었어요. 어머니를 잃은 사람도 있고, 아버지를 잃은 사람도 있고, 딸이 납치당한 사람도 있었어요. 이제는 가다가 죽은 사람을 봐도 전혀 두려워하지 않게 되었습니다. (…) 드디어 마을에 도달하니 이제 고향으로 들어온 거라는 말이 들렸어요. 하지만 우리의 고향은 저쪽에 있다고 생각했지요. 우리는 고향을 떠나온 겁니다."

전쟁 통에 피난길에 올라 갖은 고생을 겪는 모습은 우리 역사에서도 경험했던 장면입니다. 그런데 위 이야기는 우리나라 이야기가 아닙니다. 분리 독립이 결정난 직후 인도에서 벌어진 일입니다. 영국이 인도 - 파키스탄 분리 독립 계획을 발표한 것은 1947년 6월 3일이고, 영국 총독부의 철수 시점은 같은 해 8월 15일이었습니다. 두 달 남짓한 기간 동안 거대한 영토의 분리 독립을 마치라니, 인도인들

인도와 파키스탄의 접경 지역에서 치러지는 국기 하강식 때 팽팽한 기싸움을 벌이는 양국 군인들.

은 무엇을 해야 할지 몰라 당황스러웠습니다. 독립 문제를 둘러싸고 종교 갈등이 극에 달했던 시기였기에 국경이 가로막히면 무슨 일을 당할지 모른다는 공포가 사람들을 휘감았습니다. 파키스탄과 인도의 경계 지역에 살던 사람들은 황급히 이동하기 시작했습니다. 무슬림은 파키스탄으로, 힌두교도는 인도로 발길을 재촉했습니다. 그 과정에서 부모님과 헤어지거나 자식이 납치당하거나 여성이 성범죄에 노출되는 등 온갖 고초와 트라우마를 겪었습니다. 게다가 국경이 합의되지 않았던 카슈미르 지역에서는 독립 직후 두 나라 간에 전쟁까지 터지면서 그야말로 아비규환이 되었습니다. 분리 독립 과정의 갈등과 뒤이은 전쟁으로 지금까지 두 나라 사이에는 국경 이동과 교류가 자유롭지 못합니다. 고향을 잃은 실향민과 가족을 잃은 이산가족의 고통은 언제쯤 해소될 수 있을까요?

오고 가는 편지 속에 피어난 인류애

한편 난민으로서 국경을 넘어 파키스탄에 들어온 한 무슬림이 새로 살게

될 집에 입주했습니다. 어느 날 그는 편지 한 통을 받았습니다.

"저는 지금 한 사람의 인간으로서 편지를 씁니다. 힌두가 보낸 것이라 내팽개치지 않기를 바랍니다. 우리는 먼저 인간이고 그다음이 힌두이거나 무슬림이지요. 저는 당신이 우리를 묶고 있는 인간의 이름으로 제게 답장을 주실 거라고 굳게 믿습니다."

급하게 파키스탄을 떠나게 된 원래 집주인 힌두교도의 편지였습니다. 학자였던 집주인이 새로 입주한 사람에게 자신의 소중한 자료를 잘 보관해 달라는 부탁을 한 것이었습니다. 옛 집주인의 편지를 받은 무슬림은 정성스럽게 책과 자료, 원고들을 모아 본인이 쓴 편지와 함께 인도로 보내 주었습니다. 이후 두 사람은 매우 특별한 사이가 되었습니다.

"당신의 편지를 읽고 또 읽고 몇 번이나 읽었는지 모릅니다. 그리고 진정한 벗이 그 편지를 보낸 것임을 깨달았습니다. 모든 친구가 당신이 제게 보여 준 감정을 다른 모든 힌두와 무슬림도 나눌 수 있다고 생각하고 있습니다. 저는 힌두와 무슬림이 같은 마을에 사는 동료에게 어떤 짓을 했는지를 생각하며 몸서리를 쳤습니다. 최악은 그런 모든 짓이 종교의 이름으로 행해졌다는 것입니다. 피와 살육을 허락하는 종교는 없습니다."

국경과 종교를 넘어 사람 대 사람으로 우정을 나눈 두 사람처럼 전 세계 모든 전쟁과 갈등, 분쟁 속에서도 인류애가 피어났으면 좋겠습니다.

SNS가
혁명을 일으켰다고요?

오늘 친구가 SNS에서 저를 지목해서 온몸에 얼음물을 뒤집어썼어요. 제 작은 행동이 루게 릭병 환자들의 치료비 모금에 도움이 된다고 하네요. SNS가 세상을 바꾼다는 말이 괜히 나온 게 아닌가 봐요. 심지어 친구 말로는 SNS가 어떤 나라에서는 시민 혁명을 불러일으키기도 했대요. 정말 SNS로 혁명이 가능할까요?

SNS로 세상을 바꿀수 있다고 !

재스민 혁명

2010년 겨울 북아프리카 튀니지에서 한 청년이 몸에 불을 붙였습니다. 그의 이름은 무함마드 부아지지. 시디부지드주에서 청과물 노점상을 운영하던 그는 허가 없이 장사를 했다는 이유로 판매하던 과일을 모두 압수당했습니다. 하지만 실제는 공무원에게 뇌물을 주지 못해 단속에 걸린 것이었습니다. 생계를 유지하기 위해 저울이라도 돌려 달라 간청했던 그에게 돌아온 것은 폭력과 욕설뿐이었습니다. 절망에 빠진 그는 자기 몸에 불을 붙였고, 즉시 병원으로 이송되었지만 26세의 나이로 끝내 세상을 떠났습니다.

당시 튀니지는 5선에 성공하며 23년간 장기 집권해 온 벤 알리 정권에 염증을 느끼고 있었습니다. 국민들은 극심한 생활고와 살인적인 실업률에 신음하고 있었는데, 대통령 가족은 호화스럽고 사치스러운 생활을 즐기고 있었습니다. 대통령 일가의 부정부패는 위키리크스^{WikiLeaks}와 페이스북^{Facebook} 등 소셜 미디어에 공개되었습니다. 집권층의 부정부패와 억압적 통치 방식에 성난 국민이 거리로 나왔습니다. 경찰이 반정부 시위를 유혈 진압하는 과정에서 수많은 사상자가 발생했고, 시위 군중의 분노는 트위터와 페이스북 등 소셜 네트워크 서비스^{SNS}를 통해 전국적으로 확산되었습니다.

결국 벤 알리 대통령이 사우디아라비아로 도주하면서 23년에 걸친 독재 정권은 붕괴되었고 이는 아랍권에서 쿠데타가 아니라 민중 혁명으로 독재 정권을 무너뜨린 최초의 사례가 되었습니다. 세계 언론에서는 이 혁명을 튀니지에서 흔히 볼 수 있는 꽃인 재스민에서 따와 '재스민 혁명'이라 했고, 인근 이집트를 비롯해 아랍 국가의 민주주의 시위 확산에 기폭제가 되었습니다.

아랍에 퍼진 민주화 물결

이집트에서는 1981년 사다트 대통령이 암살당한 후 당시 부통령으로 권력을 승계받은 무바라크가 30년이 지난 2011년까지도 비상계엄령을 유지한 채 언론을 검열하고, 반대 세력을 체포하는 등 억압 정치를 하고 있었습니다. 그러던 중 2011년에 이집트 경찰의 마약 거래 동영상을 유튜브에 올렸다가 체포되어 구타와 고문 끝에 사망한 칼레드 사이드 사건이 발생했습니다. 이집트인들은 경찰 권력 남용과 국가 폭력에 분노했습니다. 때마침 들려온 옆 나라 튀니지의 재스민 혁명 소식은 민주화에 대한 이집트인의 열망을

이집트 카이로 타흐리드 광장을 메운 100만 명이 넘는 시민들이 독재자 무바라크의 퇴진을 촉구했다.

자극하기에 충분했고, 페이스북을 비롯한 SNS에서는 "우리는 모두 칼레드 사이드입니다"라는 페이지가 개설되었습니다.

SNS를 통해 시위 참여를 촉구하는 메시지가 확산되었고, '분노의 날'로 알려진 1월 25일 시민들이 거리로 쏟아져 나왔습니다. 오랜 독재에 취해 있던 무바라크 대통령은 시위를 대수롭지 않게 여겼지만 시민들의 힘은 강력했습니다. 경찰의 무력 탄압에도 시민들은 물러나지 않았고, 100만 명이 넘는 시민이 무바라크 퇴진을 요구하며 행진을 이어 갔습니다. 정부는 뒤늦게 인터넷과 휴대폰의 통신을 차단했으나 시위를 막기에는 역부족이었고, 결국 무바라크가 대통령직을 사임하면서 장기간에 걸친 독재 정권이 막을 내렸습니다.

튀니지에서 시작된 아랍 민주화의 물결은 이집트를 거쳐 리비아, 시리아, 예멘 등 아랍 국가들 사이로 널리 퍼졌습니다. 리비아에서는 42년간 강압 정치를 해 온 카다피가 반군으로부터 도주하는 과정에서 사망했고, 예멘에서는 33년간 독재한 알리 압둘라 살레 대통령이 권력을 이양했습니다. 이처럼 아랍 국가들에서 일어난 민주화 운동을 '아랍의 봄'이라 합니다.

'아랍의 봄', 부활을 꿈꾸며

하지만 '아랍의 봄'은 오래가지 못했습니다. 이집트에서는 다시 쿠데타가 일어나 군사 정부가 들어섰고, 시리아와 이라크, 예멘에서는 내전이 발생했습니다. 이런 혼란상에 난민 문제와 코로나19 팬데믹까지 겹치며 아랍의 봄을 누렸던 나라들은 사회, 경제적으로 피폐해졌습니다.

일부 사람들은 아랍이 10년 전과 견주어 아무것도 변한 것이 없다고 말합니다. 봄이 아니라 '겨울'이 찾아왔다고도 합니다. 그러나 '아랍의 봄'이 끝났다고 단정하기는 이릅니다. '아랍의 봄'이 가져다준 민주주의의 씨앗은 조금씩 천천히 싹트고 발전해 가고 있습니다. 겨우내 추위와 비바람을 견딘 민주주의의 씨앗은 결국 다시 싹을 틔울 것입니다. 체코에서 프라하의 봄이 벨벳 혁명으로 싹을 틔우고, 우리나라에서 4·19 혁명과 5·18 민주화 운동을 거쳐 민주주의가 결실을 맺었던 것처럼 말입니다.

우리나라가 아시아에서 유일한 난민법 제정 국가라고요?

2018년 예멘에서 온 난민이 제주도에 입국하자 많은 논란이 있었어요. "난민을 수용하면 치안과 일자리가 불안해진다"며 반대하는 목소리와 함께 미확인 정보들이 쏟아졌어요. 그런데 선생님께서는 우리나라가 아시아에서 유일하게 난민법을 입법한 국가라고 했어요. 난민법도 있는데 왜 그런 논란이 벌어졌을까요?

난민에 대한 잘못된 인식

'난민' 하면 어떤 이미지가 떠오르나요? 대부분 사람은 '불쌍한 사람', '자기 나라를 버리고 피난 온 사람', '잠재적 범죄자', '가난' 등 부정적 이미지를 떠올립니다. 국제 연합은 1951년 난민을 '인종, 종교, 국적, 특정 사회 집단의 구성원이거나 정치적 의견을 이유로 박해받을 만한 충분한 이유가 있는 위험 때문에 본인의 국적국 밖에 있는 자로, 국적국의 보호를 받을 수 없거나 받는 것을 희망하지 아니하는 자'라고 규정하고 있습니다.

2021년 국제 연합 통계에 따르면 전 세계 난민을 포함한 강제 실향민은 약 8,400만 명으로, 세계 인구의 약 1퍼센트에 해당합니다. 시리아 내전으로 발생한 난민만 400만 명 정도이며, 정치적 혼란을 겪고 있는 예멘, 리비아, 이라크, 소말리아 등지에서 발생한 난민도 1,000만 명 정도입니다. 여기에 2021년 2월에 발생한 미얀마 군부 쿠데타로 인한 미얀마 난민이 1년여 만에 100만 명을 넘어섰고, 최근에는 경제적 난민과 기후 변화로 인한 자연재해 난민 등도 늘어나 최악의 난민 사태를 겪고 있습니다.

그렇다면 우리나라는 어떨까요? 지금까지 난민이 발생한 적이 없을까요? 우리 역사에도 난민이 있었습니다. 6·25 전쟁으로 난민이 발생했으며, 일제 강점기 해외에서 독립운동을 하다가 난민이 된 사례도 있습니다. 또한 김대중 대통령처럼 독재 정치를 반대하는 민주화 운동을 하다가 해외로 망명을 떠났던 사례도 있습니다. 이렇게 우리나라에서 난민이 발생했을 때, 입양이나 정치적 지원 등 다른 나라의 도움을 많이 받아서인지, 대한민국은 난민 협약도 가입하고(1992), 아시아에서 최초이자 유일하게 난민법을 제정했습니다(2012).

그렇지만 현재 우리나라 난민법은 유명무실합니다. 난민 신청자는 늘고 있지만 난민 관련 예산은 소액에 불과하며, 난민에 대한 국민 인식도 좋지 않습니다. 그렇기 때문일까요? 2018년 예멘 난민이 제주도에 입국했을 때 청와대 게시판은 난민 반대 청원으로 떠들썩했습니다. 우리는 그들이 난민이 된 까닭, 그동안 생활한 환경, 미래 계획 등은 따져 보지 않은 채, 오직 '가짜 난민, 입대 거부자, 일자리 강탈, 범죄율 증가' 같은 근거 없는 정보를 바탕으로 혐오의 말만 쏟아 내며 도움을 요청하러 온 낯선 이웃을 거부하려 했습니다.

난민에 대한 인식 전환이 필요한 이유

우리는 홍수나 지진 등 재난으로 피해를 본 사람들을 위해 성금을 모으고, 세금으로 지원하라고 요구하는 등 어려움을 겪은 이웃에게 도움을 주고자 노력합니다. 그 이유는 간단합니다. 이웃이 어려움을 겪고 있으니까요. 난민도 마찬가지입니다. 다른 나라에서 왔다는 차이만 있을 뿐, 그들 역시 재난을 피해 우리나라로 왔기에 우리가 지금까지 도와준 이웃들과 처지가 비슷합니다. 그들이 우리나라에 들어오려는 것은 경제적 목적이나 학위 취득 등 사적 이익을 취하거나 우리의 이익을 뺏으려는 것이 아닙니다. 또 공짜로 살기 위해 온 것도 아닙니다. 죽음 직전에 생명을 보전하기 위해 고국을 등지고 왔을 뿐입니다. 난민은 두려운 존재가 아니라 그저 국적이 다른 이웃일 뿐입니다.

그럼 우리는 난민 문제 해결을 위해 무엇을 해야 할까요? 먼저 인권 의식의 함양이 필요합니다. 요즘 떠오르는 단어 중 하나가 '세계 시민 의식'입니다. 스스로를 세계 공동체 구성원으로 여기고, 세계 시민으로서 권리와 의무를 다해야 합니다. 난민도 우리의 구성원이라는 인식으로 그들을 받아들이고 존중하는 의식이 형성돼야 합니다.

둘째, 거짓과 혐오를 가려내야 합니다. 우리 사회는 거짓을 바탕으로 한 뒷담화, '○○충蟲'이라며 비난하는 행위, '극혐'이라는 표현 등 혐오가 보편화되고 있습니다. 혐오는 거짓을 낳고, 거짓은 가짜 뉴스를 낳습니다. 쉽게 혐오하는 사회는 안전하지 않습니다. 혐오는 주로 약자를 대상으로 합니다. 난민을 향한 혐오는 우리 사회에서 약자가 되면 누구든 혐오 대상이 될 수 있다는 것을 의미합니다.

셋째, 난민들이 제대로 정착할 수 있는 제도가 마련되어야 합니다. 난민들도 자국에서는 전문성을 가지고 생활했습니다. 단순히 일자리를 주는 게 아니라 개인에게 맞는 일을 찾아 주고 직업 훈련을 시킨다면, 당사자는 물론 그들을 고용한 기업도 만족할 것입니다. 더불어 난민에 대한 인식도 좋아지겠지요.

우리가 만약 2018년 제주도에 도착한 예멘 난민이었다면 어땠을까요? 난민 문제에 관해 우리는 처지를 서로 바꾸어 생각한다는 뜻을 지닌 '역지사지'의 정신을 되새길 필요가 있습니다.

지구 종말까지 2시간 정도밖에 남지 않았다고요?

선생님께서 어느 날 수업 시간에 9시 35분을 가리키고 있는 시계를 보여 주셨어요. 그러면서 시계 바늘이 12시를 가리키면 지구는 멸망한다고 했어요. 지구 종말이 2시간 정도밖에 남지 않았다니, 갑자기 이게 무슨 말이죠?

이스터섬의 경고

최근 여러 매체를 통해 환경 오염의 심각성을 알리는 소식이 부쩍 많이 전해지고 있습니다. 사실 환경 문제가 오늘날만의 문제는 아닙니다. 오래전부터 인류는 환경 문제에 직면하고 있었습니다.

이스터섬 문명의 몰락 과정에 대한 역사학자 클라이브 폰팅의 설명은 인간이 자연을 파괴하면 어떤 결과가 생기는지 보여 주는 대표적 사례입니다.

이스터섬은 칠레에서 약 3,500킬로미터 떨어진 태평양 한가운데 있는 섬으로 1722년 부활절Easter에 발견되어 '이스터'라는 이름이 붙여졌습니다. 유럽인으로 이 섬에 처음 도착한 사람은 네덜란드 사람 야코프 로헤베인입니다. 그는 이스터섬에 도착해 놀라운 광경을 목격했습니다. 나무도 동물도 거의 없는 황폐한 땅, 원시적인 삶을 살아가는 사람들, 그런데 이곳에는 오늘날 우리에게 '모아이'로 알려진 사람 얼굴을 한 거대한 석상 수백 개가 섬 곳곳에 서 있었습니다.

황폐한 땅에 어떻게 평균 키 6미터에 무게가 수백 톤이나 되는 정교한 석상이 만들어졌을까요? 연구에 따르면 이스터섬은 원래 울창한 숲과 그 속에 살아가는 여러 동식물이 있었습니다. 또한 모아이 석상을 만들고, '아후'라고 불리는 제단을 쌓은 상당히 발달한 문명이 존재했습니다. 그런데 이 섬의 인구가 증가하면서 이스터섬 주민들은 농사를 짓기 위해 땅을 개간하고 나무를 베어 생필품을 만들었고 그 결과 숲이 자꾸 줄어들었습니다. 그런데도 부족 간에 모아이 석상을 만드는 경쟁이 벌어졌고, 석상을 만들고 운반하는 과정에서 더 많은 나무를 베어 냈습니다. 결국 이스터섬에 나무가 사라지고 숲에서 얻을 수 있는 식량과 자원이 부족해지면서 섬 문명은 몰락하게 되었습니다. 자연은 이스터섬 사례를 통해 생태를 고려하지 않고 무분별하게 자원을 이용했을 때 어떤 비극이 일어날 수 있는지를 경고합니다.

끊임없이 진행된 인간의 환경 파괴

인류는 끊임없이 자연을 훼손하며 편리한 삶을 위해 엄청난 자원을 사용하고 있습니다. 그럴수록 지구는 병들고 있습니다. 산업화 과정에서 발생한 유해 물질 때문에 대기, 수질, 토양이 오염되었습니다. 삼림이 파괴되어 다양한 생물종이 생존을 위협받고, 에너지 자원은 고갈되고 있습니다. 여기에 인간은 자연으로부터 얻는 천연 자원에 만족하지 않고 인공 물질을 만들어 내며 엄청난 양의 에너지를 소비하고 그 과정에서 환경 오염 물질을 배출하고 있습니다. 더욱 심각한 문제는 세계화가 가속화되면서 특정 지역의 환경 문제가 전 세계로 확장되는 것입니다. 특히 온실가스 배출로 발생한 기후 변화는 지구 환경에 악영향을 미치며 심각한 사회적 불평등과 갈등을 유발하고 있습니다.

1992년부터 우리나라 환경 재단은 일본의 환경 단체 아사히글라스 재단과 함께 지구 환경 악화 정도를 나타내는 '환경 위기 시계'를 발표하고 있습니다. 이 시계에서 0~3시는 '양호', 3시~6시는 '불안', 6시~9시는 '심각', 9시~12시는 '위험'을 나타냅니다. 그리고 12시는 인류의 멸망을 뜻합니다. 2022년 세계 환경 위기 시계는 9시 35분을 가리키고 있습니다. 이제 인류에게 생존 시간이 얼마 남지 않았습니다.

학생들이 거리로 나온 이유는?

요즘 지구촌 곳곳이 기후 변화로 몸살을 앓고 있습니다. 50도가 넘는 폭염이 빈번해졌고, 그 영향으로 땅이 쩍쩍 갈라지며 대형 산불이 발생합니다. 한편 대홍수가 잦아져 수많은 인명과 재산 피해가 발생합니다. 해수면 상승으로 바다에 잠길 위기에 처한 국가도 있습니다.

2000년 네덜란드 화학자 파울 크뤼천은 인류의 활동이 지구 지층에 직접 영향을 끼치기 시작했다며 환경 파괴로 지구 모습이 극단적으로 변해 버린 현재의 지질 시대를 '인류세人類世'라 부를 것을 제안했습니다. 기존 지질 시대를 지칭하던 '홀로세Holocene世'를 대신할 용어로 오늘날 환경 오염 문제의 심각성을 알리는 개념으로 사용한 신용어입니다. 한편 지구를 병들게 한 주요 원인을 자본주의의 무분별한 이윤 추구에서 찾으며 이 시대를 '자본세資本世'

라 주장하는 사람도 있습니다.

　세계 곳곳에서 심각한 환경 문제가 발생하자 각국 정부와 학자들은 함께 고민하기 시작했습니다. 2015년 유엔 기후 변화 회의에서 기후 변화 공동 대응을 위해 '파리 기후 협약'이 체결되었습니다. 이 협약에서는 산업화 시대 이전과 비교해 지구 평균 기온 상승폭을 2도 이하로 유지하자는 공동의 목표를 정했습니다. 이렇듯 국제 협약을 통해 환경 보호의 중요성에 대한 국제 사회 공감대는 어느 정도 이루어졌습니다. 하지만 국가 사이 협약만으로는 이미 위험 단계에 다다른 지구 환경 문제를 전폭적으로 해결할 수 없습니다. 각국의 정치·경제 상황이 달라 일률적으로 제정된 환경 협약을 각 나라가 동시에 함께 이행하기란 쉬운 일이 아닙니다. 게다가 개발 도상국은 산업화 시기 선진국의 무분별한 환경 파괴로 발생한 문제 해결을 위해 경제 개발이 시급한 자기 나라까지 에너지 사용을 제한하는 것에 형평성 문제를 제기하고 있습니다.

그레타 툰베리는 '기후를 위한 동맹 휴교'를 제안하며 캠페인을 벌였다.

　그렇다면 우리는 환경 문제로 인한 위기를 어떻게 극복할 수 있을까요? 지금처럼 국제 협약 체결 및 세계 각국의 노력은 계속되어야 할 것입니다. 하지만 그보다 더 중요한 것이 있습니다. 바로 환경 보전을 위한 전 세계 시민 개개인의 노력과 인간 중심 사고에서 벗어나 인간을 생태계 일부로 인식하는 사고의 전환입니다. 2018년 당시 15세였던 스웨덴의 그레타 툰베리는 기후 변화 대책 마련을 호소하는 1인 시위를 벌였습니다. 툰베리의 호소는 전 세계의 수많은 청소년이 기후 변화 대책을 요구하는 시위를 하도록 하는 계기가 되었습니다. 학생들이 거리에 나선 까닭은 경제 성장을

우리나라 청소년들이 '기후를 위한 결석 시위'에 나섰다.

평계로 무분별하게 환경을 파괴하는 사람들 때문에 미래 세대의 삶이 위협 받기 때문입니다. 또 환경 문제에 무관심한 사람들에게 각성을 촉구하기 위해서였습니다.

개발과 발전만을 추구하는 국가와 엄청난 에너지를 소모하며 상품을 쏟아내는 기업을 변화시킬 수 있는 것은 바로 우리 개개인입니다. 우리는 시민으로서 권리를 행사할 수 있습니다. 환경을 보존하는 정책을 적극적으로 실천하는 정당과 정치인에게 투표하고, 환경 친화적 경영을 하는 기업의 물건을 소비한다면 국가의 환경 정책과 기업의 경영 정책은 바뀔 것입니다.

또한 환경 문제 해결을 실천하는 공동체를 만들고 적극적으로 참여해야합니다. 그리고 우리는 인간 중심 사고에서 벗어나 인간 외 생명체와 공존할수 있는 방법을 찾아야 합니다. 미래 세대가 걱정 없이 아름다운 환경 속에서건강한 삶을 살 수 있게 하는 원동력은 바로 우리 한 사람 한 사람의 환경에대한 인식 변화와 관심에 있다는 점을 꼭 기억하면 좋겠습니다.

중국 대륙 아래에 있는 남중국해는 왜 시끄러운 거예요?

역사 수업 시간에 역사 부도를 펼쳤는데, 동남아시아와 동북아시아 사이에 바다가 있었어요. 혹시 '이 바다도 학교 교실 사이사이에 있는 홈 베이스처럼 주변국이 같이 쓰는 걸까?'라고 생각했지만, 주변국이 서로 자기네 바다라며 영토 분쟁을 벌이고 있다고 해요. 바다에서도 영토 분쟁이라니, 왜 공유하지 않고 분쟁을 할까요?

풀기 어려운 국제 분쟁

현재 세계는 여러 지역에서 영유권 분쟁을 겪고 있습니다. 대표적으로 아프가니스탄 분쟁, 중국과 타이완의 대립 등이 있지요. 도대체 국제 분쟁은 왜 발생하는 걸까요? 여기에는 시대 상황, 분쟁 지역 간의 역사, 이해관계, 민족·종교·문화 갈등 등이 복합적으로 얽혀 있습니다. 그래서 국가나 지역 간 분쟁은 한 가지 요인이 아닌 다양한 각도에서 살펴야 합니다.

도대체 남중국해는 누구 거야?

아시아에서는 현재 세 곳에서 대대적인 영유권 분쟁이 벌어지고 있습니다. 쿠릴 열도 분쟁, 센카쿠 열도(댜오위다오) 분쟁, 남중국해 분쟁입니다. 이중 남중국해 분쟁에 가장 많은 국가가 얽혀 있습니다.

남중국해 분쟁의 핵심은 파라셀 군도와 스프래틀리 군도의 영유권 문제입니다. 파라셀 군도는 중국과 베트남이, 스프래틀리 군도는 중국과 베트남·필리핀·타이완·브루나이·말레이시아가 분쟁 중입니다.

이곳의 섬들은 정착민도 없을 정도로 아주 작은데, 왜 각국은 서로 차지하겠다고 분쟁하는 걸까요? 이 섬들이 있는 바다가 예로부터 해상 교통의 요충지이기 때문입니다. 14세기 믈라카 왕국이 있던 이곳은 인도에서 동남아시아, 동아시아 지역인 중국 대륙·한반도·일본 열도를 연결하는 최단 거리의 해상 교역로입니다. 지금도 유럽과 아시아 사이 물동량의 50퍼센트가 운항할 정도로 해운 항로상 중요한 곳입니다.

중국은 남중국해에 인공 구조물을 건설해 U자 형태의 선을 그어 놓고 자기 나라 영해라고 주장하고 있습니다. 미국은 자국의 이익과 관련되어 있다고 주장하며 동남아시아 국가들을 지지하고 나섰고, 국제법상 공해라는 이유로 수시로 전투기와 군함을 띄우고 있습니다. 왜 미국이 자기 영토도 아닌 곳에서 이런 일을 벌이냐고요? 미국은 자유항해와 동맹국 보호라는 명분으로 가담하고 있지만, 사실 중요한 가치를 지닌 이 해역이 중국으로 넘어가는 것을 막기 위함입니다.

남중국해에서 영유권 분쟁을 벌이는 나라들

중국의 억지 주장에 필리핀은 2013년 국제 분쟁 해결 기구인 상설 중재 재판소에 남중국해 분쟁을 제소했습니다. 2016년 재판소는 남중국해 섬들에 대한 역사적 권리가 있다고 주장하는 중국의 주장에 필리핀 등 다른 국가들도 역사적으로 활동했기에 근거가 없으며, 분쟁 해역은 필리핀의 배타적 경제 수역에 속하므로 중국이 필리핀 주권을 침해하고 있다고 결론 내렸습니다. 하지만 중국은 수용할 수 없다며 지금까지 반발하고 있습니다. 그래서 이 분쟁은 지금도 현재 진행형입니다.

국제 분쟁에서 해결책은 없을까요?

남중국해에서의 영토 분쟁은 나라마다 원하는 게 다릅니다. 중국은 분쟁 당사자 양자 간의 해결을 원하지만, 동남아시아 국가들은 아세안ᴬˢᴱᴬᴺ과 중국 사이 다자간 해결을 원합니다. 여기에 미국이라는 거대한 힘도 개입되어 있기에 해결은 갈수록 힘들어지고 있습니다.

그럼 이처럼 복잡한 국제 문제를 해결할 방법은 영원히 없을까요? 사실 국제 분쟁은 '해결'보다는 '관리'라는 말이 더 적절합니다. 지속적으로 주변국의 관리 속에 갈등을 잠재워 가며 해결책을 찾아가야 합니다. 영토 분쟁에 끼어든 여러 나라는 지속적인 대화를 통해 실마리를 찾아가며 대화를 통해 평화적인 해결책을 수립해야 합니다.

티베트 지도자 달라이 라마는 왜 인도에서 살까요?

몽골어와 티베트어의 합성어인 '달라이 라마'는 '바다처럼 넓고 큰 덕의 소유자인 스승'이라는 뜻으로 티베트의 정신적 지도자이자 실질적 통치자를 말합니다. 그런데 달라이 라마는 티베트가 아닌 인도에 살고 있습니다. 티베트의 지도자이자 통치자인 달라이 라마는 왜 고향을 떠나 인도에서 살까요?

중국의 티베트 지배와 자치구 성립

중국은 미국과 함께 세계 양대 강국을 형성하며 'G2'로 불리고 있습니다. 우리가 생각하기에 중국은 중국어를 사용하는 한족漢族들만 사는 나라로 여기기 쉽습니다. 하지만 중국은 한족 말고도 55개 소수 민족이 함께 사는 다민족 국가입니다. 소수 민족은 전체 인구의 약 7퍼센트에 불과하지만 이들이 사는 지역은 굉장히 넓어서 전체 중국 면적의 3분의 1 정도입니다. 또한 이들 민족은 대부분 자신들의 고유 언어를 사용하고 있으며, 21개 민족은 고유 문자까지 가지고 있습니다. 이러한 소수 민족들 중 존재감이 큰 민족이 티베트인이며 주요 거주지는 티베트 자치구입니다.

중국의 서쪽 끝에 위치한 티베트 자치구의 중심지는 라싸이며 인도, 네팔, 부탄, 미얀마 등과 맞닿아 있습니다. 티베트는 원래 중국이 아닌 독립 국가였는데, 지금은 중국에 속한 '자치구'입니다.

불교로 맺어진 관계, 청나라와 티베트

티베트 독립 역사는 7세기 초로 거슬러 올라갑니다. 7세기 초 토번의 33대 군주였던 송첸캄포가 최초의 통일 국가를 건설한 이후 만주족이 청나라를 세워 중국 대륙을 지배하던 17세기까지 티베트는 독립 국가로 청나라와 대등한 관계였습니다. 청나라 황실은 티베트 고유 불교인 라마 불교를 신봉했으므로 티베트의 종교 지도자 달라이 라마를 우대했습니다. 그러나 이러한 관계는 18세기에 와서 미묘하게 달라졌습니다. 만주족과 몽골족 모두 라마 불교를 신봉하며 불교를 믿는 지역에 대한 통치권을 두고 경쟁하기 시작했습니다. 18세기에 몽골을 장악하고 있던 부족인 준가르부가 티베트 내정을 간섭하기 시작했습니다. 그러자 청나라 황제 강희제는 티베트의 수도 라싸에 관리와 군사를 파견해 티베트에서 준가르부를 축출하고 새로운 지도자로 달라이 라마 7세를 세웠습니다. 이후 옹정제, 건륭제 시기를 거치면서 청나라의 티베트에 대한 지배가 강화되었습니다.

청나라는 달라이 라마를 스승으로 모셨고 달라이 라마는 청나라의 정통성을 종교의 권위로 인정해 주었습니다. 이러한 관계였기에 청나라는 티베트를 관리하는 '주장대신'과 군대를 파견해 간접 지배하면서 티베트의 지도자인 달라이 라마의 통치권을 인정해 주었습니다.

인도에 망명 정부를 세울 수밖에 없었던 달라이 라마 정부

청나라와 티베트의 느슨한 주종 관계는 서양 열강이 아시아로 진출하면서 달라지게 됩니다. 영국이 티베트로 세력을 뻗치자 달라이 라마는 청나라에 도움을 요청했습니다. 하지만 당시 청나라는 내정이 불안정해 다른 나라의 요청을 들어 주기 힘들었습니다. 청나라가 협조 요청을 무시하자 달라이 라마는 '불교의 위기'를 외면한다며 독자 행동에 나섰습니다.

청나라와 영국은 티베트에 대한 청나라의 종주권을 확인하면서 영국 사절이 청나라와 인도 사이를 왕래할 때 티베트를 거쳐 갈 수 있는 권리를 인정하는 조약을 체결했습니다. 티베트는 이 조약에 반발해 자국 국경에 검문소를 설치, 영국인이 자국 땅에 들어오는 것을 방해했습니다. 영국은 티베트에 대한 청나라의 영향력이 없다고 판단해 티베트를 청나라 영토로 여기지 않았고 결국 군대를 보내 티베트 수도 라싸를 점령했습니다. 이 사건으로 달라이 라마 13세는 몽골로 피난을 갔습니다.

한편 청나라는 1901년부터 개혁 정책을 실시하며 유교 문화를 중심으로 하는 근대 국가를 만들고자 했습니다. 불교를 매개로 한 청나라와 티베트의 우호 관계가 끊어지게 되었고, 이후 청나라 군대는 라싸를 점령해 시짱성과 시캉성을 설치, 중국 영토로 삼았습니다. 달라이 라마는 영국의 도움을 받아 인도로 망명했습니다.

1912년 청나라가 멸망했습니다. 이 기회를 틈타 티베트는 청나라 군대를 몰아내며 독립을 선언했습니다. 새롭게 들어선 중화민국 정부는 국내 정치를 안정시키기에도 힘이 버거워 독립 선언을 한 티베트에 종주권만 겨우 주장했습니다. 그런데 국공 내전에서 중국 공산당이 승리해 중국 대륙에 중화 인민 공화국이 들어서자 갑자기 상황이 달라졌습니다. 1950년 국제 사회의 시선이 한국 전쟁으로 쏠리는 시기에 중국의 인민 해방군이 티베트 전역을 공

티베트의 승려들이 반중 시위를 벌이며 독립을 요구하자 중국 정부는
강경 진압으로 대응했다.

격했습니다. 1951년 달라이 라마는 중국 정부와 협상해 티베트가 중국 영토임을 인정한 상태에서 자치권을 보장받았습니다. 하지만 티베트에서 토지 개혁, 반종교 정책 등 공산화 정책이 실시되자 승려와 귀족층을 중심으로 반발이 일어났고, 1958년 시작된 대약진 운동이 불러온 대기근으로 티베트의 반중 감정이 폭발하며 대규모 봉기가 발생했습니다. 중국군은 이를 무자비하게 진압했으며 달라이 라마는 다시 인도로 망명을 떠났습니다. 이러한 역사 속에서 현재 티베트의 수장 달라이 라마 14세와 티베트 내각은 인도 다람살라에 망명 정부를 수립해 독립운동을 지속하고 있습니다.

현재의 티베트

2008년 베이징 올림픽 개최를 앞두고 티베트 사람들은 대규모 시위를 벌이며 독립 의지를 세계에 전했습니다. 중국 정부는 군대를 동원해 무차별 진압했지만, 이는 전 세계에 평화 메시지를 전하는 올림픽 정신에 위배되는 행위였습니다. 미국을 비롯한 서방 국가들은 중국 정부의 강경 진압을 비판하며 티베트 문제의 평화적 해결을 촉구했습니다.

그러나 중국은 지금도 여전히 티베트 지역에 대한 한족 이주 정책, 티베트인들에 대한 강제적인 동화 정책을 실시하며 티베트인의 정체성을 지우려하고 있습니다. 근래에는 티베트와 중국의 칭하이성을 연결하는 칭짱 철도가 건설되어 티베트의 중국화가 더 빠르게 진행되고 있습니다.

티베트 지역의 중국화를 재촉하는 칭짱 철도

　이는 티베트뿐만 아니라 중국 안의 여러 소수 민족에 대해서도 마찬가지입니다. 중국은 1992년부터 한족 중심의 통합 정책을 실시하고 있습니다. 이에 소수 민족들은 은연중에 반발하고 있고, 특히 인원이 많은 티베트 민족과 신장 위구르 민족은 공공연하게 반발하고 있습니다. 2008년 티베트 소요 사태가 일어나 시위대가 100명 넘게 사망하고 승려와 학생이 1,000명 넘게 구속되었습니다. 2009년에는 우루무치(신장 위구르 자치구의 주도)에서 위구르인들이 시위에 나섰는데 중국군의 무력 진압 속에 140명이 사망하고 828명이 다쳤습니다. 한편 중국 정부는 '재교육 수용소'를 세워 반항하는 위구르인과 티베트인들에게 강제 노동을 시키며 인권을 유린했습니다.

타이완은 중국인가요? 아니면 독립 국가인가요?

인터넷 검색을 하다가 우연히 '중화민국'이라는 국가를 알게 되었어요. 처음에는 중화민국이라고 해서 중국인 줄 알았더니 중국 대륙 아래에 있는 섬나라 타이완이었어요. 이 나라가 왜 중국과 비슷한 중화민국이라는 국호를 쓰는지 그게 무척 궁금했어요.

타이완 역사의 시작

타이완 인구의 대부분을 차지하는 한족은 원래 이곳에 살지 않았습니다. 타이완 원주민은 뉴질랜드 원주민 마우리족처럼 태평양 섬나라 사람들과 비슷한 계통의 사람들입니다. 한족은 남중국해에서 해적 활동을 하다가 가끔 타이완에 배를 대는 정도였습니다.

그러다가 대항해 시대 이후 유럽인들이 동아시아로 진출하면서 타이완에 정착하게 되었습니다. 동남아시아와 일본, 중국 사이에 위치한 이 섬에 '포모사'라는 이름도 붙여 주었습니다. 지금도 타이완의 애칭으로 사용되는 '포모사'는 포루투갈어로 '아름다운 섬'이라는 뜻입니다.

정성공 석상. 정성공은 타이완을 안정적으로 지배했다.

타이완이 네덜란드 식민지였던 시기에 중국 대륙에서는 명나라가 멸망하고 만주족이 세운 청나라가 들어섰습니다. 당시 많은 한족이 만주족의 지배를 피해 타이완으로 건너갔고 네덜란드는 이들을 심하게 탄압했습니다. 이때 해적 출신으로 명나라 부흥을 외치던 정성공이 등장해 네덜란드를 몰아내고 타이완을 장악했습니다. 그는 행정 제도를 정비해 타이완을 안정적으로 지배하면서 하나의 국가처럼 만들었습니다. 하지만 정성공이 죽은 후 이 섬은 강희제 때 청나라에 복속됩니다. 그리고 150년이 지난 1895년 청일 전쟁에서 패배한 대가로 청나라는 타이완을 일본에 넘겨주었습니다.

타이완과 중화민국

청일 전쟁 이후 맺어진 시모노세키 조약으로 타이완은 일본의 영토가 되었습니다. 그러자 타이완 사람들은 타이완 민주국 수립을 선언하고 일본군의 상륙을 무력으로 막고자 했습니다. 청나라에 버림받은 감정이 독자적인 타이완 의식을 싹트게 했습니다. 하지만 일본은 타이완 사람들의 저항을 20년 동안 제압하며 1945년 패망할 때까지 식민 지배했습니다.

태평양 전쟁에서 패배한 일본이 물러나자 국공 내전에서 밀려나고 있던 장제스의 국민당 군대가 타이완으로 들어왔습니다. 타이완 사람들은 국민당을 환영했습니다. 그러나 국민당은 해방과 자유 대신 지배와 복종을 강요했습니다. 점령군처럼 행동하는 그들에게 타이완인들의 기대는 절망으로 바뀌었습니다.

정복자로 군림하려는 국민당에 대한 불만이 폭발해 1947년 2월에 사건이 발생했습니다. '2·28 사건'입니다. 국민당은 담배 판매를 독점하며 민간인의 담배 판매를 금지했습니다. 그런데 타이베이에서 린장마이라는 노점상이 담배를 팔다가 적발되었습니다. 벌금만 매기면 될 것을 심하게 폭행했고, 이를 본 시민들이 거세게 항의했습니다. 경찰은 시민들을 향해 총을 쏘았고 학생이 총에 맞아 사망했습니다. 분노한 타이완인들이 대거 시위에 나섰습니다. 국민당은 군대까지 동원해 시민들을 가혹하게 탄압했습니다. 3월 21일까지 3만 명이 넘는 타이완 사람들이 희생되었습니다. 이후 국공 내전에서 완전히 패배한 장제스는 국민당 사람들을 모두 데리고 타이완으로 들어와 중화민국 정부를 수립하고 오랜 기간 군사 독재를 실시했습니다.

타이완 민주화 운동과 '타이완인'이라는 정체성

중화민국 정부를 이끈 국민당은 냉전 속에서 미국의 안전 보장과 경제 원조를 밑돌 삼아 외성인 중심으로 나라를 이끌었습니다. '외성인'이란 중국 대륙이 공산화되면서 대륙에서 건너온 장제스와 국민당 이하 한족 중국인들을 말합니다. 한편 명나라, 청나라 시대에 넘어와 터를 닦고 살았던 한족들은 '본성인'이라고 합니다. 외성인과 본성인 모두 한족을 부르는 말이고, 본래부터 타이완에 살던 원주민은 '고산족'이라고 합니다. 2015년 기준으로 타이완에는 본성인이 84퍼센트, 외성인이 14퍼센트, 고산족이 2퍼센트 살고 있습니다.

같은 한족이니 외성인과 본성인은 서로 잘 어울려 살 걸로 예측됩니다. 그러나 현실은 그렇지 않았습니다. 외성인들은 1945년 국공 내전 당시 힘에 밀려 절망적인 상태에서 타이완까지 쫓겨 왔지만, 언젠가는 중국 대륙을 다시 장악해야 한다고 생각하고 있습니다. 그래서 타이완을 독립국으로 생각하지 않고 중국 대륙과 한 몸인 하나의 '중국'으로 여기고 있습니다. 한편 본성인은 자신들을 '한족'이라고는 생각하지만, 중국인이라고는 생각하지 않습니다. 그들 입장에서는 국민당도 일본처럼 외부 세력에 불과하며 침략자일 뿐입니다. 그래서 타이완 본성인들은 줄곧 '문화의 본토화(타이완화)'와 '정치의 민주화'를 요구하고 있습니다.

타이완에서 중화민국 초대 총독에 취임한 장제스는 계엄령을 선포해 군대를 동원한 독재 정치로 타이완을 이끌었습니다. 1975년 장제스가 사망한 후 아들 장징궈가 총통에 취임했습니다. 이를 기점으로 민주화 운동이 시작되었습니다. 1986년 9월 28일 타이완 역사상 처음으로 야당이 탄생했습니다. 당명은 '민주진보당'이었고, 많은 타이완 사람이 이 당을 지지했습니다. 결국 장징궈는 1987년 7월 계엄령을 해제했습니다. 장징궈가 죽은 후 본성인이었던 부총통 리덩후이는 2·28 사건 희생자 가족에게 사과하며 진상조사위원회를 설치해 사건을 다시 조사한 후 정부 공식 기록으로 남겼습니다.

이러한 분위기 속에서 총통 직접 선거제가 도입되어 국민당의 리덩후이가 총통으로 당선되었습

타이완 민주 발전 20주년 심포지엄에 본성인 출신 부통령 리덩후이(오른쪽)와 2016년 선거에서 타이완의 독립을 주장하며 총통으로 당선된 차이잉원(왼쪽)이 참석했다.

니다. 2000년 총통 선거에서는 인권 변호사 출신 야당(민주진보당) 후보 천수이벤이 당선되며 타이완 역사상 첫 정권 교체가 이루어졌습니다. 본성인 출신 천수이벤은 취임하자마자 '타이완 독립'을 전면에 내세웠습니다. 하지만 이는 중국과 정치적 마찰을 불러왔고 본성인과 외성인 간의 갈등을 초래했습니다. 때마침 중국 시장의 문이 열리면서 많은 국가가 중국에 진출해 경제적 이익을 얻고자 노력하는 상황에서 타이완은 이를 바라볼 수밖에 없었습니다. 이때 당시 타이완 경제는 위기에 빠졌습니다.

2008년 총통 선거에서는 중국과 관계 개선을 통한 경제 성장을 내세운 국민당의 마잉주가 총통으로 당선되었습니다. 그는 중국과의 관계 개선을 통해 경제 성장을 이루었습니다. 2015년 중국과 회담에서는 '하나의 중국, 타이완 독립 반대'를 확인하기도 했습니다. 하지만 중국에 대한 의존이 지나치게 높아지면서 다시 경제가 불안정해졌고, 많은 중국인 관광객들을 유치해 관광 수입을 올렸지만 타이완인들은 '중국인과 우리는 다르다'라는 것을 확인하는 계기도 되었습니다.

현재 타이완은 중국 의존도를 낮추고 동남아시아와 중화권을 잇는 타이완의 지정학적 위치를 살려 독립 국가 체제로 가야 한다는 의견이 더 높은 편입니다. 2016년 선거에서는 타이완 독립을 주장하는 야당 후보 차이잉원이 총통으로 당선되었습니다. 차이잉원은 중국인의 타이완 관광을 억제하고 오세아니아·동남아시아와 교류를 확대하는 '신남향 정책'을 추진하고 있습니다. 이처럼 정권이 교체될 때마다 '하나의 중국'을 주장했다, '독립국'을 주장했다 하는 타이완의 미래는 과연 어찌 될까요? 자못 궁금합니다.

홍콩과 중국은 어떤 관계인가요?

최근 미얀마에서 벌어지는 민주 항쟁을 계기로 아시아 민주화 운동에 관심이 생겼어요. 아시아 곳곳의 민주화 운동을 살피다 보니, 홍콩의 우산 혁명이 유독 눈에 띄었어요. 홍콩은 중국 도시인데 왜 중국 정부에 저항할까요?

특별한 도시 홍콩

예전 대중가요 노랫말에 "별들이 소곤대는 홍콩의 밤거리"라는 표현이 있었을 정도로 홍콩의 밤거리는 예전부터 유명했습니다. 정말 별들이 소곤댈 정도로 많았던 것이 아니라 일찍부터 발전해 큰 빌딩 숲을 이룬 홍콩의 야경이 아름다웠기 때문입니다. 2021년 홍콩은 1인당 국민 총소득이 5만 4,450달러로 일본이나 우리나라보다 높습니다.

아편 전쟁에서 승리한 영국이 청나라로부터 넘겨받아 급속히 성장한 홍콩은 아시아에서 가장 번성한 항구였습니다. 태평양 전쟁 도중 잠깐 일본의 지배를 받았지만 일본 패망 이후 다시 영국의 지배권이 회복되었고, 이후 국공내전에서 승리한 중국 공산당의 지배를 피해서 중국 내 많은 사람들이 홍콩으로 이주해 인구가 빠르게 증가했습니다. 공산당에 반대했던 자본가와 기술자들을 포함한 다양한 사람이 홍콩으로 들어왔기에 거대한 노동 시장이 형성되었고 이를 바탕으로 제조업을 발전시켜 경제를 크게 성장시켰습니다. 1990년대에 접어들어 홍콩은 세계적인 금융 중심지이자 해상 운송의 중심지로 자리를 잡았고 지금도 뉴욕, 런던과 더불어 세계 3대 금융 허브로 손꼽힙니다.

이처럼 번성한 홍콩은 '홍콩 반환 협정'에 따라 1997년 중국으로 반환되었습니다. 아편 전쟁 이후 1842년 난징 조약으로 홍콩섬이 영국의 손에 들어왔고, 1860년 베이징 조약으로 주룽반도 남부가 영구적으로 영국령이 되었습니다. 홍콩 주위의 더 많은 땅을 얻고 싶었던 영국은 1898년 다시 협정을 맺어 중국으로부터 홍콩과 주변 지역을 99년간 빌리기로 약정했습니다. 이후 홍콩은 동양 속의 작은 서양으로 발전했습니다. 하지만 조차 기간이 끝나는 1997년에 홍콩을 중국(중화 인민 공화국)에 돌려줘야 했기에 영국과 중국은 이 문제를 긴밀히 논의해 협정을 맺었습니다. 이것이 '홍콩 반환 협정'입니다. 이 협정으로 홍콩은 특별 행정구의 지위를 갖고 향후 50년간 사

영국의 수상 마거릿 대처와 중국 공산당 총서기 자오쯔양은 1997년 홍콩 반환에 협의하고 조인했다.

회, 경제 면에서 공산주의가 아닌 기존의 자본주의 체제를 유지하기로 했습니다. 중국 공산당 정치 체제 속에서 자본주의 경제 시스템이 돌아가는 체제, 즉 한 나라에 두 가지 체제가 양립하는 '일국 양제'가 적용된 것입니다. 그 결과 1997년 영국의 통치가 종료되고 '중화 인민 공화국 홍콩 특별 행정구'가 출범했습니다.

우산을 들고 나온 홍콩 시민들

2014년 9월 홍콩에서 거대한 민주화 시위가 일어났습니다. 1997년 홍콩이 중국에 반환된 후 27년만의 일이었습니다. 홍콩 시민들은 중국 정부와 홍콩 경찰에 맞서 우산을 펼쳐 들고 경찰이 쏘는 최루액과 살수차에 대항했습니다. 이것을 '우산 혁명'이라 합니다.

홍콩 시민들이 왜 이런 대규모 시위에 나섰냐고요? 그 이유를 파악하기 위해서는 홍콩이 중국에 반환되었던 1997년 상황을 알아야 됩니다. 당시 중국 최고 지도자 덩샤오핑은 홍콩을 반환받으면서 중국식 사회주의 체제를 적용하지 않고 홍콩의 자본주의 체제를 그대로 유지하겠다고 약속했습니다. 홍콩은 중국 헌법과 법률의 영향을 받지 않고, 국기도 따로 사용하며, 여권과 신분증도 별개로 사용했습니다. 심지어 행정부, 입법부, 사법부도 독자적으로 운영했습니다. 각종 기본권과 언론의 자유도 보장받았습니다. 하지만 독립국은 아니었습니다. 중국은 홍콩에 인민 해방군을 주둔시켜 자국의 영토임을 확실히 했습니다. 그래서 중국 도시인지 독립 국가인지 헷갈리는 홍콩의 공식 명칭은 '중화 인민 공화국 홍콩 특별 행정구'입니다.

홍콩 정부 수반인 행정 장관은 '홍콩 기본법 제45조'에 의거 선거인단에 의한 간선제로 선출했습니다. 홍콩 시민들은 꾸준히 행정 장관의 직선제를 요구했고 결국 중국 정부로부터 직선제 약속을 받아 냈지만, 2014년 8월 31일 중

2014년 홍콩 민주화 운동을 이끈 조슈아 웡(왼쪽에서 두 번째). 경찰이 쏘는 최루액과 살수차에 우산을 펼쳐 들고 대항하면서 '우산 혁명'이라고 불리게 되었다.

국 정부는 전국 인민 대표 대회에서 정부가 정한 사람만 후보로 나올 수 있게 법을 개정했습니다. 이렇게 되면 직선제 선거의 의미가 없어집니다. 그래서 홍콩 시민들이 거리로 쏟아져 나왔고, 2014년 9월에 시작된 시위는 12월까지 계속되었습니다. 중국 정부는 강경 대응으로 일관했고, 시위 장기화에 따른 경제 악화로 시위는 2014년 12월 15일에 종료되었습니다.

홍콩 민주화 시위인 '우산 혁명'은 본래 목적을 달성하지 못했습니다. 하지만 중국 공산당이 약속한 자치권과 일국 양제가 지켜지지 않았음을 전 세계에 널리 알렸고 홍콩 시민들의 단결력을 입증했다는 점에서 큰 의의가 있었습니다. 또한 1989년 톈안먼 사건 이후 중국에서 가장 정치적인 민주화 운동으로 기록되면서 정치에 무관심했던 젊은 세대들이 민주주의에 눈을 뜨게 하는 계기가 되었습니다.

〈임을 위한 행진곡〉이 홍콩에서 그리고 미얀마에서

5·18 민주화 운동을 상징하는 민중가요 〈임을 위한 행진곡〉을 알지요? 이 노래가 홍콩 우산 혁명 당시 홍콩 거리에 울려 퍼졌다면 믿을 수 있나요? 우산 혁명 당시 홍콩 사람들은 중국 정부에 홍콩의 민주화를 요구하며 서로 어깨 걸고 〈임을 위한 행진곡〉을 반복해서 불렀습니다. 또한 2021년 이후 민주화 운동이 진행 중인 미얀마에서도 〈임을 위한 행진곡〉이 거리에 울려 퍼졌습니다. 이 사실을 어떻게 받아들여야 할까요?

2014년 우산 혁명을 이끌었던 조슈아 웡은 2020년 인터뷰에서 "현재 홍콩은 수십 년 전 한국의 광주 시민들이 겪은 탄압과 비슷한 일을 당하고 있다. 수천 명의 시위대가 체포되었고 코로나19 방역을 빌미로 단속이 더 심화되었다"고 이야기했습니다. 그리고 SNS를 통해 김대중 대통령이 말했던 "행동하는 양심"을 인용하며 지지를 호소했습니다. 민주주의를 지키기 위해 싸웠던 우리가 이제는 민주주의를 위해 싸우고 있는 나라들에 관심을 보여야 할 때입니다. 중국 정부한테 홍콩은 다시 찾은 영토이기에 자국 체제로 변환시켜야 하는 땅일 수 있지만, 오랜 기간 영국식 체제하에 살았던 홍콩 시민들에게 홍콩은 지금까지 자유를 누리며 살던 터전입니다.

이 자유를 누릴 수 있는 터전을 지키기 위해 많은 사람이 지금도 싸우고 있습니다. 자유를 억압하는 권력에 저항하며 홍콩과 미얀마 등 아시아 곳곳에서는 더 나은 세상을 만들기 위해 노력하고 있습니다. 이제 우리는 이웃 나라 시민들의 처지에 공감하며 100여 년 전 제국주의 억압에 맞서 자유를 외치며 아시아인들이 연대했던 때처럼 국제 연대를 모색해야 할 때입니다.

역사가 왜 미래를 전망하는 학문인가요?

흔히 사람들은 역사를 '과거를 통해 현재를 이해하고 미래를 전망하는 학문'이라고 이야기해요. 그런데 과거의 역사를 배운다고 미래를 예측할 수 있나요? 저는 《역사선생님도 궁금한 101가지 세계사 질문 사전》을 모두 읽었지만 여전히 미래를 예측할 수 없어요. 역사를 공부하는 것과 미래를 전망하는 것이 무슨 관계가 있을까요?

미래를 위한 상상력을 길러 주는 역사 공부

역사를 공부한다고 해서 예언가처럼 미래를 정확히 예측할 수는 없습니다. 하지만 알 수 없는 미래를 헤쳐 나가는 데 필요한 능력을 기를 수 있습니다. 미국의 한 역사학자는 역사를 운동선수가 익혀야 할 게임의 규칙으로 비유했습니다. 그는 규칙을 안다고 해서 무조건 경기에 이기는 것은 아니지만, 규칙을 잘 숙지한 사람은 마주치는 변수에 더 지혜롭게 대응할 수 있다고 했습니다.

그래도 의문점은 해소되지 않습니다. 도대체 역사가 미래를 대처하는 어떤 능력을 길러 준다는 것일까요? 먼저 역사는 미래를 위한 상상력을 갖게 해 줍니다. 역사를 공부하면 이 세상에 고정불변의 것은 없으며 무엇이든 바뀔 수 있다는 것을 알게 됩니다. 우리는 세계 역사를 공부하며 긴 시간 동안 발생한 수많은 변화를 배웠습니다. 미국과 영국 등 서구 국가가 아시아 국가를 압도하며 세계 패권을 장악한 시기는 인류의 긴 역사 중 불과 몇백 년에 불과합니다. 서구권 내부에서도 주도권을 장악했던 국가는 에스파냐, 영국, 미국 등 시대마다 달랐습니다.

한편 역사는 보편적으로 공유하던 생각도 바뀔 수 있음을 알려 줍니다. 근대에 서구인은 피부색에 따라 인종을 구별하며 백인이 우월하다고 믿었습니다. 백인과 다른 인종은 동물처럼 우리에 가두고 구경거리로 삼아도 도덕적으로 문제가 없다고 생각했습니다. 하지만 현대에 그런 생각을 하는 사람이 있다면, 그는 몰상식한 사람으로 취급받을 것입니다. 또 다른 예를 들어 볼까요? 프랑스에서 시민 혁명이 일어나기 전까지 사람들은 왕이 나라를 다스리는 것이 당연하다고 생각했습니다. 하지만 지금은 거의 모든 나라에서 민주주의가 국가 운영의 중요 원리로 자리 잡았습니다. 이러한 변화의 역사는 지금 내가 사는 현대 세계 역시 언제든지 변화할 수 있음을 상상하게 합니다. 역사를 공부한 우리는 긴 안목을 가지고 현재를 이해할 수 있으며 지금과 다른 미래를 꿈꿀 수 있습니다.

비판적 인식과 실천을 가능하게 하는 역사 공부

많은 사람이 옛날 사람들은 아둔했기 때문에 후진적인 사회에서 가난에 시달렸고, 현대인은 현명하기에 편리한 기술 문명 속에 풍요롭게 산다고 생각합니다. 이는 인류는 끝없이 진보한다고 믿는 인식에 바탕을 둔 생각입니다. 역사는 이러한 인식에 비판적 관점을 갖게 해줍니다.

20세기 들어 세계 각국은 눈부신 과학 기술 발전을 이루었고 이전 시대와 비교할 수 없을 만큼 경제 성장을 일구었습니다. 하지만 20세기는 어느 때보다 대규모 전쟁이 자주 일어나 많은 사람이 희생된 시기이기도 합니다. 또한 경제 성장 과정에서 환경 오염과 심각한 빈부 격차 문제를 야기했습니다. 기술 발달과 경제 성장은 분명 인간을 풍요롭게 해 주었습니다. 하지만 그 이면에 감춰진 어둠의 역사인 환경 오염, 빈부 격차 문제에도 관심을 가진다면 미래 기술 발달에 따른 변화에도 더욱 현명하게 대처할 수 있을 것입니다. 이처럼 역사는 우리에게 사회 현상의 다양한 측면을 살필 수 있는 비판적 인식을 가능하게 해 줍니다.

또한 역사는 인간의 내면을 더 깊이 이해하게 해 줍니다. 일례로 중국 당나라 2대 황제 태종은 형제를 죽이고 왕위에 오른 인물입니다. 지금으로 치면 패륜아입니다. 하지만 즉위 후에 그는 신하들의 쓴 소리를 받아들이며 백성을 위한 정치를 펼쳤습니다. 그가 정립한 국가 운영 시스템은 이후 중국 왕조는 물론 동아시아 각국에서 사용할 만큼 체계적이었습니다. 그야말로 백성을 위한 명군주였지요. 그런데 말년의 당 태종 모습은 성군으로 보기 어렵습니다. 무리한 궁궐 공사를 벌여 국가 재정을 축냈을 뿐만 아니라 무모하게 고구려를 공격해 백성의 삶을 피폐하게 만들었습니다. 그래서 어떤 이는 그를 패륜아로, 어떤 이는 그를 성군으로, 또 다른 이는 그를 무리한 전쟁으로 백성의 삶을 파괴한 폭군으로 봅니다. 역사는 이처럼 한 인간을 다양한 측면에서 바라보게 합니다. 무비판적인 영웅화도 지나친 폄하도 경계하며 인간 이해의 복잡성을 알게 해 줍니다. 이처럼 냉정한 역사 인물 평가는 우리에게 선악과 시비를 구분해 행동하게 하는 나침반이 되어 줍니다.

프랑스 역사학자 블로크는 "역사는 시계 제조업도, 고급 가구 세공업도 아니다. 그것은 더 나은 이해를 향해 나아가는 노력이다"라고 말했습니다. 역사를 공부한다고 시계나 가구를 만드는 것처럼 당장 눈에 띄는 결과가 드러나는 것은 아닙니다. 하지만 역사를 꾸준히 공부하면 우리는 긴 안목 속에서 새로운 변화를 상상할 줄 알게 됩니다. 마주한 사회 현상을 비판적으로 바라보며 인간에 대한 깊은 이해를 통해 삶의 방향을 설정할 수도 있습니다. 어떤가요? 다시 책을 펼치고 역사를 공부하고 싶은 마음이 들지 않나요? 여러분이 살아갈 미래에 이 책이 작은 도움이라도 줄 수 있기를 희망합니다.

참고 자료

가와시마 신·모리 사토루, 이용빈 옮김,《미중신냉전?: 코로나 이후의 국제관계》, 한울아카데미, 2021

강성현,《탈진실의 시대, 역사부정을 묻는다》, 푸른역사, 2021

강진아,《문명제국에서 국민국가로》, 창비, 2009

강철구,《서양 현대사의 흐름과 세계》, 용의숲, 2012

구도완,《생태 민주주의》, 한티재, 2018

구로카와 유지, 안선주 옮김,《유럽 최후의 대국, 우크라이나의 역사》, 글항아리, 2022

구본권,《로봇 시대, 인간의 일》, 어크로스, 2020

권재원,《반전이 있는 동아시아사》, 다른, 2016

기시 마사히코, 심정명 옮김,《처음 만난 오키나와》, 한뼘책방, 2019

길윤형,《나는 조선인 가미카제다》, 서해문집, 2012

김도현 외,《잠깐! 이게 다 인권 문제라고요?》, 휴머니스트, 2021

김만권,《그림으로 이해하는 정치사상》, 개마고원, 2014

김미조,《국제분쟁 무엇이 문제일까?》, 동아엠앤비, 2021

김봉중,《미국을 움직이는 네 가지 힘》, 위즈덤하우스, 2019

김상훈,《외우지 않고 통으로 이해하는 통세계사2》, 다산에듀, 2017

김상훈,《통아프리카사》, 다산북스, 2016

김성환,《교실 밖 세계사 여행》, 사계절, 2010

김승섭,《우리 몸이 세계라면》, 동아시아, 2018

김영 외,《재미있는 탐험 이야기》, 가나출판, 2014

김영희,《베를린장벽의 서사: 독일 통일을 다시 본다》, 창비, 2016

김유아,《나의 첫 아프리카 수업》, 초록비책공방, 2021

김장수,《비스마르크: 독일 제국을 탄생시킨 현실 정치가》, 살림, 2009

김재명,《눈물의 땅, 팔레스타인》, 미지북스, 2019.

김종성,《반일 종족주의, 무엇이 문제인가》, 위즈덤하우스, 2021

김진웅 외,《서양사의 이해》, 학지사, 2003

김형준, 《이야기 인도사》, 청아출판사, 2006

김호동, 《아틀라스 중앙유라시아사》, 사계절, 2016

김희보, 《세계사 다이제스트 100》, 가람기획, 2020

노명식, 《프랑스 혁명에서 파리 코뮌까지 1789~1871》, 책과함께, 2011

다니엘 리비에르, 최갑수 옮김, 《프랑스 역사》, 까치, 1995

도현신, 《가루전쟁》, 이다북스, 2020.

도현신, 《전쟁이 발명한 과학기술의 역사》, 시대의창, 2019

동북아역사재단, 《동아시아의 역사2》, 동북아역사재단, 2012

동북아역사재단, 《동아시아의 역사3》, 동북아역사재단, 2012

디 브라운, 최준서 옮김, 《나를 운디드니에 묻어주오》, 한겨레출판사, 2011

러셀 프리드먼, 강미경 옮김, 《1차 세계대전: 모든 전쟁을 끝내기 위한 전쟁》, 두레아이들, 2020

로날드 D. 게르슈테, 강희진 옮김, 《질병이 바꾼 세계의 역사》, 미래의창, 2020

로런트 듀보이스, 박윤덕 옮김, 《아이티 혁명사: 식민지 독립전쟁과 노예해방》, 삼천리, 2014

루돌프 헤스, 서석연 옮김, 《헤스의 고백록》, 범우사, 2006

루츠 판 다이크, 안인희 옮김, 《처음 읽는 아프리카의 역사》, 웅진 지식하우스, 2005

리처드 J. 리드, 이석호 옮김, 《현대 아프리카의 역사》, 삼천리, 2013

마노 에이지 외, 현승수 옮김, 《교양인을 위한 중앙아시아사》, 책과함께, 2009

마이클 타이, 한승동 옮김, 《동·남중국해, 힘과 힘이 맞서다: 교역의 중심, 동·남중국해를 둘러싼 패권
    전쟁》, 메디치미디어, 2020

마조리 간, 전광철 옮김, 《끝나지 않은 노예의 역사》, 스마트주니어, 2012

마크 호닉스바움, 제효영 옮김, 《대유행병의 시대》, 커넥팅, 2020

만프레트 마이, 김태환 옮김, 《세계사 최대한 쉽게 설명해 드립니다》, 이화북스, 2018

맥세계사편찬위원회, 정유희 옮김, 《독일사》, 느낌이있는책, 2015

메리 셸리, 오수원 옮김, 《프랑켄슈타인》, 현대지성, 2021

메리 하이듀즈, 박장식 옮김, 《동남아의 역사와 문화》, 솔과학, 2012

문중양 외, 《한국문화사31: 서구 문화와의 만남》, 국사편찬위원회, 2010

미야자키 마사카츠, 오근영 옮김, 《하룻밤에 읽는 숨겨진 세계사》, 알에이치코리아, 2021

미야자키 마사카츠, 안혜은 옮김, 《지도로 읽는다 한눈에 꿰뚫는 중동과 이슬람 상식도감》, 이다미디어,
    2020

미야자키 마사카츠, 오근영 옮김, 《하룻밤에 읽는 근현대 세계사》, 알에이치코리아, 2018

민석홍, 《서양사 개론》, 삼영사, 2009

밀턴 오스본, 조흥국 옮김,《한 권에 담은 동남아시아 역사》, 오름, 2000

박경태,《인종주의》, 책세상, 2009

박상섭,《테크놀로지와 전쟁의 역사》, 아카넷, 2018

박상익,《나의 서양사 편력2》, 푸른역사, 2014

박석돈 외,《사회복지개론》, 양성원, 2019

박윤덕 외,《서양사 강좌》, 아카넷, 2022

박윤덕,《시민혁명》, 책세상, 2010

박정애,《함께 쓰는 역사 일본군 '위안부'》, 동북아역사재단, 2020

박정욱,《중동은 왜 싸우는가?》, 지식프레임, 2018

박진숙 외, 소복이 그림,《세계시민수업1 난민: 왜 목숨 걸고 국경을 넘을까?》, 풀빛, 2021

박찬영·버질힐라이어,《세계사를 보다》, 리베르스쿨, 2021

박형기,《덩샤오핑: 개혁개방의 총설계사》, 살림, 2013

발명연구단,《위대한 발명, 탄생의 비밀》, 케이엔피북스, 2009

배영수 외,《서양사 강의》, 한울아카데미, 2012

백상경제연구원,《퇴근길 인문학 수업: 전환》, 한빛비즈, 2018

베로니크 타조, 권지현 옮김,《넬슨 만델라》, 북콘, 2014

벤자민 킨 외, 김원중 옮김,《라틴아메리카의 역사(상)》, 그린비, 2014

벤자민 킨 외, 김원중 옮김,《라틴아메리카의 역사(하)》, 그린비, 2014

벤저민 카터 헷, 이선주 옮김,《히틀러를 선택한 나라》, 눌와, 2022

브누아트 그루, 백선희 옮김,《올랭프 드 구주가 있었다》, 마음산책, 2014

비자이 프라샤드, 박소현 옮김,《갈색의 세계사 새로 쓴 제3세계 인민의 역사》, 뿌리와 이파리, 2016

빅터 프랭클, 이시형 옮김,《죽음의 수용소에서》, 청아출판사, 2020

샤시 타루르,《인도, 암흑의시대》, 서런, 2018

샬롯 플츠 존스, 존 오브라이언 그림, 원지인 옮김,《위대한 발명의 실수 투성이 역사》, 보물창고, 2018

서윤영,《건축, 권력과 욕망을 말하다: 역사를 담은 건축, 인간을 품은 공간》, 궁리, 2009

서희석,《한권으로 읽는 스페인 근현대사》, 을유문화사, 2018

소병국,《동남아시아사》, 책과함께, 2020

손영호,《마이너리티 역사, 혹은 자유의 여신상》, 살림, 2003

손주영,《이집트 역사 다이제스트100》, 가람기획, 2009

송연옥 외, 배영미 외 옮김,《Q&A '위안부' 문제와 식민지 지배 책임》, 삶창, 2016

송충기 외,《세계화시대의 서양현대사》, 아카넷, 2010

쉴라 피츠패트릭, 고광열 옮김,《러시아혁명 1917-1938》, 사계절, 2017

슈테판 츠바이크,《광기와 우연의 역사》, 정상원 옮김, 휴머니스트, 2020

시 앨 아르 제임스, 우태정 옮김,《블랙 자코뱅: 투생 루베르튀르와 아이티혁명》, 필맥, 2007

신동원,《나는 중국에서 자본주의를 만났다: 우리가 잘못 알고 있는 경제대국 중국의 숨겨진 진실》, 참
　　돌출판사, 2012

신동준,《인물로 읽는 중국근대사》, 인간사랑, 2017

신문 아카히타 편집국, 홍상현 옮김,《전쟁의 진실》, 정한책방, 2019

신봉석 외,《한국 근현대사 12장면 팩트체크》, 푸른칠판, 2021

신성곤 외,《한국인을 위한 중국사》, 서해문집, 2004

썬킴,《썬킴의 거침없는 세계사》, 지식의숲, 2021

아르노 뷔로, 알렉상드로 프랑 그림·만화, 해바라기 프로젝트 엮음,《68년 5월 혁명》, 휴머니스트, 2012

아이리스 장, 윤지환 옮김,《역사는 누구의 편에 서는가》, 미다스북스, 2014

안정애,《중국사 다이제스트 100》, 가람기획, 2012

알렉스 마셜, 박미준 옮김,《국가로 듣는 세계사》, 틈새책방, 2021

애덤 호크실드, 이순호 옮김,《스페인 내전, 우리가 그곳에 있었다》, 갈라파고스, 2017

앨런 브링클리, 황혜성 옮김,《있는 그대로의 미국사1》, 휴머니스트, 2011

에른스트H 곰브리치,《곰브리치 세계사》, 박민수 옮김, 비룡소, 2019

에밀 졸라, 박명숙 옮김,《전진하는 진실》, 은행나무, 2014

에버하르트 콜브, 김희상 옮김,《지금, 비스마르크》, 메디치미디어, 2021

역사비평 편집위원회,《역사용어 바로쓰기》, 역사비평사, 2006

오가사와라 히로유키, 노경아 옮김,《오스만 제국, 찬란한 600년의 기록》, 까치글방, 2020

오승은,《동유럽 근현대사》, 책과함께, 2018

오카다 데쓰, 정순분 옮김,《돈가스의 탄생》, 뿌리와이파리, 2006

오쿠보 히로코, 이언숙 옮김,《에도의 패스트푸드》, 청어람미디어, 2004

오형규,《경제로 읽는 교양세계사》, 글담출판, 2016

요시미 요시아키, 남상구 옮김,《일본군'위안부' 그 역사의 진실》, 역사공간, 2013

우르와쉬 부딸리아, 이광수 옮김,《침묵의 이면에 감추어진 역사》, 산지니, 2021

우스키 아키라, 김윤정 옮김,《세계사속 팔레스타인 문제》, 글항아리, 2015

원석조,《사회복지발달사》, 공동체, 2019

월터 D. 미뇰로, 김영주 외 옮김,《서구 근대성의 어두운 이면》, 현암사, 2018

유시민,《거꾸로 읽는 세계사》, 푸른나무, 2004

유인선 외,《사료로 보는 아시아사》, 위더스북, 2014

윤상욱,《아프리카에는 아프리카가 없다》, 시공사, 2012

이광수,《인도100문100답》, 앨피, 2018

이근욱,《냉전》, 서강대학교출판부, 2012

이동기,《비밀과 역설: 10개의 키워드로 읽는 독일통일과 평화》, 아카넷, 2020

이무열,《러시아역사 다이제스트 100》, 가람기획, 2022

이세희,《풀어쓴 서양근대사 강의》, 삼영사, 2013

이여신,《하룻밤에 읽는 세계사 2》, 주니어랜덤, 2011

이영 외,《일본근세근현대사》, 한국방송통신대학교출판문화원, 2015

이영석,《제국의 기억, 제국의 유산》, 아카넷, 2019

이영숙,《식탁위의 세계사》, 창비, 2012

이영효,《사료로 읽는 서양사 4》, 책과함께, 2015

이와나미 신서 편집부, 서민교 옮김,《일본근현대사를 어떻게 볼 것인가》, 어문학사, 2013

이은정,《베를린, 베를린》, 창비, 2019

이재호,《낯선 이웃: 어느덧 우리 곁에 깃든 한국의 난민들》, 이데아, 2020

이재훈,《스프린트》, 비엠케이, 2020

이한,《너의 의무를 묻는다》, 뜨인돌출판사, 2010

이희수,《터키사 100: 가장 쉽게 읽는 터키사》, 청아출판사, 2017

일본사학회,《아틀라스 일본사》, 사계절, 2011

임상래 외,《라틴아메리카의 어제와 오늘》, 한국학술정보, 2011

임승수,《자본주의 할래? 사회주의 할래?》, 우리학교, 2020

잉그리트 길혀홀타이, 정대성 옮김,《68 혁명, 세계를 뒤흔든 상상력》, 창비, 2020

장 프랑수아 마르미옹, 학효은 옮김,《바보의 세계》, 윌북, 2021.

장 피에르 필리외, 시릴 포메스 그림, 해바라기 프로젝트 옮김,《아랍의 봄》, 이숲, 2014

장석준,《사회주의》, 책세상, 2013

장시복, 최남진 그림,《풍요속의 빈곤, 모순으로 읽는 세계경제 이야기》, 책세상, 2008

전강수,《반일 종족주의의 오만과 거짓》, 한겨레출판, 2020

전국역사교사모임,《살아있는 세계사 교과서2》, 휴머니스트, 2005

전국역사교사모임,《처음 읽는 미국사》, 휴머니스트, 2018

전국역사교사모임,《처음 읽는 인도사》, 휴머니스트, 2018

전국역사교사모임, 송진욱 그림,《나의 첫 세계사 여행 서아시아·아프리카》, 휴먼어린이, 2018

정욱식,《핵의 세계사: 스탈린 대 트루먼, 박정희 대 김일성, 아인슈타인에서 김정은까지》, 아카이브, 2012

정주진,《정주진의 평화특강》, 철수와영희, 2019

정준영,《피의 인종주의와 식민지 의학: 경성제대 법의학교실의 혈액형인류학》, 의사학 제21권 제3호, 2012

정찬일,《비이성의 세계사》, 양철북, 2015

정토웅,《세계전쟁사 다이제스트 100》, 가람기획, 2010

정혜선,《일본사 다이제스트100》, 가람기획, 2011

제레드 다이아몬드, 김진준 옮김,《총,균,쇠》, 문학사상, 2005

조슈아 웡, 함성준 옮김,《나는 좁은 길이 아니다》, 프시케의 숲, 2020

조영남,《톈안먼 사건 1988-1992년》, 민음사, 2016

조지 오웰, 신동운 옮김,《동물농장》, 스타북스, 2020

조지 카치아피카스, 이재원 옮김,《신좌파의 상상력》, 난장, 2009

조지 프리드먼, 홍지수 옮김,《다가오는 유럽의 위기와 지정학》, 김앤김북스, 2020.

조흥국,《근대 태국의 형성》, 소나무, 2015

조희연 외,《복합적 갈등 속의 아시아 민주주의》, 한울아카데미, 2008

존 K. 페어뱅크, 김형종 외 옮김,《신중국사》, 까치, 2005

존 M.케인스,《고용, 이자 및 화폐에 관한 일반이론》, 지식을 만드는 지식, 2012

존 라베 외,《존 라베 난징의 굿맨》, 장수미 옮김, 이룸, 2009

존 루이스 개디스, 강규형 옮김,《역사의 풍경》, 에코리브르, 2004

존 리더, 남경태 옮김,《아프리카 대륙의 일대기》, 휴머니스트, 2013

존 메이너드 케인스, 정명진 옮김,《평화의 경제적 결과》, 부글북스, 2016

존 키건,《1차세계대전사》, 청어람미디어, 2020

존 허스트, 김종원 옮김,《세상에서 가장 짧은 세계사》, 위즈덤하우스, 2017

주경철,《문명과 바다》, 산처럼, 2009

주디스 코핀 외, 손세호 옮김,《새로운 서양문명의 역사(하): 근대유럽에서 지구화에 이르기까지》, 소나무, 2014

주연종,《영국혁명과 올리버 크롬웰》, 한국학술정보, 2012

주재우,《한국인을 위 미중 관계사: 6·25한국전쟁에서 사드 갈등까지》, 경인문화사, 2017

차윤석 외,《교양으로 읽는 용선생 세계사 9》, 사회평론, 2018

차윤석 외,《교양으로 읽는 용선생 세계사12》, 사회평론, 2018

차윤석 외, 《교양으로 읽는 용선생 세계사15》, 사회평론, 2018

차하순, 《새로 쓴 서양사총론 2》, 탐구당, 2012

찰스 페인스틴 외, 양동휴 옮김, 《대공황 전후 세계경제》, 동서문화사, 2008

최배근, 김규준 그림, 《세계화, 무엇이 문제일까?》, 동아엠앤비, 2017

최병욱, 《동남아시아사: 전통시대》, 산인, 2015

최병욱, 《베트남 근현대사》, 산인, 2016

최성환, 《우리 눈으로 본 제국주의 역사》, 인간사랑, 2020

최영태, 《독일 통일의 3단계 전개과정》, 아침이슬, 2018

최창모, 《이스라엘사》, 대한교과서, 2005

캐서린 아놀드, 서경의 옮김, 《팬데믹1918》, 황금시간, 2020

케네스 C. 데이비스, 이충호 옮김, 《말랑하고 쫀득한 미국사 이야기》, 푸른숲주니어, 2010

케네스 C. 데이비스, 이순호 옮김, 《미국에 대해 알아야 할 모든 것, 미국사》, 책과함께, 2004

크리스 하먼, 이수현 옮김, 《세계를 뒤흔든 1968》, 책갈피, 2018

크리스 하먼, 이원영 옮김, 《소련의 해체와 그 이후의 동유럽》, 갈무리, 1995

크리스티안 베이마이서, 송소민 옮김, 《의학사를 이끈 20인의 실험과 도전》, 주니어김영사, 2010

클라이브 폰팅, 박혜원 옮김, 《클라이브 폰팅의 세계사2》, 민음사, 2019

클라이브 폰팅, 이진아 옮김, 《클라이브 폰팅의 녹색 세계사》, 민음사, 2019

테어도르 카진스키, 조병준 옮김, 《산업사회와 그 미래》, 박영률출판사, 2006

토드 부크홀츠, 류현 옮김, 《죽은 경제학자의 살아있는 아이디어》, 김영사, 2009

패트리샤 넬슨 리메릭, 김봉중 옮김, 《정복의 유산: 서부개척으로 본 미국의 역사》, 전남대학교출판부,
    1998

페이헝즈, 이화진 옮김, 《역사가 기억하는 세계 100대 사건》, 꾸벅, 2013

폴 콜리어 외, 강민수 옮김, 《제2차 세계대전: 탐욕의 끝 사상 최악의 전쟁》, 플래닛미디어, 2013

표학렬, 《에피소드 세계사》, 앨피, 2016

프랑수아 부르기뇽, 류형식 옮김, 《세계화시대의 불평등 문제》, 소와당, 2017

프랜시스 로빈슨 외, 손주영 외 옮김, 《사진과 그림으로 보는 케임브리지 이슬람사》, 시공사, 2006.

피터 심킨스 외, 강민수 옮김, 《제1차 세계대전》, 플래닛미디어, 2014

하라 아키라, 김연옥 옮김, 《청일 러일전쟁 어떻게 볼것인가》, 살림, 2015

한나 아렌트, 김선욱 옮김, 《예루살렘의 아이히만》, 한길사, 2006

함규진, 《개와 늑대들의 정치학》, 추수밭, 2018

함동주, 《천황제 근대국가의 탄생》, 창비, 2009

헨리크 레르, 오숙은 옮김,《가브릴로 프린치프: 세기를 뒤흔든 청년》, 문학동네, 2014

호승,《아편전쟁에서 5·4운동까지》, 인간사랑, 2013

홍미정,《울지마, 팔레스타인》, 시대의창, 2016

홍세훈 글·그림,《미국, 어디까지 알고 있니?: 비행기에 오르기 전 꼭 읽어야 할 미국의 역사》, 웅진지
　식하우스, 2014

홍춘욱,《50대 사건으로 보는 돈의 역사》, 로크미디어, 2019

황진명 외,《전쟁은 어떻게 과학을 이용했는가》, 사과나무, 2021

A. J. P. 테일러, 유영수 옮김,《지도와 사진으로 보는 제1차 세계대전》, 페이퍼로드, 2021

EBS '인간의 두 얼굴' 제작팀,《인간의 두 얼굴: 내면의 진실》, 지식채널, 2010

EBS 자본주의 제작팀,《EBS 다큐프라임 자본주의》, 가나출판사, 2013

T. S. 애슈턴, 김택현 옮김,《산업혁명: 1760-1830》, 삼천리, 2020

tvn〈벌거벗은 세계사〉 제작진,《벌거벗은 세계사: 사건편》, 교보문고, 2022

이미지 출처

• 이 책에 쓰인 사진과 도판은 절차에 따라 저작권자의 허락을 받아 사용했습니다. 저작권자를 찾지 못해 게재 허락을 받지 못한 일부 자료는 저작권자가 확인되는 대로 허락을 받고 사용료를 지불하겠습니다.

저자 소개

| 글쓴이 |

전남역사교사모임 회원으로 만나 함께 공부하고 있는 교사들이다. 중·고등학교에서 역사 수업을 하며 시간이 부족해 미처 다 설명하지 못한 역사 지식이나 새롭게 대두되는 학설 등을 재미있으면서도 쉽게 학생들에게 전달하기 위해 이 책을 썼다.

양홍석   현대사를 보는 시각과 이를 해석하는 능력이 뛰어난 생각이 곧은 교사
김신원   가르치는 학생들의 이름을 모두 외우며 친근하게 지내는 친구 같은 교사
김효진   드라마나 영화 속 역사 이야기처럼 흥미진진한 수업을 꿈꾸는 교사
김희창   즐거운 역사 수업을 위해 늘 고민하는 창의적인 교사
민홍기   질문하고 탐구하는 습관을 길러 주기 위해 학생들과 동행하는 교사
박상언   학생들이 자신의 삶을 만들어 나갈 수 있도록 함께 성장하고 싶은 교사
박오성   지역과 삶터를 매개로 역사를 풀어내고자 하는 연구파 교사
백형대   학생들의 삶과 목소리가 담긴 역사 수업을 꿈꾸는 교사
임아영   혁신학교에서 배움이 삶으로 연결되는 수업을 하기 위해 고민하는 교사
장용준   이 책을 기획하고 감수한 전직 교사
한현진   역사를 통해 삶의 희망을 이야기하고 수업 속에서 실천하는 교사

| 그린이 |

서은경
글 쓰고 그림 그리기를 즐거워합니다. 쓰고 그린 책으로 《마음으로 느끼는 조선의 명화》《만화 손양원》《알고 싶어요 하나님》 등이 있고, 《장콩 선생님과 함께 묻고 답하는 한국사 카페》《14살에 시작하는 처음 동양 고전》《14살에 처음 만나는 동양 철학자들》 등에 그림을 그렸습니다.
gitool@naver.com

역사선생님도 궁금한
101가지 세계사질문사전 ❷

1판 1쇄 발행일 2023년 3월 10일 **1판 2쇄 발행일** 2023년 10월 20일
글쓴이 양홍석 외 10명 | 그린이 서은경

펴낸곳 (주)도서출판 북멘토 | 펴낸이 김태완
편집주간 이은아 | 책임편집 변은숙 | 편집 김경란·조정우 | 디자인 책은우주다·안상준
지도 박은애 | 마케팅 강보람·민지원·염승연

출판등록 제6-800호(2006. 6. 13.)
주소 03990 서울시 마포구 월드컵북로 6길 69(연남동 567-11) IK빌딩 3층
전화 02-332-4885 | 팩스 02-6021-4885

🔺 bookmentorbooks.co.kr   ✉ bookmentorbooks@hanmail.net
📷 bookmentorbooks__   🅕 bookmentorbooks

ⓒ 김신원·김효진·김희창·민홍기·박상언·박오성·백형대·양홍석·임아영·장용준·한현진, 2023

ISBN 978-89-6319-505-6 43900